主　编　刘兴育

副主编　卫　魏

云南大学史料丛书

国立云南大学教授文集

（一）

云　南　大　学
云南省档案馆　编

云南大学出版社

图书在版编目（CIP）数据

国立云南大学教授文集.1/刘兴育主编.—昆明：
云南大学出版社，2013
（云南大学史料丛书）
ISBN 978 - 7 - 5482 - 1529 - 5

Ⅰ.①国… Ⅱ.①刘… Ⅲ.①社会科学—文集
Ⅳ.①C53

中国版本图书馆 CIP 数据核字（2013）第 089109 号

云南大学史料丛书

国立云南大学教授文集（一）

主　编　刘兴育
副主编　卫　魏

责任编辑：毛　雪
出版发行：云南大学出版社
印　　装：昆明市五华区教育委员会印刷厂
开　　本：787mm×1092mm　1/16
印　　张：24.25
字　　数：605 千
版　　次：2013 年 12 月第 1 版
印　　次：2013 年 12 月第 1 次印刷
书　　号：ISBN 978 - 7 - 5482 - 1529 - 5
定　　价：58.00 元

社　　址：云南省昆明市翠湖北路 2 号云南大学英华园内
邮　　编：650091
电　　话：（0871）65033244　65031071
网　　址：http：//www.ynup.com
E - mail：market@ynup.com

编辑说明

　　"八十余载，弦歌不断，薪火相传。"在八十多年的峥嵘岁月里，云南大学积累了大量的文书档案资料。但随着时间的推移，一些历史文档已开始变质损坏，故需及时整理、编辑和出版这些资料。此次出版，本着忠于历史、忠于原稿，并依现代汉语语言规范和国家通行标准的原则，对辑录成册的《国立云南大学教授文集（一）》作了如下的处理：

　　1. 体例。本书对所收录的文章按类项编辑，每类项中的文章依形成时间先后顺序排列。

　　2. 标题。本书大部分标题为原文标题，小部分标题编者依据该篇文章的内容略作改动。

　　3. 格式。（1）每篇文章的段落，大多照原文处理。在格式上有所改动，如竖排改为横排、省略"抬头"格式等。（2）数字均原文照录，只是在涉及百分比时，作了个别的改动，如"百分之三五·五"改为"百分之三十五点五"。（3）依现行标点符号运用规范对文中标点作了处理，特别是逗号与顿号的正确使用。（4）文章中"作者简介"及标有"编者注"的均为编者所注。（5）成文时间较早，文言词语较多，不少词语写法、用法与现代汉语规范不同，为保持原貌，不影响阅读的，编者未作大的改动，或在首次出现时用注释说明；确实影响阅读的，则依据现代汉语规范加以修改；（6）编者为文章中出现的书名加上"《》"，并对表格按照现行的格式分规范进行编排；（7）文中部分国名、地名、校名、人名等与现行称谓有所不同，编者均保留原文，不作注释。（8）为汉字后的英文加上"（）"。

　　4. 编辑整理。（1）繁体字、异体字、异形词等除会产生歧义者外均按照国家现行标准予以规范。（2）因书中文章成文时间早，加之档案资料保管条件受限，原稿中部分文字已无法辨认，为慎重起见，避免主观臆测，对此类文字统一用"□"标识。（3）不同文章对于同一人名的引用不统一，如孙末楠、孙默楠，为了规范起见，编者按照现在世人对于此人的称谓加以处理。

　　5. 纪年及日期。文章内容中有关民国纪年、公元纪年和日期等均依原文，但标注于文章后面的出处日期均已改为现行的纪年法。

　　书中观点均系特定时期作者的个人观点，有其特定的历史局限性，难免有失偏颇或不当之处，敬请读者鉴别。

编　者

2010 年 11 月 15 日

編
輯
說
明

1

序　言

　　云南虽然地处边陲，但在近代教育的发展方面却不输内地。1922 年 12 月，时任云南省都督的唐继尧出资创办的私立东陆大学宣布成立，校址位于已有 400 多年历史的云南贡院。1923 年 4 月 23 日学校正式开始招生。1930 年学校由私立东陆大学改组为省立东陆大学，1934 年又进而改名为省立云南大学。1938 年，学校由省立云南大学成为国立云南大学。16 年里，从东陆到云大，从私立到公立，从省立到国立，学校几经改组变迁，先后有董泽、华秀升、何瑶、熊庆来四任校长，逐步发展，日臻成熟。

　　在云南大学的发展史上，最值得一书的是 1937—1949 年著名数学家和教育家熊庆来担任校长的 12 年。在此期间，学校进入了自己历史上最辉煌的时期。

　　1937 年抗日战争爆发，熊庆来教授接受云南省主席龙云的聘请，出任云南大学校长。当时的云南大学，只有 2 个学院 6 个系，30 多名教授，8 名讲师，302 个学生，教学设备简陋，教学质量不高。熊庆来原在清华大学工作，他以清华为蓝本，从云南实际出发，利用抗战初期各方人士南下昆明的机会，广揽人才，延聘了一大批著名学者如刘文典、顾颉刚、吴文藻、楚图南、陈省身、华罗庚、费孝通、庄圻泰、霍秉哲、华岗、尚钺、彭桓武等来校执教。当时云大师资阵容之强，水平之高，在全国大学中是少有的。熊庆来校长还亲自作了《云南大学校歌》，制定了"诚正敏毅"的校训，要求学生具有诚实、正直、聪敏、坚毅的品格和精神。在熊校长的努力下，到 1946 年，云南大学已发展成为有文、法、理、工、农、医等学科门类较为齐全，有 5 个学院 18 个系、3 个专修科、1 个先修班、3 个研究室，在校学生达 1100 多人，图书馆藏书 10 余万册，理科各系有实验室或标本室，并有附属医院、附属中学、天文台、实习农场、实习工厂等设施较完备的综合性大学。到 40 年代，云南大学已被美国国务院指定为中美交流留学生的 5 所大学之一。1946 年，英国《简明大不列颠百科全书》把云南大学列为中国 15 所世界著名大学之一。熊庆来主校 12 年，云南大学蒸蒸日上，日新月异，被称为学校历史上的"黄金时代"。

　　新中国建立后，云南大学又经过了新的调整组合，其发展也经历了诸多曲折起伏，一路走来，直到今天。随着历史的延伸，国家的发展，今日的云南大学，无论是院系设置、师生规模，还是校园环境、办学条件，与 80 年前或 50 年前相比，都已不可同日而语。然而，学校的优良传统，却由一代又一代云大人传承下来，发扬光大。从私立东陆大学"发展东亚文化，研究西欧学术，造就专才"的办学宗旨，到今天"会泽百家，至公天下"的云大精神；从当年"诚正敏毅"的老校训到今天"立一等品格，求一等学识，成一等事业"的新校训，都昭示着云大一脉相承的光荣历史。正所谓"八十余载，弦歌不断，薪火相传"。

　　在 80 多年的岁月里，云南大学积累了大量的文书档案资料。这些史料真实而生动地记录了学校一步步走过的艰辛历程，其中包含着几代云大人的心血和汗水，是前人留给我们的宝贵遗产。随着时间的推移，一些历史文档已开始变质损坏。尽快整理、编辑和出版这些珍贵的资料，不仅可以完整地反映学校发展的历史，真实地记录历代云大人为学校作出的贡献，而且有利于我们总结80多年的办学经验，把握未来学校的发展方向；也有利于对师生员工进行爱国爱校的传统教育。这是一项有意义和有价值的工作，做好这项工作，既是前辈师生校友的心愿，也是我们后来者义不容辞的责任。

由于学校1949年以前的档案资料均已移交云南省档案馆保存，为了更快捷有效地查找整理相关资料，我校档案馆和党史校史研究室与云南省档案局（馆）携手合作，计划用几年的时间，共同编辑出版多卷本的《云南大学史料丛书》。在《云南大学史料丛书》完成编辑出版之际，负责此项工作的刘兴育先生索序于我。一方面因为我在学校分管档案和校史工作，另一方面也出于我个人对学校历史的热爱和兴趣，于是欣然从命，完成此序。

肖　宪

2008年8月于云大会泽院

国立云南大学教授文集（一）

目　录

坚持抗战

对组织民众的两点认识 ………………………………… 林同济 （3）
抗战的前途 ……………………………………………… 徐绳祖 （5）
我们要从死里求生 ……………………………………… 伍纯武 （8）
汪逆绝不配称政治家
　　——为云大同仁讨汪而作 ………………………… 王赣愚 （10）
中国的精神文明 ………………………………………… 刘文典 （13）
倭寇侵越与我边民之责任 ……………………………… 陶云逵 （16）
第六纵队 ………………………………………………… 刘叔雅 （19）
对日本应有的认识和觉悟 ……………………………… 刘叔雅 （21）
辞岁辞 …………………………………………………… 费孝通 （25）
伪自由 …………………………………………………… 姜亮夫 （27）
"七七"的教训 ………………………………………… 费孝通 （29）
"七七"的历史意义 …………………………………… 姜亮夫 （31）

思想文化

迎头赶上与科学化 ……………………………………… 张正平 （37）
论文人 …………………………………………………… 林同济 （40）
抗战军人与新文化 ……………………………………… 林同济 （49）
云南的民间七字唱本 …………………………………… 徐嘉瑞 （51）
学习鲁迅的战斗精神
　　——为鲁迅逝世第二周年纪念作 ……………………… 高　寒 （55）
抗战与中国文化检讨 …………………………………… 楚图南 （57）
通俗读物的重要性 ……………………………………… 顾颉刚 （65）
从"五四"到今天
　　——中国思想界动向的一变！ …………………… 林同济 （67）
士大夫与大夫士 ………………………………………… 林同济 （69）
泛谈社会思想 …………………………………………… 伍纯武 （72）
论官僚传统 ……………………………………………… 林同济 （79）

中国的宗教
　　——中国的精神文明之一 ……………………………………… 刘文典（81）
中国的文学
　　——中国的精神文明之二 ……………………………………… 刘文典（84）
中国的艺术
　　——中国的精神文明之三 ……………………………………… 刘文典（87）
抗战第六年代文艺的检讨 ………………………………………… 楚图南（92）
从整理中医说起 …………………………………………………… 刘尧民（95）
《鸡鸣早看天》解 ………………………………………………… 吴富恒（98）
论学旨要 …………………………………………………………… 姜亮夫（100）
人生之评价 ………………………………………………………… 钱　穆（102）
检讨与反省 ………………………………………………………… 瞿明宙（104）
社会秩序与公德 …………………………………………………… 范　锜（106）
人生疾苦如何蠲除 ………………………………………………… 范　锜（108）

政治建设

民主主义之历史的发展 …………………………………………… 岑　纪（113）
战时的行政机构问题 ……………………………………………… 朱驭欧（116）
统一军权的大时机 ………………………………………………… 王赣愚（118）
外交与统一 ………………………………………………………… 王赣愚（120）
救救一般的孩子 …………………………………………………… 林同济（134）
统一高于一切 ……………………………………………………… 王赣愚（137）
生产与发财 ………………………………………………………… 林同济（139）
农村卫生不可不严重注意
　　——这是中华民族生死关头的大问题 ……………………… 顾颉刚（142）
新政治的憧憬 ……………………………………………………… 林同济（149）
抗战建国中的行政机构 …………………………………………… 朱驭欧（151）
谈宪政 ……………………………………………………………… 林同济（157）
新中国的政治 ……………………………………………………… 王赣愚（159）
评"试行行政院负责制" …………………………………………… 朱驭欧（162）
提高工作效率 ……………………………………………………… 瞿明宙（165）
民主要求与民主德性
　　——为国大进一言 …………………………………………… 范　锜（168）
民主须尊重多数意志 ……………………………………………… 范　锜（171）
如何解脱绝望破坏的过程 ………………………………………… 范　锜（173）
民主精神在致力公共福利 ………………………………………… 范　锜（175）
一年来的回顾与今后的对策 ……………………………………… 范　锜（177）

国内经济

谈经济动员 …………………………………………… 伍纯武 （181）

战时的物价问题 ……………………………………… 伍纯武 （184）

物价房租与薪俸人员 ………………………………… 伍纯武 （187）

论当前物价问题 ……………………………………… 戴世光 （190）

说垄断 ………………………………………………… 伍纯武 （192）

货币金本位问题 ……………………………………… 郭树人 （195）

战后农村经济问题 …………………………………… 冯素陶 （197）

我国现阶段经济之剖视 ……………………………… 梅远谋 （201）

我国黄金买卖政策与外国公开市场买卖政策之比较 … 梅远谋 （204）

如何推行输入定额制 ………………………………… 陆忠义 （208）

银行家之使命 ………………………………………… 梅远谋 （210）

美国贷款政策的认识 ………………………………… 陆忠义 （213）

卅六年美金券债之解析 ……………………………… 梅远谋 （215）

从国家收支不敷说到发行特种短期优利库券 ……… 陆忠义 （219）

实施进出口联锁制的检讨 …………………………… 陆忠义 （221）

改革币制与稳定币值 ………………………………… 陆忠义 （223）

现阶段的物价变动 …………………………………… 陆忠义 （225）

论物价膨胀与预算膨胀 ……………………………… 梅远谋 （227）

怎样改革现行的货币本位 …………………………… 陆忠义 （229）

谈币制改革 …………………………………………… 秦 瓒 （231）

外汇政策的改制 ……………………………………… 陆忠义 （234）

稳定币值之途径 ……………………………………… 梅远谋 （236）

临时财产税
　　——为反对此税者进一解 ……………………… 秦 瓒 （237）

运用美援复兴农村工作之重点 ……………………… 梅远谋 （239）

防堵商业资本侵入农村 ……………………………… 瞿明宙 （241）

为农村复兴联合委员会借箸一筹
　　——复兴农村从复苏农民入手 ………………… 瞿明宙 （243）

新币制成败之关键 …………………………………… 梅远谋 （245）

为商榷经济紧急措施致翁院长函 …………………… 秦 瓒 （247）

常则与变则
　　——从财政经济与自由管制立论 ……………… 韩及宇 （249）

勤俭与复兴 …………………………………………… 梅远谋 （251）

儒家和法家重商政策略论 …………………………… 萧子风 （253）

县地方金融制度刍议 ………………………………… 杨克成 （255）

国际经济

泛论英镑贬值问题 …………………………………… 郭树人（267）

升降浮沉的英法币值 ………………………………… 萧子风（271）

半年来英德法产钢量的比较 ………………………… 萧子风（273）

近代美国的产业结合运动 …………………………… 杨宜春（275）

美元也要贬值 ………………………………………… 杨宜春（278）

欧美的战时财政 ……………………………………… 徐绳祖（280）

教育评论

今后各大学发展政治学系之我见 …………………… 王赣愚（289）

史地教育与抗日救国 ………………………………… 吴　晗（292）

后方文化事业与抗战建国 …………………………… 熊庆来（294）

怎样做青年的导师? ………………………………… 王　政（295）

云南青年夏令团 ……………………………………… 杨春洲（301）

教育政治与政治教育 ………………………………… 王　政（308）

云南大学与地方需要 ………………………………… 吴文藻（311）

抢救云南教育 ………………………………………… 徐嘉瑞（314）

一年来的文化与教育

　　　　——复员途中 ……………………………… 姜亮夫（316）

论云南高等教育 ……………………………………… 周光倬（319）

本校之学术生命与精神 ……………………………… 熊庆来（321）

现阶段的中等教育 …………………………………… 杨春洲（322）

社会科学的范围及其研究的方法 …………………… 马鹤苓（324）

国际观察

四国协定与欧局 ……………………………………… 徐绳祖（331）

今后的外交路线

　　　　——是否仍一味的侧重伦敦? ……………… 林同济（333）

阿部内阁的前途 ……………………………………… 徐绳祖（335）

花旗外交 ……………………………………………… 林同济（339）

日本人的自杀

　　　　——日本民族性的研究之一 ……………… 刘叔雅（345）

日本统一世界思想之由来 …………………………… 刘叔雅（349）

怎样配合盟军的攻势 ………………………………… 周新民（355）

欧战结束与远东战局 ………………………………… 周新民（357）

由个体安全到集体安全 ……………………………… 朱驭欧（359）

天皇与日本宪法 ……………………………………… 王赣愚（362）

要怎样确保世界的和平 …………………………………… 范 锜（364）

论原子能的管制 …………………………………………… 刘尧民（366）

缅甸自治的前途 …………………………………………… 方国瑜（368）

美苏面临现实之比较 ……………………………………… 范 锜（371）

要另组世界政府吗? ……………………………………… 范 锜（373）

后　记 …………………………………………………………（375）

目
录

坚持抗战

对组织民众的两点认识

林同济①

抗战开始之日，各方面即生一种暗隐而深的感觉——就是如果只凭正式军队与敌人对打，我们的前程吉少凶多，数月来"组织民众"一名词乃成为到处逢源的呼声。

组织民众以发动我们"无穷的人力"确是我们抗战中的第一要图。能把此三四万万的人民组织起来，我们何为而不成，何战而不克！问题却是：如何组织呢？

组织民众以作长期的战争，严格说来，乃是欧战发生以后现代化国家的战略。大规模的全民战争是历史上一个极新的现象。未现代化的国家而求组织民众，难乎其难。这并不是说未现代化的国家便根本上不能或根本上不配组织民众；乃是老老实实的指明未现代化的国家而求组织民众实有其特殊的困难，恐怕还有其特殊的方法与形式。如何组织中国的民众？这不是指无尽地叱咤可成的事业。须知我们此次组织民众，不只是来摇旗呐喊，乃是来担任现代的国际战争。也许过去十数年我们所以组织民众的老方法、老程式，在当日虽可顾盼自雄，到今日却已不堪陈腐。如何在"战"的状态下，"战"的压力下，把此散漫如沙的中国民众，组织成现代的战士、现代②战争中的有力工具——这是我们急待解决的问题。

笔者此刻未能多论。只提出一二先决问题。细察最近一般的言论或含有一种危险的倾向。爰提出两点基本认识以为讨论组织民众的出发点。

（一）组织民众是要大众军事化，不是要军事大众化，现在颇有一般人以为军队不是抗敌的主力，民众乃是抗敌的主力。他们只谈民众，忘却军队。他们对正式军队的训练与作战，认为是"旧老套"的战法。甚且假"左倾文学"的名词认一切正式军队的作战为资产文明的遗物。于是乃隐隐然标出其所谓"普罗"战略，欲凭着农间的锄来，以挞伐人家的大炮坦克车。方以为民众的力量无穷，民众是万能之主，只须揭竿一呼，把成千成万的农工吹嘘到相当的心理热狂便可无往而不克。此种幼稚的"左"倾论，使我们回想到义和团的当年。还有一般人看了我们主力军队的退败，便欲把游击为作战的正略。避正面，求侧击。避对垒，求突袭；是扰乱敌人后方的好法，是钳制敌人长驱攻我的策略，但不能决定战争的胜负。对于此点的认识，恐怕莫过于第八路军。以"游击"补助"对垒"而不以"游击"代替"对垒"，这是我们第八路军的主张。原来所谓"民兵合一"，在目前的环境下，是要把大众军队化了，而不是要把军队大众化。我们手中的局面是战的局面，是对外战的局面，是被迫而作现代的对外战的局面。我们组织民众，是一种军事的必需，而不是一种社会的运动。我们要按军事的需要，来推行民众的组织，我要用军事的形式，来指定民众的组织。换言之，大众要为抗战的工具，大众要成为军

① 林同济，福建闽侯人。1937年9月到云南大学，曾任云南大学政治经济系教授兼主任。
② 代：原文为"化"。编者注。

事的机关。我们要大众军事化，不要军事大众化。

（二）组织民众是要由一元指挥，不要由多元发动。战的意义是在一个总司令、总指挥下作一种有计划的武力行动。发令权、指挥权绝对的统一与集中是任何战争的第一条件。先要指挥统一，然后有计划行动之可言，然后有作战方略之可言。不能，则令出多门，彼东此西，无所谓计划矣。所以一个能战知战的民族，一说到战，便晓得捧出一位英雄，在其指挥下作战到底。欧战中法国人民拥护霞飞将军，终能得胜，即是一例。我们此次抗战，竟能于四分五裂的局面中，产生统一的指挥权，拥出最高的司令者。这可以表现我们民族的骨子里尚隐伏有作战的天才。数月来战事结果，把"摇移"的分子淘汰殆尽。此后我们的指挥权，必将要会加一元化。此种指挥权一元化之增强，不但要增加我们此后军队战斗的效率，还要促进民众组织的推行。要知在目前中国的政治机构下，民族实含有一种矛盾作用在：它可为益，亦可为害。为益为害，其关键全在乎指挥统一之能否保持。如果我们能在统一指挥下推行民众组织，则步骤有次序，形式有定型，民众便可成为全部抗战机构中之有力工具。如果我们迫于期待，急躁①行事，甚至对于我们最高机关组织民众的能力与诚意，顿抱怀疑之心，甚至转眼他望，另求政治的重心，则民众组织，将由多元发动而指使。大势所趋组织民众之一物，反变成政治分裂之导线。前方浴血以战，绝不容后方二三其心！如何组织民众是绝对重要的问题。但我们要先问我们中国人有否组织民众的资格。究竟我们在此战的状态中，战的需要下，有否组织民众的能力，有否组织民众的资格呢？这全看我们能否继续维持统一的局面，能否于战的痛苦急转直下后，还是百折不渝的增进指挥权之一元化，无条件的接受最高领袖的意志与要求。民族生存战的试金石即在于是。

《云南日报》1938 年 1 月 23 日第 1 版

---

① 躁：原文为"燥"。编者注。

抗战的前途

徐绳祖①

一、隐存着的疑问

抗敌军事发展到了第三期，国人们看到了于黄河决堤之后，东南则狂炸广州、福建，安徽方面，陆路则分兵直趋湖北省境，水路则沿长江夺香口、下马当，因而私衷惴惴，忧虑大武汉的安全，焦急于最后胜利之是否属于我神明华胄。

以上的忧虑与焦急，在我们看来，至少在笔者个人看来，是应得的结论，合理的结论，最可珍贵的结论。何以故？以一般的视线，多集中于军事现象，而在事实上又多情格势禁，对于支持军事的各种条件，未能综合的检讨，全局的估计，因之茫然所得的结论，仅能依军事现实为唯一推断的材料。此外推断本身，在方法上虽不健全，稍有可以訾议的地方，但大家能于忧虑大武汉的安全，客观上便是表征大武汉进一步的可以获得安全；大家能于焦急最后胜利是否终属于我神明华胄，客观上也即是表征最后胜利终将属于我神明华胄。

二、敌我形势的对比

然则我们的认识与判定究是如何呢？

我们的回答是：敌人要夺取武汉，必须付极严重的牺牲！而抗敌的军事胜利，归根结底还是属于我神明华胄。

我们现在先检讨第一层。

目下敌人要夺取武汉，兵力必须东南北并进。所谓自东西进，即是指自安徽或沿长江西进；所谓自北南进，即是由山西、山东、河南沿平汉南进；所谓自南北进，即是由浙江或福建通过江西或自广东越江西、湖南以进逼武汉。然而这三路的兵力，除安徽沿长江一路已有进展外，自北南进的兵力，或则困于黄水，或则为我牵制，山西境内，则殆居于败北围困的状态，欲其南下，最近殆不可能。以言自南向北，则浙江敌军，大半为我游击队牵制，不能动弹，如欲由福建通过江西以进逼武汉，则须费若干的岁月，若干的武力牺牲，敌人目前姿态，决不出此。又自广东越江西或湖南以进逼武汉，也不可能。何以故？以广东我有雄厚的兵力，而夺取粤汉全部，亦非付广大的牺牲不可；月前敌之狂炸广州，其目的不过威胁，非敢有意于占领。所以，目前敌人之进窥武汉，其唯一可能的途径，只有自东向西，即由安徽的陆路与长江，进逼武汉。

然而敌人的这一企图，现实的必遭受严重的打击的。何则？第一，安徽、湖北省境，

---

① 徐绳祖，字茂光，云南弥渡人。1938 年到云南大学，曾任云南大学法律系教授。

山岳绵亘，雨季过后，江水便落；自然的限制，将使敌人军事渐臻困难，第二，我保卫武汉，有严密的防线三道，其第一道系自郑州以达固始；第二道则自郑州以至信阳的平山；第三道则自武胜关经麻城越长江以至大江之南，敌欲冲破此三道防线，势必倾其全国的兵力，乃克有济；否则，如欲用来华三十五师团的残余部队进袭武汉，成功殆不可期。

其次我们继续检讨最后胜利，是否终属于我的问题。

在解答这一问题里，我们即使假定武汉在敌人付了最巨大、最严重的代价后，我为维持长期战的关系而自动放弃，这于我固属有害，而于敌则反是一个致命的打击！

为什么？因为我们还继续抗战，而敌人则于武汉下后，国际环境必有剧烈的变动，国内的人力物资，则始达瓦解的阶段。我们现试分别言之。

现试从敌国的人力物资言：

敌人的侵略军事费用，其来源十之九是仰赖于公债，这已成为世界的常识；然而公债的消化情形如何呢？一是一九三七年应发的公债九亿二千万元，还未能发行，二是今年应发行的五十五亿元，则因民间无力承受，还在搁置，将来全数如由日本银行负担，则敌人金融，必因币价狂跌而趋于紊乱。

敌人的对外贸易，去年十一个月的入超，在六亿四千六百万元以上，而今年上半年六个月的入超，约计超过了三亿五千万元以上；这一笔增加的入超，主要是因为和平工业的受限制而出口少，相反的军事工业的原料，则源源输入所致。敌人在这种国际收支不平衡的状态下，所以去年不得不再贬日元之值，使国内黄金得以源源出口，获取军需物资。但是敌人为达此目的，它的存金便源源不绝地减少。据德国方面的报告，日本银行的存金，仅值二万万元，又据苏联经济家瓦尔加的调查，则一九三七年底日本银行的存金，不过仅值三亿余日元。

敌人中央银行存金的减少，自然诱致外汇的跌落，例如一九三七年九月，敌人的百元日金，尚可换取美金二十九元零九分五厘，而一九三八年二月，则仅能换取二十九元零三分五厘，此外则美国对敌贸易，声称必须现货买卖，禁止信用交易，也便是敌存金枯竭的明征。

敌国内物价，除农产品一致跌落外，一切消费物品，则因限制输入关系，一致狂腾，使消费者受严重的困难；下列东京的生活费指数，便是昭告日本人民的苦状：

东京生活费指数（一九二九＝一〇〇）

一九三一	七十四点七
一九三五	八十三点六
一九三六	七十三点八
一九三七年①十一月	九十九点二

以上是简单的从敌人物力上说明它支持战争力的脆弱，以下再就它的人力方面言。

敌人因为限制入口和加紧剥削工人农民的结果，在战争期间它国内的劳动冲突数也

---

① 原文无，编者加。编者注。

国立云南大学教授文集（一）

就增加，据苏联的报告，一九三六年、一九三七两年敌国内劳动冲突的增加，有如下表所示：

	一九三六年	一九三七年
冲突的次数	一〇五八	一六一二
参加冲突的人数	四十八点五（千人）	一百八十八点五（千人）

此外敌人自发动侵略战争后，即大捕国内教授、学生凡数千人，在华军队中，时有自缢反战情事，这都是证明敌人人力的分散。

然而在我们国内，我们见到的除汉奸外，全国只有一心，物资虽然也稍稍感受困难，但大都可以平稳度过。所以今后只要坚决不移的坚持抗战，则上述敌人的弱点，必渐渐发展使它的侵略军事自行崩溃，使最后胜利必属于我。

又况在争夺武汉以后，敌人精疲力竭，微妙而动荡的全世界之形势，有使他国乘敌之疲而进攻敌人的可能。

三、问题的所在

不过最后胜利之属于我，武汉之得安全存在，在势不是自然形成而必须加以人力的，所以当前我国民必须努力的，一是防止敌人求和企图之实现；二是大家应本抗敌高于一切，一切服从于抗战，一切为抗战而活动的精神，再接再厉，俟敌之疲，然后加以猛击，那武汉即使不保，再最后胜利，终将属我。

所以抗战的前途，却是可以乐观的，问题的所在，便在我们如何打击敌求和企图之实现和如何加紧努力以困疲敌人。

一九三八·七·六

《云南日报》1938年7月7日第4版

坚持抗战

我们要从死里求生

伍纯武①

"与其做亡国奴而生,不如和敌人去拼命!"这是目前我们应当有的人生观。

为什么非抱着这样的人生观不可?

因为我们不愿做"牛马",不愿当"猪狗";这就是说,我们不愿意过那和牛马、猪狗的生活同样难堪的亡国奴生活。

何以见得如此呢?

只消看:假使有人说你是牛是马,你必定会极其愤怒,说不定就要破口大骂,认为这是对你人格上的侮辱;进一步,如其有人骂你一声猪狗,那还得了,你一定就会卷起袖子来和人家动手,甚至双方打得头破血流,表明你不是愿意接受这"猪狗"的称呼的人。这一种现象,是在社会中常常看见的。

可是现在,谁不知道当亡国奴的生活,比"牛马""猪狗"的生活更难过呢?被人说一声"牛马"或"猪狗",尚且不愿意。尚且要和人反对的人们,莫非倒②情愿预备去过那"牛马""猪狗"不如的亡国奴生活,而不在当亡国奴以前,去和敌人拼一个你死我活吗?

我们说亡国奴的生活,比"牛马""猪狗"的生活都不如,并不是我们故意骇人,乃是有着最近的根据的。

如像现在的东北,已经"变为人间地狱,烟赌遍地,不愿烟赌的人们,亦被迫而不得不沉迷于烟赌,尤其是青年,只有两条路,非成为烟赌废人,便遭加上反对日伪的罪名而被杀。同时,各种捐税,十分繁重,弄得东北的同胞,欲死不得,欲生不能……"(见《云南日报》二十七年十二月二十二日所载)。从此看来,现在东北同胞的生活,不仅比"牛马"的生活难过,甚至比死都难过。

同时,我们这次抗战的意义,是极其严重的。打胜了,我们便得到生存,得到自由和解放;万一不幸打败了,我们便只有亡国,大家就只得做亡国奴。在这样的环境里面,我们唯一的生存的道路,便只有前仆后继地和敌人去拼命,俾能争取最后的胜利。

所以,凡是中国人,尤其一些有钱的和一般有知识的人们,都应当自己问问自己,看自己曾经为最后胜利之获取,尽过了什么力没有?

要想得到最后胜利,要想避免当亡国奴,必需的条件(如财政经济之安定等)固然不止一端,可是在目前最需要的,还是大批献身为国的勇士——尤其是一般世家子弟和知识青年(因为这可以帮助征兵制之顺利进行)。

---

① 伍纯武,字建一,云南富源人。1938 年 3 月到云南大学,曾任云南大学训导长兼经济系教授。

② 倒:原文为"到"。编者注。

国立云南大学教授文集(一)

但是，现在的一般世家子弟，以为知识分子，比较地少有服务兵役者，其原因虽多，要皆以"怕死"为其主要的弱点。

然则，死到底是可怕的吗？死是怎样一回事，大家可知道吗？

我们应当知道，同时应当彻底地明了并相信，世界上一切东西，无论动物、植物，都是一种产生、发展和死亡的过程。人生之死，是自然的现象，是不可逃避的事实，同时又是人类的新陈代谢。因之人类方才有进步。在我们日常的生活中，我们一方面在生着，但同时也正在死着。因为组成人体的无数细胞，不断地在变化着：旧的细胞不断地在死亡，新的细胞同时在产生，直至最后之一突变——死——而变成了其它的物质。但是，到了这个时候，人生就此完结了吗？否。个人虽然死了，还有子孙同胞继续生存下去。只要中国人没有死尽，我们总还是在生存着。因为我们的精神和事业，是永久生存于继续我们而起的一般新人的身上的。

所以，我们死后并不是就没有希望，我们是仍然有着希望存于世人的。因此，我们一定要拼着性命，去打退侵略我们的敌人日本帝国主义，俾能造成一个自由平等博爱的和极合理的社会，以使我们的后代，得过美满的生活，这是我们的责任，同时要这样才有意义。如果我们贪生怕死，不肯献身为国，不肯抱定牺牲精神以打退敌人，致使后世子孙过着奴隶的痛苦生活，那我们就是民族国家的罪人。

况且，我们应当知道，不牺牲、不流血，是绝对不能完成民族①的解放革命的。因此，要做一个民族解放革命的战士，便要有牺牲自己的精神。好在为民族革命而牺牲，总是有代价的。因为我们的流血和头颅，就是建筑我们死后的新社会和新世界的保证。

试看古今来无数革命战士，当被敌人枪②杀的时候，总是很自在地微笑地唱着革命歌曲，从容赴义，视死如归。这便证明了他们彻底了解死的意义和死的价值，他们晓得人生总不免一死。现在身体虽死，精神仍然存于人世，并且有无数大众，必然地会继续着他们的工作而奋斗。

这样看来，死乃是一切动植物之发生发展的必然的过程。人生不免一死，早迟总要死，如其是平平常常的死了，也不过与草木同腐，算不得什么；如其是为民族的解放而死了，那时节，功业永在人世，虽死犹生。既然如此，我们还怕什么呢？何况，以个人的牺牲，去换取民族的生存，民族能独立生存，个人就等于没有死。不然的话，如其大家只是贪生怕死，不肯舍身为国，苟不幸而国亡了，大家去过那"牛马"和"猪狗"的生活时候，恐怕求生不能，求死也不得了。

所以，为了民族、国家，同时也是为了我们自己个人，我们应当勇敢地、大无畏地，从死中去求生存。

这就是我们为什么要提倡"与其做亡国奴而生，不如和敌人去拼命"的新人生观的缘故了。

《云南日报》1939年2月6日第2版

坚持抗战

---

① 族：原文为"旅"。编者注。
② 枪：原文为"抢"。编者注。

汪逆绝不配称政治家

——为云大同仁讨汪而作

王赣愚①

汪精卫通敌卖国，人证物证俱全，百喙莫辩。现在成了敌阀豢养的一个丑奸，我们既无从执法严惩，只有口诛笔伐，加以道义上的制裁，使其诡计不能实现于光天化日之下。过去似乎有人把汪逆与政治家相比拟，暗中无异替他辩护，抬他身价；到今我们洞烛其奸，实不得不一致痛驳，听任如此混谈，足以淆乱真伪。汪逆绝不是政治家！汪逆绝不配称政治家！

政治家为国家的柱石，身系安危，举足轻重，其心目中没有不以国家利害为前提，而断不假地位或权势，以自牟其私利。今日国中为政者，除汪逆一派外，试一抚心自问，其自身果具备此条件与否，此条件未具备，怎么配为政治家呢？姑从民国以来观察，政治舞台上，本不乏反复无耻的角色，丑剧一演再演，总是表露着他们爱国心的缺乏。当国难严重的时候，往往有人假借外力，逼异己屈膝；勾结敌人，与政府为难。求荣逐利之心切，而不惜供人玩弄，出卖国家。这是民国历史上的大污点！政治家不论在朝在野，始终以本国利害为准绳，任凭自行其是，于国皆有益无损。所以，站在政争以外的人民，尽可袖手以观其进退，大可不必忧虑到国家的兴亡。那②知在中国所谓政治家者，类多忘却了自己是公仆，其竞私利，则知有小我而不知有大我；其争权势，则知有身家而不知有民族。为政治欲所支配，对手段急不暇择，于是乎自觉国内一无可恃，竟昧然依附外人，甘心做人傀儡，故于国家的盛衰兴败，漠然不少动于心。汪逆此次卖国求荣，就是因为这种心理在那里作祟。殉私忘公，丧心病狂，乃至出此卑污行为，而不自知惭愧自尽！

政治家处世谋国，不求急功，又不望近利，做一事，立一说，总把国福民利通盘筹虑，毋使以小害大，以今妨后。有了尚公的态度，有了远大的眼光，虽一时不见谅于国人，然国人终究必深悉了解，肃然起敬。我不说政治家不宜有权位的思想，不过在他们权位是手段而非目的。一身既负国家重任，怎得弃权位而不争？得权位于光明正大中，藉权位以行其定策，其着眼公重于私，其擘划事先于利，以比一般盗窃名器以遂卑欲者，诚不可同日而语。我亦不说政治家不宜乎有手段，不过所谓手段也者，绝非阴险倾轧，绝非僭窃篡夺，更绝非通敌卖国。我们且莫误认为政治只顾目的而不择手段，其实主此说者不外崇奉国家利害为目的，任何手段只为国家利害着想，无不值得称羡的。当代的怪杰枭雄，倡欺世盗名之术，但危害己国的行动，仍知避之若浼，其私中有公，倒是很

① 王赣愚，字贡予，福建闽侯人。1937 年 10 月到云南大学，曾任云南大学政治经济系专任教授、兼任教授。

② 那：同"哪"。20 世纪三四十年代文章多用"那"作疑问代词，后文不再注。编者注。

显明的。

汪逆诱和目的，实为求荣，求荣未成，乃不惜在敌阀的指使之下，进行卖国的勾当，直欲将国家主权民族利益，一概拱手让人。为了私欲熏心，自弃人格，自毁历史，真是可恨又可笑！从汪逆扮演的丑剧中，可以见其在政治上是无耻的投机者，鲁莽的冒险家。此人自然无所谓民族国家，其动机只在显贵，其目的只在夺位，此外盖非其所知。有人或以为汪精卫做汉奸，不仅仅要满足升官发财欲望，因为他以党国先进的身份，早是踞要津握重权之人，何必降志辱身以求"小朝廷"痴梦之实现？我们似乎不必把他当哑谜来猜。原来他就是一个欲壑难填的鄙夫，平时用尽心思以扩张自己的权势，保持之唯恐失。在国则必求自揽大权，在党则必求自居高位，大权高位只限此数，遂起嫉妒之心。在以前他倒算是时代的幸运儿，在国在党，其地位之所以进，不恃能、不恃勇、不恃忠职守法，实恃排他人以自伸。此人得志了，国运必在不定之天。总之，汪精卫做汉奸，虽具复杂心理，然为功名、为权势的动机，却居其他之上。这点我们毫无疑问。

汪逆是十足的巧宦滑吏，升官以外无伟志，发财以外无宏谋。真正政治家绝不如此，其目光集中于任事，而不集中于做官。当然，任事与做官，并不互相冲突；政治家做了官，始终不忘任事；巧宦滑吏则没有不把事摆在一旁，只做官而不任事，坐而食禄，于国尚无大害；但他们常受患得患失的心理所支配，不得不玩弄种种手段，捭阖纵横，波谲诡诈，寡廉鲜耻之风因以助长。此风不早除，所以出个汪精卫。

汪精卫二十余年来，演出一套又一套的把戏，所求的是什么，谁也瞒不住。他在得志时，自己身居中央，唯恐他人之不附己，一到失意之时，便东奔西跑，挑拨离间，又唯恐叛变之不成功。其人算作一个聪明的漂亮人物，平日为文说话，都表露着书生的本色。中国文人的传统毛病太深了，而汪逆不但全然染到，而且变本加厉。言多事少，口是心非，标高论以惑众，造谣言以伤人；殊不想政治家一言一行，必须诚实可靠，才能博得大家信仰。"言顾行，行顾言"，这是极要紧的。但汪逆太自负了，竟误认全国皆愚，惟己独智，所以滥发谬论，粗糙名词，专以蒙欺国人；到了被人拆穿，无法自圆其谎，便成众矢之的了。他毕竟是个文人，以为作文说话是万能，写篇文章，发个通电，来一演说，便可收到全效，此外有事有物，尽可一概不管。他貌似良善，而心实冷酷，一方讲主义，谈是非，对人和蔼可亲，一方却玩手段，设陷阱，不知多少人暗中上当。这种卑鄙的做法，他自己认为是天下之至巧，其实谁都知道是天下之至拙！

我们理想中的政治家，是个胸襟宽大的人。对人必著真去伪，以招互信，所谓妒才忌能，是他所避免；对法必尽力遵守，不敢轻犯，所谓目空一切，是他所不齿；对事又必切实负责，所谓求功推过，是他所不愿。汪精卫根本不是这样人，平常以能用人为得意，骨子里却想集精英供其驱使，一失欢心，就要一脚踢开，弃如敝履。现今在其羽翼下的一班文人政客，到了"狡兔死，走狗烹"的一天，只得懊悔无已！汪逆居心阴险，度量狭窄，满心想掌权，把持一切，大权在握，就颐指气使，接近者都要受亏。但此人在不得志时，亦何尝不逞意气以梗败团体，又何尝不竞私利以破坏统一，如此放荡无纪的政棍，怎样教他不出乱、不闯祸呢？往事昭彰，至今仍历历不爽！

当代的怪杰枭雄，恣睢成性，咄咄逼人，然毕竟具着过人的气节、异人的性格，而汪逆却根本比不上了。坦直地说，他根本是个柔媚无骨的文人，抗战以后，见自己地位之日下，生歪邪之念，乃至弃职潜逃，甘心附敌，降身为傀儡，让敌阀为幕后牵线之人。奉此庇人宇人主义，诚不知世间有羞耻的事，他对抗战失信心，自始不断于主和。

坚持抗战

11

和战是国家大计，只要出于为国之至诚，主和主战均无不可。我想国中主和者也不是他一人，但像他那样为主和心切，而泄漏国家机密，树立非法政权，甚至签订卖国条件，这是国法人情皆所不容的。抗战开展以来，全国上下都同仇敌忾，而不想这个党国先进，竟做了"妓女政客"。到今国人当已憬然大悟，如梦初醒。

汪精卫是彻底的汉奸，绝不配称政治家。现在出境穷蹙，树权未就，登台难成，所谓"千夫所指，无疾而死"，汪敌同归于尽，只是时间问题而已。

云南省档案馆 16 - 1 - 8/P31 - 37

中国的精神文明

刘文典①

　　热河失守之后，卢沟桥炮声以前，我在北平清华园里，和某君有一场激烈的辩论。此公是悲观的、消极的，认为中国是样样都不行的。他说中国绝对不可以和日本打仗，如果不度德，不量力的打起来，简直是自取灭亡。我呢，自幼读过一点宋明先贤的书，相信文天祥、陆秀夫、史可法、张煌言诸公的精神永不会消灭，岳飞、曲端、李定国、郑成功现在仍然活着。从前读匈牙利史学家埃密尔·莱希氏的书，有这样的几句话："自古无以战亡国者。能战者纵一时败亡，终有复兴之日，惟不敢一战之国家民族必然灭亡，且永无恢复之期耳。"这几句话我受了极大极深的感动。细看古今中外各国兴亡成败的史迹，确乎是如他所讲的这样，几乎没有一个例外。所以我坚决的说，纵然是战事毫无把握，必定亡国，为后世子孙光复旧物计，也不能不拼命一战。此公又说，他不是用人打你，是用机械打你。说到机械，中国是更加不行了。所以中国是求为南宋南明而不可得的。辩论到这点上，我更加理直气壮起来了。我说世间没有天生的机械，机械也不会自己去打人。任何厉害的飞机大炮，都是人发明的、制造的。尤其要紧的是要有智勇足备的人来使用它。譬如我们两个人坐在此地，日本兵从天上投下一个炸弹来，把我们炸死。这件事从结果上看来，固然是机械所发生的物理化学作用，我们是被机械打死了。但是稍一推求原因，投炸弹、驾飞机、造飞机炸弹的全是人，把飞机炸弹从东京运到北平，瞄②准了他所最恨的清华大学，不偏不斜往下投的更是人，更是人的心，就是人的精神思想。所以现代炮火，虽然猛烈，决战事胜败的到底还是人。如果我们的人是行的，器械虽然差些，仗还是可以打的。可惜那时候我竟无法证明我们的人是真行的，更不料中国人比外国人还行的多。

　　这一场辩论表面上未分胜负，各有各的确信。各人的信念也就支配了各人的行为。北平沦陷之后，我就学辛稼轩浮海南奔行在，因为才学不如古人，对国家毫无贡献，住在昆明，衣食住行都远不如在北平之舒服，此公则学党怀英之留仕"大金"，自致通显，生活是比从前更加舒服的了。这是机械主义者必然的结果。

　　这一场辩论和我们两人的分道扬镳，诚然是件小事，不值得多谈。但是从这上面反映出来的真理却是很大很深的。第一件，证明精神确乎重于物质。第二件，中国的精神文明确乎崇高伟大。第三件，国家的兴替固然依赖科学，然而最重要的还是这一国自己的哲学。现在分别略陈如下：

　　精神重于物质这句话并不是什么最新的学说，也不是什么西洋大哲学家的话。中国

----

① 刘文典，字叔雅，安徽合肥人。1943年8月到云南大学，曾任国立西南联合大学文史系教授。

② 瞄：原文为"描"。编者注。

坚持抗战

13

自古以来的圣贤都是这样的说，国父给我们的最宝贵的教训也就在此，国民党主义之哲学基础就在这上面，用不着我再去征引古书遗教。只要看这五年来摆在眼前的事实就尽够尽够了。日本兵的飞机、大炮、坦克车，其数量品质固然远在中国之上，其运输的便利，以至兵的被服给养都不是中国所能及的。这在西洋的军事专家，尤其是机械化部队的专家，按照他们专门精密的方式计算起来，中国和日本简直是不能对打的。可是事实怎样呢？战事初期我们诚然是失利的时候多，到一两年后情形渐渐的改观了，两边打个平手。这一两年竟完全倒转过来，总是我们打胜仗了。若论物质上的条件，日本是只有愈加优越的，机械是更精更多的。我们是物资愈加阙①乏，交通更加不便的。这在西洋专家的打算法，是更无致胜之理的。但是摆在面前铁一般的事实，中国果然是"愈战愈强"，屡次大捷，世界各国一致的惊叹，称为不可思议的奇迹。连日本人自己也承认是出乎意外，有悔不当初之意。军事固然如此，经济文化等各方面又何尝不然。试看前次的欧战，打了四个年头之后，德国的马克、俄国的卢布全成废纸，一个苹果、一枝铅笔，要两百万金之多。法国的佛郎，金的和纸的也相差到几十倍，最巩固的英镑也都大跌特跌。我们中国以经济落后的国家，内乱才稍平定，经济机构又很不健全，以近代战争费用之浩大，富源税源都被敌人破坏劫夺，以常理论之，早该破产了。可是五年多的大战之后，国家财政还可以维持，社会上也未发生经济恐慌，建设的事还能进行。这岂不更是一个奇迹。我想这要不是多数国民都能深明大义，牺牲小我，共相维持，恐怕不行罢②。至于教育文化机关，这些年来在极艰苦的情况之下，努力向前，进步发展，那更是当然的事，没有什么稀奇的了。这些都是精神重于物质的铁证。如果物质可以支配精神，南京、北平的衣食住行都比重庆、昆明好得多，暂时又不怕空袭，何以稍知自爱的中等人都不肯去呢？我也知道营养不良对人的精神上很有影响，食物里缺乏某种维他命，身体上会生什么病，可是世界上确乎有许多不吃不义之食、甘心饿死的人。你急需一些物品用，有人送给你，但是以打两个嘴巴为条件，我想十个人中至少有九个是不肯接收的。有这一点就很够，不用更去高谈什么哲理了。

讲到中国精神文明之崇高伟大，必须要把本国的文化深深研究过，又把世界各国的文化都作一番比较研究，然后才可以下个论断，才不是闭着眼一味胡说。这一点我是不配的，并且也不是日报的篇幅所许的。所以我只想举几件事实为证，不多说理论了。如果十年之前，有人说中国的军队比法国的好，中国的民德比法国高，恐怕谁也不肯承认的。可是今天呢，以马其诺防线修筑得那样坚固，兵士的教育那样高明，一旦德国的大军进攻，很快的就溃败下来，一蹶不振。忍受那样可耻的条件，纳土归降。法兰西是欧洲文化的主流，拿它来和我们一比也就足够了罢。再看中国沦陷区域里，游击队的壮烈战绩，老百姓之坚决拥护我们国民政府，使日本和伪官吏五年来总不敢离开铁路一步，至今所占的不过是些线和点，这也不是欧洲被德军侵占的各国所能做到的。上海从前是大家公认为人心风俗最坏的地方，这五年来四周都被敌人占据，成了所谓歹土，区区租界还屹然特立，有"孤岛"之称。试问在别的国家行么？我所敬佩的亡友鲁迅，为国家民族尽过不少的力。可是我对他极不满意的有一点，就是他的作品在青年的思想上有一种不良的副作用，都认为"中国的一切都是坏的"，在不知不觉之中养成了鄙弃祖国文

---

① 阙：同"缺"，后文不再注。编者注。

② 罢：同"吧"，语气助词，后文不再注。编者注。

明的谬见。甚至于由鄙视而绝望，以至自暴自弃，堕入了邪路。他以为中国人都是阿Q，何以阿Q居然发扬蹈厉起来，和世界第一强国死拼了五年之久。他坚决的说中国绝没有希望，唤醒国民，使他们尝亡国灭种的滋味，这是对他们不起，不如让他们在昏睡里灭亡的好。这些话对国民的思想上有多大的毒害啊。我十分的承认中国的文化上有许多处是急待修正的，亟当补充的。可是其本质确乎崇高伟大，经过这五年的严刻的试验，已经得着事实上的证明了。我这些时常常看见苏联的战事宣传刊物，他们的文学、美术、电影上把古代俄国的英雄又都从地层底下掘出来，极力的赞颂不止[①]。那些历史上的人物都生在马克思先生著唯物史观之前，多半是沙皇的臣仆，有几个确乎拥有很多的财产的。千百年前的人那知道阶级斗争是什么，如果生在第一次欧战之前，说不定是会替沙皇出力，和列宁先生打仗的。可是从抵抗外侮、拥护祖国这一点上说来，这班历史上的英雄确乎值得现在青年的崇拜效法，所以今天仍然把他们又从地层下翻上来奉为偶像了。程明道、伊川、朱惠庵、张横渠、王阳明诸公生在今日，不一定加入国民党，但是经他们教训，人才能从容就义。著《三国演义》和《岳传》的人也不知道什么主义，但是许多匹夫匹妇从这类书上养成了正义感，也能以慷慨捐躯。日本在维新之前，学者有过一次辩论，有人提出问题，说大家都崇拜中国的孔子，假使孔夫子做元帅，子路做先锋，带兵来打日本，我们应该怎样办？甲派说，孔子是圣人，如何敢抵抗，那止[②]好投降为是。乙派说，不然，孔子教人执干戈以卫社稷，战阵无勇非孝也，所以假使孔夫子带兵来打日本，我们应当迎头痛击，这才是真服膺孔子的教训，孔门的真信徒。主张后说的就是水户学派，今天侵华的急先锋。我以为我们今天看中国固有的文化，也应该照日本水户学派的看法才对。不能用封建的、农业社会、资产阶级的等类形容词，轻轻的一笔抹倒它。

　　第三件问题更大，更不是日报的论文所能说得清的。可是我也可以举几个例。中国所以能和日本对打，全凭三民主义。三民主义的哲学基础并不是康德、笛加尔，更不是贝格孙、杜威、罗素，乃是《礼记》上的《礼运篇》、《大学篇》，普鲁士人能和拿破仑奋斗不屈，几乎全是费希特教授的力量。前次欧战后中国人请阿伊铿教授来讲学，他说德国那时候最需要他，不能一刻离开。他所提倡的精神生活的哲学大有助于德国的复兴。法国近来没有大思想家做国民的导师，所以这回崩溃得这样快。反过来看印度，甘地的运动是以印度固有的哲学为基础，所以效力极大。一国特有的哲学是国民本能最高的表现，科学可以由别国去学，那国都是一样的。唯有这国民精神生活的指导者——哲学——不是假借来的。日本最大的弱点就在它没有自发的文化，所以吸收的东西洋两种文化都发生了中毒状态。一面要利用野蛮的拜物教、神道教等类可笑的迷信，想去防止赤化，一面又极力的鼓励人研究科学，谋工业和军备的改进。其结果是把国民弄得如醉如痴，成了手拿最新式枪炮的疯子。从前已经演过"二二六"等类惨痛的喜剧，以后还不知要乱闹到怎样为止。以上反正的例证都是近代的事实，很足以证明一国固有的文化是何等的要紧了。我希望我们的思想家、文学家加倍的努力。

《云南日报》1942年10月4日第2版

---

①　止：原文为"置"。编者注。
②　止：同"只"，后文不再注。编者注。

倭寇侵越与我边民之责任

陶云逵[1]

自敌策动南进，积极侵越，复嗾使泰国向法要求欧割地而后，这个民族复杂的印支半岛将形成一种新局势，此新局势将关系整个东南亚，盖印支半岛为大陆与群岛之接衔枢纽，地形使然也。东亚大陆包括印度与中国各地。中国西南各省，尤以滇省最关密切，盖界邻越缅两国，与泰国亦仅缅掸地一带之隔（自滇边佛海直穿缅掸地至泰国，全程不到二百公里）。今敌虽仅发端于越南，其将设法使其势力侵入全半岛，殆无疑义。由越循路侵滇，当然亦在计划之中。我政府对此已严为防范，除其他军事准备外，本月二十六日报章复载："昆明行营为严密国防起见，已令河口麻栗坡两督办署及文山、马关、金平、屏边等四县军事行政长官，实行戒严，并严密检查往来行旅。"此虽为军事期中之惯例，但在滇越交界的特殊情形之下，我认为其意义非常重大，而有急迫的需要。窃意且以为应将地域扩大，将滇南边境统划为戒严区（此文写后见二十八日报载《行营复划思普沿边为戒严区》）。

滇省西南接壤缅越，其地包括不少语言习俗不同之人群。而此各人群徙迁无定，一组一群，错综交叉，几分布于整个印支半岛。亦以印支半岛诸地本为我国边省，其人民为我之边裔。今虽强划国界而边民往返迁移，依然如故。例如我迤南摆人土司与越属之琅勃剌邦，缅属之景栋各土司与为姻娅，礼聘频繁。在商业上各土产交易，亦极繁盛，滇边与越缅之交往关系，于此可见。不仅此也，作者于抗战前往迤南考察之时，且于土人集市中发现不少日货。以其形美而价廉，日货倾销于缅越者，反较英法货为伙。转辗运输，竟乃侵入我边民市场中，此等货品非自省会运去，乃由边荒漏入，思茅海关缉不胜缉。其时世界尚保持和平局面，日人希望，初不过攫夺市场，阔裕经济而已。

我抗战迄今三年，敌已窘迫万状，彼亦自知亡我匪易，乃转而乘欧战再起之机会，急图南进，以欺其民，亦遮其丑。但以国际上陷于孤立，于是极力拉拢暹罗（泰国），以张声势，复利其优越地势，俾得牵制英法军力。泰不深察，竟堕其计，于是一向与我邦交亲睦之泰国，突变态度，对我侨胞，诸种压迫。同时复高唱民族一体之说，对泰国以外之同语言之人群土地，思有以染指。而本年六月二十一日之日泰《和平亲善》条约之签定，即为泰国中毒之明白表现。此《和平亲善》条约之要旨约为：（一）互相尊重领土，确认和平友好关系。（二）交换及协约两国共同利害问题之情报。（三）缔约国之一方，受第三国攻略之场合有不援助第三国之义务。（四）有效期间为五年。此条约实已将日寇对印支半岛之阴谋，暴露无遗。表面虽为相互平等，而实际则日寇利用泰国为工具，而泰则甘心作伥也。

几乎在同时，日向法越当局提出要求，初则为遣派日员检查运华货品，如愿以偿于

---

① 陶云逵，江苏武进人。1938 年 12 月到云南大学，曾任云南大学社会系教授。

国立云南大学教授文集（一）

是继而要求全部停运。法又恭顺服从。寇乃作登陆酝酿，九月一日"检查"团长西原向越提出最后通牒。内容一言以蔽之，终成立《越日协定》。此协定已详见各报，兹不重述。在签订之日，而寇军且自桂南遣派重兵，侵入越境，攻同登谅山。法谓其超出规定，起而抵抗。吾人方以其将继续作战，不料二十七日报载，法政府声明越南边境之法日冲突已告结束。二十六日倭已在海防登陆，亦未遭抵抗。是则法已对日完全屈服，无异自甘沦亡了。

当西原提出通牒后，越之西邻泰国亦向法提出要求，计为三项：（一）划定湄公河（即澜沧江）为泰越两国之边界及立即将滨河之四十个岛屿让与泰国。（二）将沿东北边界之琅勃剌邦及中东边之柏土区域让与泰国。（三）在越西北之拉奥斯区居留之泰国侨民（按此名词之意义甚含糊），越南须保证其安全，如法未能予以保证，则应以拉奥斯区割与泰国。据说法如拒绝此等要求，则泰国将废弃六月十二日签定之《法泰互不侵犯条约》。闻现法泰两方将作划界研究。而泰则一方面陈兵边境，且将举行大规模秋操。这整个的把戏，我们可名之谓"日泰相声带双簧"，日人主角也。泰国之要求中，使人玩味者厥维要求割让拉奥斯及琅勃剌邦。此两区之大多数人民及王室为与泰国同语言系三民族。但在法辖以前，向为独立，即使说与暹罗曾有政治关系，而其关系亦甚松弛，不足以言曾属暹罗也。泰国此番向法要求，表面虽为复土运动，收回一八九三、一九一四至一七年间被法占领之（其实并非完全属于泰国）土地。然吾人认为此举并非如此简单，向法要求，实乃泰国实行民族一体论之先声也。吾敢断言，时机一到，泰将受日本鼓动而向英要求割让英缅所属之掸族地，掸与泰之文化语言亦同属一系，泰既甘①为日人爪牙，则其对吾边民区域，亦未尝②不将藉此谬论，而思攫取。

日藉"假道"而侵越，泰藉"复土"而胁越，日已如愿以偿，吾恐法将随对日屈服之后，对泰亦将允其所请。泰为敌用，工具而已，如是则半岛之三分天下，倭有其二。目前倭对泰之亲善和平，与在昔之对朝鲜，如出一辙。泰利其饵，欣然上钩，自以为可以趁③火打劫，殊不知引虎为符，终将受累，泰国当局，何其不智如斯！

敌在我国即已精疲力尽，今且侵越。由越犯滇，虽在其幻想中，但吾当局早有准备，且滇省关山险峻，无论地形军事，敌果来犯，定遭极大阻难。然以敌之顽冥，口边之肉，焉肯轻弃，吾人所急应注意而防范者，乃敌将利用越南诸民族，混入我边地，在我边民中实行间谍④工作，尽其鼓动煽惑，离间挑拨之能事。此吾所以对报载昆明行营对河口一带实行戒严，检查行旅之令，深感其意义重大，且盼其戒严区境扩大到滇南边地全线也。数千年来吾边民对政府一向忠诚，在昔中法之役，边民立功殊伟，至今为人称道。即屡次中缅中越划界交涉，边民亦多誓忠祖国，出力极多。至我政府对边民，则一视同仁，从无歧视。此为数千年来一贯政策，而迩者政府对边地同胞大为关切。屡屡派人考察研究，思有以改善边地之生活，增进社会之幸福。如教育之推广，生产之改良，卫生之设施，凡此各项已有长足进展。自抗战以还，且有不少边地同胞，自动从戎，英勇杀敌。良以当今国族，争取生存，争取自主之时，凡我国民，无分男女老幼，语之习惯，

---

① 甘：原文为"干"。编者注。

② 尝：原文为"常"。编者注。

③ 趁：原文为"乘"。编者注。

④ 谍：原文为"牒"。编者注。

抗战建国乃为人为国民之最高天职。政府对边地同胞更行关切，而边地同胞其宜格外忠诚，不受奸人蛊惑，不为邪说所煽动，忠公体国，一致御侮，以争取生存，争取政治之自由独立。政治当以"国"为单位，民族云云，烟幕而已。至中山先生之"国族"，实为"国家"一词之演进，意义至深，不可同日语也。旬日以来，情形已趋急迫，以下各点，当为边地同胞之要务：

（一）协助政府认真办理保甲，清查户口。

（二）协助政府肃清零散匪徒及奸歹分子①。

（三）宣传抗战，自动从军，并服从政府一切征调。

滇省千里边疆，苟我边地同胞，同心协力，一致御侮，则聂耳氏之新的长城，将在边实现。敌之奔溃，为期不远，边地同胞，其共勉之。

九，二七 夜

《云南日报》1940 年 10 月 6 日第 2 版

国立云南大学教授文集（一）

---

① 分子：原文为"份子"，以下原文为"份子"的已改为"分子"，不再注。偏者注

第六纵队

刘叔雅①

  自从轴心国在欧洲挑动西班牙的内战以来，"第五纵队"成为一个最流行的名词。报章杂志、街谈巷论，都常常要提到它。德国侵占挪威以后，第五纵队的威名更震动一时，一般人提到这个名词都有"谈虎色变"之势。其实这种间谍、内奸、细作之流，是自古以来就早已有之的老把戏，毫无什么稀奇。不过像日本、纳粹德国，这样处心积虑，专要吞灭别人的虎狼之国，对于这种阴谋逆德的工夫，特别做得起劲些罢了。

  中国的古书上，很早的就有"第五纵队"的记载。军事圣经《孙子》就有"用间"的专论。据说姜太公就是特务工作的圣先。春秋战国以后，更是史不绝书。可是据我所知道的，古今中外的历史上，最善于使用第五纵队的国家，要算唐代的吐蕃，最成功的第五纵队，无过于吐蕃之取维州了。

  维州是唐代西南边境军略上的要害之地。维州城是个绝对无法攻取的天险。这座城池是三面临大江，一面是悬崖峭壁，一夫当关，万夫莫入的。那时候又没有飞机大炮，任他吐蕃的兵如何勇，将如何智，也无法攻中国的维州，所以前后左右各州县都沦陷了，维州一直还屹然□□悬着，终未被打破。这时候非出第五纵队不可了。吐蕃的□□□，就选派了四个精通汉语的美女，嫁给维州守城门的军士。讲□□到此处，必定以为是由这四个美女来诱惑她们的丈夫当汉奸，不是，不是。这样的美人计太平常了。她们是先嫁给中国守城门的军士，生了子女。等待二十年后，所生的儿子长大了，由吐蕃的母亲，叫她们的儿子半夜里把维州的城门开了，放外面的吐蕃兵一拥而入，维州城于是就失守了。

  古今中外的历史上，第五纵队的事虽然很多，像吐蕃人这样深谋远虑的，也还少见。所以我说最善于使用第五纵队的要算唐代的吐蕃。这次纳粹德国在挪威、丹麦、荷兰的种种阴谋活动，其用心之深，策划之久，怕也不过如此。日本在中国的第五纵队，其用心之狠毒，计划之久远，说起来令人毛骨悚然。例如绥远百灵庙工作的盛岛，他是冒充蒙古人，在百灵庙里做了二十年喇嘛，娶蒙古女子，生男养女。直到日本兵开进庙，才知道他是日本人。浏河之战，把扬子江口水道深浅处一一标记明白，让日本兵好登岸抄袭上海侧面的，也是一个假充中国人，在上海当过许多年领港的日本第五纵队队员。这类的事很多，很多，都是和唐代吐蕃袭取维州的情形相似的。

  我写这文，并非是要叙述第五纵队的历史。我是要教大家知道这样的第五纵队并不可怕，可怕的是另一种第五纵队，也可以称做第六纵队。怎么说呢，我们先看看吐蕃何在，吐蕃就是现在的西藏，西藏是我们中国的藩属。统治西藏的达赖喇嘛前年登位，是由中国的蒙藏委员会委员长去册封的。如果第五纵队真可怕，吐蕃人何以并不能长驱大

---

  ① 叔雅，刘文典的字。

进，夺取中原。因为第五纵队的最大效用，也不过是在一城一地早早埋伏，等待外面来攻的正式大军快要到了，来一个里应外合，使这一城一地可以早些、容易些陷落罢了。并不能用他征服一国，更不能用他统治一国。所以，唐代的吐蕃难为边患，今天的西藏还属于中国。至于现代的第五纵队，那是要经过特别的训练，耗费极多的金钱，才可以培养成功，安放进去的。还有个最大的缺点，就是只能用之于内情复杂的弱小之国，对于政教修明的大邦之国，并无多大的用处。所以德国在北欧别国用他都奏奇效，在苏联却无所施其技，对英对美也并无多大的收获。日本在中国的特务间谍，真可谓无孔不入，他们把中国政治军事以至社会上的弱点都摸得详尽万状，根据这些，制成计划，满以为"皇军"一动，几个星期就可以征服"支那人"，统治"铿锵播兹"。岂知误他们国家的就是他们自己的那些特务机关。日本的军部里不是根据这些统计报告，不会轻启战端，自陷泥淖的。所以第五纵队并不可怕。

第六纵队则大不相同了。他们既不劳日本的训练总监来训练，也不属日本银行拨款豢养。连奔走活动用的汽车，接受训令用的广播收音机，都是由队员自己出钱备办的。东京的参谋部海陆军省不用费半点心力。他们竭忠尽力的为"帝国""皇军"服务。他们的工作是在经济的、社会的方面，但是直接间接也影响到军事上。第五纵队的工作表上虽然把"毁损债券信用纸币价值"列为重要项目，但是真能使物价腾贵，危害国计民生的，还是第六纵队的事。第五纵队的活动，只要军警防范得严密，就可以无虞。第六纵队的活动是在每一个住宅商店的深处，军警是稽查不出的。例如窃听敌人的广播，又向别人传说，这在别国是要处极刑的，我却见人以家有八灯收音机自夸，毫不知耻的说他听见东京广播有何消息。这些时米炭猪肉贵些，少吃些肉也就完了，饭里放点杂粮又何妨？欧洲人吃的面包里早就放杂粮了。布匹固然很贵，在国家和强敌死拼的时候，衣服破旧也不算什么耻辱。前敌的战士，身上受了枪子弹片的伤，躺在堑壕里血流不止，一听见冲锋号，还要跳出堑壕往前冲。住在后方安全地带的人，身上既未破皮，又不发烧，却逢人大叫其苦。并且凡是造谣言的，轻信谣言的，无理抬高物价的，因物价腾贵就悲观叫苦的，他们都是第六纵队的队员。这班人们虽不是东京参谋本部派遣的，他们的言语行为都正是东京参谋本部所最高兴、最愿意的，这班人自己替敌人组成第六纵队，一半是由于无知，一半也由于无耻。要知道在今天国家危急存亡的时候，自己忍耐劳苦，勉励别人也忍耐劳苦，这是一个国民最基本的义务。这点道理都不明白，还算得一个人么？况且市面上三炮台香烟、绫罗绸缎、各种补品都并未绝迹。你如果真有技艺能力，是个好工程师、医生、律师，就可以依然像战前那样的享受。一个人如果并无更远大的希图，只想吃油穿绸，这似乎也还不是什么难事。要是在今天国家战费浩繁，通货不得不膨胀的时候，因为吃不着几毛钱一斤的肉、半元一听的三炮台烟，就对于军国大事发悲观的论调，那不是无耻是什么？

第五纵队把一城一地取去，大军一到就可以克复，所以并不可怕。唯有这种第六纵队，侵蚀整个组织的细胞，动摇国民必胜的信念。他们无意的做了国家民族的罪人而不自知，真是既可恨而又可怜的众生。我们对于这班人，一面要以慈心视之，一面也要痛痛的鞭挞策励，望他们忏悔，促他们觉悟。

《云南日报》1942 年 11 月 13 日第 2 版

国立云南大学教授文集（一）

对日本应有的认识和觉悟

刘叔雅

民国二十年的秋天，九月十八日半夜里，霹雳一声，日本兵占据了沈阳。接连着占据吉林、黑龙江。几天之内失地几省。后来又进攻热河，占据冀东两十县。这时候全国人都悲愤万状，痛心疾首，可是我个人的心里并不悲伤。因为这些事日本人是早已昌言不讳的。等到"九一八"方才实行，在他们已经是失之太晚了。况且"多难兴邦"，"殷忧启圣"，"无敌国外患者国恒亡"，都是千古不变的明训。所以我是既不惊讶，也不悲伤的，我确信只要中国人能因这回的创痛而愤然觉悟，团结一致，御侮救亡，国家必然能振兴。目前虽失去几省封疆，将来必定可以恢复的。

最令我痛心的，是一般国民对于这个紧隔壁的虎狼太不注意，太无认识，尤其可悲可叹的，是号称知识阶级的大学生，以及居于领导地位的人。说到日本侵略中国，他们自然不能不相信了。说到日本人要统一世界，许多博士硕士先生们，有的摇头冷笑，有的说"真有这回事么"，现出将信将疑的神气。一直到去年十二月七日，许多很有地位的大人先生们，都还认为日本人对中国虽然凶暴残忍，对欧美总还是惧怯的。"九一八"后，我说日本这回有对中俄英美四国同时开战的决心和准备，听的人都说是□话，有几位现时还在昆明□□□□□□□不知作何感想。日本袭击珍珠港之后，许多人著书立说，主张美国应该"不顾一切，开动大舰队，直捣东京湾"。又有人主张，新加坡的军港应当拼命死守，等待英国的援军。凡此等等的主张议论，不但反映①出他们对于军事上缺乏常识，也可见这班人对于日本还是没有认识，自己也没有觉悟。

他们对于日本认识不清，所以估计也就错误。在日本初对英美宣战的时候，以为区区日本，岂能禁得起英美的一击。不久自然就是英美的联合舰队直扑东京湾，继之以占领大阪神户。指顾之间就是扫平三岛，大唱凯歌，天下从此太平。这种心理是最要不得的。因为这种的幻想，不知不觉的把艰②苦奋斗的精神松懈下来。忘记了要想打倒日本，还是全靠我们中国人流血流汗。英美的海空军无论怎样的强大，要应付整个的大西洋，已经很不容易了。再要左右开弓，撑持太平洋上的战事，维持印度洋上的优势，这岂是一蹴可就的事。海军要维持大西洋、太平洋、印度洋，就是全地球上的海面，陆军又能开几百万人到我们中国地方来打日本兵，这是一件办不到的事。

据我看来，日本很狡猾，要想把他海军的主力舰队诱到于我们有利的处所，一举击破，这是很难做到的。他既然占着地理上的优势，实力又很雄厚，进攻他们的海面，把他的主力击灭，这更是很困难而且很冒险的事，现在我们盟国方面建造轮船和飞机的能力诚然是日有进步，超过敌人，可是要想靠飞机运输几百万大军，这是不可能的。以现

---

① 映：原文为"应"。编者注。
② 艰：原文为"坚"，下同。编者注。

代的军备说，一师陆军，连同大炮坦克等等笨重的武器，再加上相当数量的弹药粮食，要多少只大船方才能运输得来，这个我不知道。第一次欧战初起的时候，还无所谓机械化部队，据那时候的专家估计，每一个兵要六吨的船位，才能运输到远洋去作战，就是一千名兵要用一只六千吨的大运输舰。现在姑且以加倍计算，也就是一只万吨以上的大船，才能运一千名兵，一师陆军，连同大炮坦克、弹药粮食，恐怕非十几只万吨的大船不可。现代各国陆军作战，每一师兵的大炮、机关枪、步枪发出去的大小子弹，每一分钟大约都有七八百吨之多。试问三五师兵每一点钟要放多少。一师陆军和随身带的武器，有十几二十只万吨的大船虽可以运来，以后作战用的子弹给养，只怕非有几倍于此的大运输舰在后面往来运送不可。纵然敌人的海空军都归消灭，路途上畅行无阻，这也都是很难的了，何况天下事那里有这样的如意算盘可打。要把敌人的海空军完全消灭，谈何容易呢。

日本在中日、日俄两次大战的时期，确乎有过很伟大的政治家和将帅。他们谋国之忠，用心之苦，都很值得后世的钦佩。例如外务大臣陆奥宗光，在甲午战前战后的种种谋略措施，他的遗著《蹇蹇录》，写得历历如绘。日俄之战的总参谋长儿玉源大郎，在辽阳奉天几次胜利之后，度量当时的国力不能再继续往下打了，生怕再战就要吃亏，不惜以前敌总参谋的身份①，屡次催政府赶快议和。海军大臣山本权兵卫，在日本海军全师而胜，功勋显赫的时候，极力的主张从速议和。那一次在美国朴兹茅斯定的和约，日本未得分文赔款，俄国未割一寸土地。库页岛原是日本的，俄国恃强，以千岛换去。这时候也只退还一半。和议成后，国民都愤极了，东京发生大暴动。可是政府当局鉴于国力快要尽了，不惜忍痛迁就，这都是近在□□十年前的事。今天的日本诚然是军阀专权，议会、政党、贤明的政治家都退处于无权，但是要说他的军人全是疯子，重臣全是混虫，毫无把握，把国家轻于一掷，那却也不见得。他在军事上没有五成以上的把握决不轻于动手。这是看他在中日、中俄两次大战前的准备就可以推想而知的。再看这次日本兵在马来半岛作战，其训练的精熟，行动的巧妙，在缅甸作战，其布置的周密，计划的深远，处处都可以看得出他是早已处心积虑的在那里打算，决不是现时当国的几个人逞一时的意气，冒冒失失的把国家作孤注。

况且在五六年前出兵侵略中国的时候，还有少数明达之士不赞成这种无名之师，虽不敢公然反对，暗中却很持异同，很不一致。现在是大敌当前，和世界的最大强国作战了。这在他也是国家危急存亡的生死关头了。从前对中国作战，很有些厌战反战的，兵士并不十分奋勇。现在是和第一等的狠手对敌，士气大不相同了。纵有少数不赞成的人，现在也不能不团结一致，共救他们国家的危难了。他的初期胜利，一半固然是由于地理上的优势，一半也是他海陆空军将士的努力挣来。英国首相邱吉尔，美国总统罗斯福，在战端一开的时候，都大声疾呼的教国民切不可把日本估计低了。这真是有真知灼②见、贤明的政治家。

我们中国在七七事变之后，袭击珍珠港之前，原是独力抵抗大敌，并未预先算到今天会和英美并肩作战的。现在局势演变成这样，当然是于我们有利。我们的胜利是更有把握的。但是我们早应该有一种觉悟，有一种认识。就是日本从前好比一个野兽，现在

---

① 份：原文为"分"。编者注。
② 灼：原文为"卓"。编者注。

是一头负痛的野兽，自觉处境很危险的野兽了。打猎者遇见这样的野兽，是要加倍的小心，加倍的努力。古人说得好："困兽犹斗，何况国乎。"我们一方面得着了强大的盟邦，不再像从前的独力撑持，这当然是大可庆幸的。一方面也要觉悟，今后打倒日本是要我们比从前加倍努力，加倍吃苦的。无论英美的海空军如何大胜，决最后胜负的还是要靠我们的陆军。盟邦的资源无论如何的充实，能接济我们的终有限度。我们虽然有人助力，敌人也比从前更加勇猛。我们不但不能存半点依赖的心，还要比从前更加奋发，才可以得到最后的胜利。我们今后遭遇的困难必然是更大更多的，全国军民都要比前五年更能忍痛，更能吃苦才是。

我看见有一些人们，在日本一对英美开战的时候，就巴不得英美的大舰队立刻开进东京湾，好像自己已经快要不支，急待别人快来援救似的，这已经好笑了。孤悬万里外的一个新加坡，英国军事当局早已决定放弃的，大家却大□死守。还有人说"新加坡关系全局，一旦失守就不堪设想"的。不知道英国现时既未有强大的主力舰队驻守远东——过去、未来也不会有——何必出太大的牺牲去死守，纵然新加坡死守到现在，又有多大益处，英国的参谋部不是□子，岂能用几百只运输舰，几十只大兵舰，悬军万里，蹈帝俄波罗的海舰队的覆辙，来白送在印度洋里。英国放弃新加坡，美国未派海陆军来救菲律宾。尽日本人得初期的胜利，让他的兵力分散，反处于随处要设防的不利情况，这正是两军事当局贤明的举措。不斤斤于一城一地之得失，不求急功近利，专从日后的远大处着想，这才真是高明的见识，制①胜的长策。

有些人对于日本认识太浅，以为他和英美一交手就会大败亏输的，早早的就盼望英美直捣东京。及至看见日本攻取马来，攻取马尼剌，席卷波罗洲，很快的得了缅甸，又认为日本人真是无敌于天下，竟替云南怀杞人之忧。这班人对日本固然是太不认识，对整个世界的局势也是茫然。历史、地理上的常识都未免欠阙，军事上的见识更谈不上了。要知道：日本人早已把全部亚洲都视为自家囊中之物，多年来早有对英美作战的准备。东条纵然持重，别人也是要打的，一个是处心积虑的志在必战，一个是多方迁就。要想避免战争，一个是天然的占地理上的优势，一个是悬军万里，处处侧面受攻击。这样的战争，日本人初期得的暂时的胜利，这本是必然的结果，毫不稀奇，就是英美遭到更大的不利，也是意料之中的事。现代战争是全部国力的赌赛。运动场上看赛跑，凡是一起手就狂奔猛跳的，不到半途就要落伍。首先达到决胜点，夺得锦标的，总是那起初并不狂奔，到最后几分钟才显身手的人。

我们对于现时的战局，应当把眼光放长放远。一地的得失固然不足计较，一舰的击沉也无关两军的胜负。英美大军在北非洲登陆，也还不能就算第二战场的开辟。就算开辟罢，战事的前途还辽远得很哩。希特勒的政权崩溃了，日本还有些时挣扎的。我们只当准备尽我们庄严的责任，在这一场全世界长期大战里，尽最大最善的努力。我们先要有长期的努力才能完成反攻的准备。反攻的时候更要有十百倍于从前的牺牲才能战胜这个倭寇。他到那时候是真拼命了。从前和将来是大不相同的了。五六年来所用的战略战术，到那天只怕都不适用了。一旦全面的反守为攻，牺牲之大，消耗之多，都不是现在想像得来的。两边各出几百万大兵，作最后的决战，其猛烈的程度必不在今天苏德大战之下。从前几年的战事，比之将来的，不过是小规模的演习而已。轰炸东京大阪，减少

坚持抗战

---

① 制：原文为"致"。编者注。

敌人的抵抗力，截断日本和大陆的交通，使他的兵员军火，都难得接济，我们的盟邦海空军都优为之，但是和在中国的这几百万野兽格斗，还是我们的事。那时候这班野兽的兽性恐更要大发，在各处焚掠破坏得必更惨，但看明朝少数倭寇在沿海沿江蹂躏的情况，也就可以推想得到的。百十个亡命的倭寇，可以由浙江上岸，一直焚掠到安徽，江南一带都遭荼毒，这次几百万的日①寇，必不会束手就缚的。我们正待要有几百万人牺牲，几千万万的财富消耗毁坏。今后要忍受的惨痛十百倍于前五六年。我们如果没有苏联那样的准备，那样的艰苦卓绝的奋斗，怎样应付这件大事。所以过于期待英美的，是自己忘记了任务之重大，过于重视日本的初期胜利，也是自堕了信心。惟有埋头苦干，预备接受十百倍的牺牲，忍受十百倍的痛苦，是我们的本分。英军在北非大胜，只能使我们兴奋，并不能减少我们的牺牲。瓜岛南太平洋日本虽败，也只加重我们的责任。从前把日本估计得太低了，日夜盼望英美的大军马到成功，后来又把日本估计得太高，看见他在南洋各处胜利就害怕，这都是卑劣怯懦心理的表现，万万要不得的。我因为十个月来，听过几位所谓知识阶级、身居相当地位的人，笔下口头都不免犯了这样的毛病，才写了这许多的废话，希望从这班人的心里，把这两种心理拔除，免得作祟。我认为这都是很不祥的东西，一日不可容的。阿门。

《云南日报》1942 年 11 月 28 日第 2 版、第 3 版

国立云南大学教授文集（一）

---

① 日：原文为"剧"。编者注。

辞岁辞

费孝通①

这一年，真是矛盾的一年！

去年过年之时，我们束紧了腰，咬紧了牙，眼看着还在猖獗的顽寇，点着头，鼓着勇气，"天快亮了！"苦罢，死罢，我们已看到了光明。□年□不算太长。我们的子弟已长成了，为了人类的和平，谁姑息自己小小的性命，只要有出头的日子，什么代价都不为太高的。

是的，那时候，我们眼见四周的腐败、卑鄙、无耻，在我们的追求光明中，与日俱增地滋长不已。可是，我们相信胜利的降临中，这些黑暗总必会被清算、被消除的。我们耐着艰难和不平，为胜利而工作。

日历一张张撕去，胜利也一天天接近。德国屈服了，日本在战栗，从战栗而挫败，从挫败而投降。秋风从天边吹起，淫威和暴力比落叶凋零还衰败得更快。国际的强盗，反缚着手，等待最后的审判。

记得胜利来临的那晚。人从床上跳起来，人从家里奔出来，伸开着双臂，心跳得是阔别的恋人，从天下降。和平、康乐——多少岁月了，泪水润湿了千万双感激的眼睛。人跪在地上，吻着可爱的大地，仰起头，两手放在胸前，苍天的恩惠，祖宗的积德。孩子们拉着孤独的母亲，打听着万里远征的父亲的消息。年老的父母，开着门，守着残灯，"儿子们快回来了"——久候的和平将要使家人团聚，荒芜的田园，在来春长满禾麦。天地有灵，幸福将回到正义的人的身上。

可是——我怎忍心写上这"可是"两字，我又怎能不用这"可是"两个字？——可是，和平和胜利却分了手，久盼的团聚，久候的复员，却并无消息。开着门，吹进来的却是严冬的冷气，飘进来的却是比雪还寒的噩耗。内战已蔓延到四方，枪声却正在开始。

惶惑，惊骇，形容不了人民的心情，这是近于不可能的。我们的流亡，我们的挣扎，我们的受苦，我们的牺牲不是为了和平，为了幸福？多年的战争，已使每一个人切肤的明白，在相互的屠杀中，得到的惟有灾难和不幸，我们接受战事是因为我们不忍见自己和子孙承□暴力的奴隶。我们是向暴力向强权反抗，可是反抗的胜利怎能是暴力的压迫，强权的抬头？这是不可能的。可是，不可能的却毫不含糊的在实现，就在我们眼底实现。人民有的是愤恨，是厌恶，是痛心。

胜利已得到，和平已丧失的矛盾，在国际再度大战的谣传和国内政党间武装冲突的事实里，像一双染血的魔手般，趁着寒冬的西北风，抓住了热血沸腾的人心。无边的黑暗，人民在"天快亮了"的信心中，进入了没有月亮、没有星星的夜尽晨始的一刻。

---

① 费孝通，江苏吴江人。1939 年 11 月到云南大学，1946 年离校，曾任云南大学社会系教授兼系主任。

内战在蔓延，人民在醒觉。

经过多年为民族争生命的人民，已经不是多年前任人摆布，为别人的虚荣名位任抛性命的人民了。人民要求和平，要求幸福是坚决的。每一个坚决的心聚拢成了不可违抗的命令，人民的命令。我们不袒①护谁，谁违反不可内战命令的即将受到人民的椎击。人民有什么力量呢？没有坦克，没有冲锋枪。是的，不错。可是人民所有的却不是武力所能剿戮的民心。在民心前武器会失去效力。武器没有用的暴力是的懦弱②。

人民不忘恩，也不记仇。人民所要的是全国人民大家可以享受的幸福。人民是包容的，是成全的。人民所指斥的是破坏大家幸福的不义之战。

谁不承认，各人有各人的利益，各人有各人的志趣？谁不承认，久经丧乱的中国，问题重杂，艰难万分？谁不承认，即是大家要为中国好，见解可以不同，计划可以分歧？可是，这里有一个基本的、简单的、不能否认的事实：中国人民决经不起加重的破坏。人民需要休息，人民需要复兴。一切的分歧，一切的异见，只有在维持和平的前提下，取得谅解和迁就。那方有错误，人民可以原谅，可是是有限度的，不能破坏八年抗战中争来的民族转机。

人民要求和平的力量，终于在这矛盾的一年的结束时，发生了效果。争取胜利的决心得到了胜利，争取和平的决心，也必然将得到和平，我们回头看这斑斑血泪的一年，其中有着狂欢的记录，也夹杂着愤怒的伤痕，可是一年是过去，在这除夕声中，我们有着一些安慰，抚着身边天真的孩子们，怎能不在模糊的泪眼中，隐约看到他们幸福的成年。"为你们，我们流了汗，流了血，为了你们！"

《正义报》1945 年 12 月 31 日第 2 版

---

① 袒：原文为"坦"。编者注。
② 原文如此。编者注。

伪自由

姜亮夫①

假设"自由"是"天赋人权";也与其他一切自然冲动的欲望相类似,则这个问题——自由——很简单!一任人的"天机自然"好了!但人类自认识让我们游泳的这个宇宙,实在不够全人类"天机自然"处去自由了!!——人类的物质需要渐渐大于宇宙的生产,人类的思想渐渐大过宇宙的范围——于是产生了一种"制度"(社会的、政治的等等)来范围我们,后来又因"制度"的成分之配合,有大小、轻重、缓急、强弱的不同,而产生了许多不同的学说,于是"自由"才被"理性"、"信仰"诸端所范围,而脱离了"冲动的"、"情感的"、"欲的"、"有我无物的"、"无信仰的"这类"天机自然"的形态,而我们另外将那些"冲动的"、"情感的"、"欲的"、"有我无物的"、"无信仰的"非理性的这些冲动,叫做"自私",所以我们现在所争的言论出版结社信仰等自由,无一件不是有个中心的学理,健康的理性,与坚实的信仰为根据,这是"自私"与"自由"的最大分界,所以由我们有理性的人类看来,禽兽只是自私,而不得认为自由,这是人类最可宝贵的发现,是完具的人格的第一条件。所以"不自由吾宁死",但若我们争的只是自私(财富自私、官阶自私、党派自私、名位自私,甚至一个民族的自私),当然与禽兽等类!

但进一步来看,这中间还有个真伪问题,真的自由,是自得的理性,而不是一时的愤嫉,中心的信仰,而不是随声附和。换言之,有独立自主的理性与信仰,算是真自由,无独立自主的理性与信仰,是伪自由。这其间不容有丝毫混淆。

但"理性"二字,此处得多几句插话来说明。

什么是理性?简单点说,是使我在周遭的环境或人群中,有一种消极对人无损、积极对人有益的安排。小言之,是对我的家庭亲族的相处的道理;大言之,则可推及我对社会国家民族以至于全人类的相与道理或控制方式。这种理性,虽然也因人群进化的方式而多少有些变化,但它的进化,总是以距离兽性愈远为准则。换言之,它天天在从减少人类的斗争与侵略的道路上迈进,但是因了我们人类还未走到真的大同之世,各民族间多少总有些历史因力的差殊,所以理性的范畴,多少也带了点国际特殊现象,这也是我们生于今之世的人,所不能不顾到的一些事实,也是我们生于今之世要讲自由的人,所不能不顾到的一些事实,也是我们生于今之世,要讲自由的人所不可不稍。

要是我上面自私自由之辩,自由真伪之辩,未曾说错,则举以衡论世事,便可以看出许多牛鬼蛇神,假冒自由的混子,以及被人处着分的许多可怜的奴隶!

譬如公民投票,解决他们自己的政治上的一切"制度"、"问题",应当是最好的公

① 姜亮夫,字寅清,云南昭通人。1942年1月到云南大学,曾任云南大学文法学院院长、文史系教授。

民自决的办法，但是要使这些公民还未有真实的认识，即是还未有真实的自主的理性与信仰，则这种自决是假的，这种自由是伪的。假使更加上些不相干的"非公民"来鼓动、来参加，这些"非公民"，应该是牛鬼蛇神的自由混子，我们不应该承认他有自由的资格。

又譬如言论自由，要是这句话是我自己想说的，应当说的，而且也言之有物（有独自见地的理性与信仰），说出来我可以自己负责，那真是应自由的说的。假使是替人家做应声虫，做放音机，不论其为做圣贤的放音机，做老师的放音机，做时髦空气中的放音机，做华盛顿的放音机，做莫斯科的放音机，总而言之，统而言之，只是放音机，只是自由言论。假使只是一些私愤之言，一些专制时代做奴隶时的又得主子或寻不到主子而发生的一些牢骚，这算中心无主，非自由。或者要利用一下子言论，以要某种恩惠，升官发财；或利用一下子言论，以求某部分人欢心。譬如对青年说激昂慷慨的话，坐在象牙之塔里高谈普罗列答利亚，或者今天这样说，明天又变作那样说等等，这些都只好算不由衷之言，算是巧言，只算是言辞诡随，这些人都不配说自由，也不配争自由。假使要说要争，也只是伪自由，甚至帮凶。

又譬如近来才公布的所谓雅尔达秘密协定，中国未曾参加，而宰割中国的领土与权利，在中国谓之不自由，而高唱民主、高唱自由的国家，意外贪得他人的领土权益，这是侵略，是反理性，是强盗心胸，则他们所唱的自由，也是伪自由，要是我们还要反而为之辩护，为之辞说，那更是出卖自由，出卖完具的人格。

这一类的例子是举不胜举，并且我也相信现在正在赶着争自由的国人，个个心中都有这些意思。也许比我还更说得出些，然而一碰到实际问题，便只听见些替自己私人私党打算的争地位甚于地盘的言论。只见些庇托于一些半生不熟的贩来的理论，只见些前言不符后语的事情，只见些失了理性控制的幼稚与可笑的愤言，只见些扰乱社会秩序，撕毁社会规约的乱言，只见些替主子打算而不管国家民族前途的谬论，只见些造谣生事的谰言，整个国家，只见些私争私斗的人，置国家民族的大难于不顾，而自己去帮凶，去出卖灵魂，当一切理性与信仰，都没有，而偏要高唱争自由，这真是伪中之伪的自由。我们遍读历史，每当一个为真的主义而奋争的时代，一定有若干真真诚诚、敦敦笃笃、不折不扣的人，在那儿领导，也必定有一股真真诚诚、敦敦笃笃、不折不扣的群众，在后面跟着，脚踏实地地走。我要请问现在我们的争自由的志士，请你们自己想想是不是"自私"，是不是伪自由，有没有几个真真诚诚、敦敦笃笃、不折不扣的群众跟着你们，呜呼！伪自由者仍其多也！

但这些都还不要紧，我担心这种斗争，教坏了我们青年！

《正义报》1946 年 3 月 17 日第 2 版

国立云南大学教授文集（一）

"七七"的教训

费孝通

今天是第十个"七七",也是胜利后第一个"七七",九年来所盼望的胜利是达到了。可是,面对着这国共相持,和战不决的局面,今天应有快慰的心情完全没有了着落,我们不能不怀疑的问:"历史怎么这样不肯进步!"

现在没有人会再认为"七七"是自取灭亡的轻举妄动了。当时,我们若不太健忘的话,不是曾有"唯武器论"的人,觉得和日本开战是以卵击石。他们曾把人民抗战的要求视作庚子时代的蠢举。为什么?因为他们忽略了人民的力量,而迷信了武器。当敌人手上有着火力较强的武器时,在他们看来,惟有屈服的一路,当奴隶也是活该。历史给他们一个明白的教训:"七七"是武器较差的中国人民为了要保卫他们的人格和生存,向武器优越的日本宣了战,结果,人民是胜利了。

历史要能进步的话,是要人能接受教训。可是事实上,却并不如此。"唯武器论"的看法依旧支配着多少人!在手里拿着优越武器的人,还是想以武力来①解决争端。我们不论相争者谁是谁非,用武力来解决争端的方法是不可靠的,因为"七七"是一个见证,谁迷信武器,而不顾人民的要求的,绝不会达到所要的目的。

"七七"告诉了我们民族的复兴只有团结。中国人民若集中了力量去做一件事,绝不会失败的,抗战如此,建国也是如此。我们当然记得,在"七七"之前多少年中,我们不团结,国共从宁汉分裂之后,一直在战斗,消耗国力,把建设的机会白白送掉。"九一八"把我东北的国土割走了,内争还是不停。先安内,后攘外。结果呢?由东北而内蒙,由内蒙而华北。为了内部不能团结,对于外敌只有屈服,何应钦《梅津协定》准备着第二个满洲国的上演。可是,人民不允许国家的命运就这样被断送,于是"一二·九"的运动发生了,要求团结,要求抗敌,于是"西安事变"发生了,要求团结,要求抗敌,这样才挽回了国运。"七七"才能在人民一致团结的精神中出现。现在应当没有人再能认为"一二·九"、"西安事变"是奸党的捣乱了罢?若是没有这团结运动,绝不会有"七七";没有"七七",我们会眼看着华北成为东北第二。当太平洋战事发生时,我们必然②将做轴心国的炮灰,现在也将以轴心附庸的身份听候联合国的宰割了。

这又是一个极明显的历史教训。历史若是会进步的话,在我们面前也只有一条路可走,就是团结建国。可是,事实上,并不如此,历史似乎在倒退,倒退到"一二·九"以前的局面。

人不应当太健忘,"一二·九"以前的局面是:"九一八",《何梅协定》,华北特殊化!或者有人以为现在日本已经战败,怎么会再演"一二·九"以前的局面?可是我们

①　来:原文为"是"。编者注。

②　然:原文为"燃"。编者注。

不要忘记，口头上尽管可以叫"天下一家"，实际国际政治离着这个目标还远。一个内部分裂、内战连天的国家，绝不会有抽手旁观的邻国。

"九一八"是第二次世界大战的导火线。将来写这次战史的人，必然会从"九一八"写起，而且还要加上一章，"九一八"的背景：中国的内战史。中国放弃了第一次世界大战之后和平建国的机会，才招致"九一八"。"九一八"鼓励了侵略，形成了轴心国。

我们若把今后的日子倒退走，再走到"九一八"的背景里，内战不止，历史又会重演一道，那就是第三次大战史的序言。

人是历史的动物，那就是说我们要纪念历史上重要日子的原因。我们纪念"七七"，是在领会"七七"给我们的教训。

《正义报》1946 年 7 月 7 日副刊第 1 版

"七七"的历史意义

姜亮夫

从民国二十六年的今天算起，现在恰恰是九周年进入第十年，从日本投降算起，也已满十个月，从东北问题而引出来的"七七"因了东北的烽烟仍未息，临到了这惊心动魄的日子，一方面令人惘然，一方面也令人会细细的去回索。

百年以前的日本，是中国文化孕育出来的一个幼苗，自从与另一个文化圈接触后，它脱离了宗邦而蜕变；而我们则始终摆脱不了几千年的文化"因力"！从此分道扬镳，它把它的教育，整个放在图富图强的道路上，愈到后来的青年，愈踏上以侵略吞并为怀的新英雄主义，闹成近数十年少壮派军人的跋扈；新英雄主义之武功派的西乡隆之党，主张对东方弱小民族用兵，以扬国威，驱使他们的一切党羽，发动一切冒险的举动，以贪天功。甲午战后，把琉球、朝鲜、台湾渐次吞下去，这好似一把钳子有了前端，算是第一步得手，蚕子爬上了桑叶，便想再进一步，幸当时三国干涉，收回辽东未酿成大事而《中俄密约》，又促起它的警①惕，侵我之念益急！到庚子祸起，日俄战争跟着一来，它在东三省立下了特殊势力的基础，它爬上大陆更建帝国的迷梦，得了些根株。

这些便宜讨的太大，骄纵了一切日本妄人。妄涎放肆在一个老弱无力、纷争不已的中国侧边，每妄涎一次，总得点好处，更加上政客、外交家的夸诈，秘密参加中国的一切内乱，极尽其挑拨间离的能事，诸如戊戌政变的参与，辛亥革命的操纵与干涉，袁世凯帝制迷梦的推动，甚至于《防共协议》的订立，二次革命的策动，与及中国一切内政上的纷争，都莫不由日本从中操纵，摩拳擦掌，多方捣蛋，对它虽有得有失，毕②竟得多失少，但当时的列强，也参加了东方侵略的竞赛，它无机独自下手，相忌三分，待第一次欧战结束后，它凭空添了许多战略上极有价值的委任统治地，它觉得外围据点已有着落，蚕食已不足快慰！要来一次鲸吞，乘袁世凯有所希冀，来一次"二十一条"的要挟，这是图谋整吞中国的第一手。因了我们民意的坚决反对，经过华盛顿会议，造成国际均势，日本稍知顾忌，我们才又苟延了若干时日，其后张作霖对日的态度，也日见其不为浪人与新英雄主义及一切夸诈之家所利用，看看已到口边的东北，又将回到老家，而国民革命军的北伐也已成功，它！日本，着了慌，然后不惜炸死张作霖，以求保持在东北的特殊力量，而急进如田中义一这等人，天天在砺③兵秣马，随时准备着夺取的姿态，田中奏折，此时打动了若干日人的狂妄思想，成了日本对华及对整个亚洲的侵略全盘计划，也成了征服世界的一种"梦影"。

此时少壮派军人在国内渐渐抬头，大有肃清稳健人士之决心，于是而二十年九月十

---

① 警：原文为"惊"。编者注。

② 毕：原文为"必"。编者注。

③ 砺：古同"厉"。编者注。

八日沈阳事变作！军人跳出了重臣元老的支配，顷刻之间，把东三省一口吞下。隔年一月二十八日，钳形攻势的一端，在上海爆发，十九路军的奋起抗拒，及列国间舆论及各方面的抑压，使它在南方得了些便宜而收了手！回过去消化东三省，初初向世界申诉，东北是他们的生命线，为了对付国联调查团的谴责，更唱出满洲人的满洲谬论，而由文化骗子为之证成，成为后来溥仪的傀儡王国，这仍然是抄侵吞朝鲜的故伎，到了这时中国全国上下，才知道田中奏折不是狂言，而是有计划的妄行，幸而全国已渐渐统一，而此时人心都在想解放的政策！一切帝国主义者给我们的缚束，第一步应当是对这位"芳邻"的以牙的政策还牙，日本成了我们革命的第一个对象，它当然知道我们的政府也渐渐在作准备，民气一天天在高涨，它于是赶快部①署，随时在些重要地方用浪人演些全武行，耀武扬威，把我们迫上备战这条路。而在北方，则以东三省为根据，一步步往华北一带跨进，而它的特务浪人，更猛施其阴险夸诈的技术，一面思把满洲的扮演，再套到蒙古，到蒋先生西安脱险，它知中国民气已养成，非下手不可，于是在二十六年七月七日，在平郊卢沟桥发动攻势，以往日人在各地所玩的炸药，都不曾大炸，这次可玩到最猛烈的炸药了！谁又料到这点炸药，总解决了中日六十年来固结不可解无法解的问题！"七七"！初起也许是很不祥的日子；现在成了我们追忆中最快慰的一种象征之词。从这一天起，它！"七七"！替我们解决了阴狠恶毒的邻人，也湔洗了近百年来的国际间所加于吾人的耻辱，也替东亚解除了一种惶恐与不安，而且它还是民主与纳粹这两大思潮分野的斗争的先锋！在它以前有纳粹，从它以后历史上不再存在！

当然"七七"历史意义的高度价值，是中华民族的血肉换来的，起码这个大鼎应由我们执掌！虽然最后胜利是由我们的盟国美、苏、英等国的协助！

因了"七七"事起，我们正式抗战，于是把自鸦片战争以来列强所加于我国或远东的锁牢也从此解放来一次总清算。

原来自"九一八"东北事变以来，日本欲独吞中国的心肠已举世之所共知，待我们申诉于国联才组调查团，由李顿率领到东北去调查，其实这是一件是非分明的事情，百分之百是一种侵略行为，然而当时列强间都各有心病，又都想在这大鼎里面染上一指，并不是一种最公正的态度，所以当时调查团团员几乎全部是各大国的亲日分子，事事迁就日本，全部精力，倒是在调查中国不能废止领事裁判权，不能交还租借地，几乎全盘是替日人说话。我当时在上海、南京两处的报纸上发表过一篇评论调查团报告书的文章，其中有几段云：

报告书第九、十两章，显见其不能以光昌之理智，驭控其自私之情感！

调查团不能说明"九一八"事变之责任，而以"实因满洲具有许多特点，非世界其他各地所可确切比拟者也"为兹论之结论，试问盈天地间，有此等论证法否，譬如有邻人穿堂入室怀其宝而去，判官乃曰："良以此案既非此人对于彼人之行遽盗窃之事件，……实因怀宝，具有许多特点……"此言无异："因为中国有满洲所以才引起日本的侵略，更转进一层即当为：'欲解决中日问题，惟有把这个具有许多特点的满洲交与国联共管'，于是而诸公之心得意满，而调查团使命不辱矣。……"

我对于报告书中所谓十条圆满解决的方法，逐一驳斥，我的结论是：

总而言之，调查团非以解决中国东三省之纠纷而来，乃是群集于日内瓦之诸帝国主

国立云南大学教授文集（一）

义者，审量其所谓国际之自私利益而来，吾人敢大声以报告于国人曰，调查团者，帝国主义趁火打劫侵略中国之代表先遣队也。话虽说得过且直，而调查团有帮凶之嫌疑，是不可否认的，这是使日本的狂人继续侵略下去的最大原因之一。当时与远东关系最大而最有力的英美两国，也过分的姑息养奸了！一跨到"七七"这个阶段来，中国冒万死抵抗，把日本的老本钱拖了出来，凡于有租界的都市，设领事的地方，大体都入了日人之手，英美由不自安而渐入于被迫参战，香港、马来亚失去，英国不能不防珍珠港再来一次奇袭，才真把英美惊醒，知道它志不在小，于是中国的抗战，才被他们渐次看重，而如火如荼的第二次大战烈焰，才把中国顽强抵抗的价值加高，被认为是朋友。我们以艰苦牺牲，换得了友情，也解除了百年以来的羁勒，洗尽了百年以来的耻辱，同时印度、缅越的弱小民族，也因此事的牵连，也在向要求解放还我自由的路上走，我相信这是必然会达到的，所以"七七"就我们中华民族来说，是百年来的总清算，就远东弱小民族来说，是一个大的警钟！

并且一切纳粹的集团，也承了"七七"的爆发，发动第二次世界大战，结果是民主阵线胜利了，把一切夸诈的思想与行为，从根推翻，所谓日耳曼的优秀、大和魂的优秀等等谰言，一齐坍台，我们争得了一切人类平等！随着"七七"而来的一切大小战争，都以鲜血染出了平等自由之花，这又应当是自"七七"发其端！

此后我们应当有个新的次序，新的世界，我们也应当从新的路子上走去，一切旧的陈腐的那些套耍法，都会耍不起来！

"七七"是全人类解放的前锋！应当是人类历史的大事！

《正义报》1946 年 7 月 7 日第 2 版

坚持抗战

思想文化

迎头赶上与科学化

张正平①

孙中山先生从前鉴于中国较之现代国家为落伍，尤其在物质方面，所以昭示我们凡事须"迎头赶上"，方能有解除贫弱的办法，我们虽然感觉这句格言是不移之论，可是很多人却忽略怎样去迎头赶上的方法，要想赶上别的国家，固然不可仅恃纸上谈兵，同时亦不是一味胡乱的蛮干，便能收效，空谈不会成功，较易明白，但是蛮干的内在缺陷②，就难了然了。过去有所谓"中学为体，西学为用"、"本位文化"以及"全盘西化"等议论，莫不为寻求迎头赶上的方案，不过"中学为体，西学为用"是已成过去，只因以"八股"的精神，从事现代的物质文明，好像陆地行舟，绝不可能，"本位文化"之说，其定义则颇难清楚，至于"全盘西化"，似乎有忘却了我们所在的时代地域，及抛弃我们固有与那因时因地的特殊文化之嫌。笔者以为惟有使吾人行动科学化，用科学的精神去想，依科学的方法去做，我们的迎赶方可有秩序、有表现、有功效。

什么是科学？科学并不神秘，但有求必应，就是凡事就要明真理，不仅知其然还须知其所以然，照理而行循序而进，不但物质方面有科学，人事方面亦有科学，科学是广义的。至于科学化，非仅读几本自然科学而已，要使思想行动皆像数理化样的按部③就班、有条不紊，尤其是做事要有科学的精神，设若我们受着科学的训练，而且一举一动都合理，都有定则，那么就是科学了。

迎头赶上中有两个问题：（1）迎的是什么；（2）如何去赶。要确定这两项，我们得要用科学化的思想方法和精神去处理。

关于第一个问题，比方说，近代的物质文明所给与我们生活上的便利和舒适很多，以我们这样又穷又弱的国家，是否样样都要赶上去。要赶的，当然是那些可以转贫为富、转弱为强的东西，否则非但不足增强，反足削弱我们的国力。我们知道国防是最重要，同时要知道国防是建筑在工业上，而工业是建筑在矿物资源上，所以从国防而论，振兴工业开发资源是我们要迎赶的事，反之有似是提倡科学，而在中国目前环境下，实是不科学的举动，如我们想在发明上赶，固然可以表示中华民族的智力不后于人，可是超越了我们所在的时代，因为他人已经发明的我们尚未利用，现竟要作他人有多年物质文明背景的研究，及为超中国时代的发明，岂不是白费气力么？因此，我们须迎头去赶，但是一面不要赶那不急之头，另一面凡非必要而超时代的赶，亦似暂可不必。

关于第二个怎样赶的问题，要注重赶的方法，若抄袭别人已见成效的事业，固无不可，亦能侥幸成功，要知环境有异，效果难期相似。比方说，张之洞督粤时举办钢铁厂，

---

① 张正平，江苏江宁人。1937 年 7 月到云南大学，曾任云南大学采矿冶金学系教授兼主任。
② 陷：原文为"限"。编者注。
③ 部：原文为"步"。编者注。

向英国购买炼钢炉，英国人问用酸性法抑用碱性法，张氏无以为答，因那时根本就未寻得适当之铁矿，焉知炼钢应用何法呢？后张氏调任两湘，厂亦随之迁移，至于厂设汉阳而不在大冶的原因，闻只为伊可高坐衙中以观该厂烟突出烟耳。其时萍乡煤矿尚未发现，炼铁用的焦炭，需自德国运来，即此两端，已可见张氏蛮干的情形。直至现在，我国并未得着该厂多少利益，反引起中日间许多纠纷，甚至后来采矿炼铁完全为敌人而采炼，张氏的眼光精神道德学问，皆为笔者素所钦佩，可是他不科学化的蛮干，实不敢赞同，深愿吾人引为前车之鉴。可惜者，张氏以后数十年来，这一类错误仍多演出。为说明不科学化之不易成功请以田径赛为喻，打破纪录乃运动员之最高成就，但立想达此目的则绝不可能，运动员必须有适当的体质，坚强的毅力，严格的训练，饮食起居受着科学的管理，且需经过相当时日，然后方能有此希望，倘条件具备，或可加速的达到。否则不独难望成功，恐纪录未曾打破，已先送命了。

再者，在赶的过程中，固可借材异地，以训练我们，指导我们，但决不能永远或完全请别人替我们赶。比方说，我国请义大利人训练空军，可是中日战幕揭开以后，义国就因义日防共协定把他们撤回。还有一件非常痛心的事，在敌人起初轰炸广州时候，报载投弹准确的机师，就是被敌人收买了去的一个昔日在广州的德籍教官。再以体育为喻，我们岂可雇用别国的运动员以参加阿林匹克，为中华民国夺取锦标，非特为会章所不许，抑且滑天下之大稽，可知在现代任何国际场合中，我们一定要自己出力赶，才能达到迎头赶上的真目的。即此一点，在许多要迎头赶上的事物中，就值得加以深切的注意。

倘若科学化了我们的迎赶，就可准得效果么？恐仍难有绝对把握，尚须视人事方面是否科学化，如人情面子，自私自利，患得患失，因人设事，各立门户，铺张扬厉，不务实际等等，皆是不科学化的人事，有了这些参杂①其间，便玷污了迎头赶上的神圣使命，虽用九牛二虎之力，还是事与愿违，回顾以往事业的失败及现在汉奸的作祟当见此言之不虚也。我们虽在天天谈提高效率经济建设，不过等于喊口号，耳朵里好听，贴标语纸上好看而已。人事如科学化，则事业的迎头赶上，虽不可立待，然能事半功倍。故人事不科学化之害，尤甚于事业之不科学化。所以，我们在支持抗战复兴民族的途中，急需注意人事的科学化，而应积极的身体力行。

综观上述任何事项、任何步骤、任何举止，皆需要科学化，然后迎头去赶，才有意义、有办法，才不会不干，亦不致蛮干，不会侥幸讨巧，亦不致手忙脚乱，畏难却步。同时决不致劳而无功，倘再因缘时会，乘便而利导之，则其成效有如水之由高就下，不可遏止。观夫日本之能与英美争霸太平洋，我们应当有所觉悟。再观之暴日侵略我们，"九一八"是大规模的开始，但他侵略的野心，却萌芽了很久，以前三四十年中，他没有一天不在准备，以南满铁路公司为中心，建筑铁路，兼营煤铁，及许多其他事业，非但如是，还附设各种研究及调查机关，并且隆重而卑躬屈②膝的请欧美的专家，到东三省为他们研究设计指导，可见敌人侵略我们，是有计划的，是科学化的。反观中国，远在李鸿章时代，就知道倭寇终是要危害我们的，虽然有所准备，但是没有科学化，如"中学为体，西学为用"的一类议论。所以张之洞设立钢铁厂，没有确定的地址。近十年来，我国的研究机关增加不少，但多属纯粹科学者，故横的差不多应有尽有，而于应

---

① 参杂：混合，今多作"掺杂"。编者注。
② 屈：原文为"曲"。编者注。

用方面的研究，仍属寥寥。人事的科学化，更是瞠乎其后。是以纵的方面，莫非有头无尾，难以为继。因此，我国有数种自然科学颇多贡献，且能在世界上占有相当地位，然对自身似无若干好处，比方以地质学来说，中国地质调查所的历史，与民国差不多同样的长久，因工作之努力，在国际间已有声誉，可是在此念余年中，我国矿业并未因之发达，矿物资源仍旧埋藏着未动。这当然不是地质调查所之不尽职，而是缺乏应用技术的研究及人事不科学化之过，故研究与调查的结果，鲜能见诸实施，盖地质与采矿关系固是密切，然地质终是地质，其不能用以代替采矿技术，或混地质与采矿为一，毋庸赘言。再者，采矿选矿冶炼的许多可左右一矿之能否开发的技术，尤非地质学家所能知其详，倘不注意应用技术，及人事的科学化，即全中国之地质皆已调查清楚，矿产的开发恐仍将待诸异日，部门的可以赶上他人，整个的则仍旧落后，故纵的或系统的科学化，实重于局部的科学化。进而言之，我们要全盘科学化，方能迎头赶上，使国家富强起来。

现在我们是在一个大时代里，抗战而胜，民族从此复兴。不幸而败，国家沦亡，不堪设想。抗战时期，军事第一，而最后胜利，有赖于自力，是故我们的一举一动，必以增加抗战力量为目标，不但要设法产生新的力量，同时要不虚靡现有的力量，要硬干苦干，不要枝枝节节的干，不要各不相谋的干，尤要整好纵的横的基础，来做有系统、有联系而分工合作的干，就是要科学化一切。科学是有求必应的，种瓜得瓜，种豆得豆，若我们的一切都科学化了，结果可保证美满，中华民族的光荣亦将随之而至矣。

《云南日报》1938 年 2 月 27 日第 2 版

思想文化

论文人

林同济

中国人的第一罪恶，就是太文了！

也许不是中国人太文。毕竟一般老百姓的生活，还近大自然，还近生命之源，浩然之气。所以，三分的本色与野性，依然是留滞在民间。病尚不在老百姓，病乃在社会的上层。闾巷田舍之间仍时有粗豪风味，无奈士大夫之辈，尽是"斯文"之流！

不是中国人太文，乃是中国上流人太文！我们所称为优秀分子类是文人，我们的为政阶级亦类是文人——这恐怕是我们文化的特征，也就是我们文化的致命毒！

欧西有一般人谈到中国文化便在那里津津的赞颂我们中土对于知识的推崇。彼此对我额手，金谓智人政治（Rule of the intellectuals）只有中国足以当之。这可说是十八世纪"慕华狂"的遗风犹存市面。到今日还有该撒林（Keysling）、罗素（Russell）之流不断的捃拭余唾，替我们向世界吹嘘。在此国难频仍国耻横加的中国，我们听到此语，不禁亦沾沾自喜：这个庞大的老文化，最少也有一事可以称豪。其实该撒林、罗素的用意本不在称扬支那，不过凭其对欧西文明的反感情绪而借题发挥。我们且莫要受宠若惊。须知中国所谓知识之一物，本不与欧西同样。所以，中国的知识阶级也不容与欧西的混为一谈。我们的，何曾是知识，只是"文章"罢了。我们的，何曾是智人政治，不过是文人政治罢了！

中国如何而产生文人政治？文人如何而取得而维持其政治地位与势力？这些问题，日后当细细论之。此处我们所最要提醒的，就是二千多年文人把持的政治，二千多年文人支配的社会，免不得是要对整个民族的思想、意志以至性情、性格，都发生深刻普遍的影响的。换而言之，我们整个的民族心理免不了是个文人统治下所炮①制的特产，免不了是文人仪表下所熏陶的模型。藏诸内者为心理，发而施诸外者便是行为。所以，不但是我们民族心理，即是跟着的民族行为，也免不了是受文人习气的笼罩。文人之影响大矣哉！

我愿畅胆言之，中国人的文化即是文人化的文化。换言之，中国人的文化之所以异于他民族的文化者，大体即在于是。欧洲中世纪的文化大体上是代表罗马教会的文化，欧洲现代的文化大体上是代表中产阶级资产阶级的文化。中国传统的文化大体上是代表文人阶级的文化。

当然的，一个文化的内容本甚复杂。不但复杂已也，而且常有矛盾冲突的潮流。即就中国文化而言，其中数千年间何尝不有"反文人化"的思潮、的人物、的势力。有一"正"，自有一"反"。但是在反者未能推翻正者之前，反自反而正仍不失其为正。我们说中国文化即是文人化的文化者，也就是说它是中国正宗正统的文化——尽管那江湖山

---

① 炮：原文为"泡"。编者注。

国立云南大学教授文集（一）

寨里可时常发现出"反文人"的义侠之风。

中国整个的民族性，我此刻且按下不谈。我要谈的是风化中国民族熏陶中国文化的"文人性"。我要分析中国文人的头脑，解剖中国文人的心肠。

何谓文人头脑，文人心肠呢？这问题却不简单。头脑是指其思维的方法，思想的内容。心肠是指其情感的生活与其立身行事、处世待人的性格。虽然在理论上的方便，两者可分开而谈。但实际生活上，两者之间关系微妙，它们彼此互相交错、相互影响之处，可说是不了之缘，终难隔断。详细的讨论，另日再写。目前最好的办法，是且把"文"之一字分析一番。如果我们晓得"文"之一字之各义，便可粗略的理会文人头脑、文人心肠的一般。

我们这种办法，有个好处在。论起文人，难免意见参差。你可把文人吹得如仙似圣，支持文化生命的主人翁。他可把文人骂得狗血淋头，直是一钱不值的贱货。我们且莫动气。也许双方都对，也许双方尽非。那些不免都是主观的批语，未足为凭。我们此地所采取的方法，是让中国文字的本身，语言的本身，来替我们解说。换言之，我们的方法是客观的。誉不必喜，毁不必忧。让文字来说本身话，比较式最可凭。

何谓"文"呢？初看来这字也简单，细验时界说殊不易。《说文》云："文错画也。"盖即西方所谓 Design 之意。《易·系辞》云："物相杂，故曰文。"各种形式相配合而成所谓错画者，这就叫做文。文的原始的意义，恐怕不过如此。它只是指定某种具体物件的名词，此外无他意义。然而时代递进，文之含义，也就逐渐伸引。结果，文之一字乃成为中国文化的缩小图，乃成为中国文化性质的写真。原为错画的一个简单的字，到今日乃已随着中国文化的演进，而正比例的增加其复杂，增长其特色。我们了解"文"字，不但可以了解中国的文人的头脑、文人心肠，而且可藉以看出中国文化大体所偏重的精神。

（一）文与质，在中国古籍上是时时对用的名词。所谓文者是指一切人为的事物，和质为一切自然的本体者对照。所谓人为的事物，不但包括人力创造的生活工具，例如宫室、舟车、衣服、耒耜等等，乃亦包括社会上的各种制度、习惯，例如那些养生、送死、婚嫁、往来的仪节，那些上下、尊卑、亲疏、长幼的礼法，故文者乃与西方所谓 Culture 相类，质者与西方所谓 Nature 相类。一为人类的作为，一为天然的本色。所以，自心理状态的观点看去，"文"字含有过分的注重礼貌仪节，过分的注意人事之意。日缠于缤纷酬酢之间，驰骛于揖让进退之末。久之又久，一个人的天然本色，不免荡尔无余。

分析言之，文与质对，其中有几个含义：（甲）文指外表，质指内心，故曰外文内质。（乙）质指实体，文指花样，故我们有"文藻"、"花文"等词。（丙）质含有简单之意，文含有繁杂之意，故我们有"繁文"、"缛①文"等词。（丁）质是朴素，文是浮夸，故文略带一些炫耀之意。

（二）由此我们便可了解"文"之一字为什么会与"虚"合而构出万古指摘的"虚文"一名词。所谓虚文者，即纯形式之意。我们做一事，并不是诚心认为该做，或意志上认为愿做。乃是大家一向都如此做，而我亦只好"从俗"，做个样子罢了。换言之，我们做那桩事，本无诚意，本无信念，只做出一些形式。所谓做其事而意不在事，不过

---

① 缛：原文为"褥"。编者注。

塞责，不过敷衍而已。

所以，我们字苑中，会有"具文"一名词。具文者，有其仪而无其意，有其貌而无其心。我们所以有"文貌"一名词也是此故。盖其中乃带有三分虚伪的色彩焉。

原来人为之极，势必流于伪，故伪从人从为。荀子称一切人为的事物为"伪"，即是此意。与庄子谓一切天然的现象为"真"恰相对照。文之极乃失真，文之极乃虚伪，这可说是文之涵义的一方面。连带着我们可谈一谈"空文"一名词。空文者，有其名而无其实，空文与事实亦成相对的字眼。文之一字，因而含有非事实、反事实的意义。

"文"带"伪"性，最可于"文"字之活用一点看出。《论语》云"小人之过也必文"。文过者，掩蔽其过也。《广雅释诂》，谓文者饰也。饰者，掩饰也。换言之，即是装假。

中国一般所谓上流社会的人们，他们的装假、的虚伪、的有名无实、的敷衍了事——可说是我们民族生活中的最大一缺点！

（三）文又作"法"解。文，文法也。《正字通》："吏玩法曰舞文。"像那些"文罔（文网）"、"文墨"等名词，皆是以文当作法解。这种用法，是秦汉时代酷吏兴起以后之事。秦峻刑法，汉因秦之旧，皆藉刑名法律以巩固王权。而酷吏阶级乃应运而生。酷吏者，类皆识字能文的人，学得刑法的作用而为专制作伥之徒也。他们的特色是"峻文"、"深文"。于是"文"之一字乃染得倚势凌人、恃法威众的气味。在官，则苛政猛于虎。在野，则土豪而劣绅。到此，文的含义乃极带"官僚气"、"豪绅气"矣！

官僚豪绅的把戏，就是"舞文"。把法律说得与自家的利益有便，与老百姓的利益有伤——这就是舞文的作用。中国官僚豪绅的贪污横暴，其妙诀即在"舞文"。赵充国尝说过："诸君但欲便文自营，非为公家忠计也。"便文者，即是把公家的法律，解释到私家的方便也。你说为什么这个数千年的文化国，早夸"声教被于四海"，却是老百姓始终享不着法律的保障，社会也始终生不出法治的精神呢？让我大声的告诉你：此中作梗的一个大妖孽，就是专擅舞文自营的官吏豪绅。

最坏最毒的舞文，就是所谓"文致"者。文致之意，是"人无罪而文饰致于法中也"（见《后汉书·陈宠传》）。这种指无辜为有罪的艺术到秦汉时代已是运用入微了！

此处我们可提出另一个名词——"飞文"。飞文者，造谣生事也。《汉书·刘向传》："向上封事曰：群小窥见闲隙，缘饰文字。巧言丑诋①，流言飞文，哗于民间。"中国社会是个专工造谣的社会。他们彼此利害冲突，都不采明目张胆、鸣鼓而攻的态度，总偏偏用暗中指摘的策略。笑里藏刀，背后话说。是了，巧言丑诋，流言飞文。整个的社会充满了黑暗的谣言。整个的政治，逃不出谣言的酿造。莫是飞"文"手段本是"文"人行内的勾当？《韩诗外传》云：文士笔端，君子宜避。谅就是此意了。

（四）在中国文籍上，文与武常对用。两者在中国思想系统里，是对立的概念，在中国政制上是对立的势力。所谓对立者，有两个意义：（甲）文武分离。文者便不武，武者便不文。文武两事似乎是不能混合的因素。在中国人的脑筋里，一个空间与时间上，文武不能并存而并有。概念上的异畛，渐成了品质上的两分。中国的武人类皆是目不识丁的丘八。中国的文人，差不多尽是临阵寒心的懦夫。其实在春秋时代，文武本是合一。齐晋楚郑的卿士大夫，那一个不是在盟会则捧玉帛而诵诗书，在战场则执干戈以卫社稷

---

① 诋：原文为"抵"，下同。编者注。

的呢？就是孔夫子也会猎较。他提倡六艺，其中两艺即是射御。经过春秋末年等级社会崩溃，又经过战国的无数战役，这些文武兼全的贵族们，死亡消灭。而文武乃开始两分。这种现象到前汉时已是普遍了。后代虽时求补救，但仍不免文自文而武自武。（乙）品质上两分，更促进了心理上的歧视。所谓文武对立，乃成为文武仇视的现象。文人不解武人的心理，认为不学无术。武人也不解文人的心肠，认为浮言无当。心理上的仇视更促成了行为上的冲突。文官武职，调剂无方——这是中国千数百年政治上常生的险象。然而终究文人是垄断文字的主人翁，舞弄宣传工具的专门家。结果，在中国的社会中，一般思想与见解，都是重文轻武。文之一字在西方人的脑筋里，并不必含轻武的成分。而在我们这个华胄的历史上，无疑的必带有反武轻武的倾向。这恐怕是我们思想上、政治上的一个特色，也是我们的大弱点。

文人的策略，是把文与德合，而成为"文德"名词。把武与力合，而成为"武力"一名词。说起文，则声声是"德"。说起武，则摈为暴力。凡德必"仁"，所以文代表"仁"。凡力必"暴"，于是武即代表"暴"。仁者爱人，所以文是爱人之道。暴者害人，所以是武杀人之方。文是王道，武乃霸道，本来文人惯于名目联缀的把戏。这一套连珠式的类推法，直滚下去，而武乃成为千古的戒物，力乃成为万事的阻碍。中国的文人个个总抱有反力的情绪，这是西方知识阶级所大大未必然的。

中国文人的反力，还有他的特点在。力之一事，自他们看去，不但在道德上是"坏"是"恶"，并且在实际上是"无效"是"无用"的。德不但是"好"是"善"，并且事实上、实用上是无坚不破、无往不服的。认德是最上的力，认力为取败之道。这种"德化第一"主义，当然有它相当的道理。但是弄到文人手里，便无容讳的成为一种弱者的自慰语，无力者的自催眠。把德认作一种百验护符，认作一种脱力量、超力量而存在的力量，而力的本身还成为"无力"。由是远人不服则有"修文德以来之"的秘诀。敌至城下，亦竟或诵经赋诗而图存。数十年不讲国防，一旦失去东三省乃瞠目不解其理，不解为什么在此光天化日之下，在此《国联盟约》、《九国公约》、《非战公约》的森严世界里，竟会有人来犯天下之不韪以破我行政土地的完整。惊愕之余，乃仍在那里梦想欲借公论以克暴力，喊正义以动邻国。诸凡种种都可说是德化主义的一方面的流毒，都可说是反力轻力的文人看法的收获。这种有意识或无意识的"德的迷信"，究竟如何而可与现代"力的世界"、"力的文明"挣扎而生存？这确是中国国运攸关的根本问题。

（五）文的"反力"的涵义，逻辑上只有一个结果。文之究也必弱，而文乃与"弱"字合而成"文弱"一词。恰与武与"断"字合而成"武断"一词双双对称。

文弱含有两方面：生理上的文弱，与心理上的文弱。

俗话道："文弱书生。"文人生理上的退化，其来有自。所以，平常一提到中国传统的文人，我们心目中乃涌出一副面孔青黄，瘦骨柴立的模样。他是弱不禁风，他是力不缚鸡。记得从前有一位教育家说："我自美国一游回来，乃感得中国男子个个带三分的女气，中国女子个个露三分的病态。"其实病态并不是女子的独占品。中国的传统文人，从不脱病魔手里。你只须翻开任一部的诗词，大半都是呻吟病榻之作。"我是个多愁多病身，怎禁你倾城倾国貌"。张生张生，你不过一般卖字贩文者的普通写照呵！然而这模样的张生竟成为千古的中国标准男性。确显出中国社会中文人价值的优越，弱者立场的得势。再看一看西方的标准，男性则是宽其肩而毛其胸，长其足而膂其臂。他们女性所景慕的，乃是赤血沸腾的大丈夫，与我们的"小白脸"恰恰对照。我们的文人化的文

思想文化

43

化，与他们的战士化的文化，固自不同。

生理上的文弱，要影响到心理上的状态。生理与心理之间本有一番极密切的关系在。例外不提。从常态观之，生理上的文弱者，心理上多欠健康。换而言之，力不缚鸡的书生，类不免是畏葸退缩的懦夫。文弱书生大有流为"无行文人"的危险。

《世说》称："陆士龙为人，文弱可爱。"文弱自有其可爱处。一是因为其无能为害，惹不起对方畏惧妒忌之心，二是因为其无能为力，可引起对方自满自豪之概。不过怜爱文弱，至竟是一种堕靡的口味，一种道地的文人的价值。西方人士，承其骑士风尚之遗，往往视文弱为可鄙，这是一个足供参考的事实。

其实文弱取爱正是文人处世之方。这种取爱，等于求怜，显是弱者"因弱卖弱"的巧手段。老子为水、为天下谷之训，到了文人的手里，无形中弄成为一种俯首帖耳，以乞祭余的贱术，真令人扼腕而长吁！老子之训乃本其自然主义的信仰而起，其中是带有三分悯惜生命、尊爱生命的意思。那料得这片尊爱生命的赤心，落到文人身上竟成为偷生苟活的变相呢？

偷生的心理根据，即是怕死一念。惟其怕死，所以偷生。十个文人九个怕死，也就是说，十个文人九个偷生。所谓偷生者，自己无独立存在的本领，而倚赖人家的优容与体恤以为生也。此所以巧言令色、谄媚承旨的手段，会不期然而然的与文人发生不解之缘。文人无行，乃因为无行是许多文人谋生之方。史称陈万年教谄，则是有些文人不甘"拍马"的妙术，易世而斩，而因而特地费尽耳提面命工夫，对儿曹阐发此中的三味，总希望瞑目之后，有子肖我，衣钵得传。于是谄媚之一艺，不但是文人的生活方式，乃往往成为文人的家传单方了！

（六）另有一个宜人的名词，是一切文人暗中追求的理想风格，就是"文雅"两字。所谓文雅者，与琴棋书画作伴，为山水风月吟哦。吟哦是文雅道地的必要元①素。无雅不诗，能诗便雅。你如果是要成文雅式的文人，有两步必须经过。第一步必须培养"诗癖"。诗的好坏不论，有癖便佳。拿起字来会推敲，拿起韵来会誊押。三日一律，五日一古。其捷者尤能对客挥毫，其巧者可以即座联咏。第二步必须训练"酒量"。能咏不能饮，只算做半个诗人。有诗无酒，配不上十分雅事。酒之为用大矣哉！李太白日饮三百杯，所以诗带"仙"味。平常人无此"雅量"。可是最少亦须在高朋满座之顷打个通关。你看那位乱发半披、须眉扬吐的先生，当其举樽巡座对着个个来宾伸指猜拳，三拳一杯，一滴不流，他是何等得意，何等翘然，自命是绝世翩翩！"古来圣贤皆寂寞，惟有饮者留其名"。不能诗，如果能酒，也不失文雅五分。酒之为用大矣哉！有了诗癖，加上酒量，我们的文人乃大步踏入名士之门。做了名士，那是无事不可为无丑不可出了！难怪大家都想做名士。

文雅两字是与俚俗相对。文雅即不俗之意。文人之中，也有些真正不俗之人。他并不矫饰，他并不夸耀。不必做诗，不必使酒。踽踽独行，孑然自处。不谒人，不见客。王城万人，一身藏拙。如果能力许可，他将购得三椽，山中来往。晨观朝董，夕看落霞。或而江干独钓，或而云里采药。文人于此，乃雅到"隐士"的派头。如果名士每不免沾沾自喜未能免俗，隐士则胸怀浩荡，不着一尘。这些隐士式的文人，确有一段神仙风味。他是精神派的象征，生怕物质化的事物。向他讲天下，他要洗耳。向他谈世事，他要摇

---

① 元：原文为"原"。偏者注。

头。他确确是"撇俗"。他的主义是独善，办法是"出世"。与大富贵无缘，却亦与老百姓隔绝。先生之风，山高水长。然其奈此辗转流亡，憔悴呻吟的苍生何？先生固睁目无睹掉头不顾也。

其实这种掉头不顾，表面上当然高蹈。但是其心灵深处，每盘着一点的隐衷。他究竟是个弱者，躲避现实。他也许是个失意之徒，逃阵归来。高蹈之间时露出败北神色，怯胆模样。独善主义无非是掩护弱点的招牌。凡是隐士式的生涯，大半属怯懦的表现。深一点看，"文雅"一词与"文弱"大生连①带的关系。

（七）最后而最重要的"文"之意义，即是"文字"之文。《说文解字》叙："仓颉之初作书，盖依类象形，故谓之文。其后形声相益，即谓之字。"据顾亭林说：春秋以上言文不言字。以文为字，乃始于秦始皇《琅琊石刻》上"同书文字"之辞。无论如何，文早作"字"解。甚且可说，文为字先之字。书序："由是文籍生焉。"注："文，文字也。"

在任何的社会里，文字之兴，即是文化之始。文化的最要意义是思想或概念传递与贮积。文字乃此种传递与贮积的媒介。不但此也，有了文字遂产生了一般专门文字之人。换言之，即产生一个特殊阶级——即普通所谓的知识阶级。尤为重要者，这般所谓的知识人，竭其全副精力，日夜攻读。一辈子所日常接触者，就是文字，别的没有，就是文字；就是那些汗牛充栋的古人之言，圣人之训，就是那些到处逢源的成语格言。积之日久，这种特殊职业，免不了要产生特殊头脑。于是我们的思想生活中，乃发生所谓"书呆癖"者。书呆癖者书本的头脑也。

中国文人的书本头脑，与西方的并不完全相同。中国的书本头脑，并不只是一种埋头书丛的习惯，也不是一种龙钟学究的善忘。中国的书本头脑是一种整个的宇宙观（Weltansehauung）——一种"文字迷"的宇宙观。道地的中国文人，对一切事物，只能由字"念"到，甚且只能由字"看"到。他不能直接念及现实，他失去直接看到现实的本能。所以，论到治河水利，历代文人的建议，几于千篇一律，总脱不出大禹治水行所无事之一套，究竟一朝代的黄河水道水势是否依然是大禹的当年。这些"文字虫"，却认为不干事。一谈到兵制边防，大多数的名臣奏议，都是背诵经典之余唾，高谈那些偃武修文，散牛放马，那些佳兵不详修德来远。时且不忘殷勤自慰，都说是那些穷荒不毛之地不值得天子劳师。究竟这些塞外的游牧民族，他们的生活形式与经济需要是否免不了掠边的行为，是否"舞干羽而可格"，我们的文人政治家，从不发生疑问。

我曾经看过七八位老人同到北平什刹海"赏雪"。彼此坐下亭中，点起香线来，刻时共写"即景诗"。香线烧到半根，全体"佳什"完卷。但是没有一个老头子曾经略略转头一看雪景之究是如何。他们只提起笔杆，闭起目来，在亭内摇头摆尾，咒起那些十数百年前谢道蕴的飞絮如风，苏东坡的飞鸿泥爪，袁安的洛阳高卧，郑系的驴背灞桥。本来即景之诗，用不着即景描写。古人的经验与妙语，早已道破，后来人无以复加。赏雪的妙诀，端在体验古人的好辞，不在欣玩目前的真景。说是到什刹海赏雪，这不过借题发挥，"具文"的举动。什刹海也罢，小卧房也罢，横正赏者，不是堆庭之雪，乃是书中之雪。即景诗的内容，自有它超时间、超空间的不变因素，与一时一地的"幻象"何干？

---

① 连：原文为"联"。编者注。

思想文化

45

这是没办法的。道地中国文人，只能由古人之言向生命接触。活泼泼的生命，硬真真的现实，他们无法看到，不愿看到。他们的惯技乃是向文字堆中求认识，格言丛里搜办法。他们所关心的，不是现实"是否"如此，乃是一切"应当"如此；不是"事"实如此，乃是"理"该如此。

所谓理者，并不是西方人所谓自然律则，乃是古圣贤所审定的天经地义。换言之，理之一物，不是向真相①探求，乃是向古籍搜索。中国人的理的观念，本与书本打成一片。事事质诸古人，就是说征诸"文献"。而"文献"一物，遂成为中国千古保守精神的培养所、的食粮库。征诸文献的习惯，持之日久，当然要发生一种"泥古"癖气。我们日常都说了，书生"守文"，书生"拘文"。中国人的守旧精神是极带有书本气的，是一种咬文嚼字工夫的表现的。

书本头脑的特点，尚不在此。最重要的，就是这些书呆子，迷途到那烂书丛里，已是七里雾深。前后左右，皆是蝌蚪墨痕。习以为常，于是总有一日开始拜认"文字"即是"行为"（Regarding words as acts）。如果有事待办，文人的做法，是只须写一道字，说是此事"该"办，或此事"行将"照办，那么，此事就算是"已"办了！事实显不如此，而我心理上却偏认其确是如此。无当有，假当真。这种的心理现象，心理学家谓为一种"假信"（Make believe），一种无意中的"自瞒"（Self－delusion）。我无以名之，名之曰"文字迷"。

"文字迷"是中国一种极普及的社会现象。上自名公巨卿，下至无知平民，多少都患些这"迷症"。一批群小在敌人的羽翼下公然作卖国勾当。我们实际上无可如何。但是如果我们开一个讨逆会，通一道讨逆电，我们便自慰算是尽责；浸假而乃经一道的自催眠，竟认为诸事都经办妥，讨逆的实行，竟可放开不问矣。古人说，声罪致讨。我们却只须声罪，不必致讨。盖若已声罪，则不致讨亦若致讨焉。此之谓假信，此之谓"文字迷"的假信。再如一般平民，穷困不堪，经过贪官污吏的层层剥削，代代搜刮②，他们那里有能力翻身呢？但是有个出路：买得一张红纸，写他个"对我生财"或是"出门见喜"，便立感心花开展，一若已生财，已得喜者然。此之谓假信，此之谓"文字迷"的假信。

假信是人类的普通现象。"文字迷"的假信，却是文人化的中国文化内特有的东西。

唐纳教授（R. H. Tawney）说过了，中国政治上最大的毛病，就是这种"文字迷"的假信。西方人办事，言论只是实行的起点；中国人办事，言论乃是一切的终点。这种假信不除，中国政治不清。我们自评也时常说道："中国人多议论而少成功。""秀才造反三年不成。"虽说是文人无力量不能推动，但是更深一层的膏智症乃是因为文人头脑中根本就以"议论"为"成功"，当然要"成功"少了。

这种以议论为成功的把戏，在官场中发达特甚。我们有个专名词，就是"做官样文章"。事临头上，大家认为非做不可。而我于是亦大喊特喊，认为非做不可。而且我的说法，是引经据典，条条是道，比人家总响亮一层。然而满天打雷，终不下雨。雷声愈大，下雨的机会愈微。他本来何尝要做事，他只要做个官样文章罢了！走到我们的衙门，无论大的小的，那一个不是堆案的计划方案，累篇的"等因奉此"，真可说是应有尽有，

---

① 相：原文为"象"。编者注。
② 刮：原文为"括"。编者注。

也似乎如臂使指。但是实际上实行者，何岁何人？原来文人的行政，本是"具文"。文人官吏的拿手好戏，本是"办文书"一事。上自京都，下至县治。所谓政府者，那里是为民造福，那里是生聚教训？揭其盖而穿之，只是团团"办文书"的中心，做官样文章的策源地。官书旁午，野有饿莩。文章愈多，民生愈瘁！官家忙，百姓慌。盖所忙者只是命下对上的文书，与老百姓本无少补。文书愈繁，文吏愈多。文吏愈多，而峻文深诋，假公济私的机缘乃愈发而不可制。换言之，政府只是消费机关。政府愈大，消费愈多。中国古来代有主张"无为"而治者，也许就是看透文人政府的消费性，因而提倡简易不扰吾民也。即说近年来的各种建设运动，不管是工业，还是农村，个中几分是为文人造饭碗，几分是为百姓增富力，这确是一个饶有意义的探问。

其实文章之所以成为文章者，除了作用的微妙之外，尤在乎其内容的"别致"。所谓文章者，满纸云烟，说不出怎么回①事。博士买驴，书契三纸无一驴字。我们于此便可明了"文章"与现代文化内所称的"文学"，为什么是截然两事，不容混谈。有内容的文章，就是文学；无内容的文学，就是文章。在这点上，文学家、著作家之所以异于一般文人者，亦在于是，莫要囫囵的等量齐观。文豪与文人之间，著作与"属文"之间，是隔有一条大河道。

文学各国皆有。文章恐怕是中国的特产。最少我们可说，文章发达到最顶峰，"神州"当首屈一指。中国是文章的最大量、最热闹的生产地。即是希腊的诡辩派，欧洲中古的神学徒，站到中国文人之前，终不免小巫见大巫，相差一个头。

说来亦甚可怪。文之一字在古代似多指"道艺"而言。《论语》云："行有余力，则以学文。"郑注云："文，道艺也。"朱注云："文谓诗书六艺之文。"再看《论语》"文王既没，文不在兹乎？"一语，朱注亦云："道之显著谓之文，盖礼乐制度之谓。"道可说是天道人道，艺可说是一种技术——即六艺之谓。所以，古代所称的"文人"似指有文德之人而言。（例如《书经·文侯之命》："追孝于前文人。"疏云："追行孝道于前世文德之人。"）即是汉代的"文学"尚不失是"学经之人"。到了六朝以降，文乃渐渐多指"文辞"、"文章"而言。而文人之一物，乃成为一般浮夸藻丽的属文者之代名词。《宋史·刘挚传》云："士当以器识为先。一号文人，无足观矣！"可见文人到了六朝，已不是荣耀之称。我们几可说他是不知道艺，缺乏器识的"文章炮②制者"。六朝的骈体文，开文章之先河。明清的八股文，极文章之完备。文字本是代表真实之命名，而文章乃更是名之虚者，所谓只具形式的一种符号。至于明清的八股，则形式的形式，根本上就无所谓内容矣！八股兴，中国的文人乃大批的、整个的成为文章炮制者。文章愈行，文学愈废。八股兴，中国的政治，乃一贯的、普遍的成为"官样文章"的繁荣地。官样文章愈多，国计民生愈促。直到今日，说是我们知识人，已属大都现代化。然而千余年代代相传的头脑，一朝难移。西方的科学知识，到了我们那"文人化"的脑中，乃不期然而然的一变而为一种"洋八股"。舶来的知识，只须"鹦鹉式"的诵述一遍，万事皆亨。究竟这些洋圣人的话，是否背诵四书的老法子，便能通晓？即能通晓，是否全部的如法炮制，便可适应我们的特殊场合？——这些问题都不在洋八股的范围内。

好了，我们认得我们的文人了。他是一位孜孜人事，殷殷仪礼之人。重外表，不免略

---

① 回：原文为"会"。编者注。
② 炮：原文为"泡"，下同。编者注。

思想文化

47

带浮夸。多花样，口味总偏复杂。带三分虚伪，握一套具文。做事敷衍，对人装假。一方面懦弱不竟，却看不起有力之徒。一方面高唱德化，斥武事为取祸之阶。生活是脱离现实。论道必遵古拘文。他的处世手段是以弱取怜。他的求进方法，是谄媚夤缘。临职则文章堂皇，实际上一事莫举。公余或招友宴朋，藉诗酒以博雅名。得志时则多不禁要倚势舞文，假公行私，有时且不惜文致无辜，排挤同辈。失志却相机抽身世外，唱独善以遂"初衷"。

这就是中国一般的文人，这就是中国一般文人的头脑与心肠，这就是中国的"文人性"。

如果我们承认文人是支配中国文化的发展，制定中国文化的色彩，那么以上般般，也最少是中国文化的几个特点。

我不愿深非文人，不愿深非文人化的文化，但是无奈我们民族的文字明白的告诉我们如此如此。如果我宣布中国人的第一罪恶，便是"太文"。你说我是措辞过当吗？

《新动向》1938年7月1日第1卷第2期

抗战军人与新文化

林同济

横在我们的目前，显然的是一种新思潮、新文化的酝酿。在这个伟大的精神蜕化中，抗战军人乃占有领导的地位。他们已成为民族魂革变的灵感者，新国家建立的主动力。

军人成为文化的主动力，是中国历史上未有之事。大家且莫等闲相视。划时代的现象，是有划时代的威力的。好好的驾驭，深深的阐发，民族受赐无穷。轻轻的放过，任其消长，听他左右西东，不但是错过了千载一时的机会，也许"失毫厘，差千里"，其中或含有贻祸无穷的可能。

我们平日分析中国固有的正宗思想与传统文化，每不免深刻的感觉这个古老庄严的遗产，总有个大大的缺憾在！我们的文化，太缺乏了军人的影响，太缺乏了战士的因素？

当然的，此地所谓的军人与战士，绝不是一般的丘八与老总。健全的，有理想的，谓之军人战士。堕落的，顽无知的，谓之丘八老总。中国思想与文化缺乏战士因素，正是因为我们一向只有丘八，没有军人。那些目不识丁、胸无一算的粗汉，尽管他手握虎符，位誉大将，也那里配得上影响民族的思想，构成文化的因素？

在这种军人堕落的情势下，一切的思想、一切的社会上的价值，乃完全落到文人掌握里。文人既是中国文字的垄断者，他们便成为宣传工具的惟一占有人。他们本着他们特殊的生活形态、习惯、利益等等，遂有意的或无意的，把他们的阶级成见，向社会上大吹大擂，强捧为全民族的无上规模。代代相承，异口同声，而中国的主流的文化，乃不可遏止的成为一种"文人化的文化"。

同时呢，历代丘八式的军人，他们无天无地的行为，又恰好弄入文人手里，供给他们以一批绝好的排击材料。于是我们这个文人化的文化，不但是欠军人的成分，而乃显然的抱有反军人的倾向，轻武的偏心。不但反丘八，轻丘八（这是应当的），而且一般的意识形态所趋，竟并真正军人所代表的武德，也有意的或无意的藐视而不为阐扬。

诸凡种切，就历史的社会背景而观，可说是各有缘由，但是就现下的民族处境看去，实属大大不幸。盖凡是强健有为的民族，其思想必染有战士的风气。在这个天演竞存的宇宙里，其理本当如是。中国民族思想全盘的文人化，一味的反武化，轻武化，到了今日，已是悠悠千余载。赫赫临空的老天爷免不了要有向我们总算账之一日！

现在总算账之日到了。我们苦力支撑之余，更不容不深深忏悔。往者不可追。忏悔的目标，是来者犹可为。

犹幸者，民族的□灵与生机，尚未经文人化的文化尽数摧残。数年来三五领袖们的觉悟，亦已为国家作些须精神上的训练，物质上准备。战事爆发以来，数百万将士居然都能够发挥其英武的潜力，掷头颅，为殊死战。这确是个意外的、惊人的伟大事实。我们对着那些到处受训的壮丁，我们再看到那些肉搏前线的将士，我们再念到那些壮烈牺牲的无数忠魂，我们不能不承认今日中国的军人，绝不是过去那些的丘八。今日中国的军人，已一跃成了世界第一流的战士。

军人变成真正战士之日，即是军人影响文化之始。这是一条必然的历史定律，大堪我们嚼味。

目前抗战的军人，已不容否认的取得影响文化、推动思潮的资格。他们一年来站在民族战线的最前排，前仆①后继的以与恶魔力决斗。精忠贯石，英武泣神，不期然而然的已成为全国灵魂的鼓舞者。鸦片战争以来，国运屡遭败坏。到了"九一八"，民族意志的挫折，可说是达了顶峰。数年来大众心理上的渴求，已不是当年的口号，一向的空言，乃是一批好男子在独一英雄的领导下，向压迫民族的恶势力冲锋。干，干，干，是时代精神的动向。抗战军人已捉得风气之先，慨把堂堂七尺之躯，来贯彻这段干的精神。他们已是民族的领导者！他们的领导地位，不是由呐喊掠得，乃是由性命换来。就这一点看，已可说是数十年来未有的伟绩。

军人影响文化之始，即是中国文化走向新途径之日。这是个光芒万丈的途径。我们无以名之，名之曰"战士化的途径"。详细的解说，此刻不能。简单言之，一切价值，一切事物，凡是可以创造并锻炼一个标准的战士人格者，我们都要大批的、一贯的提倡而发扬。小则日常生活，大则教育制度，都要聚精会神的向这方面进行。论意志，则忠、勇、刚、直为主。论情感，则严肃、简单、强健、活泼为尚。论理智，则彻底、精确、敏捷、灵锐为先。数年来新生活运动，其用意有近于此。目前所需要者，就是急起直追的乘着抗战的热潮，迫向鲜曜的、单纯的目标推进。用单刀阔斧，把一切枝枝的细节，斫到一边，好使那理想中的新人格，干净净、无羁绊的涌将出来！

这就是此次抗战最重大、最深远的意义。

本来此次抗战的意义，不只在打倒日本的蛮暴主义，也不只在伸张人类的正义，甚且不只在保守祖传的河山，争取民族的生存。生存的取得，只是一切的起头，不是一切的终点。我们不只要生存，乃是要取得个光荣的自主生活，热腾腾的创造机会。我们要在战的压力下，建个新文化、新秩序来，要在战的苦撑中，立个新人格来！

如果过去千余年是文人把持的天下，从今日起，要成为战士熏陶的境界。如果过去千余年，文人的价值暗中侵蚀战士的心灵，从今日起，战士的风格要开始侵入文人的脑筋。换一句话说，如何把文人化的文化翻案做战士化的文化，并进而把一切惯惯的文人磨炼成此后社会改造中起勋的战士——这是目前民族气运转变中的根本问题，也是民族前程上的可能的大快事。抗战军人已在那里登高一呼，我们这般广泛的长衫派的人们是否有气力赶将上去？

二七，七，二，写于昆明忠烈祠西

《云南日报》1938 年 7 月 3 日第 2 版

---

① 仆：原文为"卜"。编者注。

云南的民间七字唱本

徐嘉瑞①

关于文艺大众化，现在已经不是理论的时期，而是实践的时期。不是知识阶级在书室里作一种理论的活动，而是要把这活动普遍的发展开去，从实践中去获得新的经验，去扬弃、去创造。茅盾先生说："现在有许多位朋友，已在写抗战的鼓词，抗战的京戏，也有许多朋友在写抗战的楚剧和湘戏，广东的新诗人已在写新的粤讴，这都是令人兴奋的好音，我们应当使这种运动扩大而普遍起来。"（《文艺大众化问题》）

不过这里有一个问题，就是各地方的民间文学，因为受政治道德和封建势力的压迫，在这重重枷锁下面的中国大众文艺，除了才子佳人的大团圆，神仙鬼怪因果报应而外，他们是不敢写什么东西的。并且大众文艺的创作者，一方面为适应大众知识的水准，一方面他自己的知识水准，也就太低；所以他们的作品，都很浅陋，士大夫阶级是看不上眼的。

现在我们的诗歌运动，自然不能限定于采用旧的形式，不过批判地采用旧的形式，也是重要工作之一。

所谓批判地采用旧的形式，即是要把大众文艺当中的封建成分完全铲除——扬弃；从旧的土地上播种出新的谷粒，使大众从自己的瓶中喝到新酒，新的精神的营养，无形中提高了自己的知识，锻炼了自己的精神。蒲风先生说：利用民众形式，适当涤除其呆滞性，欠真实性，起码在教育上，在吸引他们来受新的教养上有其意义；新诗人的任务，主要的自然当着重于进一步的，批判的采用其长处。（目前的诗歌大众化诸问题）

我以为采用旧形式，"批判"两个字是最要紧的，有了批判才能够扬弃旧的，创造新的。

这样，我们用批判的眼光，来观察云南民间文学中之一种——七字唱本。七字唱本的体裁，最初是由印度的佛曲，即宣扬宗教的唱本（仪式的婆罗摩那）输入中国，民间文学因此起了很大的变化，在唐代已经产生了很长的民间长篇叙事诗。如《季布歌》（出敦煌，今藏伦敦博物馆）、《孝子董永传》（藏伦敦博物馆），都是唐代的民间七字唱本。它的组织，有白、有断诗、有经、有侧吟，大概说来，即是散文和韵文相间的唱本，最初是由佛教徒搬入中国宣传佛教，后来变成纯粹的民间叙事诗，除《季布歌》、《孝子董永传》而外，还有《李陵降虏》，也是唐代的民间叙事诗。王国维叫它做民间七字唱本，多半是由四川输入，它的组织结构和佛曲差不多，也是散文说白相间的唱本，也可说是朗吟的叙事诗，最长的有五千多行，虽然比不上二万行的《拉马耶拿》（Ramayana）和二十万行的《马哈巴拉泰》（Mahabharata），但是比《孔雀东南飞》却伟大得多了。

---

①　徐嘉瑞，字梦麟，云南昆明人。1937 年 1 月到云南大学，曾任云南大学校长秘书、文法学院院长。

这样伟大的长篇叙事诗，支配着云南的下级群众。三人五人可以念，十人八人，也可以念。当一个劳动者流完了他的汗，坐在茶铺里面，一个人念了起来，也可以恢复他的疲劳。这样伟大的结构，在文人文学中，是找不出和它比拟的东西来的。虽然文人学士如何的对它们鄙视。

现在我举出两种唱本作为一个例证：一是《孟姜女》，一是《柳阴记》。

《孟姜女》，全本约一千二百四十行（对白除外）。

它的组织有：

说白（散文）。

七字诗（全篇之主干）。

十字诗（加倍描写，或抒写热烈之情感时用之）。

七字四句诗（一种插曲的性质）。

我们拿来和佛曲的组织比较一下。

佛曲：

白（即说白）。

断诗（七字句八句）　　开场诗。

经（七字句八句）　　引子。

侧吟（全篇之主干）　　本曲。

由上表看来，《孟姜女》中的说白，等于佛曲中的说白；七字句诗，等于佛曲中的断诗；十字句诗大概直由于佛曲中的经。七字诗即是佛曲中的侧吟，这种民间文学是由佛曲变化来，是很明白的了。

至于它的文字，却有很优秀的地方。例如：孟姜女在深山中行走，描写四周景物，似不在三都两京之下。

抬头望雾腾腾昏昏暗暗，
一重重一叠叠直透青云。
往前行黑沉沉茫茫杳杳，
过一岭又一山无影无形。
一沟沟一山山寒风割耳，
一湾湾一曲曲冷气侵人。
一滨滨一泃泃横桥乱石，
歪的歪斜的斜寸步难行。
乱石岩壁陡立高悬千尺，
半岩中割耳风透骨浸人。
油光石马牙石犹如竹笋，
铁钳石铁子石寸步难行。
千年松万年柳巴巴节节，
藤缠树树缠藤拐拐丁丁。
枝绞柳柳绞枝连环钩住，
大一根小一根不识其名。

老虎刺倒挂刺①拉拉扯扯，

荆竹林水竹林冷气浸人。

野蓝枝并紫草青红紫绿，

香的香臭的臭真正难闻。

白蛇儿黄蝎子嚎声呼气，

红嘴鸦青鹧子吵闹成群。

地竹鸡并岩猫成群竞走，

刺②猪子野拱猪拱断山林。

　　像这样印象的色彩的描绘，在知识分子的作品中，都算是很少有的东西。又如：孟姜女被关上的强盗掳去，强逼成婚。她提出几个条件，若能办到，她就依从。这条件是：

三两清风四两月，

七两太阳八两云；

绫罗缎匹不要短，

苏州牵过柳州城；

长江黄河水倒转，

太阳转到西方升；

件件礼物依此样，

你若办好就成亲。

　　这是很优秀的作品，不在《上邪》、《有所思》、《孔雀东南飞》之下。

　　柳阴记。

　　华山畿，君即为侬死，独活为谁施？欢若见怜时，棺木为侬开！

——《华山畿》

　　这是六朝时候的民谣（清商曲辞中的《吴声歌·云阳女子华山畿》）。

　　《古今乐录》说：《华山畿》者宋少帝时懊恼一曲，亦变曲也。少帝时，南徐一士子，从华山畿往云阳。见客舍有女子，年十八九，悦之无因，遂感心疾而死，气欲绝，谓母曰，葬时车载从华山度。母从其意。比至女门，牛不肯前，打拍不动，女曰，且待须臾。妆点沐浴，既而出，歌曰："华山畿，君既为侬死，独活为谁施？欢若见怜时，棺木为侬开。"棺应声开，女透入棺，家人叩打，无如之何，乃合葬，呼曰神女冢。

　　《柳阴记》即是起源于《华山畿》，全卷大约有诗歌三千六百行（散文说白在外），是把华山畿的故事，演绎而成；分上、中、下三卷，结构组织，很在细密。大约是说一个平常人家的女儿祝英台，不甘做一个没有知识的女子，打扮成男人模样，去到山东读书。和一个男同学住了三年，都没有被发现。她回家了，临别时候，她用许多的诗句暗示给这位书生，诗句是优美的民谣体的诗歌。而书生却茫然，后来她另外许配了人，这一位男同学才明白了，因为自己的疏忽造了不可挽回的错误，因此死了。她做新嫁娘时，经过他的坟前坟墓张开了嘴，她投入坟墓里面去了。这故事流行得很宽广，使人读了很

---

① 刺：原文为"剌"。编者注。

② 刺：原文为"剌"。编者注。

受感动；知识阶级有《红楼梦》，下层劳动的人们有《柳阴记》，是一样使他们沉醉和魅惑的。不但中国流行很广，就是安南和云南交界地方的民族，虽然隶属法国，可是他们的宗教是关圣，他们的文学是《柳阴记》（滇越交界地十洲一带），民间文学的力量和领域，比政治还广大。

好了，我们不能费太多的笔墨，替才子佳人作传，我现在要说的是祝英台的转变。

祝英台没有死，被神人救到洞内，她现在不习文了，她已经武装起来，去打强盗。这强盗不是别样人，而是一个欺压平民的田总兵，她替人民除害，把他杀了，并且解决①了他的军队。后来还经过许多的曲折，和外国打仗，和梁山伯团圆。这一个唱本，假如加以修改，是很有意思的。就是把其中的神怪思想、封建思想删除；写一个女子，从爱情中觉醒过来，不愿意跟着她的情人走入坟墓，下了很大的决心，投身在革命抗战急流里面。我想，这不是全无意义的工作吧！

茅盾先生在他的《文艺大众化问题》中说："我们的大众化问题简单的说，应该是两句话：一是文艺大众化起来；二是用各地大众的方言大众的文艺形式（俗文学的形式）来写作品……如孟姜女寻夫是带有全国性的民歌……到处有这民歌的声音，我们为什么不可以新制一曲'满洲国'的孟姜女寻夫？"使它在"满洲国"民间到处唱了起来，那宣传作用应该是很大的。

文艺大众化，现在已经进入了实践的阶段，赵景深、包天笑也都努力于进步性的通俗读物的提倡和制作。现在我们引周扬先生的一段话，来做本文的结论吧！他说："我们主张利用旧的形式，从小调、大鼓调、皮簧，到评书、演义，等等，就是为的这些形式是一般大众所熟悉、所亲近的，通过它们，可以顺利地把民族的、革命的思想输入他们的脑里。一般群众正在以宣传革命论、因果报应说的封建思想的读物，来满足他们精神的要求……要争取抗战胜利，不把大多数落后的群众动员起来，是不成功的，通俗文艺就是教育和动员这些民众的一种武器（《抗战时期的文学》）。民族革命战争，是不会停止的，文学革命，也不会停止的。我们相信，中国的抗战，不但会创造出新的中国，并且还会创造出新的中国文学。

《新动向》1938 年 9 月 30 日第 1 卷第 8 期

---

① 决：原文为"结"。编者注。

国立云南大学教授文集（一）

学习鲁迅的战斗精神

——为鲁迅逝世第二周年纪念作

高　寒①

在前年十月十九日，约在下午七点钟，刚刚晚饭后，我和罗稷南兄知道了危病中的鲁迅先生逝世的消息，好像陡然听到了一个霹雳一样，心中充满了无可言说的惶遽和悲情，随即到了万国殡仪馆，在那里，瞻仰了先生的遗容，默默地致奠，并和几个准备着将先生的遗骸装殓了的青年，略谈到了先生的身后的情形。然后，走出来，在肃穆的院中，浴着水银一样的灯光，踏着无声的青草，读着寂寞的夜的死了的文字。心想着死的乐园，是多么的庄严而和平，但一个战士的死，并不是要将广大的宁静投掷给人间的。果然，到了第二天，全中国以至于全世界都震惊而且骚动起来了。以后即接着是几十万的男女青年、工人、群众，如潮水一样的流来，致奠、致敬，最后则将先生的遗骸，安葬在沪西的虹桥公墓。但先生的精神不死，他仍然活在无数万中国人民、中国青年的心中。所以，到了第二年，当鲁迅先生的遗言唤醒且唤起了我们，我们也在实行了鲁迅先生的预言："现在中国最大的问题，人人所共的问题，是民族生存问题……而中国的唯一生路，是全国一致对日的民族革命战争。"神圣的抗日民族革命战争，就以卢沟桥事件而酝酿着，以虹桥事件而愈趋紧张，最后以"八一三"日人的挑衅而终于揭开了。

所以第二年的鲁迅逝世周年纪念会，当是最有意义的。在抗战的炮火之中，敌人的飞机嗡嗡的飞着，也可以听着炸弹的轰然的爆炸，接着便是一片浓烟和火光染红了半个天边。中国已在炮火血泊中更生起来，而我们上海文艺界的朋友却更严肃、更有生气的纪念了鲁迅先生。

我因为接到通知很晚，所以到会时大部分的人都已到齐了。会中最先说话的是沈钧儒先生，其次是郭沫若、陈望道、田汉、胡愈之诸先生。郭的说话最要紧的是：鲁迅先生的思想和精神那样博大而深厚而精密，在中国可以说前无古人，也可以说后无来者的罢。所以，鲁迅是多方面的，有小说家的鲁迅，有诗人的鲁迅，有思想家的鲁迅，有木刻家的鲁迅，有文学史家的鲁迅，有艺术史家的鲁迅，有文艺批评家的鲁迅，有社会批评家的鲁迅，有社会革命家的鲁迅……无论在那一方面，鲁迅先生都很精到深入，都有着独特的成绩。要学习全面的鲁迅是不可能的。各人各就自己的所能，学习了鲁迅的任何一方面，那中国就可以有无数的鲁迅，无论在文化、在思想、在社会事业上都可以改造了中国。此外别的人也发挥了鲁迅先生的战斗精神，觉得在现时为争求中国民族的独立生存所发动的全面抗战的局面下，成立了一个团体来纪念了鲁迅先生——中国的新生一代的导师，似乎是很必要的了，结果遂议决了成立一个"文艺界救亡协会"。并第一，

①　高寒，楚图南的笔名。楚图南，云南文山人。1938 年 12 月到云南大学，曾任云南大学文史系教授兼主任。

思想文化

选举了临时执行委员；第二，用本会名义慰劳前方抗敌将士；第三，即电政府实行对日绝交；第四，致函各国政府及国民请援助中国；第五，督促书局将鲁迅全集早日出版——那时是决定由商务印书馆出版的。

现在距这个纪念会又已一年了。会中的决议案已大都实现。虽文救协会后来因为意外的变故，一度自行解散，但现在继续着文救协会的精神的文抗协会，不是仍然普遍于中国的各地了么？所以，鲁迅精神是不死的，中国抗战建国的新生的力量是不可制止的。而更令人兴奋的一事，则是编纂中的《鲁迅全集》，也终于在今年出版了。让有耳朵的人都听着，有眼睛的人都看着罢。所以，今年以后，中国要支持了更艰巨的抗战，争求了最光荣的生存，我们的纪念鲁迅，将超过了任何的形式，将是严肃而切实的学习鲁迅先生的精神，聆受鲁迅先生的最后的教言。

他的精神是为着中国和人类的未来和光明，永久地倔强而真实有力的战斗。要在可诅咒的地方，击退可诅咒的时代，要将阻碍中国和未来的前途的，无论是古是今，是人是鬼，三坟五典，百宋千元，天球河图，金人玉佛，祖传丸散，秘制膏丹，全都踏倒！

他的教言是："现在中国最大的问题，人人所共的问题，是民族生存的问题……而中国的唯一的出路，是全国一致对日的民族革命战争。所以，因为我是中国人，我应当加入了抗日战线。在抗日战线上，任何抗日的力量都应当欢迎。"

所以，纪念鲁迅先生，应当是武装了鲁迅的战斗精神，然后以鲁迅先生的教言，如抗战的鲜明的旗帜一样的，指挥着我们整肃而又坚决地前进。

《云南日报》1938 年 10 月 23 日第 4 版

抗战与中国文化检讨

楚图南

一、几个历史上的事例

从历史上看来，每一个民族或每一个国家的生存受到了威胁，受到了危害的时候，这自然是有着极杂的国际关系——尤其国际的政治经济的关系的原因。但也有着文化的原因。即那个国家的文化至少在某方面有了弱点或在某个限度以内有了缺点，所以影响到了整个民族或整个国家的生存。譬如在纪元前二十世纪时的巴比伦，因为位于两河流域的广大肥美的冲积平原，水利物产，都很丰饶，所以巴比伦人即凭借了这优厚的天时和地利，创建了中部亚细亚洲的第一大国，且征服了四邻的民族，以四邻民族的财富和民力，来充实自己，繁荣自己，发达了上古时代的一种高度的文化。但当这种文化发达到了高度的时候，如同太成熟或过盛了的果子和好花一样，也就渐渐的腐烂，渐渐的凋萎了。所以，当时巴比伦人的荒淫堕落，享乐奢侈，在几千年后，也还成为宗教上的极可怕的传说，和文学思想上的惊心动魄的主题①。这是巴比伦人的文化开始暴露了弱点，开始发生了病患了，所以才一再为比较纯朴而野蛮的新生的民族，如米底亚、如亚述，击破、征服、毁灭。亚述人代之，且统一了亚非各地，建立了一个空前的大帝国。只是后来也是走了和巴比伦同一的命运，又为另一种的新生的民族和健全有力的文化所代替了。自此以后，历史上两个民族的大争斗，则是波斯与希腊的战争。这次的战争可以说动员欧亚非三洲的物力与人力。波斯人以泰山压卵之势，临于希腊，而终为希腊人所击破。希腊人以为蕞尔小国，也终于一次、二次、三次的击破了波斯人的海陆大军，挽救了自身的危亡，也保全欧洲文化，也就是现代文化的种芽。这是什么原因呢？据欧洲历史学家的分析，这也是文化上的原因。波斯人以专制的暴君，驱策着几百万以上的奴隶作战，那是强迫的、是被动的。希腊人便不然了，政治的形态是民主政治，作战的地点，就在于自己的故土。人人感到国家的沦亡和自己的切身的利害关系，人人感到自己的生存，快活而自由的生活，便要受到严重的威胁，所以人人拼死抵拒，人人奋勇作战，即使在当时也一样的有了汉奸和卖国贼，也仍然能以几百人、几千人、几万人的武装战士的集团，将波斯人的几百万以上的海陆大军击得粉碎②，造成了几乎令人颇不能相信的

---

① 关于巴比伦的荒淫和毁灭，在欧洲的宗教神话，及文学故事里面的启示录，差不多就隐隐约约的以巴比伦的毁灭及人民的受罪背景而写下的预言，作为后世的鉴戒。

② 希腊史家 Herodotus 著《波希战役史》，称第三次战争波斯的军队动员了二百万人。后世史家谓此或有夸张，然即使打一半的折扣，波斯军队也还有一百万人。而这时扼守希腊 Thermopylae 要隘的，不过是斯巴德三百个勇士。较之我们拥有几十万军队却不战失陷了四省，十日之内连连失陷广州的几个大城，这真是成为几乎令人不能相信的奇迹！

历史上的奇迹。所以，一个民族、一个国家的兴衰成败，其本身的文化的力量是不能不负着一份重要的责任的。以后如罗马帝国的兴起和灭亡，日耳曼人之南下和建国，以及欧洲人势力之普遍于亚、非、美洲以及印度、缅甸，安南诸国的灭亡，都可以由这个原则去加以说明。日本的明治维新，所以能在日俄战争、甲午战争中，击败了欧亚的两大国，这也正是文化的更新，坚强了国力和民力，所以能使两个衰老的大帝国，弄得无可如何。所以说在一个国家或一个民族的生存的诸条件中，如果将文化作为广义的解释，即所谓文化，乃是全民族适应环境，维持生存的物质的、精神的创造的总和，则一个国家或一个民族的兴衰成败，其自身的文化，乃是一个支配的要素，是一个决定的要素，当然不是过言的了。

二、中国文化的本质

文化的力量与一个国家的存亡的关系既是如此，那么中国的文化所给以中国人的命运究竟如何呢？这个问题的历史的检讨，真是令人不快，或者也是使人不快的事。但现在正是日寇深入，整个的国家濒于危亡的时候，任何人都再不能讳疾忌医，蒙蔽①了事实，或曲解了事实了。所谓亡国灭种之祸，玉石俱焚，同归于尽，任何极端自私和无智的人，也不能得到例外。所以，惩羹吹齑，亡羊补牢，在日寇飞机和炮火轰炸屠杀之下，来检视了自己的文化的弱点，来力图自己的文化的内容的充实和更张，来增强了国力民力，来发扬了民气，以争求抗战最后的胜利，这似乎不再是不应当，不再是不必要的事情了罢。

所以，现在就让我们先讨论一下中国文化的本质的问题。中国文化的本质是什么呢？中国的文化还在什么样的阶段上呢？这虽有各种的不同的看法，有各人的不同的主张，如辜鸿铭之类，就差不多以为中国的文化是十全十美，冠绝古今的。欧洲的学者，也颇有不少的人以餍饱肥甘喜欢清恬的所谓"清客式"（Prlgrim）②的态度来赞赏了中国的文明，如俄国的托尔斯泰（L. Tolstoy）、英国的罗素（Russel）诸人即是。印度的泰戈尔（Tagore），也曾与中国梁任公先生一度顾影自怜、孤芳自赏似的，要想努力表扬了东方文明的卓越的优美的特质；即现在也当还有不少的人，无论是理解的或不理解的，无论是恶意的利用的，与真心的爱好的，在做着这样的迷恋，在做着这样的美梦。但铁的事实，终于要使人不能不放弃了个人的好恶，来注意到现实的问题，来作客观的检讨和批判的了。梁漱溟先生的东西文化及其哲学谓欧洲文化是前进的，印度文化是向后的，中国文化则是调和的、中庸。虽在讨论的态度上，是极其冷静，极其诚挚的，但在方法上，在根据上，却不无可以商量之处。所以，在结论方面，就不免有些笼统、表皮和倒果为因了。所以，我以为要讨论中国文化的本质，仍最先不能不对于中国的社会有着深切的认识。中国的社会究竟是什么样的社会？最近十余年来，总算引起了各方面的极真切的注意，和极热烈的讨论。③ 大体上总算都承认了中国的社会，乃是以农村经济为主体的社会，中国的政治形态，则是建筑在这个农业经济基础上的半封建的君主专制政治。中国的文化，就是在这种社会机构中产生，在这种社会机构中形成。中国的文化也支持

---

① 蔽：原文为"闭"。编者注。

② Pilgrim，朝礼圣地者，或译为香客。此处欲求其与文意符合，故暂译为"清客"。

③ 见神州国光出版的《中国社会问题讨论集》，共三大册。

了这种社会机构，强调或坚凝了这种社会机构。而儒家的学说，儒家的生活态度，便是中国文化的核心，是中国文化的骨骼，为中国社会所产生，也支持了中国的社会。在这一点，梁漱溟先生是对的了——以儒家的学说，代表了中国的文化。中国在春秋战国的时候，以所谓王纲失坠，社会解体，所以百家争鸣，诸子朋兴。儒家不过是当时诸子百家中的一家一子，其本质并不比各家优越，然而社会的需要，政治的作用，便是一切学说的试金石，一切思想的过滤器。中国过去的社会既是封建的社会，经济的基础，既仍然是农业的经济，整个的社会体系，无论是农村里面的地主与农民，家庭里的父子或夫妇，政治上的君主与臣民，都不过是一种主奴的关系，或准主奴的关系。而儒家的学说，正是在这种关系中产生，或以维持这种关系而产生①（孔孟同时代的学者，如老庄、墨子、许行诸人，都是打破现状想另来一个新局面）。所以当然能适应这种社会，为这种社会所欢迎。所以汉高祖马上得天下，但不能马上治天下，于是接着就由叔孙通制礼，接着到了汉武帝时就表彰六经，罢黜百家。接着中国的学说，定于一尊，孔子成为中国的圣人，儒家的学说，无论或多或少的有着后人的附会，歪曲或利用也好，总算是支配了中国的全部的文化，成为中国学术思想的主流了。要了解中国的文化，是不能放过这在中国的文化思想上有着支配作用、有着决定作用的儒教学说的。

儒，据《说文》的最古的解说，乃是柔也。柔即柔顺。所以，后人的更进一步的解释，乃是"儒之言优也，柔也"。这可以说明全部儒家哲学特质。这是阶级社会尤其是暴力下的阶级社会所必然产生的一种哲学。所以，这种哲学讲服从、讲名分、讲尊卑、讲爱有等差，礼有贵贱。后来这些一切，都由历代的专制皇帝，或皇帝的御用学者，扩充应用，成为整个阶级社会的道德的体系和礼制的体系，而这也保护、也支持了中国的阶级社会，使有了几千年的悠长的历史，到现在也还影响了中国的大部分的人心，使中国无论受了多少次的覆灭之祸，总还是不容易放弃了这种主奴关系的思想体系，不容易摆脱了这种主奴关系的社会机构。俄谚所谓鸦巢里面飞起的鸦雏，终于又会落在鸦巢里。中国社会经过一度的变革，仍然又是新主子出来，又是制礼作乐，又是尊礼读经，又是天下太平，稳做顺民的一套老把戏。在鼎革时，虽有死难、就义的所谓烈士，但那也是为主子殉节，很少有为民族利益、为公共福利、为自我的尊严的俨然的斗争和牺牲。因为在这种文化思想的体系，在这种政治的或社会的机构，除了主奴的意识而外，绝不会有民族的自觉的。太平天国兴起的时候，颇欲以民族思想相号召，结果曾国藩诸人抬出儒学、抬出孔子、抬出礼教来将它打倒了，这可见儒教学说与主奴关系的社会体制的关系。所以，最近有人疑心到儒教的学说，乃是亡国奴的哲学，这不见得是毫无根据的。②但这还只是知其一而不知其二，即是这种哲学，一方面是教奴隶做奴隶，一方面也是教主人做主人。所以儒家一方面讲孝悌③："君子务本，本立而道生，孝悌也者，其为仁之本与。""其为人也孝悌，而好犯上者鲜矣，不好犯上者而好作乱者未之有也。"所以，孝悌乃是做顺民的最初的出发点，最基本的修养。在另一方面，"民可使由之不可使知之"，以及哀公问政，齐景公问政，孔子所作的那许多的回答，可以说儒教也未尝不是为

---

① 孔子说："周监于二代，郁郁乎文哉。"又说："如有用我者，我其为东周乎？"孔子的目的当然是要想恢复已经崩溃了的旧社会的。后来的删诗定礼，也还是以这个社会为最高的鹄的。

② 最近认识的一位先生，就会有此主张。听说胡适之先生亦有此说，惜其文未见。

③ 悌：原文为"弟"，通"悌"，下同。编者注。

主子的哲学。明白了这个要点，就可知道中国历来创国的君主，无论是汉族也好，非汉族也好，到了征服中国以后，得到权位以后，无论知与不知，好与不好①都一例的要尊孔，要讲②儒学、讲尊卑，恢复旧道德和制礼作乐。袁世凯、孙传芳、张宗昌，即使皇帝没有做成，卖国没有如愿，但对于提倡儒学，制礼作乐的这一套玄虚，也是早有准备，甚至于也已实行了的。日本人在大连，英国人在香港，也是大建其孔庙和提倡讲经，可知帝国主义者也和中国历代的野心家一样，知道了作为中国文化的核心和骨骼的所谓儒学，是有着何等的特质，有着何等的作用的了。历来儒门中所谓的气节，也只是主奴关系的一种气节，如臣死君，妇殉夫，仆死主之类。历史上所记载的是这一类的故事，政府所奖励的是这一种的故事。人人没有人的自觉，没有种族的观念。天生人以膝，所以下跪，天生人，也当然只有做奴隶——亦即宋儒所说的"君臣之道无所逃于天地之间"。所以，"孔子三日无君则皇皇如也"。天下大乱，儒门中人就首先感到不安。因为主奴的体系紊乱了，纲常失坠了，于是忠于旧主人者效死殉节；无旧主可托者则另寻新主，效忠新主，来重新削平叛逆，戡定变乱，又建筑了新的奴隶社会和开展了新的奴隶社会的文化和道德。中国辛亥革命以后，最先感到不安的，就是对于中国国学的修养极深的所谓保皇党和宗社党的分子。"九一八"以后，觍颜事仇，公③然出卖祖国，当汉奸的如郑孝胥、罗振玉、王揖唐、江朝宗、王西神诸人，也仍然是所谓文质彬彬，文章道德，彪炳一时的所谓儒门的君子。最近，有人作知识分子之反省一文，谓知识分子应当临危不惧，不当和无智民众一样怯懦逃跑。其实这所谓的知识分子，如果是道地的传统的、儒家的子孙的子孙，则抗战发生以后，在前方的当汉奸、顺民，在后方的则逃避、流亡、散布流言、说风凉话，或怨天怨地，而又并不努力，不看现实，不做工作，而又时时在重温着过去的好梦，在盘算着主奴之间的利害关系，当主子的仍然在无情宰割着奴才，当奴才的也仍然在迎合着主子……凡这些，都正是这些知识分子的特色。一篇文字的力量，不容易纠正得过来，尤之乎一篇文字的力量，不能即刻说服了郑孝胥诸人之不要当汉奸一样。

三、中国文化所给与中国民族的命运

所以，我们可以毫不迟疑的肯定地说，虽然也是十分悲痛地说，中国的文化，或者说以儒教为其核心，为其骨骼的中国的文化，因为产生于主奴关系的社会，强调和支持了主奴关系的社会，或者说治人者和治于人者的社会，所以对于中国社会的主人阶级，即历史上的统治者是很有利的，无论这个统治者是中国人、是蒙古人、是满洲人、是现代的帝国主义。但对于整个的中华民族，则只是以奴隶的道德或传统，教他和平、教他忍耐、教他安分、教他任命。结果所谓有奶便是娘，只要有了主人，就可在任何条件之下当顺民，或奴隶。没有反抗的力量，没有自尊心，没有自我的意识和民族的觉醒，如希腊民族一样。这不是中华民族的低能，乃是中国文化长久的濡染、熏陶所养成的。所以历来中国儒学极盛的时候，总是中国国势极为衰弱的时候，如东汉、如宋、如明。秦

---

① 刘邦、朱元璋诸人，未必好儒家。也如入主中原的异族，以及最近的帝国主义，及一部分的军阀，不过用它来作征服中国民族的工具罢了。余见下。

② 讲：原文为"奖"。编者注。

③ 公：原文为"恭"。编者注。

及汉唐兴起于西北沙漠地方，在开国之初很少受到儒家的影响，辽、金、元、清人之起始，更不知道所谓儒学，但到了知道利用儒学，来稳定了奴隶社会，来凝固了自己的权位以后，于是天下太平，不求进步，也就渐渐的走到末路了。中国历史上的革命领袖，也很少是信仰儒教的，虽然在开始和以后他可以同意的（如光武、王莽之类）或违心的（如刘邦、刘演、朱元璋之类），利用了儒生或儒教。这显著的例如陈涉、吴广、项梁、项羽、刘邦、刘演、刘秀、李密、窦建德、黄巢、朱元璋、李自成、张献忠以及三国和东晋南北朝、五代十国时候的一些草莽英雄。他们之中，有些是商人、是流氓、是游方僧、是囚徒，都是中国社会所最不重视的人物，是与儒教很少关系，是距离所谓文化圈子比较是很遥远的。中国历代革命之总是虎头蛇尾，总是重复地扮演着同一的戏剧，前人后人，抄写着同样的文章，也正是由于这些革命的领导者，多半是无智识的所谓下等人的原故。这是当然的，中国社会的所谓正常人物，所谓有知识者，所谓儒生，所谓学者，所谓知礼守法、重道之士，受儒教的熏陶很深，主奴的地位已定，一切顺民的学说和教养，剥夺了他们的原始的生活的倔强的力量，所以乐天安命，避人避地，无论如何是不轻易冒险，也不敢出来革命的。孔子所谓"穷则独善其身，达则兼善天下"，"邦有道不废，邦无道免于刑戮"，这便是儒教处穷处变乱时候的保身法。所以，孔门弟子中，子路最勇，孔子曾一再说他"无所取材"，又说"不得其死"。可知儒家者柔也，勇德是与儒家不相容的，至少也不是儒家所愿意提倡。看不见国家，看不见民族，看不见大众，不惹事，不出头，不冒险，一切不负责任、不贪天功的巽柔退避，或依违取巧以图苟活的处穷、处变乱的生活态度，也便是儒家生活的典型。最近有人曾引经据典来研究中国所谓的文人，得到文人的结论，乃是："他是①一位孜孜人事，殷殷仪礼之人。重外表，不免略带浮夸。多花样，口味总偏复杂。带三分虚伪，握一套具文。做事敷衍，对人装假。一方面懦弱不竞，却看不起有力之徒。一方面高唱德化，斥武事为取祸之阶。生活是脱离现实，论道必遵古拘文。他的处世手段是以弱取怜。他的求进方法是谄媚贪缘。临职则文章堂皇，实际上一事莫举。公余或招友宴朋，藉诗酒以博雅名。得志时则多不禁要倚势舞文，假公行私，有时且不惜文致无辜，排挤同辈。失志时却相机抽身世外，唱独善以遂初衷。这就是中国的一般文人。这就是中国一般文人的头脑与心肠。这就是中国的文人性。"② 其实这也就是不折不扣的中国儒学的子孙，不折不扣的中国文化产儿③。如果中国的文化只能养成这样的人物，中国的文化只能由这样的人物来支持、来开展下去，则中国即是怎样的土广民众，物产丰富，怎样的人口有五千万万，土地占全世界的十五分之一，也仍然不知还要演多少的五胡乱华、燕云割据、南宋惨败、明末清初、八国联军、"二十一条"，和"九一八"东北四省之不战失陷。也如果中国还有人再利用了这样的文化，这样的文化的产物，来维持了自己的主子的地位，或取得自己的奴才的地位，则中国也仍然不知还要演多少的五胡乱华、燕云割据、南宋惨败、明末清初、八国联军、"二十一条"，和"九一八"东北四省之不战失陷。

　　这原因，就是中国文化尤其是罢黜百家以后以儒家学说为其核心、为其骨骼的中国文化，是主奴关系的文化，只能维持一个国内的安定（虽然还是一种不自然的或暴力与

---

① 编者根据引文原文添加。编者注。
② 见《新动向》第二期，林同济之《论文人》。
③ 所以叔孙通说汉高祖："夫儒者难与进取，可与守成。"这实在是一针见血之言。

欺骗互相支持着的安定）。依赖心与奴根性，使人削弱和麻痹了人类自我的和团体的觉识与力量。这在闭关时代固可以苟且自存，但在国与国、群体与群体，激烈竞争着的广大的舞台，或最复杂的局面之下，当然要感觉到国力和民力的虚脱、不足，必然要遭遇到很大的失败，如过去历史之所示。每一次的中国的复兴，中国人能打退了异族，又重新卓然自立，总是文化性较少，即奴性渐渐洗脱了的所谓末世或乱世的农民，凭着原始的求生的欲望和力量，狂暴有力的举起了叛旗，扫荡了敌人，创建新国。但新国建立以后，儒家建立，弊害复生，人民又没有了生气。外力一来，又要粉碎瓦解，当主子的准备着让位，当奴才的准备着投降了。

所以，中国文化若没有深切的反省，没有彻底的改造，则中国的社会机构，不会健全，中国的民力也不会发扬，在国际竞争的舞台，在真实的力与力的竞赛的历史剧中，中国是不容易生存，也是不容易占到一个确定的地位的。

四、中国文化的动摇

但这不是一种新奇的见解，更不是抗战发生国家民族的生死存亡迫于眉睫，才令我们有了敏锐的感觉，知道了至少是我们国家的文化有着某方面的弱点的了，在某种程度以内有着缺欠的了。这至迟在明末清初的时候，许多感到了亡国之痛，也就是亡国之痛使人从奴隶意识中警觉了的学术上的大师，已经有了这样的远见，这样的深思。以后直到民国，每一次国际地位的受到了威胁、受到了压迫，明智的学者和明智而热情的革命者，即对于中国的文化，有着一次检讨，有着一次的改革和推进。不过他们的方案，他们的设计，不外是这两途的：

第一，仍然承认儒家的学说，成为中国文化的主流，承认孔子的思想对于人民有着绝对的支配的势力。只是，这都为后世的君主和陋儒，所歪曲、附会，而且腐化了。因此，要复兴中国的民族，不能不以复兴原始的儒学为手段，以求达到革命的目的。好像儒家思想也如同基督教一样的还有原始的基督教似的。所以，在顾亭林、黄梨洲，便主张重实际，谈政治，讲水利，讲技击。在章太炎，旗帜越更鲜明了，他主张尊王攘夷，严华夷之分，主张兴汉灭满，复兴古学，引起国人故国之思，因以发扬了民族意识。这当然对于辛亥的革命，是有着相当的影响，且也促成了清时的汉学复兴，且愈发扬光大，迈越前古。但旧文化究不能适应了中国民族所处的新环境，不能解答了中国民族的当前的新的颠危和困难。这在鸦片战争以后的中国，固然可以看得出来。即就中国文化的养子的四邻说，如安南、如朝鲜，都是大体固守着中国传来的文化的么？但却随着中国①的衰微而相继沦亡了。在日本，一方面保持了中国的文化，然亦同时努力接受了西方的文化。所以虽是小国，不单是可以幸存，且日益强大，渐渐的还想吞食了自己的伟大的文化母亲了。所以，即使中国还有着原始的、素朴健强的儒家思想，究不能使一个古老了的中国发出了新生的血液，即使有了这种新生的血液，也还是缺少了适应现代环境的新的技术，何况那种儒家思想，究竟是已经腐蚀，已经蛀空了呢？

第二，则是注意到西欧输入的物竞天择的天演论的影响，但更主要的是受到了几次西人船坚炮利的教训和打击，于是知道中国文化，究竟不能不改弦更张的了。于是如张

国立云南大学教授文集（一）

---

① 中国，原文无"中"。编者注。

之洞、李鸿章、曾国藩等就采取了一样一半，或者说一主一客的办法，承认中国的文化的长处是中国的伦理道德，纲常名教，即所谓的精神文明。欧洲文化的长处，是所谓的声、光、化、电、船坚、炮利，即所谓的物质文明。于是"中学为体，西学为用"，在中国社会的机构以内，依然煞有介事似的，兴办起海陆军、造船厂、兵工厂、纺纱厂来了。但以封建的农民社会的单纯的生产技术，和帝国主义势力的多方的阻碍，这所谓的物质文明，也究竟应用不灵（如甲午战争时海军的惨败），甚至于丝毫不能开展（如欧战结束以后中国民族工业的失败）。这似乎还是所谓"中学为体"的那个"体"在如同游魂一样从中作祟，使中国的革新不能彻底，也不能普遍。这是无怪其然的，那些主张"中学为体"的人，本来是从这个"体"里面生长出来，这个"体"也支持了他们。去了这个"体"，他们即无所依托。所以中国的复古思潮，总是铲草不除根，春风吹又长，常常阻碍了中国的新生和进步。孙中山先生的革命思想，终于领导了新的中国推倒了满清，消①灭了中国历史上的专制政治，似乎已经粉碎了这个"体"了，但根本的社会的机构未变，到了第二次革命失败以后，这个"体"果然又借尸还魂，以后且变相的分裂、对立，成为各省割据的军阀政治，又仍然是各地的读经、尊孔，提倡儒学，各地的主奴关系、主奴社会的建立和稳定。

但因为欧战结束，巴黎和约的影响，所给与中国新知识分子的刺激，于是在中国文化史上掀起了空前的五四运动，以后接着在政治上的口号是打倒外来的侵略的势力，打倒国内的封建割据的军阀，在文化上的口号则是提倡科学和民治主义的思想。可惜的是这个运动以当时的内外的阻力和整个社会机构对于科学和民治主义思想之缺少了"容受性"，这个运动虽已有了相当的效果，但究竟还觉不十分普遍、不十分深入。我们的吃亏，其症结似乎只在于此。但最近冯友兰先生的明层次，似乎是说民初人相信了欧洲的和平主义精神文明和超国家阶段的思想，于是将清末人斗争的精神失去，也影响了现在以国为本的生存竞争。如我没有将冯先生的文字的语意看错，则这种说法似乎很可讨论的。姑无论民初人的思想运动（当然是指五四以后的新文化运动），并不是以那些思想作为主流，也少有着实际上的影响，这些思想也未如冯先生所说的仅是一种"空气"。但即使真是如此，似乎也不能放过了根深蒂固的旧文化的过恶，和它对于中国民族以国为本位的生存竞争的阻滞性和冲淡性。因为主子与奴隶能结合起来的争斗集团，或类似于此的争斗集团，究竟免不了这个集团中的强制性和不妥协性的。

但总之，由于中国民族的生存的不断的受到了威胁，受到了危害，中国文化是成为问题的了，中国人的生活态度也是成为问题的了。虽对于中国文化的取舍和好恶，各有不同，但中国文化之有了某方面、某程度的弱点，有了某种的欠缺，总是大家都感觉得到的了。中国在不断的失败和压迫中，在不断的耻辱和痛楚中，也已不再讲和平、讲忍让、讲自欺欺人的礼让之邦的文明和所谓泱泱大国的风度，这也是大家共同有此认识的了。这结果，便是中国文化的根本的动摇，中国人生活态度的根本的改变，中国以应战回答了挑战，中国在抗拒暴日的神圣民族解放的革命斗争中站立起来了。这次的战争，当然必须以全民族的长期艰巨的牺牲和英勇的热血，来博取最后的胜利，也是来彻底的清算了中国过去的文化和改造了中华民族的未来的新生的命运。

---

① 消：原文为"销"。编者注。

五、抗战前途与中国的新文化的建设

空前的民族解放战争的幕，既已揭开，现在中国人民被迫得要看见世界，看见了全中国民族，也认识了自己了——不单是认识了自己，且要在血腥的战场上，来争取了自己和国家民族的生存。单是这种神圣任务，这种神圣的斗争，就不是过去当顺民、当奴才的那种态度，所做得了的。这种神圣的任务，这种神圣的斗争，也必然的会使他们渐渐地从顺民、从奴才的意识中解放，庄严地成为一个人样的人而站立起来，在政府领导之下而走上前线去。我们欢迎且愿意促进中国民族的这种觉醒，或这种解放。也必得如此，中国的抗战才可以百战不败，才可以长期支持，才可以被强迫也可以自愿出征，效死，有钱出钱，有力出力。人人视国事如家事，人人担负起自己的责任，没有任何主子可以委谢，也不再寻求任何新的主子，全民族变为一体，没有尊卑，没有畛域。在新的斗争中，新的要求、新的认识中，来不断地创作了新的创造，也不断地扬弃了旧的沉滓。所以，中国的新文化，当然的、必然的，要在全民族生死苦斗的艰巨的过程中创造出来。这将不再保留了过去文化的任何病态的、畸形的特质，也要克服了任何传统的、不健全的弱点。为着全民族的新生存，并且永远活泼光荣的新的生存，这时斯巴达一样的教育手段，将代替了过去的巽柔好文的教条和学说。真实的全民一致的政治机构，和真实的共享共有的生产组织，将代替了过去的任何性质的主奴关系的体系。彻底革命的孙中山先生的精神，和全部三民主义的真实的教理，将改变了中国几千年的厄①运，洗涤了中国历史上所有污点和耻辱，而重新给与中国以自来所没有过的、没有梦想过的真实的光荣而伟大的新生。

现在抗战的艰巨的事业，正推动着我们经过了血腥的历程，向着这种新中国的前途，也正是新文化的创造的前途迈进。去年政府所颁布的抗战建国纲领，也正是我们在抗战过程中的最伟大的初步的收获，是我们前进的最明确的第一步的路碑。那里面接触到各方面的问题，指示了最正确的方向，这都是过去中国任何政治纲领所没有的，也是过去任何政治运动、社会运动、文化运动的要求所总和了的。所以，抗战终于使我们有着更深的觉醒和更强的力量的了。现在，我们毫不含混、毫不踌躇的要求了自主精神的外交。毫不犹豫、毫不迟缓的要实施了全部军队的政治训练和全国壮丁的军事训练。我们设立了各级民意机关，并动员民众，改善政治机构，增加生产，改善人民生活，也实施了战时教育。这些伟大的指示，伟大的方针，说明了什么呢？这说明了我们全民族，成为觉醒而有力的一体，成为尊严的神圣伟大的人的集团而站立起来了。这正是这次的抗战，与过去由专制君王鞭挞着去与帝国主义作战的不同的地方。希望我们国内的上上下下都认清了这个意义，然后才能更放手、更彻底地推行了抗战建国纲领，也加强和迅速实现了抗战纲领所想成就的一切的成就。

所以，拥护抗战建国纲领，而且彻底执行了抗战建国纲领！因为这不单是抗战必胜、建国必成的保障，也是中国新文化之建设和创业的始基和出发点。

二十七年十月廿八日

《新动向》1939 年 2 月 1 日第 2 卷第 2 期

---

① 厄：原文为"恶"。编者注。

国立云南大学教授文集（一）

通俗读物的重要性

顾颉刚①

云南日报社和战时知识社的编辑知道我曾创办通俗读物编刊社于北平，而通俗读物对于抗战宣传实有必要，因此都嘱我写些这方面的文字以唤起国人的注意。我自愧没有研究过教育学，不能从教育学上创立理论，只能凭我的经验说几句话。除把通俗读物社办理经过写登战时知识外，更把我们创办社的动机略述在这里。

我们传统的眼光总是只望见上层人物，十三经是帝王和士大夫的修身教科书，廿四史是帝王和士大夫的传统的传状年谱，省府县志也只是某一地方的各姓士大夫的家谱汇编。我们这一辈人呱呱坠地之时就已成了士大夫的候补者，自幼读书就是为的想早挤上士大夫的队伍里。我们瞧不起士大夫以外的人们，称他们为"白丁"、为"乡下佬②"、为"市井小人"、为"无识女流"。总之是把他们当奴隶看待，他们去劳苦，我们来享受，而决不与他们站在同等的地位。这种社会心理的构成，自有其历史的原因，现在不必批评它。单说这些被摈于士大夫以外的人们在他们工作的余闲是怎样的消遣呢？他们除了嫖赌等不正当娱乐之外，会的是看戏文、听说书、念唱本、读小说、玩图画，他们干这些事都含有求知的欲望在内，他们想知道古时候的事情，也想知道现在社会的形象③。并且找得些兴奋的资料来做自己做事时的模范。他们得不着士大夫的领导，所以有些地方幼稚粗鄙得可笑。他们受不到士大夫的修养，所以有些地方淫荡强悍得可怕。在一个社会里，究竟士大夫少而白丁多，所以这些东西靠了几个天才的创作和表演，吸引得观者的同情，其流行就非常迅速而普遍。士大夫们对于这些东西向来是不屑正眼的，但到它们发生了很大的影响时，就被撇见许多坏处了，于是利用政治的力量，批定它们"海盗海淫"的罪状，禁的禁了，烧的烧了。可是士大夫们只有消极的破坏而没有积极的改造，所以焚禁的效力只是一时的或一地的，"野火烧不尽，春风吹又生"，不久又会因政治的压力的解除和民众们的切身需要而复活，这类海盗海淫的东西依然流行在市面，那些主持礼教的士大夫们终究没有根绝的法子想。

以上说的是帝制时代的事情。自从中华民国成立，规定人民不分阶级、不分性别，一律平等之后，就没有所谓士大夫和民众的分野了。依理我辈知识分子应该多接近民众，使得他们的知识水准日渐提高，达到真正平等的地位才是。不幸我们旧日的观念和习惯一时未能扫除，法律条文只成了一句空话。除了一班大商人握有经济权，已取得高等地位，知识分子不再骂他们为"市侩"之外，其余农、工、兵、妇女还是攀不上。他们没有胆量跟知识分子接近，知识分子对于他们也是"望望然而去也之"。各地虽有民众学校的设立，但那是变相小学校，收的成年学生能有几个？各省虽有民众教育馆的设立，也只有省会一个像个样子，至于

---

① 顾颉刚，江苏吴县人。1938 年 6 月到云南大学，曾任云南大学文学系教授。
② 佬：原文为"老"。编者注。
③ 象：原文为"相"。编者注。

思想文化

各县的连设备费和馆长馆员的薪金多的每月只有数十元，少的只有数元，教他们怎样办事？不必说他们挪不出车马食住等费用到各乡去实做宣传工作，就是馆里的陈设也只有陈旧报纸数份，或把一册画报拆成单片贴在墙上，聊作点缀，桌上地上，尘土寸积，"鸿儒"固不愿去，"白丁"也没有去的需要，弄得这些接近民众的机关竟变成了一所所的"寥落古行宫"！小说本是民众所爱读，十余年来也出了许多创作家，但欧化的文体和少爷小姐的架子就隔断了民众们探看的路口。民众们能看且敢看的还是数十百年前的旧东西，上海锦章图书馆之类的石印书铺每年不知要把这些旧东西，翻印到数十百万部，让他们天天发挥其反时代的毒气。"年画"几乎每个民家所必备，我去年和甘肃人谈，知道他们每家平均须买五毛钱，但这些花花绿绿的彩印品还是几部旧小说里的故事或引人财迷心窍的麻醉药。他们听戏，听大鼓书，听弹词，唱的依然是"真命天子登极"，"黑虎星下凡"、"文曲星降世"、"大清皇上万万年"、"二八佳人小金莲"，教他们的思想怎样变成民国人所应有的思想？固然也有些通俗读物印出来，像定县平民教育促进会所编的，但他们还是用了自己常用的笔调写出，实际上是知识青年的读物，真正的民众索解不得；而且他们定价不是八分就是一角，真正的民众也没有这么高的购买力。这种种的问题不提出来时似乎一切都没有问题，但一提出来时就感觉这些问题严重已极。如果不能解决这些问题，那么中华民族的根基永远还是站不稳的。

自前年抗战以来，大家知道通俗读物是宣传国难的利器，唤起民众的必要工作，许多军事和文学家都起来提倡，眼见这种工作将来必然很发达。我对于这方面所诚挚希望的，是不要把它单当做一时的兴奋剂，而要把它当做早晚果腹的食粮。因为民众根本没有适当的东西可读可听，他们处的是大时代和新社会，他们负有许多重大的使命，但他们的脑子里永远受着几部旧小说的支配，是处处陷于矛盾状态的。没有好国民，如何会有好国家？如果我们给他们的只限于抗战时期的兴奋，恐怕到战事结束以后，他们就将以为大功告成了，从此天下太平了，仍可过着旧式的生活了。我们要使他们个个成为中华民国健全公民，那么公民所应有的知识全都要用文学的技巧灌输到不甚受教育的民众心中，使得他们可以身体力行。不但如此，我们为要改善他们的生活，增进他们的生产，必使他们知道现在世界的文化水准，知道中国所以不如别国的地方及急起竞追所应取的方法，然后他们才能接受物质文明以改良其农工业和生活习惯。这种事情说起来虽易，做去甚难，一定要有许多青年教育家和文学家肯牺牲了毕生的力量去干：一方面向专门学者乞取了各科学的研究结果，写成极浅近的文学或制成图画电影等等宣传工具；一方面深入民间，做长时期的教育工作，并认识他们的实际生活和迫切需要，把自己的人格和热心来博取民众的信仰，使他们真实受用；一方面又要把试验的结果随时公布，提起同志们工作的兴趣，并互相讨论其改进的方式。中央政府和地方政府尤应认识这项事业的重要，加以提倡和辅助。诚能这样做上十年二十年，那时的中国必然换了一个新面目。

我常想，每次外患都是给我们自强的一服兴奋剂，不幸我们不善利用，放过机会，以致外患愈来愈剧，至于今日的程度。这次抗战是我们自强的最后一个机会了，希望有觉悟的人都能用了自己的力量来引起无数人的力量，共同挽回我们的国运，达到转祸为福的目的。这转换的关键便在知识分子能否与一般民众联合奋斗上。倘使民众没人唤起，知识分子独自担当又无力，时局一紧就慌乱，时局一松又怀安，永远寻不出一个确实致力的方案来，那么中国就真万劫不复，不像鸦片之战和甲午之战之后之犹能苟延下去了。知识青年们，你们难道到了这般时候还爱惜自己的身份？

《云南日报》1939 年 1 月 8 日第 2 版

从"五四"到今天

——中国思想界动向的一变!

林同济

"五四"新文化运动,内容本极丰富、极复杂。它一方面把西方文化的各因素、各派流,铿锵杂沓地介绍过来;一方面又猛向整个中国的传统文化,下个鲜明的比照,剧烈的批评。是百花争发的初春,尽眩目薰心之热致。

但是在那复杂丰富的内容中,始终是贯有一个显著的主题的。这个主题,可说是个性的解放——把个人的尊严与活力,从那鳞甲千年的"吃人的礼教"里,设法解放出来,伸张出来。

解放是必须的;但是解放的成绩不算圆满。二十年来我们社会上实际行为的表现,一方面总嫌是个性不够伸张,个力不够活跃;一方面却又感得决篱摒藩,流弊已著。在此青黄未接之顷,国际政治的演变急转直下。大势所趋乃切迫着中国思想界不得不及时作一番新应适。尤其是"九一八"、"一·二八"以来,我们个性解放的要求已逐渐地向集体生命的保障上移动。"八一三"抗战展开以后,集体生命,民族生存一感觉,更无疑地跃为我们思想界的最高主题。

由个人的个性解放到民族的集体认识——这是"五四"到今天中国思潮所经的大路线。此中奔流所到,乃含有几条荦荦大则,充满了划时代的意义的。这些意义尚未经我们思想界的领袖充分发挥、充分发展;但是它们的明光暗力已开始向我们生活的各方面磅①礴侵注。谈中国当代文化者不可不知。推动中国此后文化者似更不可不仔细寻绎其意味。

(一)从自由到"归着"。"自由"二字是个性解放的理论基础,也是个性解放的实现方式。自由者,由自我的意志为立场而作不受外力牵制的行动之谓。在当年宗法社会壁垒森严的压力下,"自由"二字,无疑地是中国青年的无上福音。把自我看做超一切而存在,脱一切而仍有价值的一物,煞是快事。然而经不多时,一般感觉敏锐之人已能恍然发现对面的真理:如果人们需要其自由(Freedom),人们也必要有所"归着"(attachment)。无论是由物质或精神生活着眼,自我终是"未能自给"的一物。它终须归依于更大于我者而存在,而取得存在的意义与价值。如果"五四"时代,青年们多感得摆脱家庭缚束的愉快,最少"九一八"之后一般知识分子已切实理会民族之不可离。对家庭自由,必须向民族归依。越是不为小家庭的分子,我们灵魂深处越要渴求做大社会的一员。"有所归着"的慰藉竟或是追求自由的前提。我们对人生,确已比"五四"时多此一点的认识。

(二)从权利到义务。自由是要脱离外力的阻碍,权利的涵义乃是进一步而向团体提出积极的要求。它站着自我需要的立场而公然向社会索取供应与满足。是个人反攻社会的武器,个人对社会取得债权者地位的实符。反而观之,义务一观念却根本上以社会的需要、

---

① 磅:原文为"滂"。编者注。

集体的生存为前提。它承认社会对我有大恩，而采取一种债务者的态度。它承认集体是个体存在的条件，而愿作一种忠心的服役者。这点似乎是显著的："五四"时代是十八世纪法国人权思想优越之期；"九一八"以来却大有玛志尼义务人生观渐萌之倾向。

（三）从平等到工用。"五四"时代是要求平等的时代。它要打翻宗法的差级思想，所以要提倡平等，究竟"平等"两字，除了法律上保障平等之外，再也不能有何有意义的涵义①。我们近年来似已渐次认清此点。"平等"两字似已失去当年的引人吸力，现下我们的目光似已移向团体组织，团体生活的需求。于是所企望者不为平等，乃为整个集体中彼此个体的工用（Function）问题。"分工尽用"是一切组织化的生活之必需。在这种活的工用观之中，那些形式上平等与差级的死问题，已失去讨论的价值。这方面的真理尚未经一般人充分了解，但已开始惹起大家的注意。

（四）从理想到现实。以个性为主题，类不免有一种"内倾于心"的趋向，而好作玄理上的绝对体之憧憬。所谓超空间、超时间的乌托邦每每不期然而然地从中涌出。信仰也，主义也，竟或成为闭门造车的偏见；在三五人的浪漫追求中，断送了数百万苍黎的生命。以集体存在为主题时，则目光容易外转于四围的现实。在不断地接触现实中，当然能了解主义之一物是空间时间之所定而不能定空间与时间。如果我们的观察不误，抗战愈久，现实的精神愈增。"五四"以后十数年的"主义政治"之一物，在此后要寿终正寝，最少也不能维持当年的那样无上威凌，在战时战后的大艰难中，大家所问的，不复是"你的主义如何？"而是"你对付那些大现实，把握如何，成就如何？"

（五）从理论到行动。把你的理想或是玄想发而为洋洋大观的理论，也许是难能可贵。只是大现实已压到头来，不容你我还在那里器器议论。当年的口号、标语，以及那娓娓动人的方案、计划，到今日已是过时之装，难引起人们的兴趣。大家已不要攒头争看文章，大家只看你的实际工作。行动是时代的呼声。这种呼声是充满着"反唯识"的倾向！

（六）从公理到自力。谈到行动，最关键的是"力"。五四运动恰当巴黎和议之秋。我们多少都中了人家"公理战胜"、"精神克服"的宣传，遂贸贸然认此后大同的世界只须由那三数"合理"的条约来维持。如今我们都觉悟了！"公理"是不能脱"自力"而存在的。力乃一切生物之征，无力便是死亡。力是一切行动之基，无力便无创造。力的本身，原无善恶；力的善恶乃全由其应用的对象而分。中国人道德家的老习惯，提起"力"便唾为"无理"。现在我们的看法，提起"理"必须"有力"。有理不必有力。有力才配语理！

（七）从功利到意志。力从何来？功利派的头脑必定要一五一十向你数一数那些物质的条件。物质条件，当然是重要的，却是别忘了运用者还在其人。这是我们抗战以来所发现的最可贵真理：有物质无意志，根本无力。有意志无物质，还有办法。"五四"时代的伟大，在它相信"理智"的可靠。此后我们的伟大，在了解"意志"是理智之王。"五四"时代是实利逻辑，实验主义飞跃之期，我料得此后中国的思想必定要对"意志自由的逻辑"开始领略其滋味。

好了，这些是一把新思潮的种子，已经撒播在头上与空中。思想界的人们是否有眼光、有气力，趁此空前的紧张巨大的时辰，拈起"五四"留下的线头，掀起进一步的第二度新文化运动呢？

《云南日报》1939 年 1 月 20 日第 2 版

---

① 义：原文为"意"。编者注。

国立云南大学教授文集（一）

士大夫与大夫士

林同济

五月一日蒋委员长的国民精神总动员广播讲词，有几句极警策的训话："我们要从今天起彻底检讨自己精神上的缺点，要从今天起更在精神上彻底的除旧布新，革面洗心，作一个划时代的努力。"我们敢请本着这种立场，来略略作一番对"中国士大夫"的讨论。

无疑地，如果我们要除旧布新，革面洗心，第一步工夫必须先向士大夫阶级下手。

要取得抗战的最后胜利，士大夫必须革面洗心。士大夫而不革面洗心，抗战的局面——如果要达到预期的目标——终必要迫着他们宣告自家的死刑，迫着他们交出二千年来所雍容坐拥的优越地位。

我们用不着自瞒自讳，中国社会中的统治分子是由所谓士大夫者为中坚。在我国社会中，士大夫乃所谓极富"政治"意识、"政治"机能的层级。自从秦汉以来，他们在乱世便是群雄的参谋，在治世便是帝王的牙爪；在乱世便站在刀枪杀夺的背后，运筹帷幄，在治世便包办着官府县衙，出头"佐理"。虽然是近年来民众运动稍稍抬头，但是士大夫的地位与实力显然地还占上风，还是主动。抗战内含的意义，本是多方面的。其中一个极有划时代性的意义便是对此二千年盘踞上位的士大夫，下个空前的试金石！

士大夫阶级的诞生与发展，是战国以后的事实。战国以后有"士大夫"，战国以前有"大夫士"。大夫士与士大夫乃有天渊之别在。论世者不容不仔细认清。看出了两者的异趣，不但可以了解中国□化蜕变中的最有关键的问题，并且还可以按索着现代士大夫的特征特质以为我们讨论改革的一方面的透视。

春秋时代的政治，大体上估量之，是一个大夫士的政治。秦汉以后的政治，大体上察验去，是一个士大夫的政治。大夫士政治是封建的等级社会中的现象。士大夫政治是统一的皇权专制下的产物。换言之，大夫士是贵族阶级；士大夫是官僚集团。贵族是封建时代的特色，官僚是皇权发展下的必需。

中国社会由春秋的贵族模型转到秦汉以后的官僚模型，是一桩无上重要的事件。这不只是一种社会机构的变更，乃是整个文化精神的换质。本篇短文内，我们不能多谈，只能提出一二点先加叙述。

封建的等级社会中，最枢纽、最活跃的社层便是大夫士（或卿大夫士）。他们上承天子诸侯，下接庶民奴隶。大体言来，表面上天子诸侯虽最尊贵，实际上政权的运使，多在卿大夫的手中。而卿大夫的推行政权，又靠着士的技术与效命。如果天子诸侯可称为御临社层（南面等级），卿大夫便可称为执政社层（为治等级），士便可称为行政社层（有司等级）。这三社层可总称为统治阶级，与当时的庶民奴隶之为被治阶级恰恰对衬。

大夫士政治的特征，纵的方面是"世承"，横的方面是"有别"。所谓有别者，上下社层不轻容逾越而必须各守其"分"是也。这种世承，有别的制度，当然有它种种缺点。不过在民族文化初期发展的状况下，乃往往能够显露出它特有长处。因为是世承，所以会养成一种"世业"的抱负。因为是有别，所以会发生一种"守职"的恒心。在这种排式下，春秋的大夫士乃炼出一种两相平行、两相成就的道德观、人生观。大夫一生的主要目的是：如何为政？他们行为后面的主干意识是：如何昭耀他们威德以维持国家的秩序，发展国运与国计？士的一生的主要目的是：如何尽职？他们行为后面的主干意识是：如何贡献他们的才能，以求不负他们累世所司的事务？士之子恒为士。在孔子时代以前，除了极少数的例外，士的社层并不存（亦不得有）躐进而入士大夫社层的野心。大夫与士乃两隔的横层，而取得相成的工用的。

无疑地，春秋上半叶（由此并可推断到西周时代），无论为士、为大夫，大都能够深切感到他们的统治地位、统治职务，感到他们的命运是与整个的政治秩序打成一片的。也就是说：他们世世相传，不期然而然地积生了一种大政治的意识。同时这种大政治的意识又根基于一种标准的贵族感觉，就是"荣誉"之一物（欧西中古骑士的 Houour，中国古语的"知耻"）。表示并调剂这个荣誉观念的就是礼，而贯彻履行这个荣誉观念的就是一种忠、勇、死的三位一体观。这种情形，不但在春秋的贵族模型的社会里可以寻出许多实例，即在欧洲中古史与日本幕府史中，亦能窥见一斑。

为了种种不可免的原①因，春秋的贵族社会，后来逐渐崩溃。到孔子之世，已入末运了。再经过了战国的转折时期以入于秦汉，中国政治实质上已由封建贵族的模型渐次变为统一皇权的模型，也就是大夫士之一物渐次变为官僚化，而渐次形成二千年来士大夫的结构了。

统一皇权的本质，大体上可说是兆民之上有予一人；也就是说予一人之下，兆民"无别"。官不是世其业，人人都有做官的资格，做官的机缘。所谓官僚制度者，于是乎油油而诞生。士乃变为做官的准备，大夫乃成为做士的目标。如果春秋时代大家谈"守分"、谈"守职"，秦汉以还大家谈"干进"、谈"做官"。做官观念逐渐地取世业观念而代兴；而做官的途径，正面则由贡举而科举，侧面则由夤缘而贿赂。

在这种结构下，乃涌出一种后代士大夫的人生观，与春秋时代的大夫士的人生观，其根本精神，迥然两样。

到此时，一个学界的"士"，生出来，目的就在做官。做官的目的与其说是要为治，要行政，不如说是要猎取"功名"。他立身处事，应人接物的背后动机与其说是"国运与国计"，不如说是"官运与家计"。官运与家计，两者本相连。要升官，为的是要发财。要发财也莫若求升官。所谓功名两字，切□细认下去，乃恍然是"利"之一字的化身。如果贵族时代的荣誉观念可以拿"剑"来象征，那么，官僚时代的功名观念可以用"孔方兄"做标志。同时古代大夫士的荣誉也流为后代士大夫的"面子"。礼本来是贵族所以表示荣誉的一体行动规则，到了士大夫手里，乃竟点金成铁，而硬化为一种官僚交换面子的勾当。忠、勇、死的三位一种观，也一落千丈地变为"随缘"、"明哲"、"保身"的三位一体观了！

简言之，由大夫士到士大夫，乃是贵族政治到官僚政治、世族政治到豪族政治，也就是充满了大政治意识的"君子"威仪（君子在古代本是贵族之意），到措大眼孔的"大人"者的派头了（后代所号称的大人乃大有古代所谓的小人气魄）。

---

① 原：原文为"缘"。编者注。

国立云南大学教授文集（一）

民国以来的士大夫与从前的士大夫究竟有没有不同之处呢？这题目，一言难尽。我们在此处可以添上一句注脚的就是：从前做官，还有正面的科学途径，民国以来做官却大都用侧面工夫了！从前的士大夫毕竟还是农业经济的"侧室子"，内慕利而外仍不免顾名。民国后的士大夫，幸受了西洋商业化文明的洗礼，似乎大都竟可以贸贸然、洋洋然，不要脸只要钱！官僚化的士大夫，到此乃浓加上市侩化的臭味。直至近年来，谁是官僚，谁是市侩，则好像都是惚惚然、混混然，不知庄周之为蝴蝶，还是蝴蝶之为庄周，周与蝴蝶所分究竟何在矣！

如今抗战的大时代到了。二十二个月的前方士兵的苦战死战也曾经换得了后方在位的大夫、在野的士的一点"革面洗心"没有呢？后方士大夫的人生观是否能够略略模仿、略略活用古代的纳忠大政治的、统治的、讲荣誉、讲忠勇死的士大夫风格？还是老鸦终是老鸦，那般趋名鹜利的恶习、随缘保身的心思在抗战期间乃更充量发挥而不可制止？两条路皆有展开的可能。一条路指青天，一条路入死谷。我们的济济盈堂的士大夫，究竟何去何从？

抗战是个大现实，是个不可回避、不能敷衍便了的大现实。这种大现实的来临，是个绝好的机缘，却也是个绝可怕的顷刻。它是对我们民族的最后试金石，更是对我们统治社层的哀敦①美顿书。人类历史上本来是充满了无数统治社层的悲剧；他们当不起时代的要求，便成为时代的障碍；如果民族本身还有灵机生气，它必不容这障碍物的长留。诚然，目前国内的士大夫中，也有零星觉悟之辈，做出一二件事件，似乎也可歌可泣。然而关键不在例外的三五辈，乃在整个的社层，整个的机构。莫谓此间容易溜过。一向的买空卖空，一向的滥竽鬼混，一向的躲责逐机，私囊中饱，到了这个大时候，不但已瞒不了老百姓，并且已惹起全世界要注目，在这个大时候，全世界都在那里探头问道：中国的这一批模样文明、心头叵测的士大夫是去配做民族的主人翁，还是不免做时代的淘汰品？

有人说，抗战以来，在新军人努力之下，军事确有相当的进步；只是政治文化方面不免瞠乎其后，并未见有何新气象的兆征。这种说法，可说是同一的士大夫问题的另一面观。抗战如要成功，我们对这问题如何而容得久缓解决呢？——抑还是根深蒂固、解决无方！

《云南日报》1939 年 5 月 7 日第 2 版

思想文化

---

① 疑为"的"。编者注。

泛谈社会思想

伍纯武

说起社会思想，首先我们须得承认，它是人类社会生活环境所决定的东西；而社会生活环境，最终则为社会的生产关系，和在其中发展着的生产力所决定。社会环境在不断地变化和发展着，所以人类的思想也在不断地变化和发展着。

但是有人会说：生长在同一个社会中的人，为何会有不同的社会思想呢？在同一个教室里的学生，为何程度会不齐呢？原因是：各人的家庭环境、生活环境，虽然是在同一个社会中，却不一定相同，各人的脑髓组织也不一定相同。所以会产生上述的结果。而这结果，也都是由于生活环境之不同所决定的。

然则人类意识或思想之产生，岂不是如同相机照相那么的机械和呆板的吗？是又不然。因为相机之摄取影像，相机本身并未意识着；同时它对于所摄取的影像，不能加工，也不能判断。可是，人类对于自己的意识及思想，是能够加工和判断的。至此种加工与判断之能力，则由于历次实践生活的经验所养成。

故所谓社会思想者，说得具体一点，便是指人类对于社会之经济构造、政治制度、风俗习惯，以及各种意识、形态诸方面之见解、主张或理论。

社会思想又可概别为二类：一类为集团的社会思想，它是某一集团的人，对于社会中的某种问题、某种关系，或某种行为的见解和主张。如像一个宗教团体的信仰，一个政治党团的主义，或一个地方人民的风俗等等，便是这一类例子。另一类则为个人的社会思想，那是具有才智的个人，对于社会之改进等问题所建立起的学说或理论。这些人的感觉敏锐，他们所想到的往往比一般人来得精密深远，对于人类社会的影响也很大。古往今来一般大思想家的学说，便是这种实例。不过，不论是属于团体或属于个人的社会思想，它总是受当时社会环境所影响，而各有着它的社会背景的。

社会思想本身，是一个改进社会的完美的理想或计划，并非一件已成的事实，它仍是属于将来的东西。因此，社会思想本身所关连者，非徒说明现在或当时的社会为若何，亦非仅说明以前的社会为若何，它乃是要表明现在和将来的社会将要如何，及应当如何如何。所以，社会思想特性的第一点，为将来性。

其次，社会思想家每多情感丰富的人，他们有渴求公平的愿心，拯救贫民的热情，所以想要出各种计划来改革社会。由是，可知社会思想实为人类的悲鸣或怒吼，为感觉敏锐的人们因受社会刺激而产生的主张。所以，社会思想之特性的第二点，为感情性。

再次，许多社会思想，又多与当时社会制度相反对。例如专制政体社会中有民主主义的社会思想，资本主义社会中有社会主义的社会思想。故社会思想的第三特性，为反对性。

因此，社会思想是偏向于主观的。不过这主观，是由客观的社会环境中产生出来的。所以说，社会思想是一种主张或主义。而这种主义，是要寻求最完善与最妥当的方法，来适应人类社会生活的。据此，可知它和社会学说不同。因为社会学说是对于一切社会现象的分析和研究，它要明悉各种社会现象的演进和关连，要客观地寻求出社会发展的法则来的。这些，对于社会思想的建立，虽有极大的帮助，但它本身究非我们在这儿所说的社会思想。

这以上，是对于社会思想之意义及性质等的说明。

在现代社会中，因为经济生活之不同，所以有着阶级的存在。一方面，有那占有着生产机关的，专依靠利息、利润、地租等收入而生活的有产阶级，同时，又有着那纯靠自身工作的收入而生活的无产阶级。于是，因为阶级生活之不同，故虽在同一个社会中，各阶级的社会思想也就不同。所以，现代社会中就有着资产阶级的社会思想和无产阶级的社会思想。

同时，因社会中人群的智识生活、文化生活等之不同，所以各阶级中的人又有着不同的社会思想，如像有的主张着休戚相关主义，有的又主张着社会主义以及共产主义。

我国自从抗日战事发动以来，社会环境大变，国民的社会思想也就随着变迁。目前的环境是一个抗战建国的环境，所以抗战建国的思想，在社会思想中占着主要的地位。

以下我们且将各种的社会思想，作一个简要的说明。

先说资产阶级的社会思想。

资产阶级的社会思想，有着这样的几个特色：

第一，他们说，私有财产制度的成立，是由于社会演进的自然结果。所以，这种制度是最合理的、合法的，及神圣不可侵犯的制度。

其次，他们主张个人的经济活动，应当得到完全的自由，国家是不应当加以干涉的。而且人是有利己主义的天性的，因为有了利己主义的天性，所以就促使各人为改善自己的地位而不断地努力。这个努力，是社会经济发展的动力，国家和私人的致富都全靠着它。

再次，他们以为社会中人民的穷困，并非由于社会制度的不良，而为自然法则所决定，因为在人口增加速度快于食物增加速度，同时食物又为人生所不能或少之物的形势下，人口增加便会被食物的不足所限制，若人口仍加速度的增殖着，便成为穷困与罪恶表现出来。

第四，资产阶级学者并且还说，资本主义社会继续发展，必然会走到社会各阶级的利益一致的结果上去。因为工资和利润二者是会同时增加的，而且工资的增加比利润的增加更来得快。

所以，资产阶级是拥护私有财产制度的，赞成自由竞争组织的，反对社会的改革和反对阶级斗争的。至于他们为什么要拥护私有财产呢？理由很简单，就是因为他们是社会财富的所有者，并且他们还可以利用自己所占有的财富，以取得更多的财富。同时，他们之所以赞成自由竞争者，又由于有产的人在竞争时候总是占便宜的原故。此外，他们还反对社会制度的改革，尤其是分配制度的改革，这是因为改革对于他们是不利的。比方说，假使承认社会中贫困的发生是由于分配制度的不良，那么改革分配制度的结果，使劳动者的收入增加了，资产阶级的收入依比例地减少了；这岂是资产阶级所愿意的吗？当然不愿意。于是，他们就将那致使人民穷困的责任，推到自然法则的身上去。最后，他们宣传在资本主义社会中各阶级的利益一致，便是他们想避免阶级斗争的一种企图。他们为什么反对阶级斗争呢？理由也很明显，因为他们恐怕由阶级斗争而促使资本主义制度的崩溃。资本主义制度崩溃之后，资产阶级所享受的一切特权，便会归于乌有，如此，资产阶级不是太"吃亏"了吗？

然而，资产阶级拥护私有财产制度之结果为若何呢？结果是将社会中分成了有产阶级与无产阶级；有产阶级可以不劳而食，而且生活奢侈；无产阶级劳苦终日，难得温饱。至于他们赞成自由竞争制度之结果又为若何呢？结果是大资本淘汰了小资本，生产集中，中产阶级没落，社会大众的无产化，在这种形势之下，资产阶级偏要将责任推到自然法则身上去，反对社会制度的改革；但是，那里有多少人会去相信他们呢？同时，他们提倡的资产阶级社会中的利益一致之说，和工资的增加比利润的增加来得快的理论，也不会有人相得过；因为根据事实的明示，自从生产科学化以来，生产率比较以前增进了三四倍之多，而工资的增加，却并不依着这个比例前进。据可靠的统计，现代工资增加的比例，至多只及于利润增加率之百分之六十。从这些地方看来，我们似乎可以明了资产阶级社会思想的特色、背景，与其价值了。

次言无产阶级的社会思想。

这儿所说无产阶级的社会思想，系指那国际间有名的"生产劳动者的哲学"，便是工团主义。

工团主义，为劳动阶级一种自觉的与自动的反抗资本家之压榨的行动哲学。依此行动哲学，他们有两种使命要做到：一种是守卫的，一种是进攻的。守卫的工作，便是带有革命性的改良运动，如像劳动者力量的团结，劳动者生活的改进，工作时间的限定，工作待遇的增加等等都是。至在进攻的使命方面说，他们是在准备着进行取消压榨者的资产，而使整个的无产阶级得到解放。达到此目的的武器，便是他们所提倡的总同盟罢工。所以，他们就从这一点去着手组织和准备。此外，工团主义者并且以为工团之组织在目前为反抗压榨者的团体，而在将来即为生产与分配的单位，为社会组织之基础。同时他们认为达此目的之后，大家全为生产者，全为社会而工作，人与人之关系建筑于同情的基础上，于是大家全都得过快乐的生活了。

工团主义还有许多的特质，其中最重要者有：（一）重视劳动者自觉的行动。因为他们深信资本主义社会的崩溃，以及新社会的产生，并非神秘的及定命的，一方面也是要靠劳动者的自觉，及其团体的行动，不然的话，如其只是去空享着新社会的实现，那不会得到什么结果的。不过，劳动者如何才能够具有这种行动的能力呢？那就要靠教育了。要用道德、政治的及技术的教育，去训练劳动者，使他们都有阶级的意识，及技术的修养，俾能于行动中表现出巨大的力量，而实现革命。（二）他们又主张直接行动。这便是，凡是关于他们的一切，如待遇之改善及社会革命之努力等，均不愿假手于他人（如国会代表及政党代表等），都要自己去做。为了他们认为劳动者的事情，只有劳动阶级自己才能够认真了解，也只有劳动阶级自己，才能够认真地办理；质言之，劳动阶级的解放，只有他们自己才能够做到。所以，他们不相信政党，不相信议会，不相信政府，说这些机关团体都不曾①为劳动阶级谋福利。因之，凡是关于他们自己的事情，他们都要自己去做。（三）他们反对德模克拉西。因为德模克拉西要以多数人的意志为意志，要服从多数人民；而工团主义的性质则不然，他们讲究的是一种少数自觉者代表多数昏庸者，进行一切有益于全体之工作的学说。所以，工团主义的战士们，并不必定要等待

---

① 曾：原文为"成"。编者注。

全部或多数的劳动者都来加入工团之后，才去进行工作；他们只承认少数自觉者的意思，说它真能代表整个阶级的利益；同时只要是代表阶级利益而奋斗的，即仅为少数，也足以代表全体。故德模克拉西之少数服从多数之说，工团主义者则认为是多数昏庸压迫少数自觉者的学说。（四）他们还赞美暴力及主张不妥协的精神，说那才是最高尚的道德。因为暴力之施用，及不妥协精神之实现，可以激励人心，使努力自强，及足以使劳动者得到一种有组织的训练，养成他们对抗资本家的强力。所以，革命的工团主义者，遂反对立法上的改良，说那是软化劳动者斗争精神的东西。而他们所要提倡的，是培养自身的实力与不妥协的精神。以上诸点，便是工团主义的特性。

具有着此种特性的工团主义，又是如何地形成的呢？

工团主义，可以说是和产业革命与俱来的，并随着它的发展而发展的。因为在产业发达的国家，一般工人的生活是极其痛苦的；为了生活，他们不得不在资产阶级的剥削条件下工作着。眼见自己为社会财富的生产者，但享受的却又是另外一部分人。于是资产阶级和无产阶级之间，为了利益的冲突，便发生对立的形势。可是，要与资产阶级斗争，非有组织不可。很巧妙的是随产业之发达，工厂规模扩大，常聚集了几千几万的工人于一个场所，遂使劳动者的团结和组织，易于成就。加上感受压迫与剥削的刺激，劳动者也就易于和衷共济起来。在此种情势下组织起来的团体，称曰工团；而工团之行动纲领及行动哲学，便是工团主义。

工团主义之产生，故为资本主义发达的结果。但在资本主义社会中，又出现了马克思的大作《资本论》以及其它著作。从马克思的学说中，工团主义接受了阶级斗争，唯物史观，经济重于政治，以及万国劳动者须结合起来等等的主张。于是工团主义便有了更新的精神，及有系统的行动。

同时，工团主义对于普鲁东的思想，也有相当的采纳；如对自由竞争的批评，及对联治主义、国家银行，及无政府主义等的主张，也都采取了。

此外，在形成工团主义的因素中，除马克思、普鲁东之思想外，也还有着巴古宁、克鲁泡特金等人的思想成分。而一般工团主义战士们的思想及斗争经验，亦给工团主义增强了理论的基础。

再次言休戚相关主义。

休戚相关主义，为法兰西学者所提倡，其中代表人物，有布吉瓦（F. Bourgeois）及季特（C. Guide）等人。

休戚相关主义者说：人自初生，即受社会的培育，因为社会中各种事物、各种工作，都在助初生者成长。故人从出世日起，就受了社会的大恩。因此人到成长，就应当努力工作，而工作的目标，当为社会谋福利。

在一个社会中，人群互相关连的事实，是很浅而易见的。个人与个人的相互依靠，休戚相关，在社会的分工中可以见到，在市场的交易中可以见到，在亲属的遗传中也可以见到。此外，从不利的方面看，如像疾病的传染与遗传，也都是及其明显的事情。在此一方面的关连，虽然有失公允，但从这些自然的事件中，我们可以知道人群的休戚相关，是一件极其自然的事实。

这些事实既为极自然的现象，那么社会中的每一个人，就当奉此理以作道德的标准，及行动的根据。因为人群既如此的相互关连，个人行动无论好坏，都会影响于社会全体。如此，社会中一切人就应负思想上与行动上的责任。明白了这个意义之后，当看见社会中一般贫苦人民之时，就应当设法救济。因为社会中之所以有贫苦人民，也许就是我们的思想及行为的结果，这是大①家应当负责的。

于是，人们就当把社会变为人人互相救济，互相帮助的社会。在社会中，就当设法倡导个人的互助心，使大家都极其情愿而自动地去组织互助团体，即不然，也当由法律规定互助的原则以使个人奉行，并立此原则为一切道德的标准。或好或不利，都要叫个人去互相负责任。

但是有人以为若照这样做去，则个人无特别发展的机会了。同时，一有帮助，则易起依赖心。不过，休戚相关主义者认为他们所说的，并非叫人们处处地方去求助于人，乃是要人们处处地方有去帮助别人的道义。想帮助别人，就须先有能力，就须先能独立。要自己能够独立后，才会有助人的能力。故凡信从休戚相关之说者，绝不会存着依赖心的。

退一步说，即有存此依赖心者，也可以晓以大义，说是人若存心依赖，则社会中将多一游民，社会全体便将受到不利影响。社会既受影响，则存心依赖的人，当然亦不能逃避。况社会受损，社会中人都当负责。如此说来，社会上人人就会明白利害而努力工作了。

虽然，是这样说，但人群休戚相关主义，是否可以实现于资本主义制度的社会呢？提倡者认为是可以的。因为，他们以为此主义之提倡，并非愚惑劳工，叫他们为人牛马。主要的意思，是要叫一般有财有势的人，明白休戚相关之旨，实行贫穷的救济。所以，他们以主张救济贫穷为他们主义的第一要义。

第四，社会主义的思想又为若何呢？

社会主义思想，为资本主义制度发展以来所产生的社会思想中的主潮。到今日了解社会主义的人一定很多，但是误解它的人也不在少数②。

有些英国人认为主张铁道国有的便是社会主义者；而以德国国会议员中，有些人以为由国家来补助老弱残废，用市款来资助贫苦学生，及征收遗产税，增加土地税等便是社会主义。但是，这些都是误解。因为在现代资本主义国家中，对于上述各项实行者很多。可是，它们并非社会主义的国家。

此外，还有些人以为社会主义，系主张以社会所有的财产，来平均分配于全体人民的。其实，社会主义那里是这么一回事？又有人以为社会主义为犯罪者行窃劫掠之计划。可是，这与事实又不相符。因为社会中一般犯罪者，多为不了解社会主义的人。故社会主义，并不足像上列诸种说法所述的那样解释。

社会主义的要素，有生产机关的公有，生产事业之公共经营，及生产财富之由社会分配三者。由于生产机关之公有，便可免去利息、地租、利润等等的剥削。由于生产事业之公共经营，便可使生产成为一种有计划的及为公益的生产；而且在这种生产制度中，不会有恐慌及失业等情事的发生。最后，由于财富之由社会分配，便可以顾全到老弱残废各种人的供养。社会主义思想的本质，是可以由这几点上面去认识的。

社会主义又分为空想的社会主义及科学的社会主义两种。前者之理论基础，是宗教的、道德的或人道的。而后者，则自资本主义社会之发展的观察中所建立，是客观的、

---

① 大：原文为"天"。编者注。
② 数：原文无，编者添加。编者注。

科学的。

科学的社会主义者说：社会主义，并非一种社会制度的理想，而是在新的生产力与新的经济任务出现时，社会所行进的一个必然的进化阶段，因为旧社会在此时已不足以适应这些新任务的缘故，故资本主义制之必定崩溃，并不是因为它的不对，实在是因为它太老朽了，已经成为过去。所以，社会主义制度才代替资本主义制度而兴起，犹之资本主义制度已经代替了封建制度，有着同样的理由。

社会主义与共产主义不同。因为在社会主义的社会中，是各尽所能，各取所值的；而在共产主义社会中，则为可各尽所能，各取所需了。故社会主义，只求废除工作手段的私有，而消费仍为私有；至于共产主义，则连生产品的私有也废除了。

最后，我们看在这抗战建国的大时代中，虽然仍不免有人发表些似是而非的理论，但是，这非抗战不足以图存，非建国不足以支持抗战的社会思想，总是处于支配地位的。

关于抗战建国的社会思想，我们也可以从几方面来加以说明：

现在，许多人已经认识了，我们之所以必须抗战，是为了建立一个新中国；而我们的最后胜利所以未能即时获得，便是由于过去建国工作做得不够。过去我们的建国工作做得不够，由于敌人不容许我们和平建国。抗战中建国固有困难，但也有很多便利的地方。所以，大家都同德同心，一面抗战，一面又从事建国的工作，增强国家的力量，以争取最后胜利。

在军事方面，我们现在已经认识我□最高统帅领导有方，与前线将士的血肉奋斗，不仅博得世界各国的同情，增高了我国在国际间的地位，并且已奠定最后胜利的基础。现时抗战目标既在利用有利地形与敌相持，故必须加强整军治军工作。增进战斗力量，提高战斗精神，准备着最后的反攻，以获得最后的胜利。

在政治方面，大家都主张提高法治精神，以为实现民主政治之前提。同时，并须加强战地政治建设，不惟使沦陷地方不为敌用，而且要使沦陷区域，同样成为抗战建国的地方。此外，国家之败，由于官邪，故对于贪污之扫除，更应当严厉。一切文武官员，必须刻苦节约，奉公守法，以为人民表率。

在经济方面，国人莫不主张以民生主义为建设之原则。因此今后的建设，应以国防为中心，以自给为目标，而以国家之富强，谋人民生活之改善与充实。不过目前人民生活之痛苦，最主要的原因乃由于日本的经济侵略，及日本的军事进攻。故欲改善民生，须先打倒日本帝国主义。俟民族独立生产发达以后，方能达到此目的。虽然，即在抗战期间，亦必须尽可能地保障人民生活，解除人民痛苦。这除了澄清吏治、整理税制以及其它救济工作外，还须彻底取缔奸商之垄断投机，并实行物价之平准。此外，在游击区域，尚须进行两种工作：便是消极地破坏敌人的经济侵略，及积极地安定战区同胞生活与供给游击队之需要。

在外交方面，我们的立场是：对内求自存，对外求共存。对敌人，不仅要争取今日之胜利，且必须要保障将来之安全；对友邦，因美、苏、英、法对于日本有利害的冲突，对我有和平合作的可能，故当以极友好的态度，促进邦交与所得援助。不过，各友邦虽可同情于我，但除非他们与日本已经发生直接的利害冲突，或有不战而胜日寇的希望，或一举而胜日寇的可能时，各友邦与日寇之间不会有什么积极的冲突。可是，只要我们有决心、有办法，我愈战愈强，敌愈战愈弱。使列强与敌人实力之对比发生变化，则国际形势自必随之变化；各友邦对我之援助，亦必更为加强。

在民运方面，目的在使全国人民有力的出力，有钱的出钱，大家为抗战而动员。同时，要充分动员民众，严密组织民众，并切实抚恤民众。欲完成此种目的，就须提高民气，加强人民的国家意识，改善并充实民众团体，加紧民众的训练。此外在消极方面，还要彻底肃清阻碍政府与人民合作之贪官污吏，使上下一心，共同忠勇的为国家效力。

而在教育方面，则必须注意民族精神之发扬，科学技术人才之培植，以及青年之组织与训练。

以上，为中国目前社会中，处于支配地位的抗战建国思想之说明。

这样的社会思想，既然是由目前中国社会中所产生的，并为适合于国情及适合于社会需要的主义，那么我们就应当信仰它，并须依照着它去实践。

可是，在我们文化界中，有些所谓学者的先生们，以为信仰主义，便等于迷信，因之他们要叫一班知识青年，对任何思想或主义，均须站在纯客观的地位去研究，不要为任何主义所蒙蔽。这种论调，其实是不健全的。主张这种论调的人，好像不是生长在人类社会中，而是站在人寰之外来观察人类社会似的。他们忽略了人类是负着改进社会的责任，并且不明了社会正确思想之存在的可能性。可以说，这些人是在逃避责任，逃避现实，只想老蹲在象牙塔里鬼混。实际上，如上述抗战建国的思想，乃为中国社会所需要，为拯救民族国家于危险而产生出来的理论。信仰它，是基于理性而非迷信！即使硬称之为迷信，亦不算污辱，因为对于这种健全的理论，及救国救民的主义，只怕大家对它的迷信程度不深；若是大家都迷信此①说并且表现于行动的话，那中国一定会得救的！

《新动向》1940 年 1 月 19 日第 3 卷第 7、8 期合刊

---

① 此：原文为"着"。编者注。

论官僚传统

林同济

我们愈观察中国政治，愈感到关键的关键实是"官僚传统"四个字。

所谓官僚传统者，不仅指一般官吏的任免黜陟外表机构，乃尤指整个机构的运用的精神，行为的方式，以及无形中风尚的价值与其追求的目的。换言之，我们此地对"官僚传统"的解释，不只是狭义地把它看做一种行政结构，乃要广而大之，把它当做一种社会制度研究，从而分析它在我们整个文化上的作用与反作用。狭义的中国官僚制度，近年来已有些学者开始编述。广义的探讨，尚无其人，我以为如果我们能够下手把这个问题从各方面穷究其然与其所以然，并估定其在我们民族文化上的各种影响，我们对于民族复兴一问题必定可以得到中肯的答案。

官僚制度，是任何高等文化所多少皆有的产品。义儒慕斯卡曾经把一切政治分为封建政治与官僚政治两种。其中有很大的道理的。封建政治也可叫做世族政治，统治的事业由比较固定的少数家族所垄断，世世相传，他人不得侵入。即我们春秋时代所谓"士之子恒为士。农之子恒为农"是也。世族政治崩溃，继起的就是官僚政治。除了王位之外，世袭原则大致上取消。人人都有资格"做官"，办理各种统治事务；而报酬形式大体上都用薪俸（不管是米谷或是银钞）。由世族政治转入官僚政治是任何文化的最大转捩期。在中国言之，则在春秋与战国之交。到了秦汉而官僚政治乃确立焉。

官僚制度虽为任何高等文化所共有，但是因为各个文化内在外在因素之不同，官僚制度的性质与功用也不免互异。

中国的官僚制度是与中国文化内三种大势力打成一片的：（一）皇权；（二）家族；（三）商侩。所谓官僚传统者，可以说是官僚制度经过了这三种势力打滚而成的一个"动的整体"。中国政治到今日还在这个复杂的"动的整体"中打跟斗。花样可以改换，名目也可以时髦，但实质总是"依然故我"。中国政治万变中有个"不变"——这个"不变"就是官僚传统的腐化力！

官僚制度与专制皇权，在历史时间上说，是并世而生的。在功用上说，也相助为理。皇帝要专制，当然不要特权阶级——世族——在身边碍手碍脚。官僚们以"平民"资格来参与政权，当然也不愿有一批"世嗣其官"的贵族垄断高位。这是人类历史上最有兴趣的事实：专制皇帝（或国王）抬头的初期，多半是都要同平民联合战线向贵族攻击的。把贵族打倒之后，必须的工作是分化平民。办法简单：就是擢其优者秀者而"官"之，相与"共治天下"。官僚的地位——最少在中国——可说是在专制皇权的淫威下取得了"次等的统治权职"。他们对下尽管作威作福，对上却根本需要阿谀奉承。换言之，官僚制度与①专制皇权配合的结果便是一种"臣妾之道"的养成，用俗话说"拍马屁"

---

① 与：原文为"只"。编者注。

习气的风行。

按理论说，世族政治根据于"亲亲"；官僚政治根据于"贤贤"。前者贵"血统"，后者贵"才能"。中国在战国时代，因为战的需求，小家族制度大有抬头的趋势，与伦理上的"个人主义"，政治上的"唯才主义"恰恰配合。到了西汉，大一统局面稳固下去，专制皇权为了统治方便起见，特别要鼓励大家族制度的复兴。以"血统"为出发点的"亲亲伦理"也就跟着昌旺。本来官僚制度应当无情地向"贤贤"一途径发展；却是在中国乃满被了"家族精神"所笼罩，而倒浸入世族政治的意识形态，到处发挥着"亲亲"的情怀。官僚制度与家族制度配合的结果就是"用私人"习惯的树立。

最后，中国官僚制度是充满着商侩精神的。说是中国自来以农立国，其实自秦汉以来商人在经济的整个组织中早已取得主动的地位。在数量上，农重于商；但是在作用上、动力上估量，商是主体而农为被动。历代政府对商人的压制政策，正足以反证商人力量的蓬勃。换言之，尽管躯壳上满带着"农的色彩"，实质上，中国文化，自从土地成为自由贩卖品的那一天起，便向了商业化一方向驶行，中国社会上实用的道德观念，也早就向着商侩化一途径堕落。最能够代表这个商侩化的文化的象征，就是"钱"的一个字。"钱神"的力量在两晋时代已经是发展到惊人的程度。近百年来与西洋资本主义的文明接触，学得的不过是证券、投机、金融操纵的几种新把戏；论到精神，本是惺惺[①]惜惺惺，一见默契，水乳相融了。官僚制度与商侩的配合，结果便是"侵公款"贪风的普及。

抗战如今已三年了，战事愈延长，愈使我们感得此后民族的命运，更要靠我们自家努力之如何。最严重的问题，好像还是这个二千多年来的官僚传统。也就是说：如何把官僚制度彻底涤荡了一向的皇权、家族、商侩的联系，而跳出"拍马屁"、"用私人"、"侵公款"的恶性循环！

《云南日报》1940 年 7 月 14 日第 2 版

---

① 惺惺：原文为"猩猩"，下同。编者注。

中国的宗教

——中国的精神文明之一

刘文典

我说中国固有的精神文明是崇高伟大的，这句话并不含有鄙弃物质文明的意思，也不是轻视现代西洋的文化。我的思想或者竟有一点倾向于唯物论的，我认为中国要想在世界上立足，非努力研究科学不可。西洋的工巧技艺、典章制度，尤其是学术思想都值得我们师法的。不过我们自己也有我们的特长，万不能因为一时有借助他人之处，就把自家原有的宝贵遗产轻轻的抛弃了。既说到精神文明，现在从宗教、哲学、文学、艺术各方面来作一个粗粗的比较。

世界上宗教虽多，最大的不过是耶稣教、佛教、回教。这几个大宗教都有很多的经典，很高的哲理。我虽不是某一教的信徒，也曾读过些经典。觉得都有是处，都是劝人为善的。所以，都是很好很好的。世上确有许多人因为受了宗教的感化而努力行善，确乎有许多人因为信了宗教而不敢做恶。不过各种宗教总都不免要说到天堂，说到地狱，说到这一点上，我觉得各种宗教似乎都不免犯了"利诱威吓"四个字的嫌疑，价值上未免打点折扣了。耶稣教的天堂地狱好像是上帝创设的，姑不必深论。佛教是专讲慈悲的，它的极乐世界是阿弥陀佛的强力生成的，地狱是众生自己业感的。佛是专把人从地狱里救出来的，决不像别种宗教所说的，把得罪我的人往地狱里送。这一点确乎比别种宗教高明得多了。可是皈依佛的人总还是处处占便宜的，做了佛的弟子可以得许许多多的好处。饭僧建塔更是功德无量的。

再看看我们中国固有的宗教是怎样的。老实说来，中国根本上并没有宗教这件东西。因为中国真读书明理的人都不需要什么宗教。所谓孔教者是对待别种宗教，勉强安上去的一个名目。道教是一班术士们为和佛教的僧侣争生意，仿洋货制造的土货，所以我说中国根本上并没有宗教，中国人也不需要宗教。中国固有的精神文明之崇高伟大也就在此。

中国人几千年来都是以理性为重的，所以虽是祭祀天神地祇，也有巫觋祝宗之类，可是文化程度既高之后，这些事物都渐渐的被人看轻了。从晚周到近代，无知愚民们所信的，虽然是拜物教之流，读书明理的人所信的却是他们自己的哲学，绝对不是什么宗教。中国人看孔子是一个人，不是一个神。汉朝人造作的纬书上也曾经想把孔子神化，说他是千里眼，站在泰山上看得见吴门上的白马；说他能前知，预言秦始皇的焚书。可是这类的纬书隋唐以后都消灭了，读书讲学的人谁也不去理会它。孔子的学问人格是否当得大成至圣，是否足称万世师表，那是另一问题。中国人之崇拜孔子，奉为大成至圣，尊为万世师表，这实在是中国精神文明崇高伟大之处。

中国人是不受利诱，不怕威吓的。我们为善是因为道理该要为善，并不是为想升天堂，想到极乐世界去享受极乐。我们不为恶是因为道理上不该为恶，并不是怕受果报，怕下地狱。所以，各种宗教多许人福利，而中国的圣贤绝不许人福利，不但不许人福利，有时反因为遵信圣贤的教义，遭到极大的祸害。尽管遭到极大的祸害，圣贤的话还是要遵行的，这是何等的崇高伟大。

南宋灭亡的时候，谢枋得先生起兵抵抗蒙古鞑子。元朝的吏卒到他家里去捉谢太夫人。她老人家说道，"老妇合死。老妇使儿子读书，识得三纲五常，故有今日之祸。若不使儿子读书，不识得三纲五常，何至于此？老妇合死"。谢老太太的这几句话，真是至今凛凛有生气，读之可以使顽廉懦立。中国的精神文化之崇高伟大，由这几句话上也表现无遗了。中国妇女如谢太夫人者并不止一人两人。顾炎武先生的太夫人也就是因为明代亡国不食而死的。妇人女子既不是军士，又不是官吏，本没有死社稷、殉君国的义务。她老人家深知明亡非前代换朝可比，乃是顾先生所谓"亡天下"。所以毅然决然的绝食而死了。所以，顾先生说"先母以女子而蹈首阳之节"，誓死不做清朝的官，这样的精神真是天地间的正气。

各种宗教固然都有殉道者，但是死时虽不免受苦，死后总都有好处。为耶稣教受难苦死后有洋娃娃似的、生着翅膀的天使，飞来接他的灵魂升天堂，享永生之乐。为佛教死的也有接引佛伸金色臂，请他坐莲台往西方去享极乐。这样的殉道，比那些"夸者死权，贪夫殉财"固然高明多了，但是仔细合算起来，总不免是拼着一时之苦，换得永久之乐，还都有所希图的罢。唯有像谢太夫人和历史上无数死忠死节的人，他们所以舍生，是要取义，所以杀身，是为要成仁。自来的圣贤都只教人要取这个义，成这个仁。不可以求生舍义；绝没有许过死后有什么乐利，来生得什么幸福。他们不惜穴胸断躯，覆家赤族，所殉的是他们自己心里的理想，另外并无半点希图。所以，我认为中国圣贤的教训比外国教主的教理更加崇高伟大，中国古今来死忠死节的仁人义士，其人格之高，远过宗教的殉道者。

以上所讲的是国家有危难的时候，就在平时，中国圣贤的教义也和别国宗教情形不同。中国自从汉代董仲舒建议独尊孔子以后，学术思想的进步发展上诚然很有阻滞。可是精神文化依然能随时代而进化，并不至于停顿衰亡。宋明的学者，采取佛教和道家思想的精华，组织出自己思想的系统，在哲学上放出万丈的光芒来。其思想广大处，比之世界任何国家的思想家也有过之无不及的。现在且不谈学理上的比较研究，但看七十年来的日本，明治维新的元勋几乎全是王阳明的信徒。日俄海战的名将东乡平八郎有一块图章，镌着"一生低首拜阳明"七个字。他常常说，他在英国留学三年，所学得的海军战术固然也有益处，但是两军大战，万炮齐发，好比天崩地塌，这时候他所以能不动心，从容指挥舰队的真本领，全是从阳明学上得来的，这不是任何国的海军学校里所能学到的了。日本的水户学派是明代忠臣朱舜水的信徒，所讲的是宋代朱子的学说。他们在今天妄想统一世界，诚然是失之夸大，有陷于国家于绝地的危险，但是那种精神是可敬可佩的。世界上有能使国家兴旺的哲学，普鲁士的费希特、中国的孔子以及程朱陆王便是。可是并没有能使国家兴旺的宗教。犹太和印度就摆在我们的眼面前。印度的阿育王虽然造了八万四千座宝塔，甘地和尼赫鲁现在还被警察拘禁着。中国的梁武帝极力学阿育王，终于死在降虏侯景之手。日本人借我们的宋晦庵、王阳明，竟有今天这样的强盛，这中间的消息实在值得我们深思。

我觉得别国的各种宗教，都是因为人对于这个现实的世界感觉得疲倦烦闷，对于宇宙人生的最高问题又无法解决，才运用想像力制造出一个精神上的休息所。于是乎人都成了迷顽的众生，成了静待审判的未决囚。一方面固然有人因此行善，因此有所忌惮，不敢放手作恶，一方面人的价值也估得太低了。中国人则不然，他以为与其求天上的神佛来教化，不如在我们自己中间推出一位来做模范。对现实世界颇然不满意，只有设法把它改造好。儒家的修身齐家治国平天下，就是改造世界的具体方案和程序。荀子的哲学就把天视为一个自然物，把地认为一个生产者，主张不必去求它。我们人是宇宙的统治者，人上面不再有个超人间的统治者了。宋儒以为人心即是天理，所以人是神圣的。阳明学家都相信"个个人心有仲尼"。孔子是已经完成的至圣，我们大家也都是尚未完成的圣贤。这种思想，粗一看似乎很像佛教的思想，其实大不相同。贤劫千佛既有定额，又还要经过千万年的修持才行。中国人认为成圣成贤就是今生今世的事，不要等什么来生。所以，任何宗教都是开的远期支票，纵然付款也不能应我们的急需，中国圣贤的教训好比现金，今天就能应用的。

还有一些小事，很值得注意。任何都会里都有佛寺、教堂①、礼拜寺。每个县治里都有孔庙。佛寺、教堂里不断有许多虔诚的信徒去祈求祷告、许愿还愿、婚姻、词讼、行人以及一切的人事都可以问之神佛，求他保佑。可是自有孔庙大成殿以来，总未见有人去求财求子，这是什么缘故。孔子是绝不保佑人的，他死后绝未显过一次灵，朱儒说魂升魄降，简直是近于无鬼论。但看这一点就可以知道"孔教"是不是一种宗教了。自大成殿上正中间的孔子，两旁的类曾思孟、十哲，以至两厢配享的许多位贤儒，都不是神而是人，历代理想的人。两千年来指导我们人生行为的就是这班人，创造中国精神文化的也就是这班人。他们都不是神、不是佛，他们所遗留的教训却远胜过任何宗教的神。

此外还有两种最普遍的庙，就是东岳庙和城隍庙了。中国人的魂是自古以来都归东岳泰山管的。汉人的诗就有"人间乐未央，忽然归东岳"的话，曹子建《杂诗》，"抚剑四南望，思欲赴泰山"，应休琏诗，"年命在桑榆，东岳与我期"。可见此说已经很古的了，后来也有时转移管辖，归庐山、恒山管过的，不过为期并不久。东岳庙、城隍庙的两廊都有十殿，其中最著名的是五殿阎罗王。阎王和龙王是同乡，都是印度的产品。阎罗一译琰魔，并非中国人姓阎的。"城覆于隍"虽出于《易经》，城隍神却是后来仿照阳间郡县制度，割分的阴间行政区域。各县的城隍庙、东岳庙全是东西杂糅，乱七八糟的。山神、鬼王、菩萨，尊卑不分，职权混乱。因为这些都是读书明理的人所不道的，只凭那班无知愚民随意安排装点。既不能算是一种宗教，也不能支配人的行为。只能当它是各种迷信的集合体罢了。所以我说中国并没有宗教，中国人不需要宗教，中国精神文明之高崇伟大处也就在此。

《云南日报》1942 年 11 月 1 日第 2 版

---

① 堂：原文为"室"。编者注。

中国的文学

——中国的精神文明之二

刘文典

（续昨日星期论文）提到近代最出名的，人人都爱读的小说，那当然是《水浒传》、《三国演义》和上文提到过的《红楼梦》了。论到小说，我有几句话要声明，就是"看小说绝不是什么容易的事，经学、史学、文学、哲学没有适当研究的人连小说也还是不懂的"。例如"三通鼓罢，一刀斩蔡阳于马下"，似乎没有什么难懂之处。但是请问什么叫做一通鼓呢？据考证家的研究，有几样的讲法。有的说是三百三十三槌为一通，有的说是三百三十六槌为一通，又有人要一千多槌才算一通，也有人说是只要打一百多槌就是一通。这件事大约是各朝代的军制互有异同，很难得其详细确实的槌数。孔明祭东风之说出于《水经注》，这是人所共知。征南班师的时候，用面塑成人头，装上牛羊肉的馅子，代替真的人头，祭泸水的冤鬼，这该是罗贯中凭空捏造的了。原来这点小节也都还是出于宋人的笔记。据说古来只有实心馒头，肉馅的包子是起于这种"蜀馔"的。马超明明死在刘先主之前，还有遗表，说"族弟岱，以累陛下"，为什么偏要把他留到征蛮后？孙坚早知道董卓骄横难制要把他斩首，何以省略不提？诸如此类的问题，都很值得研究。我常说，人能把《三国演义》完完全全的读通，史学史识都很不错的了。至于作者，能把从东汉之末到西晋之初，几十年间错综繁乱的历史，叙得头头是道，这已经极不容易了。何况固定的实有的史迹，既不容捏造，又不能颠倒的，要把实在的历史说得好像罗曼斯，这是何等的大本领。至于书中人物个性的描写，也都凛凛有生气，读了令人好像亲见其人、躬与其事一般。我读过的外国小说也不算太少了，实在未曾见过这样的一部历史小说。中国人受这部小说的影响实在太大了。满清入关之前，向明朝求书籍，明朝人给他们的书有一部《三国演义》。那时候图海已经借蒙古字创造了满文，就命文臣翻译。直到顺治七年才译完，颁赐王公大臣。据说清朝的开国元勋很得这部小说的益处。这上面的行军用兵之道，虽是些"小说闲谈"，不切实际，可是忠孝大节处处值得后人师法的。为国家将相的人，只要能学诸葛亮、姜维、关羽，国家岂有不强盛之理呢？

《水浒传》和《金瓶梅》更是绝妙的最富于革命精神的小说，据赛珍珠女士在瑞典京城领受诺贝尔奖金时的讲演词，说她曾经做过一部详细直译的英文《水浒》，可惜我未曾见到。她又说共产党把《水浒传》加以删改，大量的刊行，作为他们的宣传品。这部书里的思想是否合于现代的共产主义，我对于政治经济上的各种主义都无研究，不敢妄下批评。不过单就文学批评上来看这部书，确乎是太美妙、太伟大了。一百零八条好汉，各有各的性情，一个个都写得活泼泼的在读者的眼前。这一点已经了不得了。法国近代第一位雕刻家，世界驰名的美术泰斗罗丹，生平第一件杰作叫做《地狱门》，这上面雕刻着几百个人，男女老少，应有尽有。每一个人都自有他的一副面貌、一种神情。

国立云南大学教授文集（一）

雕刻出来，世界各国的美术界为之震动。一致的叹为不朽的大杰作。要知道，石头雕刻的，纸布上绘画的，无论怎样美妙，都只是一刹那的光景，不能行动，不会说话的。小说上所描写的人物，是能行动，会说话的。一个个的声音笑貌都活泼泼的在读者的心目中。《水浒传》、《金瓶梅》、《红楼梦》，上有多少人，多少副面貌，多少样神情，那一个不是活现在人的心目中。罗丹的雕刻诚然难能可贵的，《水浒传》、《红楼梦》作者的本领也真值得人的钦佩了。《金瓶梅》是一部最富于革命精神的小说，书中把昏君奸相、贪官污吏、土豪劣绅以及造成这些的人，逼出这些事来的恶制度，都加以炸弹大炮似的攻击。可惜对于淫猥的事不该穷形尽相的描写，以至①于阻碍流行，减轻身②价罢了。这部书里有一个经书注解上的问题，我至今未得解决。就是应伯爵有一次居然请西门庆吃饭。席上说笑话，引用《论语》上的"冠者五六人，童子六七人"两句。他说五六三十，六七四十二，恰合孔门七十二弟子之数。冠者是婆过亲的，童子是未娶亲的，可见孔子弟子有一大半都是没有老婆的光身汉。这个解释看着像是笑谈，其实是出于梁朝皇侃的《论语义疏》。《论语义疏》这部书，在中国是久已亡逸的，宋朝的许多学者都未曾见过，一直到清朝乾隆年间，才有商人从日本得着带回中国，刻入鲍氏知《不足斋丛书》。《金瓶梅》的作者是明朝人，他如何看得见《论语义疏》。这还是十口相传，有这样滑稽的解释，作者采取凑趣的呢？还是有什么注论语的书里保存着皇侃义疏，作者看见，采了进去的呢？还是后人因为五六三十，六七四十二，合起来恰好是七十二个。所以编造出这个笑话来无意中竟与古说暗合呢？这固然算不得经学上的问题，但是总也是一个疑问。倘有人肯赐教，我是很感谢的。他写地方的土豪交通京里的官吏，过往的官员到西门庆家吃酒的很多，唯有写宋乔年在西门庆家花园里住宿，叫妓子侍寝，这宋御史因为妓女雅号薇卿，就题诗一首。有"紫薇花对紫薇郎"之句，写得令人肉麻。当时的贪官污吏很多，何以独写宋乔年③呢？初看好像是随手拈一个人，并无深意。后来读些宋人的笔记，原来宋徽宗时朝臣中宋乔年最不会做诗，应制赋诗都要求人代作，才恍然大悟，作者是时为形容他的。可见作者笔笔都有所为的，绝无半点随便之处。小说岂是随便做得好的，又岂是随便读得通的。

《红楼梦》更了不得。这部书不止是中国的第一部好小说，简直是全世界文学界空前绝后的鸿宝。中国人著出《红楼梦》来，是我们民族最大的光荣，也是中国对全人类最大的贡献。西洋文学，自希腊的大悲剧至现代的一切小说戏曲，所描写的都是某时、某地、某些人的生活，就是人生的一部分，充其量也只是人生的某些问题。《红楼梦》所说的虽只是姓贾的一家一族的事，它所提示的却是整个人生的最根本的问题。人生本有两方面，就是实际的和理想的。任何人也离不开实际，实际的人是国家社会上最有用的人，可是人类的生活所以能进步，和别种动物的生活不同，就因为有理想。人既注重实际，就该做甄宝玉，那是真的好宝贝。他是于国于家都最有用的甄宝玉，同时也是贾宝玉——假的宝贝——因为人毕竟是有理想的。人的实际生活就是饮食男女。中外古今的大圣大贤，所讲的主义，所定的典章制度，也不外使人在饮食男女上都能相当的满足。仁人烈士舍死忘生也都是替大家谋饮食男女之安全满足而已，但是人如果是饮食男女之

① 至：原文为"致"。编者注。
② 身：原文为"声"。编者注。
③ 乔年：原文为"年乔"。编者注。

外别无所图，那和禽兽又有什么分别呢？所以，人生又是离不开理想的，一味追求理想的，势必事事不能如愿，所以贾宝玉的结果是一走了事。《红楼梦》对于饮食男女穷形尽相的描写，为的是教人就在这上面求解脱，不要沉迷陷溺在这上面。至于有时劝多于讽，那是辞赋通有的弊病。其过在读者的居多。要问《红楼梦》脱胎于何书，我可以大胆的说是脱胎于《楚辞》，脱胎于汉代枚叔的《七发》。《七发》是先把物质的享乐极力描写一番，然后加以否定，渐渐的引人接近大自然，最后追求精神生活的向上，教人要了解宇宙人生的真理，那才是有价值的理想的人生，一味追求物质享乐的是“久执不废，大命乃倾”。《红楼梦》和枚叔《七发》在这点上是完全一致的。

再就技巧上说，《红楼梦》一部书是无所不包的。西洋文学上的写实、象征，以及其他的各种主义、各种笔法它几乎是全有的。所以我说它是世界文学界的鸿宝。要有人不相信我的话请他在世界任何国文学书中举出一部能和《红楼梦》相比拟的书来好了。西洋人能读这部书的极少，又无法翻译成外国文，以鼎鼎大名的赛珍珠女士，生长在中国又富于文学天才的人，可是看她的讲演词，似乎对于这部书并无多深的认识。这是什么缘故呢？说句不客气的话，我们中国语言文字太美妙了，中国文学上的理想太高超了，西洋人实在够不上理解、领略。这还不过是文学上的一小部分，一部小说而已。何况自古至今，无数大贤大哲所遗留给我们的那浩如烟海的文学作品呢。我们何幸生为中国人，有这样多、这样美的精神遗产，供我们的享受，这真是奇福大幸。先人是把这些遗产留给我们了，我们应该如何的努力，才对得住后人呢？

现在要问中国的小说全是好的么？这却也不尽然。中国旧小说中坏到不堪的也很多。像那些什么《包公案》、《彭公案》、《施公案》之类，确乎是中国文学上的污点，不过要知道，这都并不是出于文人之手，全是些胸无点墨的人乱讲的。读书识字的人□出来的东西，大约坏到《儿女英雄传》之类也就叹观□□□□可是西洋各国的□□□□□其无聊似乎也等于□□□□《彭公案》。讲到□□□□□曼斯，在中国□□□□□□了，有一位英□□□□□□究家，对我□□□□□□称叹不尽，说□□□□□□杰作无出其右□□□□□□说，这在中国□□□□□□，他不肯信，□□□□□□个再好的么。□□□□□□家的见识也就□□□□□□到此地，不禁□□□□□□道“何幸生为□□□”。

《云南日报》1942年11月16日第3版

中国的艺术

——中国的精神文明之三

刘文典

　　东洋民族天生的富于艺术天才，绝非西洋所能及的，中国人又是东洋民族中最优秀的，所以中国的艺术是世界最高尚、最优美的艺术。论到中国固有的艺术，本来是光辉灿烂，照耀全人类的历史。这是中国对全人类最大的贡献，我们国家民族最大的光荣。不幸自从西洋人的大炮兵舰打进来之后，中国人震于西洋自然科学的神奇玄妙，对于本国固有的文明失去信心，西洋人在大炮兵舰轰打一阵之后，又把他们工业的产品，无数花花绿绿的东西搬运进来，以致中国人眼花心乱，丧失了自家独有的美感。近百十年来，几乎件件事都日趋于俗恶化。这些年民德的堕落，固然也由经济政治的原因，可是国民之丧失美感，确乎是一个主要的致命伤。我常常的说，中国人民的美感恢复之日，才是真正的民族复兴之期。世间不乏有见识的人士，大约不会否认我的这句话罢。现在闲话休提，来看中国的艺术。

　　法国近代的硕学通人，民族心理、群众心理学的创建者鲁崩氏，著书论各民族的心理，说要明白了解各民族的心理，最好是看他们的建筑，这个看法是十分正确的。只要把中国式的庙宇和外国式的礼拜堂拿来作个比较，东西洋思想的根本异同就可以一目了然。西洋的建筑，自希腊、罗马，以至近代，各时期有各时期的特色，各派有各派的好处。其整齐雄壮的美是我们东方建筑所万不能及的。一座卓然特立的大礼拜堂，四面配着几何形的草地，再加上层次井然的花坛，均匀相称的喷水池，谁看了也要生整齐严肃、昌明博大之感。西洋建筑的优点在此，西洋文化的好处也就在此。我对于西洋建筑的美是很知道欣赏的。我们论西洋的建筑，是要从西洋文明国家各大都会里出名的建筑物上看，不能凭上海、香港那些铺面式市房和工场立论的。所以，我对于西洋建筑，只有赞美，毫不敢鄙薄。但是回转头来看看我们中国固有的建筑是怎样的呢？在把西洋和中国的建筑作比较之先，有一点是要注意的，就是建筑固然是文化的产物，民族精神的表现，但是地理的条件，建筑材料的丰啬，也不能不注意的。希腊、罗马的建筑固然是当时文化的产物，当地都出产极多极美的石头，也是一个重大的成因。中国古代的文化中心在黄河流域的中原，这块地方是世界出名的黄土层。莫说那些颜色美丽的半透明的大理石、花岗石了，稍稍细致一点的汉白玉石也极其难得。所以，中国的建筑物，上自宫殿，下至民房，都是用砖瓦木料造的。以玄奘法师的宏愿，唐高宗的力量，建筑长安的大雁塔，原想用石头后来都办不到，代之以砖。明成祖以国家全盛时的财力，建造南京报恩寺塔，也宁可用瓷砖，不能用石头。中国说到建筑，总是用"土木"两个字。至今全国各大学里讲建造屋宇桥梁的学科也还谓之"土木工程系"，尽管实际上应用的是钢铁水泥，"土木"的名称还在，这中间的消息也就可想了。至于宋徽宗的花石纲，所运的乃是那些讲究"皱、透、瘦"的太湖石，如"卿云万熊奇峰"之类，用来装点园林，模拟天然的峰峦，并非是建筑宫殿的材料。中国既因为缺乏石料，无法建筑西洋那样的大礼拜堂之类，就只好利用砖瓦木料，建造成这样的宫室庙宇来了。明白了这一点，中国建筑之所以不能往那方面发展，古代建筑之所以不能保存长久，也都不待说明了。中国雕刻之所以不很发达，原因也就在此。这一点留待后面再说。西洋的伟大建筑物，有五六百年才完工的。这些当然都是礼拜堂，因为只有宗教的力量才能教人耐得那样的久。中国五代时一个朝代平均不过十年，谁耐烦为几百年后的人盖造房屋，土木的建筑本身的寿命不过两百年，又岂能有几百年后完工的事。这都是为地理的条件所限制，无可奈何的。有些人以此指摘中国的建筑，这好比笑孔子不懂英文，孟子不知道内燃机，徒见他自己无知识而已。

中国建筑上的缺点，诚然是很多很大，中国人思想之高妙却都表现在建筑上。圆拱门是采取外国的，西番花样的雕刻装饰也是学别人的。以至于琉璃瓦的烧造法都是从西方输入。可是把圆拱门的方法转用到桥梁上，可以不用一根木料，全凭石块堆成大桥，永不会倒塌。河北省霸县的架空石桥，外国桥梁专家一致叹为绝作，相传这是隋代的建筑。把桥下的石坐筑成尖锐的船头形，这是唐朝人的发明，至今还为人所利用。隋代的何稠，更从烧造琉璃瓦上想出烧瓷器的方法来。这些还不是建筑本身上的好处。古代的宫殿早已片瓦无存，书本上说的美妙之处也不可尽信，且不必多谈。但看北平皇城四个角楼，大高殿门前两个亭子。这角楼的建筑法美妙万状，西洋日本的建筑学家、美术家特地跑来欣赏研究的人很多，回去著书讲说，都一致叹为观止。有人说，若不是有几千年文化的国家，断乎造不出这样的角楼来。我看过一帧宋朝的院画，画的是当时的黄鹤楼，就是这个式样。大高殿的柱子，明代叫做"九标十八柱"，很出名的建筑。其式样方法是脱胎于这角楼，更加以极妙的推演。我偶然翻阅过西洋学者的书，记得有"中国艺术天才在此上表现无遗，以短短的木料，竟能安排成如此美丽之建筑物，实为不可思议之奇迹。许多伟大壮丽之建筑，比之北京大高殿两亭，只是一堆石块耳。中国文化程度之高，由此两亭可以表见。其理想之美富，非他国人所能及也"。日本建筑学的权威伊东博士，庚子年随军到北平。把清代的皇宫里殿阁一一摄影，再一一的绘成新的建筑图，加以现代工程学的研究，著成几厚册的大书。我在北京大学图书馆里面见过此书。上面的许多学理和术语，我都不懂，但是观其大意，是说中国建筑之美实在过于西洋。他说中国寻常工匠的见识有非西洋大建筑家所能及的。我的朋友有学土木工程科的，又有志于中国的建筑史，托我搜求材料。我对这些是门外汉，不敢承当。可是因此也翻检过几部专书，如宋代李诫的营造法式之类，又认识北平营造学会的几位学者，据他们说，中国建筑的美，实在冠于全世界的。我虽然不敢就相信这个话，但是近些年来南京的中山陵和许多部院的建筑都是中国的宫殿式，美国新近建造的剧场也有采用中国式的。似乎中外的建筑学家一致赞赏其美丽，并且在极大的提倡着。至于中国的园林的美，那确乎是西洋人所梦想不到的。西洋人的所谓园，简直是一片平地而已。欧美各大都会的许多草地，姑且不谈，就是号称为园的，也是跕在大门就可以一览无遗。树木是以剪得整齐为贵，路径是以平坦宽直为佳。花坛喷水池也是几何形的。这在西洋人看起来，马车汽车可以直出直进，街上的行人由园里抄近回家可以省几分钟的时间。打球看电影都方便，似乎是再好没有的了。这种的园林，在欧美蜂巢式的都会，鸽笼式的房屋中间，偶然有几处，也未尝不是那些热昏得要死的人们的一服清凉散。至于说到趣味境界，那简直是谈不上了。中国人对于自然最能欣赏领略，所以也最会模拟。中国的所谓园者，是把大自然的美妙结构，缩抄为一幅具体而微小的图画，把亭台廊榭等建筑的美，山石池沼花木等自然的美，很调和的配合在一起，一处池馆要赏花钓鱼各适其趣，一个轩窗要阴晴风月各有所宜。人在园中，所要的是打球赛跑，所取的不是阳光空气。陶渊明所谓"园日涉以成趣"这六个字最足以说明中国园的妙处。中国人的园是供人的逍遥暇豫，人在这里欣赏自然，养成一种怡悦的情趣，深切的美感，并非是为日光空气而已。所以园以有曲折、多变化为贵。园的发达，在中国是比较晚的事，汉代人所描写的园和现在西洋的差不多。宋代李格非所记载的洛阳名园才很有趣。我以为这是中国人经过千年内省工夫的产品，所以要专就园林说，西洋人比我们要差到一千年。近百年来，中国南北的许多名园都归于荒废，简直可以视为国民精神生活溃灭的凭据。如果有人发宏愿，研究中国园林的美，再加以发挥光大，图园林的复兴，其有功于国民精神生活之向上，真不在哲学家和诗人之下。

中国古代的雕刻，很少可以和西洋作比的。孝堂山的石刻，唐代的许多浮雕，比之希腊，无异小巫之见大巫。就是全世界闻名的山西大同云岗石窟的造像，我也看过。觉得大则有之，多则有之，说到美字似乎还差得很远。大同云岗石佛，东西洋学者、美术家赞美称叹的书已经很多，无待我这个门外汉再去多赘。"七七"事变之前，我奉学校的命到西安去看古迹，预备讲授唐诗。有一天看到碑林和昭陵六马——实际仅存四马，有两匹已经出洋；之后，往考古□去拜访朋友，无意中看见一躯残缺的观音像。我这一惊真不小，我细看这个雕刻的石像，其肩部、胸部、腰部、腹部，都雕刻得美妙万状，凡美术家赞美女神像的好处，这观音像也都全有。其骨骼筋肉的匀称柔和之美或者竟在那希腊女神像之上。我也学西洋人，从背面、侧面、左右、上下细细品量，这才知道中国古代的雕刻家也富于人体解剖的知识，也能把人体美表现得十分美满。这像的质料是西安附近蓝田县出产的玉石，其细致也不在希腊石料之下。我在这像旁站得很久。始则震于它的美妙，意夺神骇，不暇去想什么。继则深喜中国古代雕刻艺术之发达，觉得不胜庆幸，当时并未想到什么问题。回到寓所，吃过晚饭，独自坐在房里呆呆的想到半夜，心里发生的许多问题还未得解决。第一是中国古代雕刻艺术既发达到如此的地步，何以雕刻品如此之少，我活到四十多岁才见到这一躯观音像。这并不难懂，因为黄土层的关系，美的石料很少。听说蓝田虽产玉石，苦不甚多。但看杨惠之那样的天才，只好用泥去塑佛像，也就可以明白了。第三天我到明草堂寺去看鸠摩罗什的塔。这一座塔是完全中国式的雕刻，高约丈余，有一个亭子覆盖着。就大体上看，和日本人所艳称的玉蟲厨子差不多。上层是个宫殿，中间是个方的石柱，下面座子很宽大。其雕刻之精美，也可以说是登峰造极。四周刻着佛一生的故事，摩诃萨埵舍身饲饿虎的故事还了了分明。可惜凡是凸出来的人像、鹰、虎，都被人敲去。日本那个玉蟲厨子是一件世界出名的美术品，他们列为国宝，爱惜备至。学者研究这件东西的专书有几十种之多，东西洋学者都说中国六朝各种艺术的精华都在那上面。据我看，鸠摩罗什塔似乎比日本的玉蟲厨子还美妙些，单是那跌座上的雕刻就了不起了。看过这两件绝世奇珍之后，我总是呆想，文艺美术上是没有奇迹的，一种艺术总必有其来龙去脉。中国的雕刻既然是发达到这一步，何以唐代以后就绝迹了呢？要说完全是因为缺乏石头么，东晋以后，文化的重心在江左。江浙地方是有美石的。一种绝妙的艺术竟至中途灭绝，岂不是文化史上的奇辱大耻。有一天我在夕阳西下的时候，驱车从终南山下过，看见由上凸凹处，斜晖照着，好像斧头砍的一般。悟到画家的所谓斧劈皴，原是写实的，不觉由画上联想到所谓"山水"和

"人物"。这一来我可明白了。原来雕刻这件事，无论怎样的发达，也只能雕刻出"人物"为止的。自希腊罗马的宗工巨匠，到法国最近的罗丹，雕出来的总不外是人物，至多附带一点树枝石块罢了。山水是无从雕刻起的，试问千崖万壑的景象如何雕法呢？唐以后中国的文学哲学更加发达，有思想的人们胸中的境界更高超。眼孔也更远更大，所要求的已经不是"人物"之类，而是一种理想的另个世界了。况且石头雕的东西，在注重形质的西洋人看来虽然是好的，在胸襟超越形质的中国人看来，冷冰冰铁硬而又极圆的石头，到底表现不出怎样灵妙的境界来。因为中国人所要求的既然不是那个，所以艺术的天才也必不向那上面去发展。中国刻雕艺术之发达很早而又中断，这正是中国精神文明的绝大进步。这不过是我的一个假定，未必就是确切的论断，这要和海内外的大家商榷。

其次是绘画。中国绘画发达之早，成就之大，以及中国画和西洋画的异同得失，这些方面有研究的人很多，我不想去辞费。我所要说的是另一方面的几句话。前次听见有人高谈阔论，说中国画是大不行了。现代的文明无法容纳进去。穿西装的人、汽车、洋房都无法画上去，所以中国画该打倒。我的意见不如此。我以为这都是技术上的末节，并不是根本的问题。画家要是真有本领的，西装的人物，以及轮船火车也还是可以画得上去，很好看的。我要问一句，西装皮鞋的人固然画上去不大好看，那是现代文明。红袍纱帽不是古装么，为什么也画不上去呢？再古些端冕深衣何以也很少有人画呢？要说这些东西不够美么，古代宫装的美女、孔雀、牡丹总该是最美妙的题材了，何以工笔仕女和翎毛花卉又都是第二三等画匠的领域，第一流的大家很少画这些的呢？因为中国的绘画不止是把世间一切事物，各如其量的表达出来而已。乃是中国人对于这个世界，总觉得太卑俗、太污浊。我们现实世界的生活，总不免烦扰、紧张、琐碎、局促等等坏处，心里发生劳倦、厌恶，所以才运用我们的理想，另创造出来的一个世界。所以中国的画是出世的，随便在画幅上安置一个和尚道士、樵夫渔翁都使得。至于世俗的人，不论是古代的红袍纱帽，现代的西装大礼服都是安不上去的。明白了这一点，才可以论中国画。我们随便走进一家亲友的厅屋书房，总可以看见壁上张挂的画幅，上面画些山水，题一首诗。画当然也不一定好，题的诗也不一定妙，可是大致这诗和画总是调和的融合为一体的。这在中国本是一件极平常的事，在西洋人却做梦也想不到画上有题诗的可能。他们至多晓得把作者的名姓用好看一点的写法，写在适当的地位上罢了。固然中国在唐代王维的画，就有"画中有诗"的说法，只要画上富于诗意，何必定要写上几句诗。但是美妙的画上题着美妙的诗句，使美术和文学融合为一体，这种境界是西洋人头脑子里想像得出的么？即此一端，已可见中国画的妙趣了。西洋画至多不过逼真而已。果能逼真，也是一种好处。但是以逼真为止境，没有更进一层的境界，这在我们中国人看起来，未免太浅近了吧。西洋画用的主要材料是麻布，油漆似的颜料，对于形和色十分注意，讲究光线、透视等类。中国最一的画，竟会不用颜料，单浅枝蘸了黑墨的毛笔，用墨色分出五彩来。观者只觉其美，忘记了什么颜色。不斤斤于阴阳向背面自然分阴阳向背，不知道什么透视，而景物的形体自然分明。唐宋的画用颜料都很浓厚，用笔都很工细。后来愈加进步，颜色愈淡，以至看不出颜色。用笔也愈加美妙，愈有浑厚的气象。近代的山水画为中国美术的最高峰。一般的西洋美术家是学不来的。近来西洋的画家，也有少数的明哲之士，想随着我们的脚步走。但是谈何容易，这是要有深长的思想史做背景的。除非西洋人生长中国，又多读中国的诗书，否则学步邯郸，徒然失其故步而已。还有一点最要紧的，就是中国自来的艺术作品，不论书画石刻等等，都是作者全人格的表现，作者既是这样的想，文艺批评家也是这样的看法。例如宋朝的苏、黄、米、蔡四大家的蔡，本是蔡京，因为他奸邪误国，后人就硬改为蔡君谟，明朝马士英画得很不错，因为也是奸邪误国，他的画竟无人肯要，古董贩子没法，把他的姓名上添几笔，改为冯玉瑛，说是秦淮河上的一个妓女画的，这才有好事者肯去收藏。这一点看着似乎太迂，其实中国艺术观之崇高严正的精神也就由此可以表现。西洋的哲学家既说哲学是人格的反映，大家也都相信。艺术也是精神的产品，怎能说不是人格的反映[1]呢？前些年有一位出名的新文学家，主张艺术与人格无关，他说"好比厨子做包子，我们只问包子好吃不好吃，不问这厨子曾否强奸过他的嫂子"。我也读过 Art forarts sake 之类的书，但是总认为强奸嫂子的人绝对做不出"采菊东篱下，悠然见南山"这样的诗来。李伯时的画法高妙绝伦，所以他才能不受金人的威吓利诱，颜鲁公是一代忠烈之士，所以字才那样的好。赵孟頫的人格很有点问题，他的字画都带些柔靡的气味。从前傅青主先生学写字，临颜鲁公的帖和古碑，很难得像，临赵子昂的却很容易像。他老先生慨然投笔兴叹，说君子难学而小人易为。那位新文学家现在做了日本"天皇陛下之臣民"，这真是以身作则，说明了艺术和人格的关系到底是如何了。中国真的大艺术家，大抵都有特立独行的人格，岳鄂王并无文名书名，他的字和词都有一股精光浩气，不是别人所能学得到的。中国的书画都是人格的艺术，我们后人更该宝惜尊重，不可轻亵。

上文说过，中国的艺术观，极其崇高严正的。这在两千年前，汉代武仲有一篇写跳舞的赋，有如下的几句歌是"摅余意以弘观兮，绎精灵之所束。弛紧急之弦张兮，慢末事之歙曲。舒恢炎之广□兮，阔细体之苛缛。嘉《关雎》之不淫兮，哀《蟋蟀》之局促。启泰贞之否隔兮，超遗物而度俗"。译成近代的话，就是说，我们放开眼光来看宇宙人生，把心灵上的种种束缚都解放开来。把紧张的生活，琐细的小节都弛松、扫荡了罢。人的心灵和天地间至高至上的境界本是一体，就被这些东西隔开了，现在把这个障壁打破，把物欲和俗务都遗弃，过超然物外的生活罢。请看汉代文人的艺术观是何等的高超而严正。跳舞这件事在西洋本是一种表现人体美的艺术，其末流就成为激起性欲的东西了。汉代人的见解却是这样高尚纯洁而又近情近理的。即此一端，中国艺术价值之高也就可见了。

至于中国的音乐，古来列为六艺之一十分重视。因为固有的古乐都是县乐，天子四面，诸侯三面，卿大夫二面，士一面，都是要特建的音乐堂，几十件乐器合奏，许多专门训练出来的乐师，其乐理虽极精深，演奏未免繁难，所以终归衰歇。乐经汉代已亡，难得研究。后来的胡琴、羌笛之类都是西域胡人的马上乐，南洋传来的印度乐，中国自己的音乐已经无存。到宋代虽有研究的意思，因为所托非人，闹出以皇帝手指节为标准尺度，据以定乐律的笑话，可以说是不值得多谈，所以也不去细论了。

《云南日报》1942 年 12 月 20 日第 2 版、12 月 21 日第 3 版

思想文化

---

① 映：原文为"应"。编者注。

抗战第六年代文艺的检讨

楚图南

　　要说到抗战以来的中国文学，不能不先从五四运动以来的革命文艺说起。

　　大家都知道五四运动的口号，是赛先生和德先生。这是应于自鸦片战争以来，渐渐形成的新时代和新社会的要求，也就是应于渐渐兴起来的中国民族资本主义阶层和市民层的要求所能自然提出来的口号。这个要求反映在文艺方面，于是乎过去封建意识很浓厚的旧文学便不能不发生动摇了。因为这是很不合于德先生的精神的。过去神秘的晦涩的旧文学，也不能不发生问题了，因为这也不合于赛先生的精神的。中国更进步的时代和更高阶段发展的社会，现在要求着以德先生和赛先生作为衡量过去一切的新的尺码，也一样的作为创造未来一切的新的指标。所以在文艺方面，在现在不能不另有一番①新的估价，另有一种新的态度了。于是为反对过去的贵族文学，而提倡着平民文学（或国民文学），反对过去的古典文学，而提倡着马赛文学。反对过去的山林文学，而提倡社会文学。反对过去的僵化了的、艰深的、晦涩的文言文学，而提倡着活泼的、自然通俗的白话文学。不单是在文艺的内容，如主题题材、思想态度变了。即文艺的形式，如语言、文字、体裁、风格也变了。因为内容和形式都和以前的不一样，所以又被叫做革命文学。自"五四"以来，中国的文艺活动，就向着这个方向努力。一方面尽量地创作新体的或白话的诗歌、散文话剧、小说等等，又尽量地介绍欧美、日本的作品，形成一个规模宏大的文艺运动。到了五卅运动、"九一八"沈阳失陷，这个运动更加速度地进展着。譬如当时所谓文艺的大众化、通俗化的努力，以及"九一八"以后国防文学的鼓吹，都是在同一目标之下，继续着"五四"以来的革命文学，及以使它的力量，更其普遍、更其深入，效果更其伟大的一种文艺的运动。

　　但抗战发生，尤其是武汉撤退以后，一向顺利地发展着、进行着的文艺活动，突然碰到了意外的困难，发生了自来所没有的问题了，这原因乃是在客观方面，由于都市的受战争威胁，如被敌人轰炸，或沦陷敌手，如平津、沪宁、武汉之类文艺工作者不易，也不能再在都市里面待②下了。其次，在主观方面，这次中国的抗战是争取独立解放的全民的抗战，要确保这次抗战的必胜，必须动员全国的民众，使他们对于这次的抗战，有着正确的透彻的认识，和有效的一致的努力。这样动员民众和教育民众，这个责任，遂落在中国文艺工作者的两肩上了。以此，由于客观上的情势和主观上的要求，都不能不逼着文艺的下乡，使文艺的效果推到乡村、推到内地，深入到人民大众、农工大众里去。这样文艺的下乡，文艺工作者到了新环境，而对着新读者，遂不能不碰到新的困难，也发现新的问题了。从前一向流行在学校、在知识分子间的文艺活动，到了民间，民众

---

　　① 番：原文为"翻"。编者注。
　　② 待：原文为"呆"，下同。编者注。

未必都能理解，未必都能接受，在理论的认识，以为文艺活动，应当如此，且必须如此，及到了实践，应用之于实际，也终于未能如此，且也必不能如此。在都市被欢迎的诗歌、小说和话剧，在农村里却受到了意外漠视和冷眼。因为，老百姓就不理解，当然更说不上受到了它的影响了。于是，应于新情势、新环境，文艺工作者，至此不能不有一种新的反省和一种新的要求——这个要求，也就是中国人民大众对于文艺的要求。这要求是什么呢？就是文艺的民族形式。

这个问题提出以后，立即引起了文艺界的轩①然大波，引起了各方面热烈的争论。参加这个论争的人，除了文艺工作者以外，甚至于哲学家、社会科学家都有。但因为各人对于这个问题的看法不同，所以认识未能一致。各从社会的不同的角度去解答这个问题，所以主张也难免分歧。大别言之，大约可以分为两派：

一派以为民族形式，乃是中华民族所固有、所习惯的一种文艺的形式。具体的例，即旧有的形式，如过去中国文学史上诗词歌赋之类是，又如民间的形式，即别于前者士大夫的形式，如弹词、皮簧、大鼓、花鼓、章回小说之类是。要动员民众，教育民众，自惟用适合于他们口味②的文艺形式不可。即所谓旧瓶装新酒。在创作方面，也果然有着一些作家，利用了皮簧、大鼓、平话之类的体裁，叙说着抗战英雄的故事。因此派主张的抬头，一切得迁就民众，迎合世俗。"五四"以来文艺的进步的革命的传统和精神被非难了。抗战以来，各地方所新兴起来的街头剧、救亡歌曲、朗诵诗、朗诵小说、报告文学之类，被漠视了，一切都是旧有的好，文艺得走着陈旧的老路子，然后才能去接近民众去。因为陈旧的老路子，是民众习惯了的，是固有的"人不如新，衣不如旧"，我们还是见大家穿起古装来罢。

第二派则又以为民族形式乃是配合着中国当前新时代、新事态，应着人民大众的新的要求，且适合动员人民大众的一种新的文艺形式。这种形式，须为人民所喜闻乐见，虽然不必一定要为人民所固有、所习惯，这种形式可能融化了旧的形式或民间的形式，但亦可能接受了外来的影响，这是民族形式的，但不一定是旧瓦罐，不一定是见皮弁深衣的古装，因为我们现在能穿的衫子马褂，或西装革履，那一样是我们所固有的呢？但谁能否认了这不是我们的民族形式，尤其是中山装更是很典型的民族形式。我们对于文艺的民族形式的看法和理解也应当如此。不能拘泥于既成的、落后的，甚至于僵化了的民族形式，反阻碍了新的创作力，限制了中国当前这个大时代所特有的许多最伟大、最丰富的题材或内容。新的最伟大、最丰富的题材和内容，得用新形式来表现它，虽然这种形式，无论用语、结构，总之一切表现的技术和手法，将是中国作风、中国气派，亦即所谓民族形式。

对于这两派主张的批评，前者过于强调旧有的形式或民间形式，以为非这样的形式，不能流行、普遍，事实上也不尽然。譬如《义勇军进行曲》、《大路歌》等等，不是全国各地都普遍流行了么？但它何尝采用了皮弹的韵调，何尝采用了花鼓的作风。反之，好几个作家所试作的抗战大鼓、新皮簧和抗战诗词却何尝普遍流行。所以，采用了强弩之末的旧形式去迎合世俗，既未见得合计，且失却教育民众的意义。要有力地教育民众，有效地动员民众，则进步的，配合着新时代、新事态，满足了新情绪、新要求的新的民族形式，这个时代的民族形式，这才是必要的。所以比较下来，仍以后者的说法，比较

思想文化

---

① 轩：原文为"掀"。编者注。
② 味：原文为"胃"。编者注。

正确、比较健全。惟后者之中，仍有一部分人因为强调新形式的创造，遂以为欧化的形式和欧化用语的移植，也是无碍的。其实，只是移植，而不是消化，使读者患了文艺的哽食病，与固执地执着旧形式的表现法，使读者患着文艺的瘫痪病，其弊害原是一样的。

《云南日报》1942 年 10 月 11 日第 2 版、10 月 12 日第 3 版

从整理中医说起

刘尧民①

日前报载陪都的中医界，提议整理中国之医学，大概是想彻底的把中国医学上的神秘的分子完全祛除，用科学的方法来整理，使之焕然一新，这实在是最贤明的举措，我们惟愿他早日有所成就。

中国的医学在世界医学上是独立的一个系统，这却意味着中国的文化在世界的文化上，是独立的一个系统，但中国整个文化在今日已经受了西方文化的影响而动摇、而破碎、而同化了。而中国的医学还坚决的保留着几千年来整个文化的形态，这岂非异事？

要问中国的文化是什么？不要去翻通"二十四史"，只要翻开一部医书，便可以一目了然。那些阴阳、五行、五运、六气等类的东西，便是中国文化的精髓，为着中国文化的骨干。它是为别个民族所没有的，是中国的独创，够得上称为"国粹"。或者大家会笑起来罢！这些劳什子够得上称为"国粹"？其实不要轻视它，它不但医了人，它医了国家，医了民族，医了天下后世。支持了几千年的封建社会和一切学术思想，确乎够得上称为中国文化的精髓。

这些阴阳五行等类的东西，它完全是用象征的方法建筑起来的，所以这一套文化，我们就叫它"象征的文化"，它是我们的先民集千圣万贤、呕心沥血的创造，用它来整理宇宙间纷纭的万事万物，由整理而说明，由说明而推断、而利用，日积月累的缔构成这一座宝塔。

我们的先民对于环绕着我们的万事万物，纷纭纠葛，莫可究诘，开始的要求，便是想设法来把这些纷纭的万象整理出一个系统。他们没有显微镜，没有分光镜等类的工具，只好凭自己的空想，先设出几个基本概念，如八卦、五行、阴阳等类用象征的方法来归纳这些事物，先由最近身边的东西推溯起，由近而及于远，以至于远而不可见的最神圣的东西，以类相从，一类一类的归纳起来，所谓"近取诸身，远取诸物"，逐渐而宇宙象象都系统归类起来，成为若干的"象"。

"象"的演变却依次看"数"的概念，由少及多，由简单而至于复杂，一乘十、十乘百遂成为无穷的宇宙生成观。然而初民的数理观念很简单，起初只是知道由"三"以至于"五"的数，所以"三皇五帝"、"三王五伯"、"三参五昴"、"三老五更"等类的东西既由此习惯而起。其后稍为进化，才有"九"的观念，由此而有"九畴"、"九州"、"九等"、"九鼎"、"九庙"、"九歇"等类的产生。（据汪容甫、刘申叔诸家说）

这样，"象"与"数"相辅而行，便可以说明万象的生长，《左传》所说的"物生而后有象，象而后有滋，滋而后有数"便是这个道理。其后又研究出"五行生克"的原则，于是宇宙万物的生住异灭的精义，都可以说明出来。

---

① 刘尧民，云南会泽人。1943 年 8 月到云南大学，曾任云南大学文史系教授。

起初不过是对于眼前现实的事物，用这些象数的观念来整理它、归纳它、说明它。更进一步，本看五行的生克、阴阳的变化、八卦的乘除种种原理，不但可以说明过去及现在的事物，连将来的事情都可以推知了，所以由"文质"的相因，"三统"的递变都可以了如指掌的推论出来。这就是"不出户，知天下，爽其或继周者，虽百世可知也"的大本领。

得到了这一套法宝，便广泛的应用在生活的各方面，一切政治、军事、经济以及日常生活的最细微的部分都要本着这些象数的范畴来设施。但看《周礼》一部书，一切设官分职，那样不本着这一套法宝来做，这便成为几千年封建社会不可动摇的基础。

当初这一套法宝，如《易经》、《洪范》等类只是统治阶级掌握着，是他们道法魔术的神机秘诀，不能公开的。其后逐渐流传出来，成为学术上的研究，在战国时候便形成齐国的"稷下学派"，出了谈天衍、雕龙奭几位大师，把这一套东西研究得精彻奥妙，占有学术界最大的权威，连子思、孟轲都受了他们的影响。到了汉时，齐学大盛，发扬光大起来，形成汉代谶纬术数、光怪陆离的一套文化。儒家的经文学派既从此特筑起来，而道家也从此竖起了宗教的基础。儒道两家的面目虽不同，而精神的源泉是同一个的。以后儒道的离合便支配了中国几千年的学术思想，每代出了不少的大师，如宋时的周、邵、程、朱便是这种思想的结晶。

教者既以此为教，学者亦以此为学，治者亦以此为治，君而并没有隔离，政教并没有分途，不过各代的治术与学术的面目不同，而总是由这大本源上演化变态出来。深深的浸透了人心，维系着社会，便形成了我们几千年文化的中心。

这种象数文化，在它的时代也确实尽了它的功能，我们要说它的功能，可以从两方面来看：

先从治术方面来看，在个人方面，一个人一生下来他的象数就定了，所谓"物生而后有象"，每个人都有他的象与数（这在古书中，贤明的长老为一个后生定象的事情是很多的）。这样一来，一个人要仗你的性格去和运命搏斗，这怎么可能？所以每个人都为宿命论所桎梏定了。在社会共同方面，传统上或政治法律上，已经有多少范畴，多少阶层摆在那里，使你不能逾越，使你由那此数字的暗示上，会想到神圣不可侵犯的格式，譬如一个"七"的数字，先由自己的七窍上想，想到七音、七圣，一直到"璿玑玉衡"的"七政"，这"七"就如何的神圣？一个"五"的数字，先由自己的五官说起，暗示及于五音、五味、五色、五等之封，一直联想到天上的日月五星、五方之神，那就是神圣不可侵犯了。君臣、父子、夫妇、兄弟、朋友的五伦，谁敢紊乱？仁、义、礼、智、信的五性，谁敢否认？五等的阶层，谁敢渎乱？诸如此类的数字的格式都带得有几分神秘性，使你看着好像是天造地设的金科玉律不能不遵守。假使有捣乱的，就要像有扈氏之流加你一个"威侮五行，怠慢三止"的罪名，加以讨伐。于是社会的秩序就得常保安定，这在治术上它尽了巨大的功能。

又由学术方面来看，在这种象数文化下是没有科学的。因为这些数字的公式，并不是像科学里的公式，从经验上归纳出来的东西，它是由主观上造成和实际完全没有关系，你想由这些数字的公式上去找到实在的东西，完全不可能。譬如邹衍的地理学，讲那大九州和小九州多么整齐好看，就如画图案似的，料实际并不有这东西。又如"三皇"、"五帝"、"三王"、"五霸"也是象数上的公式，实际也没有恰好的两辈三五，累得那些作"五霸考"的人究竟考不出确实的一个霸来。这种公式主义，在学术上是淹没了科

国立云南大学教授文集（一）

96

学，在艺术上我们艺帽的各部门从来便没有写实主义的精神，只是公式主义，绘书有"书谱"，演剧有一脸谱，都是这种文化的遗产。

由治术方面来说，我们没有了"德先生"，由学术方面来说，我们没有了"赛先生"。这便是受几千年来象数文化之所赐，它熏陶治化了几千年的传统社会使我们得了现在的结果，现在我们欢迎"德赛"二先生进来，所以非把这种文化根绝去掉不可，尤为以医学部门受它的影响最大，而它的面目，还整个的停留在医药里面，它找到了医学作它的遁逃数，所以医学界提倡用科学的方法来整理，便是表示把几千年传统的有毒的文化连根的扫除，以欢迎新的客人到来。

《正义报》1945 年 4 月 22 日第 2 版

思想文化

《鸡鸣早看天》解

吴富恒①

三十四年九月胜利刚刚到来，在川北公路某小城的交通旅馆里，经理吴文谟几天以来都在为旅客稀少而发着愁，一向虐待妻子，现在更是变本加厉了。吴大奶奶是旧式妇女，娘家又远，就忍气吞声。文谟的父亲吉安是一个退伍军人，抗战时逃到四川，他只求苟全性命，一切事又不管的；不要说旅馆的生意他交给长子来经营了，就连次子文郁，幼女文慧的管训教育他也没有多大兴趣，文谟又蛮横独断，这两个青年也就只得失业待在家里。

这时候恰巧有一辆商车在此地抛了锚，一时不能修复，乘客连司机，非住旅馆不可，因此他们给交通旅馆添了一笔生意，也给我们带来几出戏。车上下来了十个人，可以分成四组：第一组是司机杨时兴和助手老高。杨时兴是一个老江湖，他知道如何地应付官绅和痞棍，什么时候要讲交情，什么时候要搬蛮力，什么时候就可以商量价钱，可是他遇见流浪女人王桂芳，一直地纠缠着他，求他带走她，他骂她、撵她，同是天涯沦落人，心里却总有些过意不去。老高心地好，看得清楚，终于把她带离开了这个地方。第二组是李世昌和他的非正式太太。一个是暴富的司机，一个是流浪的舞女，他们的生活是想□方法去挣钱，然后再狂赌滥用的把它化②干净，来的痛快，去也痛快。他们不想将来，也没有将来。第三组是由南京来的一个二三流的文化汉奸朱耀堂，带着他的次妻及嫡妻所生的女儿兰言。他是听了太太的劝告来后方找机会的，偏偏有一个姓林的流氓知道他的秘密，一路跟随着，无时不在想着打他的主意。第四组是北平逃出来的学生徐宗俊和邓英如。和上面的灵魂相比，他们纯洁而热情，代表光明和希望。

因为胜利的到来，地方上的人正在张罗着开庆祝大会。在这里一面我们可以看见徐、邓、文郁、文慧，这些青年们是多么的认真和热心。代表着他们所想的、所做的（也许在老成人看来，有些幼稚）。他们的怀疑和希望都是成千成万的青年所具有的，在另一面我们却看见旧社会的绅商保长之类的人，在粉饰太平的名义下面，所作所为的，无非是表明胜利对于一些人"真是来得太快了"，这辆车在此地停止的短短的几天之中，解决了自身所带来的问题：流氓林某告发了朱耀堂，朱被逮捕，可是他的奸谋劣迹也被朱太太揭穿，他被软禁在旅馆里，终于自杀。以奸锄奸，人情上、法理上讲，都是公平的。这辆车此外又带来了一些力量，动摇了监狱似的老旧的吴氏家庭；文郁、文慧和徐、郭③接触之后，知道他们的家庭，是不合运的了，都准备逃走，去追求自己的前途；而

---

① 吴富恒，字赋恒，河北滦县人。1942 年 2 月到云南大学，曾任云南大学外语系教授兼系主任。

② 化：同"花"。编者注。

③ 郭：当为"邓"，下同。编者注。

国立云南大学教授文集（一）

大奶奶听了怂恿,居然逃出了她丈夫的魔掌。

这个剧,洪深先生已经说明是闹剧,闹剧以情节为主,人物多半是类型,所以我们也就不必追求深刻的性格描写。但是剧中描写林先生的奸诈,徐、郭两人的纯真,朱太太嫁鸡随鸡对于丈夫的愚忠,李世昌夫妇江湖式的豪爽帮助朋友,以至于商人唐含章羁居逆旅的潦倒……都是相当细致的。讲到情节,安排穿插是技术问题,不去谈它们,我所要说的只有一点,就是洪先生这个剧本虽然没有震撼山川、惊心动魄的故事,但却是一幅老老实实的抗战时期社会生活的写真,暴露了种种黑暗,也指点出若许光明。特别值得注意的是这个剧本所提出的很多问题:有的需要立时解决,如汉奸和遣送难民的问题;有的是重大社会问题需要根本治疗。在此地应当特别指出的是家庭问题。文郁、文慧虽然逃走,今后怎么安插他们呢?大奶奶是跑脱了,但是像她那样受压迫的妇女还多得很,即使跑脱了,是否一切便算解决了呢?吴文谟那个家庭统治者,固然该死在林先生的枪下,在剧中给了他一个结束,当作社会问题看,似乎应当有一种合理的办法,最后是吴安吉①那个老头子,他是中国旧社会的影子,他所说的、所想的那一套就是旧社会所以存在的理论根据,他支持长子文谟的专横统治,也阻碍着文郁、文慧自由发展的机会。家破人亡了他还不懂得,还要问为什么,我们怎样的纠正他呢,或者更进一步怎样捕灭他——这个垂死的魂儿呢?

这个剧中除了讽刺暴露之外,我们若退后若干步,在远景中整个儿去观察它,似乎它还具有这样的意味,吴家的旅馆就是崩溃中的中国社会缩影,本来是怎样形成的我们不清楚,现在它要走向何处也难于预料;那辆商车象征动荡着的抗战时代,载着这时代的代表人物,也驮来这时代的问题。它本身有问题也给那旅馆、旧社会带来毁灭的因素。"仁者见仁,智者见智",一件文艺作品是可以分许多阶层去了解的。《鸡鸣早看天》既暴露现实,也有象征的轮廓,我正在写这篇文的时候,一位朋友进来,看见《鸡鸣早看天》这个剧名,就问它是什么意思,我的回答是:"也许是'认识环境,快打主意'吧!"对不对呢?还是根本就不必要这么解释它呢?这只好问洪先生了。

思想文化

---

① 安吉:当为"吉安"。编者注。

论学旨要

姜亮夫

整治过去学术，当明二义：

（一）生流之随顺性。

近代哲学，皆以"生活"为出发点，而言变与动。谓吾人之生老病死，就小体言刹那甚暂；就全量言，宇宙一大生流，随时间之绵延，而时时跃进，刻刻创造，变动不居，人生不过此生流中一浮沤！然此生流之派别歧趋，有随顺性，知权衡利害，创造新境。《礼·王制》："广谷大川异制，民生其间者异俗。"此生之随顺性也。有此随顺性，始能创造环境，而生之流，不见阻遏。学术亦然，故同一经也，而有燕齐鲁古今之分，同一宗教也，佛家思想在印度而南北不同，入中国而派衍纷歧，此空间之随顺性。庄子所谓"有实而无乎处者宇也"实即"实质"，处为"边执"，生命之在空间，随顺环境，更无一定执着，其业力之积累，亦不得据一"方所"以为悬断，是故对治过去学术，当不忘随一方所之空间随顺性，若曰："甲国不如乙国，东方不如西方"，便陷于所谓"刻舟求剑"！

（二）时间之绵延性。

《庄子》："有长而无本标者宙也。"《淮南子》："往古来今谓之宙。"宙者时间也，时间无本标之分，无性相可言，勉强描绘，则曰"绵延"非更迭，不能以过去、现在、未来，诸名句为尺度，譬之一物之扩张，扩张无底，遂有所谓过去现在，实则仍在此一物中，由过去而扩张及现在，更由现在向未来冲进，现在中未尝不有过去，即过去一切业力，靡不摄存于现在中，浅言之：则现在者过去之累积，未来者又现在之展拓也。凡人心之感思意念，莫不通乎过去之流潮以出，故人性、群性、或国民性、民族性皆由一切过去之堆积而成。先秦诸子，似大海暴流，无老沤，无执着；两汉经学，不同于魏晋，宋元明亦遂大异乎隋唐；其名犹是，其质渐非，时间之绵延，所积之"业力"为之也。"必则古昔"、"以今非古"宁有是处，苟明此义，则吾人观察现在势业，而溯及已往，犹人之及壮而回忆少小，索人心扩张之因果业力，以为现在之资助，乃动的而非静的，故吾侪整理过去学术，当为因果关系之探索：一反一正求其所以。不当拘执砰礁礓石以为悬系而陷于所谓"食古不化"。

二义既闻，用生两法：

（一）研讨的：以现在讨治过去。须用客观的分析方法，居高临下，将所有载籍，及器世间一切过去之残留遗像，条分缕析，尽力爬梳，得其一一线索，然后汇通而求其总因果，如文字学、社会学、古典学、艺术赏鉴学等等分类探治，不厌其琐细，如考古家之把玩甲骨残片、陶石零块，如西方研究宗教史者，以专治寺庙门户方向闻名等等，盖此际殆不能以"功利主义"、"有用无用"为研究之指归也！以今语译之，则曰"为学而学"。

（二）体验的：过去学术之关于内的蕴蓄，所谓德性的学问，即人生跃进之内的条件，如人生问题等等，要在身体力行，而求其所以产生，所以衍化，与夫在现业中之成分，以为现在策励，或将来之权衡，凡学术性、国民性、民族性等等，扶发印证皆是。以今语译之则曰"为人生而学"！

——以上参柏格森创化论。

举宙合一切学术，无出此两法者，而每种学术，用必两法具备，方为具足。"朴学"以"宋学"为空疏；"宋学"谓"朴学"为仃偃①。文士之轻放，经生之乞寒，皆偏举未全之弊也！

《云南日报》1947 年 1 月 26 日第 2 版

思想文化

---

① 仃偃：同"疔痘"。编者注。

人生之评价

钱　穆[①]

　　人生一知觉之过程耳。苟无知觉，人生即不存在。故评量人生价值，当一本其反映于知觉者以为准则也。

　　人类生活可分物质与内心两面，衣食住行皆物质生活也，此等生活乃人生之基本，不可一日缺，其反面意义则甚大，而积极价值实不甚高。试先言饮食，味觉乃五官感觉中之最低级者。一则味觉无高下之别，智愚贤不肖，其觉于味则均。二则味觉无深浅，初尝如是久尝仍然。不仅无逐步深人之感，并有逐步退减之势。乍尝则觉其鲜美，多尝则淡，饱尝则厌。三则味觉不久留，无堪回味，饱既厌，饿又馋。若人生专为饮食，则一饱而死，洵可无憾。何者？再饱三饱仍与一饱无异也。衣服仅以保体温，不使过暖过冷，继此而增以轻软之感，则止矣尽矣，不可复加矣。若人生专为衣着，则一旦轻软被体，亦可无憾而去。至于盛服赴宴，此在人生，别有意义而不关衣食也。居住所需，其意义尤多不在居住之本身。若农夫，终日耕作于田野，日暮归休，得一榻展其四体，于彼醰然已足，余无所求矣。行之重要，更不如衣食住，其意义亦更不属于行之本身。昔之学人，有三年目不窥园者，有终身足迹不出百里之外者。彼固于行无多需。故知衣食住行之于人生，虽为最基本而不可缺者，然其量易足，无事多求也。

　　内心生活，有属于趣味者，有属于情感者。趣味生活，又可分为科学与艺术之二类。科学生活，其起源在于人性之好玩，对于外物有好求知之心。孩提之童，方其已饱已暖，身无所苦，彼即知张其耳目，伸其手足，觉一切外物，无不新奇可喜，无不愿多方试探，以窥其底细，此即科学生活之初步也。人类如何知用石器，如何知用火燃烧，如何知耕织佃渔，一切生事，皆赖科学发明，此虽与今日声光电热种种机械制造，程度不同，性质则无大殊。此皆源于人心之好奇求知，此种生活，较之物质饱暖之感，深浅高下，相去不可以道理[②]计。然若论科学发明之成绩，一切物质文明之享受则仍属衣食住行物质生活之范围，其于人生价值依然低浅。何以言之？譬如发明电灯、发明飞机，若论发明者之心智活动则自有无上之价值。若论科学家之本身生活，固属至高贵而至少可敬羡者。然常人之使用电灯，乘坐飞机，则其生活价值，并不因之而高贵。即就趣味言，电灯照耀，有时不如月下，有时且更不如黑夜之可回忆、可欣赏。飞机虽迅疾，有时不如骑马乘船，有时更不如徒步跋涉之可回忆、可欣赏也。故知电灯飞机之于人生，仅属外皮的、间接的，乃由关于功利方面之种种打算，种种方便而始见其可需。彼乃与人生工作以种种便利者，彼于人生之内在价值于人生之真际，则为益实殊有限也。

　　艺术生活起源亦甚早，人自智识初开，遇良辰美景，便知欢悦；见奇花异草，便知

　　① 　钱穆，字宾四，江苏无锡人。1946 年到云南大学，曾任云南大学文史系兼任教授。
　　② 　理：原文为"里"。编者注。

爱好。初民穴居野处，生事艰窘，然亦知养羊畜狗，抚弄爱顾。遇心暇神闲，亦能绘画图像，施设颜色，见明月流水，亦知歌乎舞蹈，如醉如狂。故知审美之与求知，渊源皆甚深邃，殆与人生以俱有。惟科学可以承袭，可以积累，可以继长增高，后来居上，而艺术则否。科学家之发明，可以普遍应用，播之人人，而艺术又不然。然论艺术科学对人生之贡献，则两者殊难轩轾。有时人生之需要艺术，更有甚于科学。而天地之间，山光水色，樵歌牧唱，亦无往而非艺术之资料。俯仰之间，供应具足，此亦自然之奇秘也。

　　科学艺术，其对象皆为外物，无论为机械、为自然，要之于人无情。人生于求知审美之外，乃更有一内在而更深切之要求，则同情是也。方人情之有感于中，或哀或乐，或歌或泣，或惊喜，或悲诧，或言或默，或动或静，必求其有应于外者，而后知我生之不孤，此亦自孩提以来已有之。年事日长，心力日旺，则同情之要求亦日强。于是有父母、兄弟、夫妇、子女、朋友、社会之结合，慈孝友恭、敬爱忠贞之熏染，一切人事莫不由此而兴。苟失此，则将无以为生，亦无以为人。我无以名之，名之曰文学的人生。凡人生必有悲欢歌哭，斯凡属人生，即天地间一篇自然之文章也。闾巷之间，帷闼之内，人自不知，妙手拾来，皆文学也，求知审美之人生，仅乃一有趣味的人生而已，惟此同情同感之人生，乃始为一种可爱可羡之人生。盖求知审美多取之于外物，而同情同感，则必求之于人类之自身。人生之于外面而觅得其自身者，此即文学之人生也。故人生不可无科学，不可无艺术而更不可无文学。惟此文章生活亦有雅俗深浅，美丑高下，其间有相去甚远悬若霄壤者。评判人生价值之最要标准，厥在于此苟舍文学，则实无人生价值可言也。惟文学多尚悲剧，真正的好文学，论其实际，必悲剧也。何以言之？子孝矣，而遇父未必慈。妻贤矣，而得夫未必良。人生之价值越高，必其内心之要求越深，而内心之要求越深，斯外面之因此要求而与为呼应者必越难。故曰真文学必以悲剧之成分为主也。于是文学的人生，乃不得不一跃而为宗教的人生。宗教者乃此人生悲剧之惟一慰安品也。孝子不得于其父，淑女不得于其夫，凡人生之缺陷，无可补偿，则寄其最后之遥情于上帝。苍苍者天，人生一切无可奈何，无不于此四凑而奔趋。神龙见首不见尾。宗教人生者，正文学人生之一种缥①缈虚无不可捉摸之自然结穴也。

　　然则宗教人生其遂为人生之最高境界乎？曰不然。犹有道德的人生焉。宗教人生乃躲避的，而道德人生则实践的也。宗教人生乃信仰的，而道德人生则意志的也。趣味情感信仰，皆不能不所待于外，惟意志的人生，则一本自我，无待于外而自由具足，此始为人生之最高境界。然道的人生，其实仍是一文学的人生也。自文学人生之失败，而逃归宗教后自宗教得其新精力而回向文学的人生，知其无可奈何，而正面对而甘心受之者，此即道德的人生也。故曰"天生德于予"，曰"尽心知性，尽性知天"，道德的人生，不归宿于上帝，而归宿于自我。凡人世间一切歌哭悲欢，成败祸福，皆我天性之所流露，皆我天性之所要求。慈孝友恭敬爱忠贞，我性也，亦即我命也。歌乎？哭乎？悲乎？欢乎？成乎？败乎？祸乎？福乎？既尽我性，既达我命，可复奈何？斯之所谓自由意志之人生，斯即最高文学之人生也。故道德人生者，乃文学人生之最充沛的演出，而最真实的完成也，其斯之谓人生之最高境界，又谁曰不宜？

《正义报》1947 年 5 月 5 日第 2 版

---

　　① 缥：原文为"漂"。编者注。

思想文化

检讨与反省

瞿明宙①

审东西洋政治哲学之博大精深者，要数我先哲"格物，致知，正心，诚意，修齐治平"之说，最为完备，吾族之能发扬滋乳，未始非系于此，故吾人实不应舍我国故文物，而主全面欧化。溯自"九一八"之后，国难空前，而吾人之渡此难关者，虽由于当日之全民团结，而亦数千年文明之潜移默化之功。惟巨变之后，内战又起，破坏死伤之众，较外敌之蹂躏，尤过之无不及。且丁兹国际风云，日趋险恶，为保存国家民族元气计，时乎不容再因循坐视，任其毁而后已，特提出此一问题，俾与国人相共勉之，而知有以警惕觉悟共患颓局，兹略述其显著之征候如左。

一曰外交日趋没落，外交之目的，专在拒抗强权，维护领土主权之独立完整，乃抗战结果，外蒙名虽独立实则不啻割让，旅大之耻，亦未得而洗涤，开史上战胜国未有之先例，贻国家以极大之耻辱。而日本处于美国管制之下，此一与我有切肤之痛的国家，侨胞留日，竟受若干限制，对日措施，仍须仰他人之鼻息。

二曰内战呈胶着状态，今日内战，中枢有优厚之军事力量，而共军②亦属有组织训练、政治背景之武力，故两年以来，未得顺利剿平，且蔓延愈广，以今日长江以北之局势观测，内战实已起急遽之变化，形成胶着状态，人民辗转于水火之中，局势至此，诚足令人忧心如焚。

三曰内政难于维持，战后国家建设，必须有休息生聚之环境，乃谈判破裂，内政停滞，人民之负担，日愈加重，原有之零星建设，亦随之以烬，影响国家建设文化教育者，既深且重，而贪污土劣，又复狼狈为奸，此种政治之腐败，足以摇动国本。

四曰财政金融面临破产，一国财政，须恃国际收支之平衡，始可维持，我国财部，历来即不平衡，以往战前犹可依大量之农产品及副产品出口，换取外汇，吸收侨汇，今则东北大豆已成绝响，桐油、猪鬃、生丝、茶叶、牛羊皮亦因交通梗阻，通货膨胀，大为缩减，而军需之浩繁，无限制发行通货，更达恶性通货膨胀，将来如仰赖外债，更属国家负累，伤及国民经济基础，且举债未用在建设而用之于消耗，则势将无法补偿，结果民穷国困，距复兴之途，愈去愈远，

五曰社会风气颓靡，近二十年来，社会风习败坏，夸大狂，官僚狂，拜金狂，无所不至其极，公私美德，全皆荡然无存，遂使社会无法守，无纲纪，中国往代文明，崇尚礼让廉洁，亦即今日挽此颓风之道。

六曰青年彷徨歧途，青年为未来国家之主人，然以血气方刚，目睹现状之可虑，遂发生不满之情。而况国家不靖，对教育已失其控制之力，遂使青年学子，卷入战争漩涡，

① 瞿明宙，字平直，江苏靖江人。1947年11月到云南大学，曾任云南大学经济系兼任教授。
② 共军：原文为"共匪"。编者注。

为维护未来国本，造就青年人才计，青年当于求学时代，不染任何色彩，益以学校以学术为重，超乎党派之外，国家青年，两有裨益。

总之，吾人感时局之日非，国家危如累卵，特揭示此六义，望社会人士，能全般检讨，深切反省，并盼全国上下，以国家利害为前提，鉴诸既往，力求改革，尤勿忘我先哲之政治哲学，先革心而后革物，唤起民族间有美德，不徒可以救国，近且引导世界步入大同之道！

《平民日报》1948 年 7 月 8 日第 4 版

思想文化

社会秩序与公德

范　锜①

　　社会组织、社会制度，常赖秩序以维持，秩序是种种社会生活中，最重要的要素，欲求社会生活之安定，不能不要求秩序之保持，故无论如何牺牲，秩序总需维持。设秩序一乱，社会组织及制度，将随之而动摇、而破坏、而倾覆，即个人生活，亦将受其影响，或失业，或离乱，或丧身亡家。盖秩序不守，社会组织及制度，皆失其作用矣。

　　维持秩序，既如此迫切，故所以维持之机能，亦正多也，如政府，如法律，如军警，如宗教、如习俗、如教育、如民意，皆不失为维持秩序之具也。政府之组织，固有其种种目的与作用，然维持秩序，究不失为主要职务之一也。法律之设，其本意即在维护社会之安宁，过有罚，罪有刑，所以纠不轨也。国之有军警，为武力之保卫，内维治安，外御侵寇，盖所以安内攘外者也。宗教，为神道设教之具，人之不敢作奸犯科，非畏法律道德之制裁，即怕宗教之谴责，昔日政教相辅为治，固更切于今日也。习俗，常足为行为之标准，婚丧祭礼，礼节仪式，节令时尚，人为亦为，莫敢或二。设有违反之者，人必群起而攻之，甚有体罚之制裁，或性命之危害，入境随俗，迄今犹有莫大潜势力，故不限于初民之遵守也。教育之机能，原在维持社会，使能存续与发展，对年少者之陶冶，不外施以社会化之作用；无论文字之学习，技能之训练，以及一切管教方法，无非使人适应于社会，且使社会向上而发展，谓教育之本质，即为社会化，亦无不可。至于民意或公意，亦为维持秩序之要素，人之行为，多为公意所左右。人情好誉恶谤，苟得社会赞许，人必乐为。反之，必有所顾忌，即贪暴军阀，残忍强邻，亦忌惮民意也。总之，凡此，皆为维持社会秩序主要之条件，各有其相互作用，固无所轩轾于其间也。

　　但社会秩序之维持，常有守旧心理之倾向，社会之能存续，固赖有此持久性，然社会之悖戾，亦因此而发也。设保持秩序，为一阶级之利益，或团体政治之特权，则法律与秩序，纵能局部之保存，然阶级或团体之机能，终因其偏隘而挫损，即社会正义之基础，亦因之而动摇矣。故欲究社会秩序破坏之原因，不可不先察社会阶级之症结；因社会阶级之悬殊，常为社会冲突之主因。此外，宗教之差异，亦常为秩序破坏之根源，如古代十字军，近世新旧教，以及现今印回之冲突，犹回之战争，无非因信仰不同，而起冲突，或残杀也。至工业发达后，经济组织，尤为社会不安根源之所在，一切经济团体，咸有二重作用，即劳工团体与雇主团体是也。此二团体外，更有司事与技士介乎其间，亦自成为一团体也。此类团体之复杂，非徒无益，而且有害，因彼等服务群体之时间与精力，多消耗于冲突或倾轧。故自社会全体而观之，实未见其生产也。

　　但中国自维新以来，旧时礼教道德，已失其维系力，而新道德制度，又未有确定之基础，迄今仍凌乱无序也，有心世道者，莫不怵然忧之，但此所涉范围甚广，政治、经

　　①　范锜，字捷云，广东大埔人。1942 年 8 月到云南大学，曾任云南大学训导长、政治系教授。

济、教育，亦有密切之关系，固不限于道德已也。但以道德言，社会道德，应含有仁恕、诚信、谦让、正义，重公德、守秩序诸美德，前四项，固为畴昔之所重，然信义今人多不行，率以欺诈虚伪相周旋。狡狯攘利者，谓之能；诚朴被欺者，谓之拙。世风日下，多胚因于此。曩者日人称中国为君子国，而今则目为小人国矣，可胜慨哉！至于重公德、守秩序，则国人几无意及此，外人目中国为无组织之国家，固由政治不纳于轨，社会事业凌乱之所致，然不重公德，不守秩序，实为召侮之源。为政者假公济私，何尝以守法为公德也！

国人不重公德，由来已久，旧德目中，既无公德之规定，诗书所载，皆侧重个人私德，苟私德有亏，即有能力从公任职，亦必被抨击靡遗，反之，乡愿无能，人亦不为厚非，欧美人则否，倘能守法负责，人多不问其私行也。国人俭约自持，固多能躬行实践，然于公众场所，公众器物，辄多肆意污毁，或任情耗损，毫不加惜，驯致古迹所在，游览之所，人亦不免掩鼻而过。吾人须知公众之物，更切于一己之所有，一己之失易得，公众之失难求。古迹名胜，所以供人游览，启人怀古情思，可视为民族文化之遗迹，岂金钱所能购获哉？且古人惨淡经营，而我摧残备至，夫复何心？此国人对于公德，所应特别注意者，一也。

守秩序，亦为文化进步之国家、国民应有之公德，我国为文化落后国家，故亦少人注意及此。然而秩序之有无，正足占民俗之臧否，民智之高下也。国民之必须有秩序，非仅为观瞻，亦所以使社会生活有条不紊；反之，秩序凌乱，不惟野鄙逼人，亦所以使人心情沮丧也。常游欧美，见美人赴舞馆晚餐，而必循序而进，及返，取物，必排列而退，窃以为怪；后见英公园两党宣传，互有攻击，一言"秩序"各复其常，窃疑训练有素；及见法人在公园入厕室，亦必顺序而行；始知欧美人之守秩序，已相习成风，牢不可拔矣。然亦足见其文化水平之高也。顾国人，乘车争进，出门攘先，公众场所，尤见纷乱，外人见之，多目为野蛮，亦足自省！夫进一步，肩摩踵接，退一步，地阔天宽，何必自扰乃尔？多见其不智也！但欲国人守序成习，负治安、宣传、教育之责者，宜协谋而促其实现。此国人对于公德，所应特别注意者，二也。

虽然，秩序之有无，系乎社会组织之臧否，亦不亚于民俗之善恶也。中国是以人为政之国家，人存政举，人亡政息，论者固以为美谈，然此适足破露其无组织也。有组织社会，各种事业，分类别门，各有机构，负其责任事者，只须依规定，尽其职，社会事业，即可循序而进，条分缕析，丝毫不苟，工作效率，亦于是见焉。中国人于伦常德行，虽甚关心，然于组织，毫不措意，一切社会事业，凌乱如麻，耗时费力，殊罕成就，幼稚特甚！故欲行政有效率，社会有进步，一切机构及事业，概须组织化，确立系统，彼此关联，各守其职，各尽其能，勿以人为中心，就事而责其成，行之有素，效能自见。社会组织，已井井有条，社会秩序，自能日趋于严整，故社会之组织，亦不可不注意焉。

《平民日报》1948 年 8 月 8 日第 4 版

思想文化

人生疾苦如何蠲除

范 锜

　　人生观感，因人而殊，亦因民族而异也。穷愁忧困，集散离合，易启个人之兴叹；尊荣利达，福寿繁衍，亦易启个人之钦羡也。但依民族而概言之，亦可见其要；日人以忠勇，为其民族主要之圭臬，人能发挥此精神，即人生之极致也；英人以功利，为其共同之追求，率依此而决定其民族之幸福；美人以福利为公共之目标，公私行动，均以此为依归；中国人视富贵，为其人生主要之观点，一生成败，以此理想能否实现为断也。各民族各有其对于人生之寄兴，影响其国人思想行动，亦正复不浅也。依中国人言之，率以利达为荣，穷困为辱，其遁迹林泉，寄情山水。醇醪女色，任情纵欲，亦不得意于时之表现也。其他各民族，个人快乐痛苦之感，要不外此。

　　但在共同关系，社会生活之下，目睹人之疾苦、衰老及死亡，亦未有不动于衷，而叹人生之无常者。佛之教主为太子时，偶一出游，即见农夫辛勤劳作，犁牛苦耕，不觉心痛神摇，再行，见老病之无可告诉者。转而进，又见寂然无声，蔽目长眠之逝者，益悲伤而不能自己。彼见人类生活之无常，自对人生发生无限之悲悯，超度①众生，齐登彼岸，此佛法之所以无边也。然而生老病死，又为人生所不能自免者，徒令人对于人生，发生不断之哀愁。人间疾苦困穷，则可以人力轻减之，或解除之，但人生有此现象，弊在人谋之不减也。

　　又在社会生活中，目睹贫富之悬隔，阶级之严限，抑制之残②酷，强暴之摧残，亦足令人痛恨，而思所以击破之，改善之，此政治经济改革之所由来也。马克思寄迹伦敦，见妇孺鱼贯入工场，而作资本家生产之手段，即断言人类社会将有新的革命之发生，并希劳资冲突后，有理想的社会之出现。又如叔本华，亦以生活艰困之影响，而致疾恶社会，仇恨女人，终其身块然独住，虚寂无依。故社会之不平，生活之压迫，亦足令人对人世发生无限之悲愤。此外，如降水横流，火山震烈，争城掠地，流血成渠，亦足令人战栗，痛感人世之无常。总之，衰老病苦，生存死灭，兴亡成败，以及战乱天灾，皆足令人对人生世界，发生无限苦乐善恶之感也。

　　但自工业发达后，人类生活，贫富悬隔益甚，痛苦惨状，亦随之而愈加，失业汹涛，时泛滥于各国，当政者，虽极力拯救，究无补已倒之狂澜。战前，美国失业潮流，震荡全国，战后，亦常以此为虑，思所以防患于未然。据当时救济失业专员专洵（Hugh Johnhon）之宣告：占世界最富有之纽约，每五人中，即有一人失业，不得自食其力焉。至中国方面，据社会调查者之报告，（民二十五年）则百分之七十五濒于饥饿与寒冷，战后，百物腾贵，民无衣无食者，更不知凡几？如此物质匮乏，实为一切罪恶痛苦之源！

---

　　① 度：原文为"渡"。编者注。
　　② 残：原文为"惨"。编者注。

国立云南大学教授文集（一）

即今各国罢工运动的汹①涌，亦无非要求薪金之增益，反抗物质之压迫也。

夫济人之急，扶人之危，固为解救痛苦之一法，然此区区之舍施，与子产济人于津洧何异？故欲根本解除人类痛苦，不能不考察痛苦所自来社会之制度。经济组织，为人类社会生活之基础，经济组织不合理，人类痛苦，即无从而解除。私有财产制，基本方式，不外私人牟利与自由竞争，斯二者对财富生产之努力，固足启发人类创造与证明，增进现世物质之繁荣，提高部分生活之水准，转移人类重荷于机械，其效非不宏也。然而因此赍至之结果，亦复不鲜。例如利润分配之不均，权利与资本之集中，劳资阶级之斗争，个人营利之角逐，以及一国之大，无全体生产之计划等，皆人所共喻之弊端也，故不能不求其改计，以蠲除人类物质生活压迫之苦痛。

迨我国经济组织改善，农工生产丰饶，分配得当，人无物质匮乏之虞，再进一步，当为要求精神生活之发展。故欲解除人类痛苦，除物质生活，须使之满足外，更宜求精神生活之愉快也，人生之本质，具有无限心灵之潜在，无论何人，苟有机会，无不欲向上而发展，希其精神能力，能达最高之阶段。寻常乡曲之士，所以无甚建树者，大抵困于衣食，再无余力，潜心于科学、艺术、文学、道德等精神生活，故不免与时浮沉。但值有甚观感或刺激时，则此向上精神，常能勃发于心内，令人唏嘘感慨而莫能自已。古人扶髀长叹，击壶而歌，类欲其精神，垂诸于永远，即今人于无多岁月中，其能刻苦奋励，勉黾力学，亦莫能外此。故凡为圆顶方趾之公民，皆有受高等教育之机会，以求其人格价值之发展，内在的精神之愉悦。

人生已为灵肉合一存在物，则欲解除人类痛苦，自不能不满足其现实之要求；同时欲其心灵之安适，亦不能不满足其理想之追求；吾人应竭诚尽智，而谋一切社会生活之改善，国家制度组织之改良，攻讦毁谤，谋害杀戮，战乱蹂躏，人之所谓人祸也，可因此而蠲免；饥馑荐臻，殁疫流行，灾害并至，人之所谓天灾也，亦可因此而减轻。同情博爱，仁恕慈悲，仅为个人道德之观感与实践，曷若社会生活，制度组织之改善，更能普及全民也？值此国事日非，人穷见骨，困苦颠连，无复名状，书此，亦所以期望国人之共勉。

《平民日报》1948 年 10 月 24 日第 3 版

思想文化

---

① 汹：原文为"凶"。编者注。

政治建设

民主主义之历史的发展

岑　纪①

政
治
建
设

　　人类历史的发展从蒙昧时期亦即原始共产主义社会一直到近代资本主义没落，社会主义生长的时代，中间经过了若干阶段，具体地说在原始共产主义崩溃之后代之而起的是奴隶制度，代奴隶制度而起的，则为封建制度，代封建制度而起的则为近代的资本主义制度，这些历史发展的阶段是随着人类劳动力的发达而兴替的。恩格斯在其《家族私有财产及国家之起源》一书序言中说："劳动之发达愈幼稚，它的生产之量，从而社会之富愈有限制，那么社会制度愈可看出是受血统关系所支配的。然在这种以血统关系为基础的社会组织之下，劳动生产力逐渐发达。同时私有财产与交换，富之差别，他人劳动之掠夺，从而阶级对立之基础也逐被形成。这种新的社会要素竭力促使旧的社会制度适应于新的境遇，一直到了两者调和的可能性告终，遂引起来一个完全的革命。这个以血统关系为基础的旧社会在和新发达的社会诸阶级之冲突中就被废除。以后新的社会出现，被结成为国家，它的单位不复是血族团体而是地方团体。在这个社会中，家族关系完全受限制于财产关系而构成，从来一切成文历史的内容之阶级对立及阶级斗争也由此自由发展。"这就是说，劳动力发达的阶段决定着每一社会的形态，它使旧社会崩溃，新社会产生，它造成阶级对立及阶级斗争，因而更促进社会的往前发展，促使更高社会形态的兴起。

　　阶级对立与阶级斗争既然构成从来一切成文历史的内容，那么互相对立和互相斗争的阶级在政治上就各自抓取足以克敌制胜的武器。民主主义在历史发展各阶段上成为被压迫、被剥削阶级反抗压迫和剥削阶级唯一的政治武器，正因为这样，民主主义的实质及其内容随时代而不同。我们尽可以说奴隶社会自由民与奴隶的要求和斗争就是他们的民主主义的要求和斗争，封建社会农民对地主、平民对贵族的要求和斗争就是农奴平民的民主主义的要求和斗争，资本主义社会雇佣劳动者对资本家的要求和斗争，就是雇佣劳动者民主主义的要求和斗争，但我们决不能把各时代的民主主义的要求和斗争等量齐观，因为各时代民主主义内容之不同，乃是由于拿民主主义作斗争武器的阶级不同，从而对民主主义的要求和斗争的广度和深度也各自不同。因此离开了时代性、阶级性而去理解民主主义，那将是什么也不能理解。

　　我们试对各时代民主主义作一概略的叙述：

　　原始共产主义社会的民主主义　　原始共产主义社会因为劳动的发达非常幼稚，那时的社会制度是受血统关系支配的。由血统关系所形成的氏族制度，或部落没有人剥削人的现象，没有可怜的贫家的人，因为原始共产主义的家属和氏族知道他们对于老人病夫及残废者的义务，在共产主义社会内"一切人都是自由平等——女子也包括在内"，

---

　　①　岑纪，即赵岑纪，江西萍乡人。1949 年到云南大学，曾任云南大学社会系教授。

因此他们不需要有，也不会有军队宪兵及警察，没有贵族、国王、总督、知事、审判官，没有监狱，没有诉讼，他们之间如果有争斗异议的话，就由一切成年男女氏族员有平等投票权的民主主义集会，即氏族协议会来解决。像这样不需要有外来的强制力量而万事都能顺利进行的原始共产主义社会，就其一切自然的简单性上说来是值得令人惊奇的。

如果说在人类历史上曾经有过"纯粹的"、"全面的"民主主义，那么只有原始共产主义社会才是可能的，那里没有外来的强制力量，氏族成员可以充分表现自己的自由意志，又因为人口稀少、土地广大，虽然生产状态极不发达，但无论老幼男女都同样的生活，个人的安全依靠氏族的保护，而氏族也能对他保证，他们对于任何决议都是全体一致通过，这在有阶级的社会内是绝不可能的。

我们知道，由于人口的增加，生产的发达，原始共产主义社会已不适于新的生产力发展，于是"起于最卑下的动机——鄙野的贪念，狂暴的情欲，卑劣的吝啬，共有财产之利己的掠夺"的新的阶级制度就开始了。而同时与构成员的全体相分离的一种的强制力的国家也就产生了。

奴隶社会时代的民主主义　　奴隶制度是原始共产主义崩溃后，人类历史上出现的第一个阶级社会。希腊罗马就是典型的奴隶社会，奴隶构成了奴隶所有者社会经济之基础。我们研究古代社会就知道，"没有奴隶制度，就没有希腊这一国家……也没有罗马帝国"。在奴隶社会内阶级的分化，据马克思在《共产党宣言》内说："在古代罗马存有贵族骑士、平民和奴隶。"在当时也就是这些阶级，"自由民与奴隶、贵族与平民进行着或明或暗的斗争"。比如在奴隶对全体自由民的斗争史上就有斯巴达卡斯领导的奴隶暴动，但是我们除了仅仅知道斯巴达卡斯不准其党羽占有金钱，一反当时堕落的和求乐的行动以外，我们找不出他们在政治上求解脱的民主主义的要求，这原因就是在这个阶级下的那无数的苦工奴隶，他们所受的虐待□比畜牲所受的还要厉害，但是他们是来自各种不同部落的人，他们因为主人不断地摧残，因为工作于锁链①和鞭笞之下的原故并变成卑贱和鄙俗的人，他们怀着抑郁无言的愤怒复仇的欲望和绝望的心情，常常都准备举行激烈的暴动，但因为大部分都是落后的野蛮分子的原故，却不能打倒强有力的国家制度而另设新的制度——虽然特出的领袖也许存有这种野心。他们的可以获得解放的唯一方法不是推翻现存的社会，而是脱离那个社会，投身于罪犯阶级或土匪中，或脱离帝国的疆界而投身于帝国的敌人中。

奴隶阶级自身之不能走上解放的道路，是由于他们太受压迫之故，他们是从各部落来的野蛮人，他们没有阶级的自觉，他们在极度压迫之下，所发生的反抗或暴动，也只是一种泄愤，因此他们的解脱自然不会走上明确的政治斗争，不是推翻现存社会而是脱离那个社会，因此他们即使有较大规模的暴动也必然趋于失败。

至于平民与贵族的斗争也同样是没有结果，恩格斯说："罗马国家已成为一架异常复杂的机械，专用为榨取臣民的膏血，地方税、国税及各种赋役愈压迫人民陷于穷困之底……这一国家的生存权是建于对内维持秩序，对外反抗野蛮人的基础之上。然而这个秩序却比最坏的无秩序还更恶劣，那为国家自称要抵抗以保护人民的野蛮人，却被人民高呼为救主。"这种自身无力量求得解放，而又极度仇恨统治者的压迫和剥削，这在奴隶制度的罗马帝国下的奴隶与自由民就把希望寄托在外来的野蛮人，那是自然的。

---

① 链：原文为"练"。编者注。

民主主义在奴隶社会是泯灭了，这是由于"罗马的政治及罗马的法律到处解除了古血族团体，因之破碎了地方的及国民的自治之最后遗物"。如果我们只是从凡是被压迫阶级反抗压迫阶级的斗争，多少可以说都是民主主义的斗争这一观点来说，那么我们也可以说奴隶阶级的斗争也是历史上的一种民主主义的斗争。

封建时代的民主主义　　封建制度是承继奴隶制度而来的，马克思在《共产党宣言》内指出封建社会内阶级的分化说："在中世纪有封建领主，陪臣，行东，帮工，农奴。"在封建时代，"地主与农奴，行东与雇工总是处在彼此的永久对抗中，进行不间断的，有时隐藏，有时公开的斗争"。而且在这个时代被压迫者的斗争都能提出他们的具体的要求，例如还在一五二五年的时候暴动的农民就提出了著名的十二条纲领，而每一条叙述他们□□□□□□□□□在往后几世纪农民的生活愈是不幸，则他们反抗地主的斗争，亦愈加频繁地发生。这种斗争之最终的结果就是一方面封建义务的取消，另一方面原始的土地共产制的残余之废除即土地私有制之完全确立。

我们知道在奴隶劳动竞争的时代，一个自由的和健全的手工业阶级之发展是不可能的，奴隶制度消灭以后就"从中世纪农奴中产生了最早城市的自由居民；从这个市民等级中发展了资产阶级的最初的分子"（见《共产党宣言》）。这些自由居民就是行东与雇工，他们之间虽然有矛盾、有斗争，但在封建时代同是被压迫者、被剥削者。在城市中他们同属于第三等级，随着城市工商业的发展，城市领导农村之加强，他们成了反封建桎梏的革命动力，他们高撑着"自由平等博爱"的民主主义的旗帜进行着英勇的斗争，法兰西大革命就是最显著的例证。封建制度死亡了，资产阶级的民主共和国随之产生。

资本主义时代的民主主义　　《共产党宣言》上说："从死亡了的封建社会的胸怀中出来的现代资产阶级社会没有消灭的阶级新的压迫条件新的斗争形式代替旧的。"尽管资产阶级所标榜的民主主义是"全民的"，但这显然是形式的，而不是实质的，因为资产阶级社会内所谓代议制，有种种条件的限制，如财产的限制、教育程度的限制之类，这些条件都是有利于资产阶级的，因此所谓民主共和国也者，只是变相的资产阶级专政。列宁对于资产阶级的民主制批评得最为透彻，他说："较之中世纪制度有伟大的历史的进步作用之资产阶级民主制，永远是，而且在资本主义之下不能不是狭窄的、残缺的、虚伪的、假仁假义的，对于富者为天堂，对于贫者对于被剥削者为陷阱，为欺骗的那种民主制。"（见中译本《列宁选集》十二卷一九〇页）他特别强调应当认识资本主义的民主之资产阶级的实质。

有人把资产阶级的民主主义美化了，所谓普选的代议制，所谓在法律之前一切公民的平等，所谓集会言论的自由，他们就把这些都视为"纯粹的"民主，国际上在阶级社会存在的时候根本就谈不到"纯粹的"民主，而只有阶级的民主。而且无产阶级之民主制代替资产阶级之民主制，正如资产阶级民主制代替封建制一样乃是历史的必然。

《云南大学 28 周年校庆特刊》1950 年 4 月 20 日第 2 版

政治建设

战时的行政机构问题

朱驭欧①

　　过去半年的抗战，不仅暴露了我国在军事上的许多弱点，同时也证明了我国的行政机构太不健全，因为行政机构不健全，政府的一切抗战活动不是操之过急，步骤凌乱，便是迂回徘徊，毫无效率，后方行政缺乏效率，在使前方的军事蒙受不良的影响。反之，前方军事的失利，更使后方的行政陷于困难的地步。两者互为因果，以致造成目前的严重局势，如果照这样的情形迁延之下去，抗战前途，殊甚危险。所以，我们应该利用已得的教训，急起力追。对于军事上的种种弱点，固须力求改进，而对于不健全的行政机构，更须彻底地加以调整。有了健全的行政机构，办事的效率自然可以提高，纵有若干困难问题当前，亦不难迎刃而解。

　　所谓行政机构，当然包括中央与地方在内，不过本文所欲讨论的，只限于中央方面，至于地方行政机构应如何改善，则留待后日另作专题研究，兹依管见所及，举出下列几点，以为调整中央行政机构的参考。

　　（一）行政机构贵在运应灵活，要能运用灵活，必先求组织简单化、合理化，换言之，凡属性质相同的事务应归一个单位管理，而一种事务，更不能分割，让几个单位去管理，如此则权责可以集中，单位不至过多，监督既易，执行亦便，然而过去我国中央的机构往往因人而设事，不顾及事之有无成效，以致组织庞大，叠床架屋，各机关之间，因权责不清，工作重复，不特不能取得协调，甚至互相牵制，大事则推，小事则争，结果事事不能顺利推行，工作效率降低，人力、财力、物力因分散之故，亦多浪费。抗战发动之初，当局以原有的机构不能应付非常，乃将其搁置一边，另行设置最高统帅部，径行一切。然如此一来，无形中政府变成了一种双重组织，牵制增多，行动愈缓，故经过数月的试验，仍觉有改弦更张的必要，本年元旦国府明令改组，或即缘此，经过这次调整以后，中央行政机构，当然已较前进步多多，自无待言，然而细加观察，似乎距简单化、合理化的理想尚远，一则因为还有许多骈枝机关，如建设委员会及全国经济委员会等等依旧存在，并未完全裁撤；二则因最高统帅部与行政院仍未能打成一片。要知，在战时军事与行政息息相关，而不能勉强分开的。为求权力②集中，指挥灵便起见，最好将行政单位减少至最低的数目，一律归并于统帅部之下。唯能如此，方可算行政机构战时化，这当要牵涉到法律上及人事上的问题，但是要适合于战时需要，亦不必多所顾虑。

　　（二）我国的行政机构，一向只有直的组织，而没有横的联系。这就是说，执行的

----

① 朱驭欧，字沛西，湖南零陵人。1937 年 9 月到云南大学，曾任云南大学政治经济教授兼系主任。

② 力：原文为"利"。编者注。

任务与设计的任务未曾划分，一般公务人员一方面要执行，一方面又要设计，而设计的工作却往往比执行的工作为难，趋易避难，人之常情，结果所谓设计，不过拿些原有的法规，略加修改，便算了事。所以，我国所谓行政计划，即是一些简单而空洞的法规，至于事实的搜集与分析，工作进行的步骤与方法，经费的筹划，人员的分配，成绩的预测等等，则并不注重，以此种的行政计划，要望有良好的产生，不特如此，因为每一个机关各自为谋，不相关连，政府的整个行政即无系统，而产生政出多门的现象，至于工作的重复，权利的摩擦，种种流弊，犹在其次，补救的办法，唯有于行政机构中设置一计划部，各行政机关的事项均应由该部代为详细研究，拟成计划，再交与各机关遵照办理，或由各机关先行拟成初步计划交与该部作最后之审查，认为可行者，然后付诸施行。如是各项行政均经详细周密的考虑，通盘的筹划，则畸轻畸重，畸形发展的弊病，自可免除。简单地说，计划部在行政机构中的地位，也同参谋本部在军事上一样的重要，而尤其在战时行政，头绪万端的情况之下，欲提高行政效率，这种机关的设置，更不容缓。

（三）上述的计划部虽为各项行政的总汇，然而各执行机关的日常工作，仍须有随时调和联系的必要，此外各机关一切辅助功能，如人事管理、财政行政、物料购买、工作分配等等，亦须有一个共同机关为之指导，英国现有的财政部，美国以前的效率局（最近该局已并入吏治委员会）均负有此项使命，□国行政院本亦有行政效率促进委员会之设，不过以前该委员会只是一有名无实的机关，且其职权亦属有限，若能予以充实，提高其地位，使成为一种有力的佐治机关，专负各行政单位间联系的责任亦未使不可。

以上三点，不过是笔者认为调整中央行政机构所必须注意的，此外实际上现有的机构应该改善的地方，当然还不止此，要之，战时政府的一切活动要有计划，要敏捷迅速，欲达此目的，必先使整个的行政机构成为一个有机体，简单化、完整化是其不可少条件。

《云南日报》1938 年 1 月 30 日第 2 版

政治建设

统一军权的大时机

王赣愚

全面抗战开展的前夕，中央军事当局正忙着推行整军计划，究其目的要在使全国军政军令统一于中央，以适应现代战争的急迫要求。在敌人步步侵凌的形势下，举国上下都深切了解中央军权之不完整，适足成为御侮抗战的最大障碍。整理编制纷歧系统不一的军队，当然算是积①极抗②战的根本要着。陕变以后，整顿东北军队，在人事、编制及经理各方面，大体已告解决。去年六月初在汴举行豫苏皖军事整理委员会第一次会议，很有良好的收获。三省整军既告竣事，继着又有所谓"川康整军方案"，幸亏川中各将领能谙大体，明是非，竭诚赞助全国军权的划一和刷新，结果川康军队的"国军化"，大致早成事实了。尤值大家注目的，就是十年来高揭赤帜的共党红军，依照前年三中全会所定的方针，归属国军系统之下。在短短几月内，中整军能有这样迅速、成功，的确给予国人不少的兴奋和安慰。

前次中央整军的成就，在目前抗战期中，尤具着深远的意义，自全面抗战开展以后，全国军队都争先恐后的拥上前线，决与暴敌拼死命，全国将领都竭诚接受最高统帅部的指挥，似乎不会在思想上有何分歧，在行动上有所参差。从表面上看来，军权的统一，大致已实现了。老实说来，现代全体性战争的对象，虽不单是直接作战的军队，然军队动员却是国家总动员的主要部分，要动员庞大的军队和敌人作战，无疑的必须先求军政军令的统一，不然，便易分散抗敌的力量，如此而求最后的胜利，试问从何说起？

我国历来以封建割据的局面，致使中央军权无从统一。所以，外敌来侵，中央欲调动地方的一兵一卒莫想做到。十七年北伐成功以来，内战相继发生，军权分裂，变本加厉，中央愈欲以武力求统一，愈不能达到统一，甚至反而给予敌人以可乘之机。到了今日，以国势之危，国难之深，军权统一，尤为绝对必须。在最高统帅部领导之下，中央当局，以全国舆论为后盾，亟应扫除私人蓄兵积弊，消灭跋扈恣睢的军人，务使全国军队成为现代化的精壮军队。际兹民族意识高度澎湃之时，全国民众认定抗战高于一切，必然痛恨以往军阀争斗的丑态，殷望分崩离析之祸，永不再见于国内。那么，促进军权的统一，不啻是举国一致的呼吁，处抗战形势下，更当倾全力谋其实现。换言之，主持战事的最高统帅部，发号施令必定有统一性和强制性，而后能集中力量，歼灭敌人，以维持全民族的生存，这是不待烦言而解的。

现在是我国彻底完成军权统一的莫大时机。要达到从战争中建国的目的，必须先做到这一层。形式上，全国军队已经一致信任一个最高领袖，服从一个最高命令，尽量发挥着抗敌的力量，但从实际上言之，我国的最高统帅于领导民族自卫的战争中，何尝不

---

① 积：原文为"极"。编者注。
② 抗：原文为"传"。编者注。

国立云南大学教授文集（一）

感觉指挥掣肘，亦何尝不窥破将领思想分歧呢？坦率说来，近来中央在推行整军的过程中所企望军权统一的目标，并未完全达到。所以，平时的缺点，到了战时更要暴露无遗了。实情如此，我们只好热望当今最高军事当局，除鞠躬尽瘁于抗战外，尚能具着远大的眼光，负起建国的巨大责任，对军令的划一和军政的刷新，趁此时机极力促进，丝毫不容放松或迁就的。一切政治上的争执，行政上的矛盾，以及建设上的冲突，必须在不破坏军权统一的条件下，求其适当的解决。总之，统一军权的意义，不特在于增强全国的抗敌力量，而且在于巩固现代化国家的基础。军权分裂的国家，始终不能屹然立足于现今的世界。"建国就在作战的时候"，统一军权便是从战争中建国的先决问题，尤值我们深切注意的。

军权统一是现代国家存亡之本，治乱之机。在一个国家以内，军队组织庞杂，系统不一，如果中央无法统驭，这个国家必定分崩离析而至于灭亡，还够得上谈什么建国，什么御侮吗？军队是国家实力的主要表现，是从古至今国家所不可缺少的一种组织。当然，普通国家实力的具体表现，不只军队，然而，军队的重要性却高超于其他组织，如警察以及监狱等类之上，因为它的组织比较宏大，机械比较完备，纪律比较严密而且行动比较迅速。军队虽然有这样莫可比拟的重要性，但同时也有莫可比拟的危险性。何以呢？一般国家军事组织完全以服从长官为基础，兵卒的一举一动无不马首是瞻，如果长官利用命令关系，使整个军队供其营私图利，不只漠视民意，还要弁髦法律，俨成一种"太上政府"，证诸实际的确是大可能的事。所以，在政治已上轨道的国家，军队可说是维护国家统一的利器；反之，在政治未上轨道的国家，军队往往变成破坏国家统一的工具了。

任何一个国家，倘无法制驭军队，使其成为自身的支柱，便是军队分裂的国家。军权分裂，无以绝乱源，更无以施行政治改革。国内各种军队都成特殊军人的私有财产，这班军人仗着军队的力量来霸占中央政权或割据地方地盘，不受任何社会势力的节制，霸占中央政权而缺乏统治全国的力量，割据地方地盘，亦只求摆脱中央权力的羁绊，中央也好，地方也好，谁都够不上做全国的统一中心，各守一隅，互相攘权，结果酿成一场混战。

军权完整是国家统一的前提。我国从来无法达到真正的统一，实在因为我国军权从来没有彻底统一过。以前所谓"藩镇"，所谓"王侯"，以及所谓"督抚"，都是口道"尊王攘夷"，而实则拥兵自雄，犯上作乱。民国以来的军阀几乎亦是同出一辙。军权问题没有根本解决，许许多多政治问题因之孳生。一二十年来，国内政治改革的呼吁，虽然不绝于耳，终究仍抵不住军阀混战的弹声炮响哩！

在这次抗战中，促进全国的真正统一，确是胜败的最大关键，不论那一个国家，在促进统一的过程中，怎样统一军权，总成一个严重问题。关于这个问题，让我在另文再加讨论。

《云南日报》1938 年 2 月 20 日第 2 版

政治建设

外交与统一

王赣愚

一

在现今世界上，谈外交不能不从现实主义立论。

外交与战争，方法不同，目的则一，二者都是国与国间"力"的竞争。"力"是实现国家存在的根本条件，岂独对内统治需要"力"，对外独立亦何尝不需要"力"？所谓法律，所谓正义，无不以"力"为出发点。国与国间"力"的不均，遂生利益的冲突。外交也好，战争也好，一国的利益没有不靠着"力"来维护。外交所运用的是国家潜伏的力量，战争所表现的是国家现实的力量。在解决两国以上利益冲突的过程中，"力"总是有最后的决定作用的。

外交是国与国间变态的战争，倘没有潜伏的力量做支柱，终久是处处掣肘、柔弱无能的。弱国与弱国间"角力"的胜负，往往未决于战场，却先决于樽俎。外交固能维持邦谊，而时至重军压境，外交不足终恃了；和平固是共同理想，而时至强势侵凌，和平仅成泡影了。"均势"的外交与"压力"的外交，显然相异其趣，前者以互利平等相周旋，而后者则以单方利害决优势。不过从历来国际政治的变迁上说，前项的外交促成战争之可能性，比较后项的外交为大。因为列强间的均势，毕竟难于持久，每次调协仅是暂时相安，最终总要种下了下次战争的根苗。说到后项的外交，弱国便是被动者，以行格势禁，只得低首下心的作城下之盟，非至迫不得已，始终不愿做死里求生的奋斗。如一八九八年南非波尔共和国之抗英，一九三五年阿比西利亚之抗义①，又如目前中国之抗日，都是罕见的例证。

然而，我们并不能完全承认"弱国无外交之说"，事实上许多弱小国家所赖于自存者只有外交。弱国与强国力量根本不平等，怎能共享平等的地位呢？任何国家，尤其是弱国，都应该利用国际形势，作多方面的外交活动，藉在长期喘息中，改进现状，努力建设，终使国际天平②上可见自己力量的轻重。力量与其徒求于人，不如先求于己，有力者则他国乐与结交，无力者则为人所轻视。须知外交上从来没有无偿价的援助，而只有互相利用的往来。在国际政治的矛盾中，弱国积极培植外交的实力基础，确是救亡图存的最稳当的途径。

培植外交的实力基础，不只是国防问题，同时也是政治问题。讲到政治问题，根本上就是怎样促进全国的真正统一。统一是保族卫国的莫大力量。统一的反面，是分裂、

---

① 义：意大利，旧译"义大利"，下同。编者注。

② 平：原文为"秤"。编者注。

是对抗，除了对抗中央以外，还有各地方的相互对抗，还有同一地方两个以上的势力的互相对抗。对抗的局势一日存在，恐怕连一枪一弹都不能作外交的后盾。国力本不是超出人民以外而存在，而是从人民身上发生出来的。现今所谓强国，多是人民力量走向综合化的统一体。在这些国家内，一切精神物质的力量，均在卫国保族的大前提下分途发展，累积增加，其实任何一个国家，在力量尚未综合化以前，想在外交上突飞猛进，其危险是会将国家陷于万劫不复之境地的。

现今国际政治现象是"力"的斗争，国家是"力"的单位，所以国力的综合化便成了现实国家自强争霸的要诀。欧战后，许多国家在独裁政制下，强制促成全国的统一，不得不借助于所谓"综合国家主义"（Integral Nationalism）。这个名词的创造者莫尔拉斯（Charles Maurras）所下的定义是："国家政策之强求现实，国家完整之极力保持，及国家权力之尽量扩大——因为一个国家失掉了军事的力量，便会一蹶不振了。""综合国家主义"并非战后耸人听闻的新颖学说，却是战后受害最烈的国家用以加强国内统一的最有效的方略。以思想内容论，十六世纪的马克维尼（Machiavelli）和十九世纪的黑格尔（Hegel）及特莱斯克（Treitschke）等实开这个主义之先河。不过他们所倡导的仅仅是高远深邃的学理；至于实施的具体方略，却以战后欧洲政治经济的纷乱状态为背景的。严格说来，现在积极推行"综合国家主义"的只有法西斯的义大利和国社主义的德意志两个国家。这两国始终视外交较内政为重要的，因为它们都是不满现状的国家，时时刻刻想向国外找出路，几乎认自己的生命线是在外国境内。为达到这个目的，它们外交的正鹄，当然不是互利，而是侵略；外交的精神又不是和平主义，而是军阀主义。在它们的政治哲学里，国家至高无上，个人和团体只须为一个目标而牺牲一切。——这一个目标就是国家权威荣誉的维护和发展。所以，在外交上国民仰承领袖，拥护政府，便成一种道德的责任；而当局亦往往藉外交上重大事件以激动民众爱国情绪。

义大利在法西斯党领导下，渐渐跻入世界强国之林，处处表现着统一的力量。自占领阿比西尼亚后，墨索利尼运用外交手腕，先使国联取消经济制裁，再使他国承认武力合并，足见今日义大利在国际上所处地位的重要，实在不容我们轻视。近些年来，德国也往往假借外交问题来巩固希特勒政权。过去如要求军备平等、退出国联、进兵莱因区域以及合并奥大利等等，每一次都要利用选举、公民投票或其他方式来证明希特勒在国内有人民一致拥戴的力量。我们固不能承认现今德国外交完全以民意为依归，然在人民形式上的表示之下，德国外交地位越趋稳固，外交声势渐见浩大，却是实情。国内统一稍有眉目，政府在外交上的一举一动便有把握，这不是义德两国所独有的现象。

在一党专政制度下，德义两国的统一局面所反映于外交者，是咄咄逼人的黩武外交。而苏联虽亦是一党专政的国家，然它所走的外交路向却是保守的，而不是侵略的，是和平的，而不是颂扬武力的。"十月革命"初成，苏联内有反动势力的变乱，外受各强的包围，国家统一尚未完成，而外交形势遂陷于孤立。列宁为保持革命的新政权，不惜对德缔约，割地丧权以求和。自一九二三年改采"新经济政策"后，苏联逐渐打破了反苏的国际阵线，使在内部作充分实力的准备。自一九二四年始，除小国不计外，在欧洲方面有英、义、法三国先后承认苏联；在亚洲方面，则有中国与日本分别与之恢复邦交。孤立局面既破，更进而与邻近诸国订立互不侵犯条约，至一九二七年因"第三国际"积极进行世界革命的工作，引起了各国的反感，中英两国对苏绝交，即推因于此。翌年，苏联政府决暂放弃革命的野心，埋头社会主义建设，而外交形势又为之一变。一九三四

政治建设

121

年九月加入国联后，又能运用集体安全机构，极力维护和平，藉以充实自己的力量。在自己力量未充实以前，苏联极端忍耐，力求避免与任何强邻作武力的决斗，这就是说它所始终认定巩固国基是国际竞争胜负的最大关键。

在民治先进的国家，如英、美、法等，统一的基础大都是根深蒂固的。不过外交政策的形成似乎呈着"政出多门"的现象。各政党争相运用各种手段，直接、间接左右政府的对外措施，以求贯彻各自的一贯主张。然我们仔细观察，便知实情不是如此。在一般多党的民主国家，各政党对外问题大致只有策略上的异议，而无原则上的争执。因为现代外交所企求的就是民族利益的维护。各政党认定这个大前提，自不难放弃成见，一致对外，甚至只求保全目的而通融手段。这种事态足以解释大多数民主国家中各政党对外政策大同小异，又足以解释政党竞选中国际问题不如内政问题之促人重视。虽然，大战后一般人民对外交增加其兴趣，各国政潮亦常牵涉到外交政策，但是在党争上国际事项还压不住国内政治的纠纷，政权的交替也不引起对外方针之剧烈的变更。外交之有一定可遵循的途径，可说是统一国家应有的现象。一个国家已达到统一了，民族斗争的意识必定超过了政治斗争的意识。尽管对内有政见之争，而对外大体总把国家利益放在一切之上。到了外患紧迫之时，各党息争，联合对外，组成所谓"举国一致内阁"或"战时政府"，这是在民治先进国家所常见的事。

综上所言，世界上趋向统一的国家，不论采用独裁或民主政体，都以国家主义为外交政策的骨干。名义上，苏联虽然标榜着所谓革命无产阶级的国际主义，究其实，它的外交政策也何尝脱出国家主义的窠臼？十六世纪国家主义产生以来，世界各国封建制度逐渐敛迹，中央集权逐渐巩固。在民族意识的火焰中，私人系统、地方观念以及部分势力，先后陶冶而成促进统一的莫大力量。不过，这个促进统一的莫大力量也就是各民族间互相嫉妒、互相倾轧的根苗。卢梭说过："人类平定小战争，而激动大战争"，命意或即在此。现今所谓文明国家，没有不利用狭隘的国家主义，以加强国内的统一，使其在世界竞争中成为一个有力的单位。现今独裁国家统一的中心势力是执政党。该党掌握政权后，一切政治措施都是为备战着想，增加军需生产，极度扩展军备，全国几乎转入动员状态。现今民主国家的统一重心，实际上是商业资产阶级。他们所企求的原料、销场以及投资范围之扩充，大抵非依战争不成功，虽然战期中繁重的负担却在一般民众的身上。在各国备战的过程中，外交与战略相提并论，统一与动员混为一谈，外交的成功，非以维持国际和平，反足助长黩武主义；统一的完成，亦无以扶助文化发展，反足促成全族战争。"力"的斗争已成了国际政治的常态。各国谈外交不从"理"上着想，而从"力"上着想。如此，外交不啻变成军事的附庸，武力还是解决国际纷争的最后手段。居此牵一发动全局的世界上，我国人士对此危险的趋势，不得不加严重注意的。

二

海禁未开以前，中国对外只有贸易关系，而无正式的外交关系。外力既未侵入，国内政治纠纷，尚没有国际背景。鸦片战争是外力侵入的开端。从此，内政与外交互相表里，势难划分。清廷执政者昧于国际形势，一味排斥外强，而不事整饬内政，于是与外人交涉一次，国权便多丧失一次。或者有人以为，民国以前中国曾经有过不少对外战争，而每一次对外战争中我国并未闻有地方叛乱或各省独立的情事。这足以证明在外患紧迫之时，国家最少还能维持形式上的统一。其实这是皮相之谈。我们试回忆以往对外战争，那一次不是甲地开战，乙地坐视，丙军受敌攻击，丁军袖手旁观。国家到了割地丧权的境地，政府与人民从未有倾向全力抗敌御侮的决心。如此还称我们是统一国家，试问从何说起？甲午中日战争以后，列强早已窥破中国的分裂，争相攘夺权益，且分立所谓"势力范围"，而中国灭亡的条件也一切具备了，共所赖于自存的，仅仅是由于国际错综关系中产生出来的一个均势局面。

民国以来，内政与外交的结缘，更形露骨。那一次的政潮不有外力掺杂其间？那一次的内战不为外国所利用？从事实上说，内政不清，而徒言对外，确是舍本逐末！在南北分裂的时期中，如四国银行借款，如二十条件交涉，又如西原借款，都是在内争上滥用外交手段的例证。欧战后，巴黎和会的结果未符众望，□□□□□□而有轰动一时的"五四运动"；但是一般人还没有了然于内政与外交之不可分性，在外交上虽经过了短时期的挣扎，不久依然埋头内战，直至北方军阀政权的崩溃为止。民国十四年又遭遇着所谓"五卅惨案"。自表面上言，该案的发生，虽然使全国人民受了一点刺激，排外的情绪为之大增，然当时国内政情，实在令人失望。莫说不能抗敌御侮，连统一政府都建立不起来。在爱国运动紧张的时候，一般民众对外交问题闹得十分起劲，而对于内政问题则反而视同膜外，这是政治上的最大矛盾！

至十五年间，国民革命军出师北伐，国内统一渐有眉目，而对外关系亦有新的开展。从蓬勃而生的民众爱国运动中，外人觉悟我们民族团结力量之不可轻视；从反帝爱国主义的怒潮中，列强深感有重新考虑对华政策之必要。十年十月英国专使蓝普森来华审虑积极政策，以迎合新中国的愿望。不久驻华英使馆提出备忘录明白表示中国统一政府的成立为改订新约，收回法权的先决条件。华府公约签字各国对此建议，初表冷淡，但后因国民革命的迅速发展，日美诸国亦不得不改变其观望态度。当英美日相继揭示对华新政策之时，国民政府亦在汉发表宣言，其中亦曾说明我国民族运动的主要目的，即在恢复独立与自由，并建立强有力之新政府。十六年一月收回汉浔租界而得圆满结果，的确是中国外交上破例之事。这些事实，适足以证示政府一有民众信任为基础，对外便发生了莫大的力量。可是国民运动正在猛烈运行之时，在华外国势力和地方民众的冲突，随时都有发生的可能。南京事件的爆发，几乎是革命外交上不可避免的顿挫。

国府定都南京以后，外交的对象，实际上就是日本一国。日本对策劈头便是分裂中国。辛亥之役，它是赞助南北分立，此后亦无日不蓄意破坏中国之统一，甚至无一次内战不有日本插脚其间。十六年五月间，国军进展至津浦线，日本政府忽然出兵山东。十七年国军再度北伐，强邻又借口保侨，酿成五月三日的"济南惨变"。到了全国形式上统一完成之时，中日关系益见其险恶。万宝山案未了，朝鲜残杀华侨案继起，其后又有所谓中村事件产生。统一的中国是侵略者的眼中钉，不但不容我国有强固的政府，更不许我国充实内部的力量。直至"九一八"沈变突发，日本分裂中国的阴谋，实在无从掩盖了。

"九一八"事变所反映于内政的是"团结御侮"的呼吁。在这个呼啸高入云际的时候，宁粤双方在沪举行"和平统一"会议，仅仅做到一种貌合神离的局面。除天灾流行，匪祸蔓延外，背逆变乱，不断发生，而中央当局在外交上怎能不畏葸退缩，彷徨莫定呢？初则完全信任国联，失之过分重视国际力量，继则勉强对日妥协，亦未免把自己的力量估量太低。"九一八"以后，日本人的心目中，始终没有统一的中国。自冀察政

政治建设

权树立始，地方交涉层见叠出。冀察当局本是在日本军阀卵翼下的一种畸形组织，对日周旋可以不秉承中央的意旨。例如《塘沽协定》及《何梅协定》的签订，显然是对华划分地区外交的结晶品。最可痛心的，就是恰巧在调整中日邦交的声中，冀东伪组织产生了，绥东察北被侵据了，华北日本驻兵增加了，各地特务机关设立了，走私变本加厉了，税务统一被破坏了。二十五年日本首相广田提出对华的三原则，其中"华北特殊化"及"共同防共"二端，可说是蔑视我国统一的铁证。"华北特殊化"是要造成华北各省独立或半独立的状态。"共同防共"又是使我国政府假借外力铲除共产党，以开永久干涉内政的途径。这两项原则，根本还跳不出"分裂中国"的传统阴谋，从那一种意义上说，凡独立自主的国家都不能容忍，更不能接受。我国内政上虽然有暂时的分裂现象，然中国是整个的国家，中华民族是整个的民族，这是日本不能否认的事实。虽在国难极端严重的时候，我中枢当局仍能本统一国内的信念，□□□□□□□□□镇压割据地方的叛乱，遂使全国除冀察一隅受东邻势力的阻挠外，逐渐趋于民国以来所未有的统一局面。日本既为我国统一的莫大障碍，而国内统一运动与对日政策，不啻结合而成同一问题而不可划分了。

纵观近几年的国家形势，改革内政固属重要，然处理外交尤形紧迫。外交没有就范，国内积铢累寸的进步，反要种下了强邻嫉妒猜疑的主因。卢沟桥事变以前，我国政府当局聚精会神地注重对日外交，不惜勉强与之求妥协。究其用意即在暂时排除外力的压迫，藉以完成国家的统一。统一加强一分，国力便增进一分，对外力量亦加多一分。外交必须与国力相称，国力不充，而欲实行以日本为敌对目标的外交政策，诚属不能。

外交与内政，互相表里。外交的革新，往往促成内政的改造。世界历史上，国家以外交运用得宜之故，由分裂而趋于统一，实例很多。一八六〇年的小撒丁尼亚，因加富尔的外交，一跃而为义大利统一的中心。一八七〇年的普鲁士，因俾斯麦的外交，终以巩固德意志的国基。土耳其的革命成功，得力于军事者少，而得力于外交者多。欧战后的德国，内则政治纠纷，层出不穷，外则强邻压迫，严重万状，卒因斯脱司曼（Stresemann）出任外长，运用国际环境，充实内部力量，渐次跻于列强之林。近十余年来，中国国民党为什么不能在"攘外"的旗帜之下，从早促成全国的统一呢？惩前毖后，政府欲藉外交来实现全国团结，除喊口号、贴标语外，亟应求于其他釜底抽薪的办法。从刷新外交阵容说起，我以为今后当局及国人应特别注意下列的几点：（一）确立固定的外交政策；（二）实行外交公开；（三）促进外交权的民主化；及（四）集中外交人才。现在让我分段论述于下。

三

中国在国际均势下苟安了几十年。以往对外从未规定目标，判别敌友，今日排甲，明日仇乙。所谓"支节应付，以夷制夷"，便是缺乏固定政策的表现。外交有固定政策，则有一定的"假想敌"，不仅可使政府于一时期中避免精力的分散，而且可使国民于短时期内培养同仇敌忾的心理。在错综复杂的国际关系中，只有处着特殊环境中的国家，才配得上站着超然的地位。几十年的中国则不然，内部团结既无从实现，外力压迫又日甚一日。如此，在外交上所能做到的不是荣誉的孤立，而是危险的孤立。北伐告成的初期，国民党外交的失败症结，也就是在轻举妄动，遍树敌国。当时利用民众运动，采行严厉手腕，修订条约，争回国权，其声势不可谓不浩大。殊不知国民虚张嚣狂的排外情绪，绝非国家真正统一的征象。苏俄革命初成，虽亦曾以"打倒帝国主义"相号召，其后见此种主张不易实现，立即幡然改图，暂与列强妥协，而倾力对内实行建设，以巩固统一的基础。藉标语以唤起民众，原是国民党联俄时代的政策，但是"清党"运动以后，这种错误政策仍然延长下去，直到"九一八"事变后，才渐渐被纠正过来，似乎犹嫌太迟！

"九一八"以后，日本几成我们唯一的敌国了。但是我国政府在外交上的失败主因，还是缺乏固定的方针。谈判徒托空泛的原则，交涉又倡虚伪的口号。到了严重关头，脚乱手忙，不敢遽作最后牺牲。坦率说来，中日双方既早站在和战的分歧点，实在不必勉强讲"亲善"，只宜以具体条件相周旋。在此政府无策的局面下，全国国民彷徨歧路，莫知所从。一受外来的迫胁，直如惊弓之鸟，当然谈不到整齐步骤，一致为国效劳。尤其是在野各党误解政府救亡大计，时常假借"抗敌"名义，攻击当局，诽谤党治。国难形势愈加严重，全国团结愈见不易，这是当日最可忧虑的一种现象。

退一步说，在强邻侵迫局势下，国民党虽然拿不出什么具体对策来，但是对于培植统一基础的重要性，却因之渐渐更加深刻认识。十八年第三次全国代表大会宣言，重申第一次全代会的主张。其中有这样一段话：

"惟废除不平等条约，有先决之必要条件二端；其一，为全国之真实统一，即全国人民之思想，必须统一于三民主义之下，全国之内政、外交、军事、财政必须统一于国民政府之下；其二，全国之建设，必须依照总理所著之建国方略，使物质建设，迅速进行，国民经济，日臻稳固，而后国力充实外交上方胜利可期。吾人于此①二事，能多获一分之成绩，即事实上于不平等条约之废除，能减少一分之障碍，倘此二事能早一日完成，则不平等条约，即早一日废除。"

此后，几乎每一次中央重要会议，都要提出类似的警惕之语。须知过去国内统一之未能早日完成，实起因于政府对日具体政策的缺乏。"一·二八"时期，汪精卫先生所倡"一面交涉，一面抵抗"的策略，原是应付一时危机，究非中日问题彻底解决的办法。直至二十四年，中央召集第五次全国代表大会始公然宣布我方对日让步的界限，我方对日容忍的止境。这是我国外交政策上的一大转变。蒋介石先生在该会陈述对外关系的演词中，曾明白表示云："和平未到完全绝望时期，决不放弃和平；牺牲未到最后关头，亦决不轻言牺牲。"二十五年第五届二中全会宣言又引申这个意旨，加以严正的解释："遇有领土主权被侵害之事发生，如用尽政治方法无效，危及国家民族之根本生存时，则必出以最后牺牲之决心，绝无丝毫犹豫之余地。"次年，三中全会再度表示自卫抗战的最大决心。最值注目的，就是去年七月十七日庐山谈话会第三次开会，蒋介石先生对于卢沟桥事件有所报告，仍秉一贯的外交方针，一面表示爱护和平的诚意，一面宣示最后牺牲的决心。当时演词中有云："我们的态度，只是应战，而不是求战。应战是应付最后关头必不得已的办法。"由此可见我们的"应战"必定是熟虑周思的结果，而暴日的"求战"，大半是狭量短见的表现。如果到最后关头，我们始终坚守限度立场，而为和平的最大努力。

总之，最近几年来，中央对日的固定政策跳不出"应战而不求战"的一句话，这个

---

① 此：原文为"些"。编者注。

政策确实是我国救亡图存的唯一途径。以往政府对日委曲求全，徘徊于和战之间，朝夕所忧愁的岂不是国内统一尚未完成？汪精卫先生在《对于黄膺白先生之回忆》一文中，对于当日政府的苦衷①，说得最清楚：

"设法暂时停战之害，是容易使民气消沉，且因此政府与人民之间，及其相互之间，容易发生隔膜，而发生误会，生心害事，为患不浅。其利则藉此喘息，可以努力于以下工作。一、从政治上、经济上致力统一，以形成整个的对外体系。二、对于□□□□□□□，牵制兵力，予以扫除，俾无后顾之忧。三、尽可能的努力，谋物质上之建设，以期抗战力量之增强加大。以上三者，有些人说，必攘外然后可以安内，我们认为这话是错的。因为攘外是目的，不是手段，若以为必攘外然后可以安内，那无异以攘外为安内的手段了，攘外是将国家民族之存亡，付之孤注，何等重大，如何可以之作为安内的手段呢？"

这次抗战是全国统一团结的重大试验。回忆卢沟桥事件发生的时候，全国上下莫不力持镇静，沉着应付，毫无张皇失措的形态。大家都肯信任当局②，安分守职，共维社会秩序。以往煽惑群众者，无以展其技；以往怀怨中央者，为人所共弃。在危局中，这种空前的现象，并非偶然，实归因于政府对日外交之有确定的政策。政策既以确定，全国人民都愿贡献一切心思才力于民族、于国家，勿存畏怯侥幸的心理。先具有备战的决心，再打开和平的门路。

本年四月一日，临时全国代表大会制定《抗战建国纲领》，对于今后外交基本原则，重加厘定。从此我国外交政策遂又入于一个新的阶段了。以前我国为求外交原则的实现，所用的手段总是倾向和平的。现在则不然，对于强权的侵略，不惜援用武力抵抗。我国领土主权不得不保其完整，对外关系亦不得不以平等互惠为基础。抗敌御侮是求自存的途径，拥护和平是求共存的方法。时至今日，中央当局秉持既定的方针；折冲樽俎，力保国家领土主权；而全国国民只有一致拥护，和衷共济，解除严重困难。处现状下，国人中倘无仍苛责中央之无策，怨恨中央之柔弱，不是吹毛求疵，便是无的放矢。

四

任何国家，在藉外交以求统一的过程中，实行外交公开是一个重要问题。弱国大半是没有达到统一的国家，在外交上打破秘密主义，尤为对症之药。当务之急，秘密外交是一个国际政治问题，同时也是一个国内政治问题。从前项意义上说，它是国际无政府状态下一种必然的副产品，或必要的罪恶。不独在国力相埒的国家之间常见其风行，即在强弱悬殊的国家之间亦可寻其迹。这种外交利于强国，而不利于弱国。证诸实际，因为外交谈判于秘密中进行而签订协定秘而不宣的缘故，强国仗势侵凌弱国，更容易避免世界的监视。玉帛相交，干戈即伏，弱国终久是黩武主义的牺牲者。欧战后对秘密外交活动的防止，已成了和平主义派的信条。这派人士倡议创设国联，实行登记条约制度，使秘密外交失其作用，此中动机大抵是为弱国的利害着想。

从国内政治上说，秘密外交是政府对外政策与民意完全脱节的一种险恶现象。这就

---

① 衷：原文为"哀"。编者注。
② 局：原文为"轴"。编者注。

是说在政治未上轨道的国家中，关于对外的措施，政府假借种种理由，不但事前不让国民参与过问，而且事后亦不对国民开诚布公，因而彼此由隔阂而误会，由误会而互相怀疑，甚至一国以内发生着对峙反抗的状态。外交秘密而只限于谈判进行上使用的方法之秘密，或者是必要的；若至于秘密而包含着外交方针的隐藏，而不使国民尽量了解，充分批评，其为害实不小了。人们惯说外交是一种极复杂的事，一般人都不懂清楚，应当委诸专家，其实这种说法不过是官僚的口头禅。关于外交的仪节、手续及惯例等类，或许只有专门的外交官能知其详，但若讲到与国计民计息息相关的外交方针，就不见得国民的见解不如那一班专门的外交官。芮恩实（Paul Reinsch）在其所著的《秘密外交》（Secret Democracy）（一九二二）中，更进一步主张外交事务与其专靠少数专门的外交官，毋宁广求公众的助力。因为他以为国际政事有许多不可测算的因素渗杂其间，任何专家不能测其结果，而时常局外人反能贡献普通见识和判断，从旁给予外交当局以莫大的帮助。

居今日而谈外交，首在确立固定的政策。政策未定之前和既定之后，应该公诸众论，以求与民意相吻合。民意是现代政治的基础。特别是外交的措施，不论在民主或独裁国家，均要设法放在民意上面的。法国革命以还，民意与外交的关联渐见增密，革命人物所揭橥的"民权主义"，便是后日"人民自决"（Self–determination）的理论根据。加富尔凭借外交手段以统一义大利，亦曾借助于冠冕堂皇的"总投票"方法。当时义大利各独立公国，先后举行"总投票"公然表示愿意归并于一邦。加氏曾说："在藏置于瓮中的人民选举票堆里，将要活埋着各公爵、大公爵以及王公等人物。"其命意就是使民意影响到外交问题上面去，以开义大利统一的途径。欧战以后，各民族本着"人民自决"的原则，先后举行"总投票"，以决定国境，姑不问此法的实行果能否代表民意，不过这已够证明民意在国际政治上已有不容漠视的效用了。有人谓秘密外交是专制政治的遗习，少数人垄断外交政策，拘宥于狭隘的见解，与民意不相接触。但是到了欧战以后，民主国家的外交，固然时时刻刻离不开民意的辅助和监督；就是在独裁国家里，执政者也何曾不假借民意，以增厚外交的力量，甚至有时制造民意，使其对外措施有所依据。德国自希特勒掌权后，屡次把外交上重大事件交付人民裁决；而义苏两国虽没有采行"总投票"的民主方法，可是也曾经多次利用人民选举来做对外的表示。由此可见，在任何国家中，民众在外交上至少可说不是局外人。至论民众在外交上如何方能发挥其效能，而不阻碍政府政策的施行，却是各国在完成统一的过程中都不容易予以相当解决的一个重要问题。

单就国内政治而论，我以为实行外交公开是促进国内统一的一种最有效的手段。这里所谓外交公开，不外是说一国的外交政策宜以各种正式或非正式的方法，随时尽量宣示国民，使其明了己国在外交上所处的地位或所走的路向。我们所要根本打破的不是外交方法的秘密性，而是外交政策的秘密性。但外交方法与政策本难绝对分离，如果政策上已经倾向公开主义，则在方法上也将要减少其秘密性。原则上，施行外交公开之后，民众既不应直接干涉外交的进行，又不应硬要政府实行某种的对外主张。至于外交政策的得失是非，民众虽得有参加意见的机会，然最后决定权及执行还是归属于政府。在这个意义上，公开外交确有促进国内统一的效用。其理由如下：（一）一国的内政问题，常常牵涉到政党的争执，而外交问题大体上不会永久成为党争的焦点。公开外交的主要功用，是使全国民众对国家在外交上所处的形势深切关怀，力求规避内部摩擦和冲突，以免贻误大计。（二）政府尽量公布对外政策，不特得以避免政府与人民的隔阂，而且可以博得人民的信任和同情。政府在外交上已经尽其职责，纵使不幸失败，亦可见谅于民众。政府于外交失败的前后，若因恐惹起人民的反感，还是讳莫如深，不敢开诚布公，实为下策。（三）公开外交是沟通朝野意见的最妙方法。在互相谅解的状况之下，民众对外交政策只作善意的批评，而不作恶意的破坏。在外交上民众毕竟不完全是局外人，时常依据经验和思想，还比较当局更适于判断国家利害所在。所以非依公开方法，势不能得一健全的、公开的、良好的外交政策。

我国久悬未决的一个政治问题，可说是如何防止政府行使秘密外交。民元南北分裂以后，国内从未有个能代表民意以办外交的政府。当时北京政府岂但不能代表民意，反要拂逆民意，不断的弄出丧权辱国的勾当。军阀始终甘为帝国主义的傀儡，自袁世凯以至于曹锟、张作霖，如出一辙。他们不但不能了解公开外交的意义，并且也不会领会民众运动的精神。从"五四运动"起，国内为对外关系而掀起的无数次民众运动，此中大半都是民众不满政府外交之一种自动的抗议。国民所要求的是痛痛快快的对外国为整部的算账，而政府所肯做到的只是枝枝节节的为局部的交涉。那时候，政府外交懦弱无能，并不是因为民众不能为外交后援，实是因为政府违背民众意思，贻误国事。例如，民国十四年"五卅惨案"发生，意义何等重大，而军阀官僚态度依然是和民众的呼吁背道而驰。翌年，北京政府因国民党标榜废除不平等条约，获得普遍的同情，乃利用所谓"关税会议"和"法权会议"之不彻底的办法来搪塞国人，图谋规避攻击于一时，以维持不稳的政权。政府与民众的隔阂，国策与民意的暌离，是当时执政者实行秘密外交的必然结果。

北伐以后，国民对于政府的信任日益加强，而外交上得力于民众协助者实非浅鲜。但从"九一八"起，政府对日的外交政策，未曾尽情宣布，因而使民众与外交仿佛互相背驰。定计决策固极少征询国民（或其代表）的意见，即折冲樽俎亦何尝引用民力的声援。所谓"敦睦邦交令"及"维持治安紧急治罪法"等便是在外交紧急时期中政府严厉取缔民众过问外交的非常处置。然而，平心而论，过去政府对外方针所以未便尽量宣露，实因处境艰难，自有其苦衷与理由在。而国人鉴于国难之深，求知政府对策之迫切，也是情有可谅。卢沟桥事变爆发的前夕，汪蒋二公邀集各界名流，尤其对于外交问题，以谈话的方式，作意①见的折冲。这种谈话会在严重的时局中召集，终不失为"统一的意志，集中力量"的很好办法。最近国民党临全代会后，中央根据《抗战建国纲领》的规定，又设立所谓"国民参政会"，亦不愧为在外交问题上政府与人民沟通意见之规模宏大的一个机关。今后中国要实现真正的统一，首先要打破秘密外交。

五

外交权的集中，是现代统一国家的特征。在大多数的联邦国家，各邦政府亦常保留着一部分的外交权，但法律上依然有许多限制。在一个"非联邦"的中国，以往到处地方政府可以向外国进行外交，简直是世界外交上的特殊局面。外交权的分裂，在弱国本身上，便成了更大的危机。过去许多不平等条约和非法外债都是由中国境内割据自雄的

---

① 意：原文为"竟"。编者注。

军阀所签订的。远事不提，近二十余年来，日本窥破我国外交权的不统一，在签约让权上只要有人做对手，就不患无法兑现。如"二十一条"的提出，东三省的地方交涉，《塘沽协定》的签订，以及其在察北冀东的种种行动，无一不是超出常轨的外交实例。在今日的中国，要避免外交上再蹈已往的覆辙，依我个人看来，最有效的办法显然是促进外交权的民主化。

外交权属于行政机关，早成各国的通例。外交是国与国间的交涉，原无权力服从的关系，究与普通行政略有差别。以行政机关的少数人掌握外交权，而不受相当的控制，恐怕难免发生莫大的危险。外交的成败关系非常重大，揆之情理，似乎不应让少数人包办独断。然而在从前专制国家中，一切外交问题，多取决于宫廷之间，帝王权臣尽其纵横捭阖的能事，而人民则完全处着被动的地位，对于交涉政策，无权过问。至法国革命后，各国的政治组织逐渐民主化，如选举权的普及，地方自治的推广，民选官吏的增额，便是明证。但即令在民治先进的英国，外交权却操着少数人的手中，大部分仍脱离国民或议会的监督。

外交之未早达民主化的缘故，众认为人民对外交缺乏兴趣所致，即如卢梭所说："公民所关切的是国内法律、财产及个人安全等事，如使三者充分保障，则对外缔结条约等事尽可委托给国家官吏，因最可怕的危险，究非自外而来的。"然平心而论，主要的原因还是外交在性质上之不容易受民主的统制。外交向来视为一种专门的事业，并非一般人所能胜任愉快的，更不容人民或其代表从容计议的。

大战以还，一般民主国家已渐次进了国民外交的阶段，尽量打破外交上传统的神秘性，把外交权直接或间接置在国民的监督之下。在原则上，谁也不能否认这种趋向之合理，而实际问题却是怎样控制外交权，以适应现代民主政治的要求。综观各国所采用的办法，不外下列三种：（一）宪法上限制。例如，在宪法上明文规定政府行使缔约、宣战、媾和等权，均须得议会的同意。（二）国会的间接监督。例如，政府对外缔约或宣战，间接牵涉国家财政，事实上非赖国会的立法行为，无法进行。（三）政治上的制裁。在责任内阁制下，政府的进退既依国会多数的信任而决定，无形中国会便可左右外交政策了。然从列国过去经验看来，后述的两项办法，失之太不固定，而要实行有效的监督，似乎尤当偏重宪法上的限制，因为宪法本身的主要作用，就是在确定政府行为的范围及其制裁；至于政府对外的活动，自然也不能超脱宪法上的限制。所以，欧战后新兴国家大抵注重这个办法，竟然看做实现国民外交的最完妥的途径了。

近十年来，国民党厉行一党专政。我国外交权的运用，因之几乎完全置在党的指导之下。举凡一切政治设施或对外政策悉由党的机关决定，而交付外交机关遵照执行。在党治下控制外交权的最高机关，要算是"全国代表大会"，通常每两年开一次，对外交的主要原则，总得由其决定，交由政府执行。大会闭会期内，则有"中央执行委员会"代行其职权。然实际上介于党与政府间而行使此项控制权的机关，就是"中央政治委员会"（三届一中全会，曾改名"政治会议"，二十四年五届一中全会仍改用此名）。"中央政治委员会"本不能直接发布命令或执行职务，其关于外交政策和设施的议决案均交由国民政府承转主管院下各部分别负责办理。除司法考试两院外，行政院对于外交部处着指挥的地位，立法院处着牵制的地位，监察院则处着弹劾的地位，外交部部长本为行政院院长之僚属，一切政务当秉承其命令而执行，而行政院院长事实上对于外交行政权之行使，则不得不对"中央执行委员会"或"中央政治委员会"负其政治上的责任。

在训政时期中，国民党对于外交权之控制，固为当然的事。前此国内正式代表民意的机关尚付阙如，而国民对于外交当局，除舆论制裁外，没有直接提出质问，轮替政权的机会。事实上许多外交情形，秘而不宣，谁也不来过问，谁也不敢过问。国家外交之成败利钝，全凭党国要人折冲樽俎，而局外人往往不明真相，心里难免发生了疑惑，徒使当局变成国民之怨府。过去外交权之未民主化，或者是国内统一的大阻碍。

　　二十五年五月国府公布的宪法草案，关于外交权的规定，际兹外患严重期中，尤值我们特别注意的。宪政时期内，政治组织要在实现民主政治，而外交的民主统制似乎势在必行。按各国宪法上所谓外交权，大抵以使节、宣战媾和及缔约三项权限为首要。暂且撇开使节权不论，这次宪草中关于宣战媾和及缔结条约，均未予国民大会以复决之权，诚属一个重大的疏忽。宣战媾和与一国的存亡和荣辱有莫大的关系，所以欧战后新宪法对于这项权限的行使，无不加须得民意机关同意之限制。依这次宪草的规定，总统享有宣战媾和之权（第三十九条），但应由行政会议提出立法院议决方得行使（参照第六十一条第三款及第六十四条）。我们所顾虑的，就是总统既得发布紧急命令（第四十四条），将来遇着自认必要时，宣战媾和，均有其权，只需事后三月内提请立法院追认而已。实则战端已起，立法院不加以追认，还有什么补救办法呢？坦率说起来，宣战媾和何等重大的事件，自应由国民大会作最后的决定，似不可轻易让许总统或立法院作孤注之一掷。

　　至于缔结条约之权，宪草规定由总统依法行使（第三十九条），但条约案应由行政会议提交立法院决议（第六十一条及六十四条）。这就是说一切条约（连媾和条约在内）均须经此种法定程序始能发生效力，由此直接给予立法院以监督元首缔约行为之权。按各国监督外交行政的主要机关，莫若国会。国会本由民选代表所构成，不啻为国家政策发动的总机；而我立法院纯是治权机关之一，以职权论，应依据国民大会所决定的原则而制定法律，说它是立法专门委员会，并非过语。如果欲真正贯彻外交民主化的精神，似乎应在可能范围内将批准特种条约之权直接委诸国民大会，如此，更能符合"权能划分"之意。

　　简括说来，国民大会，不管在外国有否完全相类的组织，究其性质，无非是在宪政时代中，代表民意，监督政府的最高机关，与行使治权的中央政府对峙而立。但在这次宪草中，监督外交之权，不直接归属国民大会，而直接归属立法院，结果必使代表民意机关形成虚设。就理想上说，到了宪政时期，应该把控制外交权公诸国民全体，但在制度方面所能做到的，只在使国民代表在外交上行使一种监督的权能。目前我们所应注意的仍是怎样在宪法上对外交权的控制作比较完妥的规定，以求贯彻国民外交的精神。至于国民政治知识的增进，健全舆论的培养，及直接民权的普及，当然更是监督外交的要件，这里暂不详论。

六

　　现今谈我国外交失败结症的人，往往诘责政府没有一定的外交政策，当局没有整顿外交行政的计划，外交没有严密①的情报及宣传，甚至使馆没有充裕的经费。这只是在外交设施上指出弊病所在，我们亦望原中央积极补救，不容再蹈已往的覆辙。可是我们要知道外交是处理国际交涉的事宜，究与普通行政大有差别。学识、经验及技术，兼顾

---

　　① 密：原文为"严"。编者注。

国立云南大学教授文集（一）

并重，不可偏废。所以，办理外交尤需专才，始能措置裕如。虽然，现代国家的驻外使节不得不遵照本国政府训令而活动，但是，在相当范围内，尚须临机应变，发挥手腕，以谋己国的利益。这样看来，为外交官者，不可无远识卓见，不可无悠久阅历，不可无灵活手腕，不可无雄辩天才，又不可无隆重资望。有这样完全的外交家，折冲樽俎，为国家伸权利，豫筹肆应，为国家防不测，实为民族的大幸。我们常说：外交是第二国防，义即在此。以前义大利的统一，当归功于加富尔的外交策术；战前德意志的独霸，亦有赖于俾斯麦的外交技能。素来外交人才辈出的英法二国，俨然世界政治的总枢纽；目前外交人才缺乏的德日二国，却处处显露着强力的真面目。外交家与国家地位的关系之密切，于此殆可想见了。

我国从未闻有所谓培养外交人才。前清出类拔萃的外交家，如李鸿章、曾纪泽、郭嵩焘等，多属疆吏廷臣，并非专司外交。这班人有机警的智慧，而无远大的眼光，主持交涉，往往处着被动的地位，结果节节退让，少有建树。民国以还，堪称外交人才者，仍寥若晨星，以不谙外交的人，授以重责，影响于我国外交阵容，实非浅鲜。近二三年来，政府当局确已留意改革外交机构，整顿外交行政，以及增设外交经费；但对于培养外交人才，迄今尚无通盘计划，实令人莫解！

我国外交界人才的贫乏，确是实情。国人对现任驻外使节，仅可慰励而不可挑剔，只宜爱戴而不宜嫉怨。他们办理外交之有成绩，他们周旋坛坫之负盛誉，和我国前途的关系何如，固不待烦言而解。国内才识兼优的外交老手，如颜惠庆、顾维钧、施肇基、郭泰祺诸氏，中央早已虚怀借重，极获社会的同情。然而，政府徒靠屈指可数的特殊专才，而不设法从速培养外交人员，一旦先进倦勤引退，继起才难其选。就国家远大方针来说，舍本逐末，诚非得计。或者有人说，外交人才由于天生，本不出自实际训练。老实说，天才云云，非经磨炼，无以充分发展；非待培植，只有完全埋没。政府果欲坐观外交天才辈出，是犹缘木以求鱼耳。

我始终认定刷新外交阵容，不得不从培养人才做起。原则上，今后选任外交官应采取人才主义。这里所谓人才主义，即是说政府应多方选拔外交专才，不宜只限于某党某派人物而已。但我国使节升格以来，中央对于人事调动，往往以安置党内要人及军界先进为方针，似乎未符"集中人才"的意旨。党员军人，固各有专长，令其处理外交，未必都能胜任愉快。以平素毫无外交经验的人，一旦令其驻节①异国，其危险实难预测。在我国看来，外交使节非常重要，于情于理，均当慎重人选，不应有所偏袒，外交的目的，本在谋国家利益。真正外交家，因党见不同，而至牺牲己国利益，我们绝对不敢置信。总之，我以为大使、公使以下的外交官，尽可和其他公务员一样，依照法规来定其进退黜陟；至于大使、公使等要职，则应由国内练达有为的外交人才充任，使其发展专长的能力。外交界门户之不完全开放，而国内有材之士，便裹足不前，效劳无路，于国于民均属巨大的损失。

在"集中人才"的大前提上，培养外交人员的具体办法大约有下列两项②：

第一，酌量调任下级外交官，以资实地练习。外交官和其他公务员，略有不同，不宜久居一地或安守一职。因为办理外交，要须通解世界大势及熟谙各邦俗尚，以讲求

政治建设

---

① 驻节：原文为"节驻"。编者注。

② 两项：原文为"项两"。编者注。

适①应之术。所以，欧洲各国驻外使节，多由辗转各国，久历坛坫②的外交人员按格升迁，耳濡目染悉为实际政治，对列国实情了若指掌，故临事无张皇失措之虞。至我国外交官，每长于实际学识，而短于特殊经验。酬酢疏忽礼仪，贻笑中外；交涉不顾大体，致遭怨谤。这类例证，不胜枚举。我们为国家储外交人才于将来计，愿当局亟应实行转任下级外交官的办法。这就是说下级外交官即是将来的驻外使节，不容令其通晓一国的情形，而必使其转任于世界各国，以免孤陋寡闻。尤其是久在外部供职的人员，倘属精壮干练的青年，当即分别派往各国，以增阅历。

第二，鼓励国内人士研究外交问题。现代国际关系，极为错综复杂。一国的外交政策，非先精密考究国际实情，而不可轻易决定。所以，外交当局平时应征聘学者专家，从事讨究关系我国的外交事实，尤当在可能范围内，给予他们以种种的便利。现今先进各国对于外交研究的组织，或由政府直接管辖，或受政府间接资助。究其作用，大半在于培植一般熟悉国际问题的专家。不但研究的结果可供政府采用，且学识的修养亦可作人才的储备。至我国政府对外交问题的研究，迄今尚没有完整的计划，诚为憾事。今后刷新外交阵容，鼓励研究亦不失为一种重要的步骤。

综上两点，虽是老生常谈，然能认真做去，于培养外交人才一事，定有裨益。外交是弱国救亡图存的巨大事业，不是任何部分国人所能担任起来。以往国民党在选任外交官上，未曾尽量广延国内人才，似是一大疏忽。党内固有不少杰出人才，党外亦何独不然③？党员中固多老成持重的外交家，非党员中又何独不然？到了今日，外交界尚不完全开放，则国内统一前途无形中必受许多障碍，愿当政者其留意之。

七

在各国国力走向综合化的世界上，谈外交首须把己国的力量放在国际环境中去估计。现实国家既是"力"的单位，国际政治现象又是"力"的斗争，外交实际上也不外是潜伏国力的表现。一般人往往以为向来我国固定外交政策的缺乏是外交失败的症结。殊不知固定政策的缺乏就是起因于向来我国人对外交之无正确的观念。鸦片战争以前，我国闭关自守，始终以为与世界可以隔绝。迨鸦片战争爆发，各国用强力打开中国的门户。从此，在国际怒涛中，我国竟成了列强互斗的对象。但最可怪的，就是办外交者处这种形势之下，还抓不住国际间"力"的表现之重要性。一时士大夫，如左宗棠、李鸿章者流，虽主张筹办"洋务"以自强，然他们仍不能了解外交与"力"有若何密切关系。当日的中国所走的外交路向，不是荣誉的孤立，却是危险的孤立。甲午年的中日战争打破了我国人孤立的迷梦，联俄失望又转求联日。此时弊端，又是过分重视外援的重要，而忽视了自己的国力。直到欧战开始的④时候，我国政府仍不能消除倚赖的心理，所以请求美国代保本国沿海口岸、租界、租借地的中立。这种请求卒被美国拒绝了。"九一八"以后，我国并不考究国际政治的复杂背景，又完全倚赖国联的力量。嗣因国联调停失败，

---

① 适：原文为"肆"。编者注。
② 坫：原文为"沾"。编者注。
③ 然：原文为"无"。编者注。
④ 的：原文为"以"。编者注。

国内人士竟有主张放弃促进集体安全的努力，而恢复已往危险的孤立政策。其实这是何等重大的误解！

在休戚攸关的国际社会中，高唱孤立主义是违反时代潮流的蛮动。中国问题早已成了世界问题的一部分，同时世界的政局又和中国地位有密切关系。我们对外定策决计，首要认识"力"在国际政治上所占的重要地位，要把己国的力量放在国际竞争中通盘计算。自己的力量，固不可忽视，别人的力量，亦不得不注意。从外交上说，所谓"自力更生"，既不是完全的附外，也不是盲目的排外。实是说认识国际，认识自己，一国人只有共同维持国内统一，俾使力量集中以为外交的后盾。要凭借外交手段来破坏统一，已为今日时势所不容。一个国家真正统一了，绝不因援用外力之故，而致政治发生波澜，形成分裂的局面。

抗战展开以来，国人都了解运用国际策略的重要性。站在本国利害的立场上，极力联络与国，孤立敌国，不但要在世界友邦中接受道义的同情，并且要取得实力的援助。这样一来，我们必先在外交上发挥独立自主的精神，对抗战又须表示坚定不屈的决心。现代国交大体以利害异同为依归，鲜有以主义异同为标准。平时如此，战时亦如此。

一个民族，在临大难历万劫中，只要深自猛省，只要奋发自励，而不应苟且偷安，更不①应颓废丧气。我们常自勖是同化力特强的民族。同化力的特强，固然是历史上的事实，但到了今日，我国受异族的侵凌，一天比一天剧烈。我们若使还以为同化力特强的民族决不至于灭亡，实不过于忧愁困苦之中聊作自解而已。殊不知今日侵略我国的外族，绝非往昔外族可比。前者为世界上文明较高的强国，而后者仅是东亚文化较低的异族。挽救垂危的我们民族，当然要振起民族自信力；然振起民族自信力，绝对不是妄自夸大已往的光荣，而是积极培植足以启人信任的实力基础。我们与其说现今我国的"力"之不如人，是起因于外患的侵迫，不如说外患的侵迫，是起因于现今我国"力"之不如人。在灭国亡种的危机中，民族自信力与民族夸大狂，岂容混为一谈？

从外交上说，所谓民族自信力，就是说：一个民族抱着捍卫国家人格，维护国家主权，及保持国土完整的莫大决心；纵使自己是一个弱国，但不特不肯示弱于人，而且还要远胜于人。只要能改进己国的环境和地位，虽赴汤蹈火而不辞。在这项意义上，民族自信力无非是人类最高尚且最纯洁的爱国情绪，其表现于实际政治者虽常不免流于狭隘，然任何民族无自立自助的精神，终久必为他人所吞灭。事实上，由于民族自信力的激发，战争往往是不可逃避的结局。当然，这种战争，不是征服战争、侵略战争，而是反抗战争、解放战争，自有其神圣的价值在。

世界上穷兵黩武，固然终久要失势；不过妄想和平者，大致都是时代的牺牲者。现今谈外交，忘不得"力"有最后的决定作用。培植"力"的基础，必定先从促进国内统一做起，这是无可疑义的。

一九三八，七，十五，于昆明
《新动向》1938 年 8 月 1 日第 1 卷第 4 期、1938 年 8 月 15 日第 1 卷第 5 期

---

① 不：原文无，编者添加。编者注。

救救一般的孩子

林同济

抗战以来，各处渐听到救济战区儿童的呼声。我们可能把这一片初度唤醒的婆心，略略化作拯救一般孩子们的运动呢？

记得是去年卢沟桥事变的前一个月吧，我那时还在天津。有一位旧相识的英国著作家，要参观天津各工厂，请我陪着一游。我们踏进一个有名的织毯厂。厂中工人约二十余人。除了工头与一二成年者外，其余尽是十二三岁的小伙计们。在那黄昏尘满的房中，这些无家可归的孩童，个个都带着青黄菜色的面孔，危坐着狭小的板凳上，双手不断地抽梭投线，直如机械一般。问他们每月工资若干，则皆是一文莫得，所赚的只是一日两餐。我们随后又参观一织厂，情形大都相似。据说，除了一二间模范织厂如仁利公司以外，天津织厂，类是这般。计每年所织成的地毯，远销到欧美各国。夸传是中华的艺术品，标榜为出口一特色。谁想得到背后的创造者，乃是饥寒交迫的弱小的工友们，他们每日十四五小时的苦血汗，为的是国家得增加些出口价值的数目。在那两顿"窝窝头"的养料下，听说憔悴病死者岁岁有人，然而有谁过问呢？

这是我们一般工厂里的孩子。

战事发生时，我在庐山，无由北归。却因事得上下航行长江两次。一条浩荡水，两岸无数山，在敌人炮火的回响中，益显得其可爱可恋。但是每到一码头，便令人作入地狱感。看看那些炎日中挥汗奔走的脚夫，总有一大批是未成年的孩子。他们那脆骨弱筋，战战于百数十斤的重担之下，只见其岌岌不禁，随时可以摧折。哀此茕①独，胡为到此！然而孰为关心呢？

人间世的负累，近年来似乃渐向孩子们的肩上转嫁。二十余年前的轿子，都是少壮辈来抬。现在各城市中的洋车夫，多少总有一大批是童子。重庆是我儿时游地。去年重到，犹感得山川如旧，风景依稀。然而不免触目的，就是童龄的洋车夫，似乎比平津一带尤夥（也许我观察有误）。川中景物萧条，于此乃隐隐露出。当时经过城外一坡路，即见得一个十四五岁的车夫，拉着一位绰约百八十磅②的胖汉。坡斜难登，失足而跌，登时鼻血横流。那胖汉并未受伤，却在那里大发脾③气，怒骂后还要加上两老拳。旁观如堵，莫赞一词。"坐客圣明，车夫当诛"，仿佛是我们社会上实践的伦理。

这些这些，是我们在码头街头所常看着的孩子们的命运。

重庆到成都的公路，是二十余年前所没有的。可是沿途车站内乞丐之多，也是当年所未见。尤足令人动心者，其中童龄居半。过午车停某站，车客们入站旁小铺子午餐。

---

① 茕：原文为"甇"。编者注。
② 磅：原文为"镑"。编者注。
③ 脾：原文为"癖"。编者注。

刚坐下桌，那些褴褛不堪的孩子们蜂集店前，垂涎而视。一般车客们唤菜呼茶，也自一若无睹。曾有一客无意中把鸡骨头掷向那泥泞地上。旁立一小丐急将拾起，含泥吞下。那位客人却转头傲目骂道："也急得太不像样了！为什么不稍等我们去了后再来捡拾？"我不自由地想到罗素十数年前游中国后所说的一句话：中国人最大的弱点，就是缺乏同情心。亦何但在成渝公路之上？

这是一般破坏农村间的孩子们生活。

工厂、码头、街上、乡间，处处显出中华民族的孩子们的惨运。试问家庭之内则如何？

说到家庭，那岂不是中国文化的核心？可是究竟有多少的家庭算是小孩们的福地？一般小孩们在中国的家庭中，占的还不是绝对被压迫的地位？象征这个地位的，就是他们的哭声。

走过普通人家的门户，总时常听见里边的孩子惨哭。伴着这般惨哭，便是大人打骂之声。

有人说：中国人最爱生孩子，最爱打孩子。生得随便，打得也随便。两者虽含有矛盾风味，但是神胃的脾胃自强，两者并吞，未见有何不可。

我们打的孩子有两种：一是打自家的孩子；一是打人家的孩子。打自家的孩子，是贫富共享的权利。打人家的孩子，比较的却是"有钱人"的特权。

两日前下午，我同几位朋友在本市西城垠步行。短短的二十分钟间，即先后碰着三家打孩子。三家皆是小铺户。孩子是一男二女，都不过六七岁。打法亦自离奇。一家是把孩子胸部绑着桌脚打，一家却把孩子头部蒙在被内打。据说都是亲生的子女，却是打得真不要命。其中一女，遍体红肿。新伤痕之下，隐隐现有旧伤痕。我们探问打的理由，则那男孩子是出外买盐，好久不回来；那两个女孩子都是不看着"小娃娃"而偷出游戏，穷人家打孩子，是往往有其经济的背景的。然而一般小康之家，富有之家，也何尝不是时常打孩子？打孩子本是我们上下流社会的普通家常便饭呀！

打自家的孩子，其哲学基础历来有两点：（一）家训宜严，不打不成教。即西方各国从训也有"教儿童，用鞭笞"之语。但是现代心理学的发见①，已证明以鞭笞行教，不但有碍生理，并且对于儿童心理上的发展，会产生种种不健康与反常态的影响。（二）孩子是我生的，所以也是我有的。我对我的孩子，当然有为所欲为之权，这是古代家族社会所遗留下来的意识形态。现代国家的看法，已是不同了。儿童是国家所有的，不容父母们之随意处置。个个儿童都具有国民的人格，不容父母们之随意毁伤。换言之，在现代的进化国家里，打孩子一事不但是反映父母本身之无知识，并且是一种带"犯法性"的行为。有人说过了，民族文化的高低可以打孩子多寡为标准。我们动夸四千年的文化。生子则甚能矣。育子，教子，恐尚未欤？

然而我们社会中的残忍性，无情心，尤以在打人家的孩子时发挥最为尽致。谈到此地，我们不能不提出一个严重问题——就是婢女制度。

婢女制度，全国遍有，而在南方各省为尤甚。尽管我们向外国人士如何自作掩护，婢女制度终究是一种贩奴制度。婢女之存在，中国之羞也。虽说是千百年来不少"待婢如女"的慈善家，确救了一批的性命；然而文明世界之所以反对任何贩奴制度者，实有

---

① 见：同"现"。编者注。

政治建设

其两条严正的理由：（一）以人们当作买卖的对象，精神上最足以污蔑人类的尊严。（二）以人们当作所有品，实际上最容易发生虐待的流弊。

人格尊严一观念，可说是近代世界文化生命的源泉。大家莫轻诋为玄虚。西方的民治与科学，其发机即基于此。谈来太复杂，暂且不论。

虐待婢女，却是我们急欲提出的一个问题。

许多有婢女的人家，使用待遇均合人道。古史所称刘宽之雅度，今世犹有其人。然而虐待婢女的人家，却也是到处都有。究竟虐待之案，占常态之成分若干，国内始终未有调查、未有统计，只有香港割让与英国后，英国人士认为英国领土上不宜有婢女制度之存在，于是曾作有一番估计。结果，发现虐待事件之多，远出一般人意料之外。无奈中国人习惯太深，难于一旦铲除。于是折中办法，暂留婢女制度，同时严加检查。（一）凡有婢女之家，皆须向市政府登记。（二）警察局不时派人按户检查。（三）有虐待事实者，轻则罚款，重则取消其有婢权。日前有一英国人与我相谈之下，仍是不断咨嗟，以为香港有婢，实是大不列颠之不荣誉。当时真使我感觉坐立不安！

数年来国内农村破坏日甚，乡间出售幼女者日多。即就昆明一市而论，据说年来婢女之数，也是激增。甚至小铺户的人家，亦皆得婢。这些婢女，岁数皆在四五岁与十三四岁之间。国家法律上既无保障，她们的遭遇乃全靠主人脾气的好歹。我们参观德国教士所办的幼女救济所，再参观警局所办的女子感化院，目睹那些残废的丫头们，盲的也有、哑的也有……不能不感得一般情形难满人意。

我们如果一时不能铲除婢女制度，最少亦宜加以检裁。西方有语云："慈善由家庭做起。"本市妇女界的贤明领袖正多。我们倘可期待她们起来，奋然领导全国，纠此陋俗！

二七，九，八，于昆明
《云南日报》1938 年 9 月 11 日第 2 版

统一高于一切

王赣愚

在这次全面抗战中，我们都要觉悟我们民族只有一条光明的大路可走。这条大路是统一御侮，是用统一的力量来挽救国家的危机！

统一的国家不可欺侮，实非虚语。统一必然增强抗敌的力量，建树防患的堡垒。一个国家真正统一了，一切都不愁无办法，遇到大难临头，大家还得造成百折不摧、百间不离的大团结，从血战肉搏的奋斗中，杀出一条血路来。反弱为强，转危为安，虽不算太容易，然绝非不可能。建国确是历史上最困难但最伟大的事业，这种事业绝非"一盘散沙"的人民所能担负起来的。一个民族真能走到统一的途径，才配得上来建立一个治安的、繁荣的、文明的现代国家。

在目前外患煎迫的中国，暂时失地不足忧，暂时丧权不必虑。若使到此严重关头，仍然无法完成统一，便无异自掘坟墓，自毁长城了！只有向真正统一的大路前进，我们民族才有生机，才有希望。这的确是颠扑不破的道理，虽然说来好像老生常谈似的。过去中国之不统一，固招日本之侵略，而日本之侵略，未尝不促进中国之统一。三四十年来，国人受着日本侵略的刺激，不可谓不深，然而每一次刺激，都不曾达到救亡图存的目标，都不曾做到建立真正统一的现代国家的目标。甲午中日战争引起了戊戌维新运动；这项运动，虽欲挽救分崩离析的局势，然结果仍是失败。一九〇四年日俄战争后，国内政治改革的声浪高入云际，究竟还是一事无成。民国四年二十一条件的交涉，增强国民敌忾的情绪，但至袁世凯帝制运动失败后，创立未久的民国，又呈分裂现象。从此军阀混战，仍是乌烟瘴气，所谓"武力统一"，无非欲以一二军阀支配多数军阀，又所谓"联省自治"，亦不过勾结多数军阀共御一二军阀。直到了国民革命北伐成功之时，北方军阀殆成强弩之末，奉军易帜，阎冯失势，中国仅仅在形式上算是统一了。

这种形式上的统一，不是没有价值的，没有意义的，退一步来说，它或者就是逐渐达到实质上统一的必经阶段。然而，国民党始终对内标榜推倒军阀大义，为什么北伐成功之后，封建割据的局面仍然存在呢？反抗政府的变乱仍然层见叠出呢？自东北四省沦亡以后，外侮日亟，而破坏统一举动，相继发生，□□□□□□□□□□□□□□□□□□□□□□□□□□□□□□□□□形式上的统一似乎无从完全实现，说起来真可痛心！

然从另一方面看来，在外患急迫中，国民意识确有显著的进步，大家不问外交形势如何变化，总要着手确立中央的威信，建树□□的规模。"九一八"以来的种种刺激，已使国人觉悟非统一团结不足以言御外侮救亡。过去两广问题圆满解决，西安事件化险为夷，都要归功于舆论指摘针砭的力量。每一团体、每一个人，都要给予破坏统一者以道德的抗议和制裁，因为国家到了危急关头，破坏统一者当然是民族的罪人，国家的叛徒。同时，在中央政府方面，也是隐忍持重，不肯对内浪费一弹，轻用一兵，其所企求的也是建立一个统一的国家，最后与强邻拼命一战而已。这种意识的进步，固然是敌国外患所促成的，然适足以证明我国的统一是必然的趋势，不能抑遏的趋势。

历史上，我国民族，遇到外患的时候，其致我们于灭亡的最大原因，往往是内乱。但是这次抗战却把全国分崩离析的局面，弄得比较团结一致，这的确象征着我国民族必不致灭亡。试看抗战开始，国内所谓"联合战线"消沉了，所谓"人民阵线"没落了，高唱公开政权者销声了，攻击中枢领袖者敛迹了。大家站在国民的立场，为民族利益打算，都能觉悟、都能认错，都能翻然改悔。抗敌御辱成为全国一致的目标。一切党派，一切阶级，都在这个目标下联合起来，这是从来①没有过的现象。抗战以前，十年来□□□□的共产党，决然接受中央□□□□的四项条件，和各党派结成一个坚固的革命的统一战线。抗战以后，又有所谓中华民族革命同盟，毅然发表宣言，自动正式解散，并愿在蒋委员长领导下，效力于神圣的自卫②战争，国内各党派竟能不使政治斗争的意识超过了民族斗争的意识，这足以证明我国的统一运动居然进入一个新阶段了。

然而，形式上的统一是不够的，它或者是外敌侵入时发生的一种现象。在目前抗战期中，以往封建的思想已否完全涤除？中央政令的奉行是否毫无问题？朝野行动意见已否融③成一片？国家政法机构已否圆满调整？表面上国内似无背叛统一者，而实际上有否其人？这些问题，我们实在不敢肯定解答。所以，我们受了四五个月苦战的经验，还要痛下最大的决心，促成实质上的统一。从现在起，大家果肯共同努力做到这一层，谁敢说不能解除当前的国难呢？又谁敢说不能建立一个现代化的国家呢？至于如何促成实质上的统一，容当条分缕析。这里笔者所要提醒的只是一句话：统一高于一切。老实说，我们民族到了危急关头，无论什么人，总应该爱护统一、维持统一、促进统一。凡蓄意或实行破坏统一者，都是民族的罪人，国家的叛徒！

《云南日报》1938 年 1 月 9 日第 1 版

---

① 来：原文为"未"。编者注。
② 卫：原文为"动"。编者注。
③ 融：原文为"溶"。编者注。

生产与发财

林同济

　　显然的，抗战到了今天，已迫着我们非建国不可。抗战第一期内，建国是我们的企望、的奢望，到了今天，建国已成为我们的必需，已成为抗战的大前提：不建国，无由抗战！

　　这点，我们最高领导者早已看清。所谓第二期抗战，尤重政治，尤重后方者，就是此意。如果从前的战略，是以前方的空间换得后方的时间，此后的战略，必须以后方的建设取得前方的反攻。

　　在这个新战略的展开下，最近全国生产会议，恐怕是桩应当大书特书的事情。反攻是我们军事上的最后目的，但是反攻需要实力。实力增进的途径不一而足，最基本的当然是生产的增加。于是增加生产的呼声，乃与抗战两字打成一片。我们留在后方的，除了报纸上每晨观战，市空上偶闻敌机之外，没有机会体验着肉搏之苦，血战之卒。洋洋盈耳的，却都是生产生产。偶不留神之顷，竟要浑忘了正①值抗战，几乎欲舞蹈而颂太平！

　　生产是我们的必需，然而生产在我们是何等难事！民国以来谈生产，正不知有若干回，每回的成功有几？生产是我们的必需，然而生产在我们又是何等危险！民国以还谈生产，正不知有若干种，那一种真正裨益了国计民生，临到了这个关头，大人先生都来谈生产，我们不禁喜，却又不禁惧。

　　记得三年前在北平，有一位著名的英国经济学家半含笑地对我说过了："美国人对我说生产，我晓得他是完全要生产。法国人对我说生产，我晓得他是五分要生产，中国人对我说生产，我总愁摸不住他心中所要的，究竟是生产，还是和生产风马牛不相及的东西！"

　　好像十多年来中国生产史，大都是定命似地落入了两种惯见的窠臼：（一）由生产到文章；（二）由生产到发财。前者是专门家的方式，后者是实行家的方式。前者可叫做倒泻阵法，后者可叫做内注阵法。

　　生产是实行问题。一到了中国专家的手里，十之九都要变成为"做文章"的题目。实行本来②不是专家的事，做文章却从来是中国专家的本行。拈起任何问题，要有发挥本领。实现不实现，人家的责任。专家的历史使命乃在"口如悬河"。题目到手，要晓得如何一揽而"倒泻"诸语言微妙之林。如何应该生产？生产应该如何？源源本本，一泻十余篇。篇数愈多，义理愈高。义理达到一百十三分的高境，实行性也达到一百十三分的不可能，然而毕竟做文章也是生产。卖字为生，本来是古色苍然的招牌，两汉时代

---

① 正：原文为"生"。编者注。
② 来：原文为"年"。编者注。

政
治
建
设

即有。在我们这个岁月悠长的古国，只须古色苍然，那有不是体面？又何况近年来专论"专著"竟大可博得"委员"、"参议"的头衔！

听说专家也有专家的苦心。官家所要的也就是他们的文章，有时或还要他们的设计。写出的义理不妨高；惟其高，才便于"碍难实行"。本来文章是文章，实行是实行。文章以高调为上，实行自另有"所司"。世界上政治的趋势岂不是都向着"技术化"、"专门化"一途奔腾？如果罗斯福有他的"智囊团"，我们的衙门，当然也必须有我们的"专员"与"顾问"；专门人才的调查，专门档案的整理，当然也必须轰动时。只是——实行家自有实行家的法宝。

近来读史，恍然有悟。悟到了为什么中国每朝每代——尤其是末世——总有一批道派思想家出来提倡"无为"。尤其是谈到"生产"问题，便是略具良心的儒家也要上书来反对"天子言利"。此中深藏的原因，原来就是"生产与发财"的关系。

自秦汉以至民国，二千多年的生产记录，居然如出一辙：开头都是为"国家"生产，终点却都是"官家"发财。如果我们专门家的枪法，是把生产倒泻而为文章，我们实行家的枪法，都要把生产"内注"而归私囊。

原来研究中国政治史，第一步"正名"工夫便是要弄清"国家"与"官家"两名词。国家者，老百姓之家；官家者，官老爷之家。前者是"公家"、"大家"，后者是"私家"、"自家"。官老爷自来的戏法，是要硬把"官家"与"国家"混同。老百姓第一步自卫之方，必须先用极严正的态度，把这两个名词隔开三千里。其实在欧西历史上，整个现代政治的发轫，便是由于老百姓开始看清了"官家"与"国家"，完全两回事！

这是中国传统的"官家"手段：用的是"国家"、"公家"之名，达的是"私家"、"自家"之实。上自桑弘羊的盐铁，下至李鸿章的洋务，尽管创议者或许大公为怀，执事者总是一场中饱。王安石整个的"生产"计划，用意何尝不是轰轰烈烈，为国为民？却是总结果只为了吕惠卿、蔡京辈制造了一番"发财"的新运会。

由生产到发财——这个经典式的发展法则，在我们传统的社会结构下，恐怕是无可逃避的。我不久以前，曾经提过了，自从春秋"大夫士"的世族政治崩溃以后，中国整个的社会，历过了战国的转捩时期而蜕变为秦汉以来的"士大夫"的官僚政治。我们这个民族，在官僚制度的手爪中挣扎，尔来已足足二千年。有酒食官家馔，有便宜官家沾。官僚政治的精义，无论中外，本来就是如此。不过在欧美近数十年，法治之上，再加以严密的审计，由是六七成的利益得以归还公家。我们则自来就以人治传国成名，数千年的糊涂账，清查无从。我们那些"视民如子"的父母官，当然不客气地就以"爸爸"、"爷爷"自居，只许州官放火，不许百姓点灯了。皇权时代，偶然还有"王法"、"官箴"，在行为上、良心上，略加约束。待到民国革新，我们急急承受于西洋文化的，不是法治，而是市侩化的潮流，于是"满大人"的官家，乃公开地变为拜黄金的商户！回想孙中山先生当年缔造"民国"，本来是祝命我们这块古老土地，蔚发"民治，民有，民享"的国家，那晓得四面八方，滔滔扰扰的，愈见是"官家"，不见有"民国"？尽管你把排式上之——选举、遴派、合署、撤局……尽管你把名目新之革之——开发、建设、统制、生产……"士大夫"天罗地网的巴掌，总要一揽而化为其饭碗，一括而进入其腰包！

还记抗战前，曾在北方某省游行。该省官长正雷厉风行地推进其所谓"统制经济"的政策。结果，民间的企业尽入官家的掌中。某市扩大马路，某地建筑公路，皆"建设"工作也。成千累万的大批建筑费，经十几手而递到当事机关，剩下的只原额百分之十几。再经当事机关七除八扣，哀此痀瘝的老百姓，除了让地失产之外，还要老弱连妇幼，一齐自备食量与锹畚，荒废了整年的农作，而数十里匍匐赶工，抗战前，北方的情形如此，正不知抗战后各机关、各地有没有改良？

由生产到发财——在我们传统的社会机构下，这恐怕是不可逃的法则了！多一种"生产"的企图，便多一种"发财"的花样。发财愈多，国计愈促，正是鲍敬言所谓："役彼蒸黎，养此在官，有司设则百姓困。"无怪乎每朝每代的首派思想家总要追随老庄之后，大声疾呼地主张"无为"了。能无为，便可以少一帮人"发财"之福，也就可以少老百姓破产之悲。

然而，"无为"到今日，却又期期不可，期期不能！黄老之道，在汉初的萧曹。可以优游而应用，在此二十世纪抗战的时代，我们必须"有为"，抗战到了今天，更迫着我们非建国不可，非生产便死亡！

为抗战，我们必须积极来生产；来生产，又大恐流产为"发财"！我们民族此时此刻的大苦题在是在是。生产，为的是抗战，不是要建立一个"官僚资本主义"的国家，生产，为的要实现三民主义，莫让它唤出来一个"官僚万能"！

《云南日报》1939 年 6 月 4 日第 2 版

政治
建
设

农村卫生不可不严重注意

——这是中华民族生死关头的大问题

顾颉刚

我是生长在城市里的人，农村情形一向隔膜，只因喜欢旅行，常在南北农村中借宿，和他们一起生活了若干次，稍稍了解了些。自到滇中，移家僻壤，对于农民的情形更看得清楚了些，我感觉农村问题非常严重，可是注意的人终嫌太少。听城市中智识分子的谈话，大都以为农民都是文盲，第一件要紧事应是识字运动。但我敢郑重地说：农民识字固是当务之急，但还是次要的，真正迫切需要的，乃是农村卫生，这件事情现在已经到了不能再迟和不可苟安的地步了，我敢再作一个预言，如果照现在情形放任下去，我们中华民族就有灭种的危险，这决不是我有意作惊人的过火话，乃是放在眼前的事实逼着我不得不这样说。

凡是住在城市里的人们，总觉得农民生活在大自然中，日光充足，空气清净，河流又是活水；个个人能劳动，个个人有抵抗力，身体一定比城市中人好的多。我敢断定，这是一个错误的感觉，他们把乡村生活太理想化了！他们中了旧诗和旧画的毒，以为山清水秀的地方即是神仙境界，于是有这脱离实际的想象。农民生活在大自然中，起居作息都非常固定，说他们疾病的种类比城市人为少（例如神经衰弱，农民便决不会犯），这是不错的。但这仅是说种类少而已，并非就是说疾病不多。我们知道，许多病都由微生虫传染来的，城市中人有医有药，就是受了微生虫的侵袭也有消减它们的力量。可是乡间则一切卫生设备都没有，只有任它蔓延，束手待毙的一法。在这种情形之下，真不知道有多少屈死冤魂和带病延年的苦人儿！

先举一个最显明的例。娼妓大抵集中城市，所以城市中人易染梅毒。但染毒之后随时随地可以注射德国六零六和法国九一四，治疗并不困难。不幸这病一传到乡间便成了不可抵挡的压力，只有一天天传播开来而没有逃避的可能。我们看，北方的妇女是怎样深于礼教观念，有时我们在乡间走迷了路，向她们问询时，她们总是闭口不理，只当没听见。幽娴贞静到这等地步，似乎梅毒应当失去了袭击她们的力量。然而她们的贞节并不能制止她们的丈夫的不贞节，所以就在北方的农村中梅毒依然是个主要的疾病。听说凡是军队驻扎的地方必有娼妓麇集（山西长城之外的某城驻了两师兵，就有娼妓两三千），她们是五瘟使者，一方面散毒给士兵，一方面又分些给农民，因此梅毒的殖民地就大大拓展开来。内地很少医院，得不到病人数目统计，到了设立医院的地方一打听，真的把我们吓得目瞪口呆。数年前，我远游绥远，那省中只有一个医院，是比国的神父办的，调查一下就知道到院诊治的人，梅毒占百分之七十。医院设在省城，就医的当然只限于省城及其附近的居民，他们因有医治的机会而得把疾病算进统计表中，至于那些住得远远的更不知道他们所占的百分数要增高到怎样了。去年我游卓尼，这是甘肃西南部的一个番民（即藏民）城市，附近有一位英国教士开设的医院，我们去一问，梅毒竟占了百分之八十。……我看见了这种情形，禁不住深深地叹一口气道："如果由此道而不变，蒙藏人民是没有前途的了！当明朝初年宗喀巴创建黄教，为了一意清修，不许他的徒众娶妻生子，在宗教上原也有他的立场，万想不到，到了明朝末年，葡萄牙的水手把梅毒带到了咸水妹（广东的娼妓）的身上，从此由沿海而传到内地，由内地而传到边境，竟造成了这等渐渐灭种的恶果！"

蒙藏人民既如此，汉人何独不然？北方既如此，南方也不得成为例外。住在都市及其附近的男子挨受不了痛苦，自会公然到医生处去治疗，然而离城市远远的怎么可以得到这种机会呢？妇女们害了这样的暗疾，羞答答地隐讳之不暇，只得抱病以没世，或遗传及于子孙。这类事情可惜没法调查，否则作出一个统计表来，不知道将使人们看了怎样的触目惊心，知道中华民族除了被帝国主义压迫以外，还有这更可怕的内在的灾难临头了。

梅毒之次，是鸦片和海洛英的猖獗，鸦片流播的广远，大家都知道，不必提起，单就海洛英说来，这是日本帝国主义者消灭我们民族的最毒辣的计策。当民国十二年，我第一次在黄河流域各省旅行，知道陕西是种烟区，山西是禁烟区。山西禁烟非常严厉，枪毙了许多人，可以说是禁绝，那时日本浪人就觅得了戕害我们国民的机会，开始销售用了海洛英制成的金丹来代替鸦片，那些没志气的人为了解救烟渴就很自然地接受了它，也就很迅速地普及了山西全省。隔了几时，就是不禁烟的省份也传去了。当我第二次游历黄河流域各地时，金丹又化身的白面，到处看见人们把它掺在纸烟头上，悠然地吸着。后来回到南方，知道日本人又输进了红丸，毒遍江浙的乡村。至于不禁烟的省份，为了鸦片价值甚廉，家家一榻横陈，公婆俩面对面地吞云吐雾。民国二十年，我到陕西，坐上人力车，车夫不但不能跑，而且只会踱方步，并且一路走着一路流眼泪，原来他的烟瘾在发作了！前年到甘肃，落宿各村镇的客店，可以说没有一个炕上不放烟灯的。本来很强悍的西北人到了现在一个个的变作了病夫了！梅毒虽酷烈，脸上还不暴露出来（除非烂掉鼻子的），所以游览各地时很容易忽略过去。独至抽大烟的和吸海洛英的则一一表现在脸上和身上，我们到处看到面无人色和骨瘦如柴的人们，真使得人伤心落泪，觉得中华民族的前途是没有希望的了！最可叹的，是抽烟吸毒的父母生的小孩子，也须向他喷烟才能活下去，他的一生也就完了！这种情形乡村实在比城市厉[1]害，因为城市中人究竟有知识有职业的多，不致尽情堕落，至于乡村人民，生活简单，只要老母或老婆能干些，可以支持一家，这男子就可一意摧毁自己，不管别的事情了。不过待他摧毁了自己之后也必然把他的家庭摧毁。我曾目睹一个大家，弟兄两个抽烟兴浓，在家产用尽之后，就把一所住宅零碎拆买，今天卖砖瓦几块，明天卖椽子几根，而烟盘烟灯还是特别精致，镶银嵌玉的。又曾听说一个富家的少爷，为了吸白面把什么东西都卖光了，他知道他的母亲尚有一件棉袄，就偷去卖了，卖棉袄得不到多少钱，一忽儿吸完，他再进一步就把生身的母亲卖给人家当奴隶去了；等到卖母的钱用完，他只得把自己的身子卖给白面的贩子，因为吸毒的人的骨头里就藏着海洛英，死后解剖，仍可炼出白面来的。据说卖却一条身子可得价五十元，等到这五十元吸完时，他惟有活活地瘾死，听由贩子们去宰割和煎熬了。我那年由豫陕到山东，胶济铁路是日本的势力范围，沿线日本铺子甚多，没有一家不卖白面。亏得山东省政府雷厉风行，派人到日本铺子门口去等候[2]，

政治建设

---

① 厉：原文为"利"。编者注。

② 候：原文为"后"。编者注。

等到买毒的人出门，搜出毒品，即予枪毙，因此山东中毒的人还算不多。我到那边时，看见许多高大的汉子，挺着胸膛走路，脸上现出血色来，不禁快乐得跳起，叫道："我已离开了鬼国而回到人的世界来了——中国究竟还有一线的希望！"自"九一八"事变后，中央政府严厉禁止各种毒品，这几年确然比以前好得多，只是都市虽告肃清而乡村仍未绝迹，现在沦陷区域之中，不知道敌人又在怎样地放手毒化我们的同胞了。这是损坏我们抗战和建国的实力的大本营，如不严加制裁连根划绝，必然是我们民族的致命之伤！

梅毒和烟毒固然是农村甚于城市，不过这只是成数的多寡，并没有严格的分野，现在再说农村和城市截然不同的地方，城市人家有门有窗，空气透进来，太阳照得进，农村房屋大抵无窗，就使有也是极小，尤其是睡眠的屋子，自从造筑直到坍塌太阳光永远是隔绝的，黑暗潮湿，自然生出许多种虮虱来做各种传染病的媒介。城市中人的衣服总是有替换的，洗涤的日期虽有久暂，究竟有穿干净衣服的时候。农村里的人们往往衣服只有一身，穿了就不能洗，洗了就没得穿（此种情形尤以西北为甚，因为那边不穿棉花，布价太贵，所以十几以内的小孩不论男女都不穿裤，极贫之家甚至十六七岁的大姑娘也不穿裤），一个人的身子就是一块虮虱的殖民地。城市中人食物较好，营养较佳，喝茶喝水总是沸过的。在农村中则有终年吃不到肉的，有买不到盐和油的，有一个月生一回火，做了馍馍吃一个月，馍酸了、霉了还是一样吃下去；饮水则西北和西南的村民都喝凉水的，不管水里是否有虫，也不问河中曾否撒尿。城市中人的婚姻，男女年龄总差不多，而且同族不得结婚。在农村中则为了免费雇用一个女工就替很小的儿子娶下了很长口的媳妇，至有"三岁丈夫十八娘"的笑话，同母异父的兄弟姊妹可以通婚，结果生下了一大批白痴。城市中的上等人看见一头苍蝇飞进自己的屋里就会嚷起来，若是这头蝇子掉在酒里菜里就把这酒菜扔掉了。可是一到乡间，就家家有茅①坑，处处是苍蝇的孕育所，人到那里，它们就跟到那里，吃一顿饭便须和苍蝇作一次的斗争，你如果嫌菜里汤里煮熟了它们是吃不得的，那你只可不吃饭。你去拍苍蝇，乡下人就会笑你多事。他们说，苍蝇是越拍越多的！跳蚤臭虫，为了人畜合居的缘故多至不可胜计。曾有友人游一古庙，出门时身上就攒了四五百个跳蚤；有一个机关借得一所旧屋，用药末薰上一薰，天花板里就坠下了盈千累万的臭虫。天花、麻风、霍乱、猩红热、脑膜炎、疟疾、痢疾、鼠疫……的病菌不侵入则已，一侵入就病倒了许多人，甚至死人太多，棺木也买不到。他们终年不洗面，终生不洗澡，除非男子们高兴到河里游泳，小孩们终年拖鼻涕，滴到嘴边就连涎吞下去了。写到此地，使我想起了番地的怪风俗。……我们这一阶级的人非都口不住，觉得中国有许多地方已经欧化，有许多地方正向着欧化的途径进行，自问生活起居不愧为二十世纪的一分子，就是好古情深的人，卜筑园亭，点缀书画，也是过那数百年前的贵族生活，哪里知道就在中国的国土里，甚至于就在都会的十里以外，他们过的还是草昧初开的生活！然而当草昧初开之际，交通不便，人民老死不相往来，就说有了病菌也是无从传播，人们生活在大自然中，才是真正的健康。现在海禁久开，世界各国的病菌都有传播进来的机会，传播的次序是先到都会，次到城镇，又次到乡村。病菌传到都会，当然有西医西药可以救济，传到城镇还有三四流的医生可以勉强想办法，但一传到乡村时就没有丝毫的抵抗力了。所以现在的乡村人民不但比城市人民痛苦，而且比古代的乡村人民也痛苦，因为他们所享受的不是现代的福利而只是现代的毒害，这种毒

---

① 茅：原文为"毛"。编者注。

国立云南大学教授文集（一）

害是古代的农民梦想不到的。

毒焰和病菌在农村中既经猖獗到这等地步，害得农民时时处处在和死神挣扎，然则如何而可救济他们呢？

农民是最穷的，也是看钱最重的。我们这班上层分子害了病去住院，住上十天，用掉一百元国币，似乎是很寻常的事。可是农民一家终年集体工作的收入也不过一百元上下，却要养活七八个人；有时年成不好，或家中发生重要事故，还逼得亏空数十元，惟有忍痛去受高利贷的压迫（我听说，西北某处，官方放债给农民，月息是一百五十分，因此农民宁可弃掉了田地，逃亡到别处去当乞丐了）。在这种情形之下，要他们花①钱看病可以说是不可能的。何况抗战以来，西药的价格增高了多少倍，又教他们怎样去问津！所以这一件事情，只得请由中央政府和各省政府筹了的款去开办。私意具体的计划应如下述：

（甲）关于农村卫生设备的

一、设立中心治疗所。中国农村散布的情形，往往是几个小村环拱一个大村，这个大村就是附近小村的集镇。大村中有着较多的人口，较充实的小商店，次数较多和规模较大的市集，组织较好和校址较大的小学校。像这样的村子是很适合于推行初步的农村卫生的，可以先选择若干处，每处设立"中心治疗所"一个。这个治疗所，利用小学校的余屋作所址，利用小学校的教职员作宣传员，利用学生在农民家庭中散布卫生的空气，利用市集作卫生宣传和临时治疗的场所。每三四个治疗所可以合聘医师一人，看护若干人。每周可开诊三次，每次可延续三四个钟头。这个医师应按照了规定的时间轮流到各所服务。

二、设立医药巡回车。每车配备相当的药品，医师一个，看护若干人，于指定的时间巡回往来于未设立治疗所的若干小村中（若干小村为一巡回车的单位，应预先规定）。凡是有市集的村子，逢市集的日期必须去施诊。凡是不通车路的地方，即改用驴马驮运。

三、迁移养病院于乡间。现在都市中的养病院，当空袭时病人遭受威胁甚大，亟该将病院移到乡间。这样，既可谋该院病人的安全，又可收容农村中生重病的人，使有适合的治疗。那些他们以为绝望了的人，只要治好几个，立刻可以取得他们强烈的信仰，以为是活神仙临凡了！农民要参观时可任他们进来，让他们认识医院中看护病人是何等的周到，病人在医院中是这样的舒服。

（乙）关于改良农村生活的

一、改良饮料。最好是劝他们喝开水。如果他们为吝惜燃料计，不愿意煮水，也得由公家就每一村中设一沙漏壶，勒令他们必须喝沙滤过的水。

二、处理粪便。农民所以每家必有茅②厕，原为存储粪田的肥料之用，不可菲薄。但他们总把粪便积累经年，直待到施肥时方才出清一次，孳生无穷苍蝇，妨碍卫生太大，瘟疫传染大抵由此而来。这事应由医学家研究，如何可以投入了杀虫的药物而仍不失去它的肥田的功用？倘能获得结果，即可强迫实行。

---

① 花：原文为"化"。编者注。
② 茅：原文为"毛"。编者注。

三、人兽隔离。我国西南部的农村中，大抵住屋分作两层，上层住人，下层住畜。西北方面则一间大屋子，靠内住畜，靠外住人；河南一带的土窑洞中亦然。人畜杂居，臭气薰蒸，蚊虫、苍蝇、跳蚤，都孕育在这里面。其实乡间多的是地方，若能每家于屋后筑一兽圈，住屋便可干净不少。此事由公家补助，促其改善。

四、捕虫运动。老鼠、苍蝇，应由公家出钱向农村收买，乡民逐利，必可捕捉不少（此事记得冯玉祥将军曾在郑州办过，一个铜元买一百头苍蝇，曾有很好的成绩）。蚊虫、虫子、跳蚤、牛虻、狗虫，都可奖励捕捉。每隔数月，即由公家派员检查各村户一次，择其清洁的给予奖金。如此，人民自会出力工作以辅助他们的农产品的收入了。但此事必须年年办方好，否则办了一年就停了，到第三年又孳生得同样多了。

上述的办法如果都能做到固然最好。但我们国家受了帝国主义者百年的侵略，本已穷得厉害，到了这抗战时期，军事第一，中央和地方政府未能筹出这么大的一笔专款来供办理农村卫生之用；就使政府能勉为其难，也未必有这许多医师看护可以普遍分布到各乡村。所以，不得已而思其次，下列诸种方法也可以作一个阶段的替代品。

第一，保甲长在乡村中正像县长和警佐在县城中一样的有力量，小学教师在乡村中也正像都会中的大学教授一样的得人尊敬。他们在乡村中说话既然容易发生影响，就可以倚重他们去打先锋。各个省县政府应每年召集各保甲长及各小学教职员，给以若干时日的训练，使他们懂得几种病的治法和几种药的用法，回到乡间之后可以勉强凑付一下；一方面仍组织医药巡回车，每一个村子隔若干天去查察一次，解决保甲长和小学教职员所不能治疗的疾病。至于利用小学生在农民家庭中散布卫生的空气，仍是简而易行、广而有效的一件工作，尤当努力为之。

第二，农村中的宗教分子，如和尚、道士、扶乩生，他们也往往有些医药的经验，替人治病，而亦极得下层民众的信仰。应由省县政府分年期予以训练，使得他们的医药知识可以走上正确的道路。女的呢，有所谓三姑六婆是朱柏庐家训上的称为"淫盗之媒"的，然而她们在下层妇女界中确有很大的潜势力，她们能到各个家庭中穿房入户，自由无阻，而且妇女的病只有对着妇女才肯说实话，所以这一等人也不当轻视。推求她们所以堕落而为淫荙之媒的缘故，只为一班士大夫瞧不起她们，不给她们社会的地位。逼得她们失却自尊心以致自暴自弃而已。如能好好地训练她们，使她们取得正确的智识，享有适当的地位，那么这班人岂不就是最好的家庭医师！以上说的几项人，政府如不给他们训练，村民有了病还是要去请教他们的，与其在那时由他们随意应付，或画符捉鬼玩把戏，白费人家的钱，白送人家的命，实在不如用了政治力量把他们改良了的好。

第三，现在城市人民为了避免敌机的轰炸，大批疏散到乡间，这正是把城市中人的卫生常识传播到乡村的绝好机会。尤其是妇女们，到了乡间之后，不像住在城市里的容易找人打牌消遣，也不像城市里的有戏剧和电影可看，她们除了买菜煮饭之外大抵无事可做（有小孩的当然比较忙些），大有无从消磨光阴之苦。这些妇女差不多都是知识分子，她们在乡村中闷得发慌，正可使其利用这宽裕的时间为农民服务。所以我以为政府中亟应派员把这班人组织起来，灌输以医药的常识，责成她们每一个人管理若干农民家庭的卫生，并发予药品，由她们试为治疗。治疗不了时即由她们报告上级机关，请由指定的医师下乡处置。固然这件工作只限于几个大城市的周边几十里地，远说不到普遍，然而大辂始于推轮，自不妨借此作一试验，激起一般人服务农村的兴趣，更寻得一个普遍推行的门径（我所以有这个建议，只为我家住在乡村中，储了几种常用的药品，如阿

国立云南大学教授文集（一）

司匹灵、金鸡纳霜、卡斯卡拉以及六神丸、午时茶之类，村民知道我们家里有药，每逢生病就登门索取，有时应致应接不暇，深恨自己没有学医，因此我觉得疏散出去的人做这一件事非常适宜。但恐多半的人没有买药施济的力量，所以应由政府发给，一方面亦可借此机会，汇合报告，知道各地的疾病种类和病人统计)）。

第四，这十余年来，青年们把"唤起民众"的口号喊得震天响，怀着"夺取民众"的雄心的也不在少数，然而实际只是学生群中围着左右派的斗争，拳来脚去，相搏相噬，弄得旁观的人莫名其妙，青年们的热心、毅力对于民众竟不发生丝毫的影响。自从抗战之后，他们固然也做些下乡宣传的工作。但为了乡间食宿的不便，只得当天来回，到的地方也就离城不远，去的时候固然围着许多的农民，嚷了一下，但一走之后更不知何时可以再来，过了几天农民对于他们的印象也就灰飞烟灭，记不起了。试看在我们边地工作的各国教士，他们一声不响，埋头苦干，一生只在某几个城市乡里住着，不求名，不求利，往不求来，施不求报，把我们边地的民众的心都吸住了，他要他们怎么样时就可怎么样了。相较之下，我们只会喊口号的青年岂不愧死！农村卫生是建国的主要事业，是挽救民族衰亡的核心工作，其严重性必不亚于这回的抗战。有志的青年们，你们勉力负担着这项使命罢！中等学校的功课生理卫生虽说也有，然而一向大家只看它是装饰门面的三四等货色，敷衍敷衍而已。现在不但应把它升作第一等，而且还该加授实际应用的医药知识，在寒暑假时应仿照童子军露营的办法，组织游行疗病队。在毕业的那一年更应当下乡实习三个月，像师范生毕业前到小学去实习施教一般（这事要请教育部考虑，更改现行的学制）。如此，不但农村中人得到了知识分子的实惠，仍是为青年们的本身着想也是得到了一条最好的出路。一般上学的青年本来容易少爷化，城市人家的子弟不用说了，就是来自田间的孩子一进学校也就学会了城市子弟的生活起居，以致毕业之后不肯回转本乡，宁愿在城市中鬼混。现在要使他们的眼光背向下层瞧，知道这一方面正有无穷的事情待人去干，干这些事是最光荣的，有志气的青年自然会，得把农村服务选作他的终身事业。能有这样的一天，整个的中华民族才有希望（记得二十年前，提倡新村的人很多，但他们只是要到乡间去寻求自身的乐趣，把城市生活调剂一下罢了，就使这运动成功，也和一般农民发生不了关系。我们将来的工作目标是要把农民原有的村庄变成了新村，而不是在农民的旧村之外创立我们独乐的新村）。

这回的抗战是全民抗战，将来的建国是全民建国，每个人负着重任，每个人须得动员。农村卫生是一件关系极大而又如此急不容缓的事，占着建国的主要部门，所以我们极端希望政府对此有诚意的设施，人民对此有诚意的工作。至于已有的卫生机关，如卫生署、防疫处、卫生实验处、医科大学、各著名医院及医师，均须切实负起领导的责任，使得一般人民可以循着正确的道路而走向健康去。

建国是将来的事，或者有人嫌这些话说得太早了，现在就不提它而专谈抗战，农村卫生依然是极重要的。我国抗战二年，据官方累次的公布，计伤亡士兵约在一百五六十万人左右，平均每年约伤亡七八十万人。这个数字，如以我国人口总数来作比例，固然是很小，可是这些牺牲的士兵都是壮年人，不能不说是我国的严重损失。然而我们如果能把农村卫生推行得普遍而有效，这个数字的弥补是不成问题的。因为只要把乡间的"逾格死亡率"减少到最低的程度，即使以后战事更激烈，士兵的伤亡率也更高，仍不会使我们的人口减少，反之，却还要一年比一年增加呢！

据专家的估计，我国人口死亡率约为千分之三十，而欧美各国的人口死亡率则约为千分之十五。换句话说就是在每一千个人中，我国比别国要多死十五个人。这十五个人不是受自然死亡率的制裁而死的，他们只是死在人事方面的不周到。这就是所谓逾格死亡率，是不该死而死的。我国人口即以四万万五千万计算，每年的逾格死亡者便有六百七十余万之多，这是怎么一个可怕的数目！我国农村居民，以全国人口百分之八十计算，那么每年农村的逾格死亡者便有五百二十万之多，这又是怎样一个可怕的数目！何况实际上农村中无医无药，传染又易，他们的死亡率应远较城市为高呢！现在我们如能把农村的逾格死亡率减少一半，我国每年就可多得二百六十万人。如能更进一步，把它减去了三分之二，那么我国每年就可多得三百四十万人了！即使在长期抗战中每年有百万人左右的牺牲，数目不为不多，然而因了我们农村生活的改善，每年还可以增加一百五十六万以至二百三四十万以上的人口，这在抗战前途是何等的可以乐观呵！就使退一步，我们不把沦陷区和邻近战区的农村人口计入，而只按上列人口作一半计算，我们的后方每年仍可增加七八十万以至一百二十万左右的人。像这样人口数字的增加对于抗战力量的增加是无可否认的，这件大事我们怎可以不严重注意！或者有人不信，要笑向我说："这就是你的如意算盘呀！"这话我不必辩，只消请他到农民家里住上几天自会有很清楚的认识！

我对于医药卫生事业本来没有留过意，除了在中学校里读的生理卫生教科书还留些模糊的印象之外，我也没有别的医药卫生知识，我本来不配在这方面说话，来亵渎医学界的尊严。只因所见的农村情形太过伤心惨目，这次又为村居关系连病两月，推己及人，深知乡民有病没处医的苦痛和冤枉送命的可怜，在病榻上想了又想，便不忍不大声疾呼，激起各界读者的注意。万望中央和地方当局能够切实规定办法，勉力节省出一笔经费来办理这件关系民族健康和抗战建国前途的重要事业。同时，希望医学界的同志和许许多多的男女青年为了国家民族多费一点心，多尽一点力，多受一点劳，多吃一点苦！只要这根本问题可以解决，就是再有重大的外患压上来也是不足怕的了！

二十八，七，十四至二十

《云南日报》1939 年 7 月 16 日第 2 版、7 月 23 日第 2 版

国立云南大学教授文集（一）

新政治的憧憬

林同济

　　"八一三"以前的政治，可叫做革命政治。它是以主义不同的政党为根据，而彼此企图政权的占有与巩固。"八一三"以后的政治，是所谓抗战政治。它必须以民族伟人的结合为中心，而共同展开大众的组织与解放。是必须，也恐怕是必然。抗战局面愈延长，我们的政治愈要朝这方向发展。愈朝这方向发展，我们的政治愈有前途，在这点看去，长期抗战，确是我们新政治培植的大前提。愈长期，希望愈大。

　　伟人与大众，中国此后的新秩序，必定要绕着这两个母题而演进、而发挥。

　　这并不是说主义与政党完全无地位，乃是说在抗战政治的畴范内，主义与政党已经进入了一个新的应用、新的表现的阶段。我们必须随着抗战的现实需要，对主义与政党的时代含义，诚实地下一个新估量。

　　在革命时代，各主义、各政党都看他们自身的个别存在，就是代表革命存在的本身；于是实际上他们一切□□，都不免要把他们自身的存在，必然当做宇宙间最后的目标。抗战的局面却蓦地涌出来了整个民族存在的问题。要民族存在，各主义、各政党必须联合。于是各主义、各政党的存在，乃成为民族存在的工具。把主义与政党，大胆地看做民族的工具而不为目的的本身——这好像是我们抗战中当有的第一认识。

　　在革命时代，各主义、各政党，为了要确证他们个别的存在，不免要把他们彼此的特殊性，尽量地标榜出来以与对手抗衡。抗战时代，大家却必要共同保障民族的存在，于是各主义、各政党间的特殊性势须忽视，而彼此间的公开性、普遍性，乃得到了空前的侧重。一年前人民参政会全体通过国民党的《抗战建国纲领》，便可说是各主义、各政党已宣布了他们彼此间再也没有根本特殊性的遗留，各主义、各政党，既然留其"同"而去其"异"，也就是主义与政党已不当成为一个政治的问题——这好像是我们抗战中当有的第二认识。

　　然而去其异而留其同之后，主义与政党，听说实际上仍时时不免要成为政治问题。可见我们一般人还不能摆脱革命时代的看法而截然采取抗战的立场，我们还不明白主义与政党，到了抗战两周年的今日，乃是早已取得了新的表现的方式了。

　　这个新的表现的方式，便是民族伟人的结合。

　　把中国目前的统一，看做为各党各派的联合，可说是拿旧眼光看新景致！你以为我们那些领袖们还是当日的党魁。然而他们固已老早变为民族伟人了。他们的主义与政党，已不在你一向所谓的主义与政党内打跟头。他们是以纯民族为根据的；他们的气魄、人格、心灵，是已超出党的小范围而与全民族打成一片了。他们为伟人，也就因为他们能与全民族打成一片。他们的联合，是代表全民族的伟人的结合，并不是代表各主义、各政党的首领的携手。

　　我不知道在此刻这些民族伟人也能够认清自家的历史地位没有？抗战愈久，他们的历史地位愈显。我料知他们终究要认自家。中国统一的保证，就在这里。我们已有了一批民族伟人，他们的目光已超出了历来的主义与政党之外，要在那些历来的主义与政党之外，来实现他们的主义与政党。经过了这番火烧焰炙的共同奋斗，我料知他们彼此间必定要产生一种心心相印的契合，绝不是一般呐喊小卒所斤斤抱为主义与政党的界线所能间离的。伟人之物，终要与伟人之物同群。中国统一的保证，就在这里。中国新政治推进的动力，也在这里。

伟人之所以成为伟人，因为他们的心灵能与全民族打成一片。这次抗战是全民族的；不把全民族组织起来，不把全民族的活力解放出来，抗战是难成的。自来伟人与大众，精神上总有一番不可言喻的因缘。我晓得我们的民族伟人，早已念及这点。只是解放大众，组织大众，不是容易的事情。要实现伟人的伟大性，必须打破一般人的"党见障碍"。要解放大众，必须铲除千年盘踞的"官僚传统"。

官僚传统与大众组织势不两立。保留官僚传统而要组织大众，等于缘木求鱼。所以两年以来，大众组织比较成功的区域，乃皆在沦陷的境内。因为只有沦陷的境内，官僚传统的势力容易铲除！在"安全"的大后方，官僚传统也可以铲除吗？这恐怕是解放大众，组织大众的大前提。然而抗战局面愈延长，大众的解放与组织愈急切。在民族伟大的结合下，大众的解放与组织，倘终要硬迫出来？

《云南日报》1939 年 8 月 27 日第 2 版

抗战建国中的行政机构

朱驭欧

一

在过去二十余年中，我国内受封建势力的阻挠，外受帝国主义的压迫，统一莫由实现，建国无从着手。这次对日抗战，即是国人的猛醒，一方面借抗战摆脱了外力的桎梏，一方面促成了国内空前未有的团结，诚可谓一举两得。直言之，以前建国的障碍，至此已一扫而清，而且唯有加速的建国，方足以支持长期抗战，这是显而易见的道理。所以，抗战建国不特是相依为命，简直已成为一个不可分解的名词。

但是要知道，现代的战争是科学化的战争，是需要高度效率的战争；胜败决于前方军事的因素较少，决于后方行政的因素较多，故应付这样的战争，非使行政与军事配合不可。即建国已成，实力已充的国家，一遇战事，为欲达到人力、智力、财力、物力总动员的目的，仍不惜百般设法，极力提高行政效率，我们的敌国日本即是一个显明的例子。我国对于这次抗战，事前既一切均无充分的准备，要靠临渴来掘井，政府所负的职责不特较平日艰难重大百倍，即较普通国家的战时政府亦艰难重大百倍，因此改革行政，提高效率，实为刻不容缓的要图。

然而事实告诉我们，抗战以来，我国在军事上固已有长足的进步，在行政上则殊少改革，政府机关的因循泄沓，敷衍迟钝，一如往昔，全无战事紧张的气象。《抗战建国纲领》中对于行政的改革，虽有所提及，但自该纲领通过至今，又将半载，仍未见政府有何动作。最奇怪的，国民参政会诸公前对于增设地方民意机关一事，辩论甚为激烈，对于政府所提改革地方行政机构一案，反而轻轻放过（据报载如此），殊不知地方行政机构的改革更有重于民意机关的设立！不久以前，孔祥熙先生在渝发表谈话，说此后行政院注意的中心事项有二：一为促进生产建设；二为提高行政效率。其实此二事只是一事，因为要促进生产建设，必先提高行政效率，若不提高行政效率，即无由促进生产建设。

但是，如何才能提高行政效率呢？这却不是一个简单的问题。空口呐喊，固不足以增高行政效率，即三令五申，严厉的督责公务人员加紧工作，整天愁眉苦脸的坐在办公室，也是枉然。唯有采用科学方法，对于行政上的弊端，切实加以研究，然后对症下药，彻底廓清，始有成效可言。我国目前行政上的缺陷太多，不胜枚举，但是机构的不健全与人事的腐败，实为行政效率低落的两大主因。于此仅就调整行政机构一项加以论列，关于人事的改善，容待他日另作专题讨论。

二

欲求行政效率的增进，首须有健全的机构；机构健全与否，须视其是否简单化、合理化，即难望运用灵活，故《抗战建国纲领》中第十四条对于"改革各级政治机构"，"以适合战时需要"亦有如此的规定。然如何才能"使之简单化、合理化"？纲领宣布后，却无下文了！就作者研究行政学的一得之愚，认为任何行政机构，至少要满足下列两个条件，方可称得简单化、合理化。

第一个条件是：凡属性质相同或相关连的事务，应划归一个机关管理，而一种事务决不可分割让几个机关去管理。如此机关单位不至过多，各机关间的权责易于划清，人力、财力亦可集中，指挥监督既能统一，执行合作亦感便利。

第二个条件是：行政机构不仅注意纵的组织，同时还须顾及横的联系，不然，则各机关单位必各自为谋，各行其是，结果行政设施，固缺乏统筹兼顾的计划，即行政动作，亦不能取得协调，甚至发生工作重复和权利摩擦的现象。

行政机构简单化、合理化的原则，既如上述，现在让我们根据这原则来检讨我国现有的中央与地方行政机构。

三

关于中央方面，把广义的政治机构所有的问题，如在战时党与政的关系应如何调整，五院制度有无保存的必要等等，暂且搁置不谈。单就狭义的行政机构而论，本来在系统上，行政院是我国最高的行政机关，国民政府不过是政制上的拟制，并不负实际的政治责任；照理，除行政院统辖的各部门而外，不应再设立与行政院平行或超乎其上的行政机关。然而以往的事实适得其反，直至本年元旦为止，中央于国民政府之下，曾设有全国经济委员会、建设委员会、军事委员会，以及许多次要的独立机关。这些机关不特不受行政院的指挥监督，反而有些足以支配行政院，如军事委员会是。再细察它们所管理的事务，不特在与行政院各部门所管理的事务相重复，甚至于抵触，例如全国经济委员会所管理的水利、公路、卫生等与建设委员会所管理的水利及公用事业等，根本即是分割了原有实业部、交通部及卫生署的职权。至于行政院下交通部与铁道部对立，卫生署与内政部对立，侨务委员会与外交部对立，蒙藏委员会与教育部对立，以及许多不必要的骈枝机关，更增加了许多行政上的困难。

要而言之，在战前中央的行政机构，已是叠床架屋，组织复杂，系统不明，权责不清，各机关之间，不特缺乏协调及合作精神，并且互相牵制，有利则争，有过则诿，结果事事不能顺利进行，工作效率无形降低，人力、财力、物力更多浪费。如此这般，已违背了简单化、合理化的原则，不能适合战时的需要。无①奈于抗战发动之初，政府未加思索，更将军事委员会扩充成为八部，虽有两部根本未能成立，但成立的六部简直与原有的行政机构重复，而形成一种双重的组织。因之，牵制愈多，行动愈缓。经过数月的试验，当局始觉此路不通，而有改弦更张的必要，于是本年元旦国府明令："海军部着

---

① 无：原文为"毋"。编者注。

国立云南大学教授文集（一）

暂行裁撤，其经管事务归并海军总司令部办理"；"实业部着改为经济部"；"建设委员会及全国经济委员会之水利部分，军事委员会之第三部、第四部着并入经济部"；"铁道部及全国经济委员会之公路部分着均并入交通路"；"卫生署着改隶内政部"；"全国经济委员会之卫生部分着并入卫生署"。嗣后又将禁烟委员会并入内政部，中央行政机构经过此番改革，无疑的已较前简单化、合理化，尤其是政府当局能借抗战的力量，破除以前所不易破除的一切人事关系，毅然大刀阔斧的改革，更值得我们歌颂。

不过，我们认为中央行政机构距战时化的理想境地尚远，百尺竿头，还须更进一步。第一，在战时，行政与军事息息相关，是不可勉强分开的；为求指挥统一，权力集中起见，最好将现有的行政院和军事委员会打成一片，名之为战时内阁固可，名之为最高指挥部亦无不可。全国既有一个共同拥护的最高领袖，而政治与军事的责任在事实上又皆集中于他一人之身，此事若谋实现，想亦不难。第二，现在各部还有许多附属的骈枝机关，特别是各种有名无实的委员会应该酌量裁撤或合并。第三，要加强横的联系。

关于第三点，还有详细说明的必要，所谓横的联系工作，约可分两种：一是设计；二是管理。过去我国政府本不注重设计，往往把设计的工作委诸负执行责任的下级人员，结果所谓设计，不是拿些原有的法规，略加修改，即算了事，便是凭空臆造，作一篇洋洋大观的公文，以为塞责，至于事实的搜集与分析，工作进行的步骤与方法，经费的筹划，人员的分配，则似乎与设计漠不相关。即有时计划系由专家煞费苦心，详为拟定，但往往被"外行"的长官或上级机关享以"碍难照准"四字，便就"寿终正寝"，再不然，交由秘书或科员在文字上推敲一番，或转辗的"等因奉此"来一大套，便算尽了"审查"和准予备案的能事。因此，各项行政要不是漫无计划，即有计划，亦多半是"纸上谈兵"，不能实行，也无实行的意志。况且各机关拟具计划时，只是顾及自己的立场，互不相谋，你有你的想头，我有我的打算，于是政出多门，整个的行政呈现一种无统系、无组织的状态。往事已矣，来者可追。现在抗战建国的行政既千头万绪，若不详密考虑，通盘筹划，权衡轻重缓急，按部就班①进行，势必治丝益棼，纵不弄到一事无成，亦必事倍而功半，前车之覆，后车宜鉴。唯一补救的办法，即应于行政院中，设置一专门的设计机关，各行政部门所掌管的事项，均由此机关详为计划，分交各部门实行，或由各部门先行拟具初步计划交与该机关作最后的审核，认为可行者，然后付诸施行，其地位有似军事上的参谋本部。如此既可收行政统一之效，且可使调查统计及研究工作集中，不至像目前，同一地方、同一事物，今日这个机关派一员，明日那个机关又派一人，虽均以"考察"或"调查"为名，实则都是"走马观花"而已。中央固花了很多冤枉旅费，地方更感受应接不暇之苦！欧战时，英国于战时内阁中曾增设一"秘书处"（Secretariat）以辅助内阁规划政策并监督各部的行政。美国除正常的内阁而外，则另设立一"国防参议会"（Council of National Defense），其中的中央设计及统计局（Central Bureau Planning and Statistics）占特别重要的地位。日本政府为应付中日战争亦已成立企划厅。凡此种种，俱可为我国借镜。

其次，各机关的一切辅助功能，即通常所谓总务，如人事管理、财务行政、物料购置与保管等等，固须有统一监督的必要，即各机关的日常工作，亦须随时加以考查，调整与促进。行政院本设有行政效率促进委员会（原名行政效率研究委员会），不过该会

政治建设

---

① 按部就班：原文为"安部就邦"。编者注。

的人员均系由行政院的人员兼任，且其职权有限，故无若何成绩表现。若能强化其组织，提高其地位，使成为一种有力有能的佐治机关，则未始不可担当行政上的联系及管理的责任。

此外，有一事很值得我们注意的，即据最近报载，"中枢要开发西南各省富源，决扩大组织渝行营经济建设委员会，由行营正副主任及交通、铁道（原文有误）、经济各部长官，川康滇黔各省军政首领及各项专门人才充委员……该会拟先组织设计委员会，聘请国民参政会驻会各参政员为设计委员，设计川康滇黔四省一切开发事宜……该会将来扩大时，将正名为西南经济建设委员会，正委员长为孔祥熙院长，副委员长为张群主任，及用川康滇黔四省省主席，经济、财政、交通各部次长为委员，一俟中央与川康滇黔四省再度商洽后，即在滇召开首次会议，建设基金，中央将拨助三千万元……"（见《云南日报》九月一日第四版）窥中枢的用意，似欲借此委员会取得四省当局的密切合作，但是中央现在已有了经济部，全国的经济建设事宜，均应由其统筹擘划，逐步实行，而且目前半壁山河，已陷敌手，所剩下的只是西北与西南数省而已。如果中央认为川康滇黔四省较为安全而重要，有集中精力以谋开发的必要，则尽可利用经济部及各皆现有的经济建设机构，略加充实调整，即可为之，又何必另起炉灶，节外生枝？该委员会若果竟得实现，则无异分散经济部权力，而恢复战前全国经济委员会、建设委员会和实业部相对立的状态，则本年元旦的合并，实成为毫无意义的举动。若谓非如此不足以表示中央对于西南的重视并获得各地方当局的合作，亦属欺人之谈，因为地方当局如果有诚意与中央合作，则只要中央拟定切实可行的计划，诚细规定协款的办法，商得他们的同意，即可付诸施行。如果地方当局仍怀着封建思想，无诚意接受中央的建议（我们相信贤明的地方当局，到此时决不至这样），则仅界以一个委员的名义，也不能买动他们的心肠。至于该委员会的本身，若照现在的拟议实现，则其组织又何必十分庞大、松散、空虚，挂名的委员固然不能负责，所谓专门人才，恐亦感觉一筹莫展，甚至于安插一大批私人，坐费国帑而已，再者，等到此委员会组织完成，布置就绪，恐怕西南数省，也不像今日这样的安全乐土，容我们从容的坐谈开发了。

四

谈到地方行政机构，问题更为严重而复杂。一个地方行政机构除正常的省与县市两级而外，尚有省县之间的行政督查专员制度及县以下的保甲及乡区等等自治组织；二因各省的行政机构名义上虽均以中央的法令为根据，实际上则各省的制度大有出入。所以，要想在此详细的分析一番，势有所不能，只好把全国省县行政机构的共同弊病，提出来讨论一下罢了。

关于省政府的行政机构，过去一般人的指摘，都集中在委员会制身上。诚然，委员会制在我国未能善为应用，这是无讳言的。但是细察省行政机构的毛病，由于委员会制本身的少，由于人事的因素多。假若说一个省政府只设财政、建设、教育、民政四厅，而以秘书辅佑省主席监督四教并担任联系的工作，一切大政方针及重要事件，则取决于委员会，同时省主席及各厅长均对委员会负政治上的责任，这样虽不是一种理想的机构，也颇合乎简单化、合理化的标准。然而事实却有大谬不然者，四厅本来是有政府的本部机关，却脱离了省政府而另成一级政府，秘书处除了代替省主席批阅公文而外，对于各厅的事务既不能过问，更无法联系。至于各厅长与主席的关系及在委员会会议中所处的地位，则每因人而异。不特如此，省行政机构，往往因人设事，除了四厅之外，还有无数的重复骈枝机关。最近作者也把云南省政府的组织图稍为涉览一过，即发现了直属于省政府而与各厅平行的"三委员会"、"三局"、"三处"，不下十余个之多，至于各厅以下的半独立性质的附属机关，更是不一而足。举一反三，其他各省的情形，想亦相差不远。易词言之，目前各省行政机构所表现出来的叠床架屋、庞大复杂的情形，不啻是战前中央行政机构的缩影！

中央为适合战时的需要，已毅然是所改革，但是各省，除西康建省委员组织条例经过一次修正，将原有的秘书处及民、建、教、财、保安五科，改为秘书处，政治组及经济组，政治组下设民政、财政、教育三科，经济组下设交通、农牧、工矿三局，以为开发边疆的准备而外，其他各省，只有少数的变动，机构的本身，简直未有丝毫的调整。中央对于地方行政机构的调整方案，固始终未见宣布，反而画蛇添足，命令省县市政府各成立所谓总动员委员会，此种委员系以各级政府军政当局为当然委员，另聘当地的名流及专家为设计委员。以其性质及职权而论，它并不是一个行政机关，只是负责设计，拟具方案，提供政府采择实行而已。在政府方面，以为如此所以集思广益，实际上因各设计委员均系义务兼职，且人数众多，分子复杂，各人既无余暇从事搜集设计资料，复对政府实际情形感觉隔阂①，纵有见到的问题亦恐投鼠忌器，不敢直率提出，即提出亦不见得发生成效。结果大家只取敷衍的态度。明显地说，所谓总动员委员会也者，不特对总动员的工作殊少贡献，甚至连本身亦不能动员起来！作者因忝列云南省总动员委员会设计委员之中，即觉有此情形，其他各省如何，则不敢遽下武断，不过我认为欲达到总动员的目的，只要将现有的地方行政机构，加以调整推动即足，不然，纵再设若干委员会，亦于事无补。

地方行政机构需要改造，不仅止于省政府，县政府尤急待调整充实，要知县政府是我国行政机构的基石，举凡中央与省府的政令，莫不靠它来推行，在平日它所应办的有保甲、自治、教育、赋税、户籍、土地、农田水利、森林工艺、救济赈恤、维持治安、修筑道路等等重要事项，当此战时，更须担负民众组训、征兵征工、前方的供应、后方的准备，以及种种总动员的特殊任务。可说它的工作是包罗万象，应有尽有。纵使有大批的人才、丰富的财源供它的支配使用，犹恐顾虑不周，执行有误，试问以目前一二十个才能有限，薪金低薄的人员所组织成的，及专靠附加与临时筹措的经费来支持的县政府，如何能够胜任愉快？所以我国的行政机构，根本就犯了头重脚轻的毛病，上层的组织过于庞大，基层的组织过于狭小，而且在此狭小的组织中，以前还有各局与县政府分庭抗礼的现象。无怪乎我国一切行政，都是一些官样文章，法令由中央传到省政府，由省政府推到县政府，一到县政府，不是如石沉大海，便成为苛民扰民的把戏。所幸者，近年来，当局已渐渐注意到县政府的革新，如裁局改科，考选县长，训练佐治人员等，有若干省份已努力实行，但是也有若干省份，连这几点尚未做到，甚至还保持所谓"包办"制度，实则就是包而不办！更说得明显一点，县政府本来是我国直接于民、与民众利益最为密切的行政机关，然而迄今已成为人民最大的怨府！因此，为抗战建国计，为复兴民族计，彻底改革县政，已成为最紧急的企图。惟此地的改革，不是如何使县行政

政
治
建
设

———————————————

① 阂：原文为"陜"。编者注。

机构简单化的问题，因为它已是简而无可再简了，而是如何使之强化、合理化的问题，不仅组织需要扩充，人员经费更需要增加。换言之，目前县政所患的是贫血症，非十全大补汤，不足以挽回颓气。最近湖南省政府在张治忠先生的领导之下，除更调各县县长，严惩贪污而外，更训练数万智识青年，分发到各县工作，因之该省县政，已大有起色，希望其他各省亦能迎头赶上，并应尽更大的努力。

五

国内既已趋于统一，本年三月廿九日国民党临时代表大会所制定的《抗战建国纲领》，亦已得到代表各党各派及各地方的国民参政会正式宣言拥护了；可说全国已定下最高的国策和共同努力的目标，在原则上无再争论的余地，在政治上已消弭了纷扰的隐忧。现在政府的大前题，同时也是一般国民所殷诚期待的，是如何以最敏捷的手段和最有效的方法，使《抗战建国纲领》付诸实施。欲达此目的，厥在积极的改革行政，而改革行政，尤以调整各县政府的行政机构为首要。中央已有的调整，犹嫌不够，地方尚未开始调整，更望急起直追，务必使整个的政府成为一个有机体。唯如此方能运用灵活，有如身之使臂，臂之使指，不致有停滞迟钝的现象。

二七，九，二〇写于云大

《新动向》1938 年 9 月 30 日第 8 期第 1 卷

谈宪政

林同济

  宪政不就是民治。有一些政论者往往把这两个名词混将起来。其实一个国家，有宪政不必有民治——虽然是有民治的必定有宪政。目前的德、义、苏联，都可说是宪政的国家，却是不能叫做民治。换言之，宪政有两种：有民治的宪政，有独裁的宪政。现下中国的宪政运动，目的在促进前之一种的宪政，在要求建设一种政治，形式上、实行上都能够大体地符合于民治的根本原则、根本精神。

  什么是民治的根本原则、根本精神呢？传统的说法是：（一）主权在民；（二）若干人权的承认与法律上的保障；（三）一种行政机关对于立法机关负责的政府。

  然而现代政治演至今日，已达到一种微妙的地步。独裁的国家，竟可理论上，以至实行上，接受上列三原则，而仍然不失其为独裁。例如公民投票最是表示主权在民的一种制度。但是希特勒上台五年，四用投票方式，比任何民治的政府，都显得其"推崇民意"的殷勤。至于人权的承认，苏联宪法上的十二大则，比法国的人权宣言，有过无不及。行政负责于立法，则更是苏联政制构形的特点。然而德国与苏联终究还是标准的独裁国家。

  当然，民治之所以为民治，必须具有上列三原则。但是民治之所以大别于独裁者，恐怕要靠一点：民治制承认反对党的存在；独裁制主张党外无党，无反对党便无民治制。有反对党则独裁不能成立。换言之，允许反对党的存在，甚至惟恐党外无党——这是民治的根本原则、根本精神。如果我的认识不误，我们目前的宪政运动，无论在朝在野，大家所要的，确不是独裁的宪政，而是民治的宪政，那么，这次宪政运动的中心意义乃在允许反对党的存在，乃在承认在朝党之外，一般在野党都可有批评当政之权，都可有当政的机会。这并不是恢复"揖让"的古风。各政党间，仍然要竞争，但竞争应当根据一种"足球比赛"的精神才行。

  谈到这里，我们必须认清民治的宪政与军权问题的关系了。民治的宪政可说是动嘴不动手的政治，说理不用力的政治。一动手、一用力，或是一面动嘴、一面准备动手，那便是登时无民治的宪政之可言。

  我们不谈民治的宪政则已。要谈民治的宪政，第一个先决条件，就是军队的问题。

  有两点大家要注意：（甲）军权必须一元化。若一国除中央军外，还有省军党军，则是彼此还保留着"理穷则用力"的机会，那里谈得上民治的宪政？一国数军，无异是数国。国与国间的关系，根本上是"力的"，谈不上"理"，谈不上"宪"。

  （乙）军权一元化了还不够。必要进一步使它"超然化"。超然化者，军队不属于何人何党，乃超于"人"与"党"而成为"纯国家"的。换言之，国家的军队，绝对的职务在捍卫国家，抵抗外侮；对国内的政治，毫不当有左偏右祖的成见。它是代表整个国家之"力"，它的行动的对象乃是国外的其他国家之"力"。如果它把它的"力"干涉到国内的政治而显然有所主张、有所偏袒，那么，整个的国内政治便根本上要落入"力"的范畴内。在"力"的畴范内，当然只有"力"的意志之所之，没有"理"的讨论的余地；只有"军治"，没有"政治"了！所以在历史上看去，欧美各国的民治的宪政运动都是伴着军队超然化的运动而产生。就是到了今日，英、美、法的国会当中，都不能有在役的军人插足。

"政"离"军"而独立，是民治运动史上的大关键，这点我们的政论家大都忽略了。日本明治间的民治宪政所以能稍露端倪者，大靠它的"军人不干政"的训规。十年来军人开始露骨地干政，而日本的"宪政"便不可遏止地倒开入"幕府擅政"的故辙。

目前中国政治上的最大问题，还是"军队"两字。自非常的革命立场看去，军队必须党化。但自正常的政制立场看去，党化的军队，与民治的宪政，作用上又不免参差。政治演进的行程上，我们确已到了一个十字街头。不下一种决心，走不出一条坦道！

也许我所见有蔽。我总期期看不出在一个军权未能真正统一，军队大不超然的局面下，会有真正民治的宪政。

大家不是要民治的宪政么？这里是根本问题，先决问题：如何促进全国的军权，彻底"一元化"，使军队除中央军外，不再有任何派系的军队。再如何把一切的军队，慨然"超然化"。用一句无语病的话来说，军队真正地"国家化"是一切政治的大前提。如果舆论界能认清这一点，舆论界并不是没有发挥其应有的权威之可能。

《云南日报》1940 年 1 月 14 日第 2 版

新中国的政治

王赣愚

  我们中国步入了大时代，踏上了和平建设的途程。一切的政治问题，只能待协议而决，法制既未创立民意又不伸张情分的因素，要算得最重要。国事演变到今天，谁也不赞成援用武力，任何形式的内战，都成了时代过去，此后断不能关起门来，自己再打几年仗。

  国家要长期安定，当从政治建设入手，由实施真正民主宪政，以奠定新的政治秩序，已经成了举国共认的目标。现值千载一时的机运，倘能建立政治常轨，则当前国内团结问题，就不难迎刃而解了。抗战胜利结束，震动了国人的政治自觉，大家在政治上从观念以至行动，决然加以自我的检讨。时至今日，谁都感觉政治未臻统一，致使国力涣散分裂，根本谈不到什么建设。但要促进政治统一，只有两条路可走：一条是武力之路；一条是宪政之路。而当今之主持国是者，对于这两条路的抉择，急需睿智英明的判断，千万不容鲁莽灭裂。无疑的，一直到了今天，还有人在做武力统一的迷梦，但明眼人早知此路走不通了。我们莫把统一看得太容易、太简单了，却应认清统一的先决条件是什么，要达到政治上的统一，非从政治建设着手不可，而政治建设的开端，就是实施民主宪政，为国家立长治久安之基。民主宪政的妙处，就在使政权从甲转移到乙，由乙转移到丙，有常轨可循。相安若无事。换言之，实施民主宪政之后，政权的更替，必须取决于选举，朝野互相公开争权，以人民为仲裁者，谁胜谁负赖以判定。这是和平政治的真理，真实统一的表现。

  在和平建设的大前提下，政治制度所应有的效用，在使人民与政府结成一气，相忍互谅，其间毫无隔阂。政权之所属，既然取决于民意，竞争自不诉诸武力，人民要谁上台，谁就上了台。我个人也很深信，中国如能实施民主宪政，创立政治的常轨，则不但实现当前国内的团结，必定有更大的把握，就是此后国家建设的促进，也将有推波助澜之功。抗战的胜利，给我们以奋发有为之机，只要我们充分地利用，便能在相当期间内，建立一个富强的新中国。但此中却有一先决条件，政治必须有常轨可循，否则又是一场混乱，混乱的结果，一切建设都成了梦！从和平的需要上，寻找政权安定的方式，在今日的中国似乎是必然的趋向。全国上下，喁喁望治，为了达到政治的稳定，莫不视民主宪政为一条坦途。在拨乱反正的时候，开明专制容或有其功用，然欲使政治真正上了常轨，大家坚信民主宪政是必要的，自辛亥革命到现在，国内政局杌陧不宁，是因为往昔维系人心的旧制度已经推翻了，而我们至今还没有建立什么可以替代它的新制度。所以，民国以来从政的人，不论身居朝野，都拿出武力以争权，闹来闹去总是那一套。政权公开有些时候不知酿成了多少变乱，贻国家民族以大患。

  在国事现阶段上，讲和平建设，其意义更积极、更确实。全国在这个大前提之下，天然要竭诚结合了，于政治上确定了方略，步步地促其实现。我们到今急需政治上轨道，发生更大更强的力量，来建立一个真正现代化的国家。若要做到这一层，则使政权公诸大众，将成一个不可或缺的步骤。政权之取求及保持，本出不了武力与选举的两方式；武力纵可收速效于一时，终久难免无谓之纷扰。天下可从马上得之，而不能以马上治之，这是最昭著的事实。依选举以争权，不论普选能否彻底实行，总不失为一条稳当的途径。倘朝野俱不习于道，其所用争权的方式一殊，则国中所行的政治，便会千差万别了。处今日而谈政权，我们免不了联想到政党，在国内的政治舞台上，演争权把戏的主角，已非背刃带甲的独夫，而是结群挟众的政党。我们对政党决不能因感情上的爱憎，而任意决定其存废，它的存在已成了事实，忽视之者真是不识时务！如今我国政治的归趋，殊可断定其是多党政治，执政党以外之各党各派，势将取得合法的地位了，相信民主宪政实施之后，国内不免有更多的政党出现，这也是十分自然的发展。各政党公开争权，其所引起的问题之更趋复杂，乃我们预测得到的一种现象。看政治大势所趋，治乱兴衰的开端，就在确定政权更替的方式，使党争纳入于正轨，化干戈为玉帛。从政党的法内活动里，民意既可以集中凝结，政见亦得以具体表现，这一来，政权问题终有合理的归宿。一般的民主先进国家，容许各党公开争权，始终对大局无碍，政权的安定和运用，都靠民意的向背为准，而集中或领导民意，又不能不假手于政党。这种和平政治的成规，在他国既能收到实效，我们为什么不可酌情采行？今于国家政治亟待刷新之际，摧残国力的流血党争，当然已不能适合机宜，但眼前虚若委蛇的党派合作似亦可能促成了来日的隐忧。所以，我们绝不可以维持现状为足，而应积极实行民主宪政，使党争不逾越常轨，为国家谋长治久安，这是刻不容缓的要图。

国家经过了八年苦战，濒于崩溃而新生，当然需要长期的和平，倾轧不①已的党争，不该再出现于今日了。我对国事向不容悲观，但认为症结仍在政治，政治本是众人之事，为公而非为私，故政党的作用，虽在于竞争政权，然其动机却私中有公，徒私而无公，绝不足称为真政党。真政党不论在朝或在野，始终以国家利害为前提，任凭自行其是，于大局始终无损，所以站在党争以外的人民，尽可袖手以观其进退，而不必忧虑到国家的安危。政党也不必专求袪秘，对关系国家前途的大事，能秉公持允以处理，已经是难能可贵了。所以，要政党政治上轨道，除实施宪政以外，还须重视政治道德之培养。政党固以争权为主要活动，但争权当有为公的襟度，并且应该尊重异己，彼此推诚相见，坦率议政，用笔舌做武器，谁曲谁直专靠国民来判定。各政党在政权竞争中，仍不忘民意的向背，故无所用其嫉妒，又无所用其拼挤。政党相互间的道德，在中国尚有待于养成，所以一旦掌握政权，立刻忘了形，滥用在朝之势，以求中伤敌手，逼使敌手铤而走险，只求报复以自快，结果国家暗中吃大亏。以私害公的党争，是中国政治上的怪现象，今后不可不立即革除。现下我国的政局，尚未趋于一般所渴望的稳定，谁也不敢保证不因政党问题而掀起意外的纠纷。此时为了防患于未然，一切似只待人而决，一句话，在政轨尚未创立之前，政治道德尤形重要，这就是在朝者与在野者，愿在相忍互让之下，正视当前国家的大局，下决心实现和平、民主与团结。这一着，谈来很容易，假使欠缺了政治道德，结果也只是愿望而已。政治家的襟度、远见和英断，应用到党的接触上去，我们中国的政治，当然就要改观了。

上面所提出的各点，也只限于泛论，至于怎样引导政治于正轨，这里不能条条屡述。

---

① 原文无，编者添加。编者注。

总之，抗战的胜利，予以我们和平建设之机，这时凡百待举，不应为政治所牵绊。我们主持国是的人，更应趁千载一时，审度党派的现况，参凭人事的分野，逐渐把政权的更替，加以合理妥当的安排，这就是长治久安之计，其收效不仅在振奋人心。此后的和平期间，无论久暂长短，对于中国都是极端珍贵的，我们应该善加利用，不该轻易地误过。在这和平期间内，不论何党何派秉政，其不可卸却的责任，都是努力各项建设，为国家奠立不拔之基。过去我们倡言建设，实则障碍不一而足，其中政治问题，可算是最严重。国内总是一治一乱，演了多次的循环，而积铢累寸的进步，往往于顷刻间被消灭了。经过了八年余的苦战，我国政治虽不断地在刷新着，但在光明的大势之下，不免仍有阴霾黑影。国是到了今天，我们须有慧眼看出时代主流，有勇气向民主大路前进，对国家政治彻底检讨，切实改善，以策其长足进步。我们是一个博大的国家，现又处在特殊的局势下，只有新观念、新作风和新办法才能够推动大时代的政治。我们战后之建国工作不应仅以恢复战前状态为足，同时更应趁机迎头赶上而建立一个现代化的国家。非如此，便不配称为强国了。在胜利来临的今日，凡有政治意识的人，无论站在什么立场，无论抱着什么主张，都要深刻地认识了这一点，而在和平建设的大路上，引导国家政治于常轨，自然需要最大的努力。

《正义报》1945 年 10 月 10 日抗战胜利纪念特刊第 1 版

政治建设

评"试行行政院负责制"

朱驭欧

　　酝酿了很久而且经过不少曲折的政府改组，总算终于四月底勉强得以实现，但政府改组迄今已逾月余，国内的大局不特并未因之好转，反而更趋恶化，即最近参政会所作最后一次的和平运动，也不幸已为戡乱和讨伐的叫嚣所冲淡，落得昙花一现，而成为泡影了。看来今后在新政府之下，正如新行政院张院长自己所坦白承认的，亦不至再有其他"奇迹出现"，足以挽救危局。老实说：大家对于此次政府的改组，本来没有感觉若何兴奋，更对于换汤不换药所产生的新政府未存若何幻想，当然也无所谓失望了，不过据说此次政府改组还牵涉到一个改制的问题，即所谓"试行责任内阁制"。民社青年两党的人士在参加改组之前，似乎一再提到这点，把它作为他们参加的先决条件之一，改组实现后，新行政院张院长在首次政务会议席上复特别地强调地说："此次政院改组之意义，即试行行政院负责制，以后行政院应全体负责，此次行政院原任各部会长官全体总辞职，再加新任命，即为表现此种精神之一例。"由此足见他俨然以首任的内阁总理自居，而且希望各新任部会首长和他同"跳火坑"。现在我们始且撇开政治问题不谈，只就制度而言制度，试看在目前的情形之下，要想"试行行政院负责制"是否可以兑现？

　　大家都知道，责任内阁制首创于英国，后虽经其他若干国家仿效，然实行的结果，均不如英国那样圆满。何以故？乃因此制在英国有其悠久的历史①背景，系随该国民主政治演进而形成，并非预为设计，亦非偶然得来，可说早在十七世纪末期，内阁在英已具雏形，但是内阁须对国会负责的原则，却到了十八世纪中叶才开始确立。其所以然者，因为这个时候，英国的民主宪政已将近成熟的阶段，实行责任内阁制的主观和客观的条件均已具备。所谓主观的条件，就是内阁已由御用的辅弼机关，而变成独立自主的最高行政机关。不特英王已不再干预政治，其领导地位已为内阁首相取而代之，即原有襄赞朝廷大计的枢密院，亦已失去其功用，而仅存其名了。至于在客观的条件方面，第一，此时的英国的选举制度，虽尚未达到今日全民政治的程度，国会多少仍带有贵族的气味，然而代议制度的基础，业已奠定。经过几百年的奋斗，国会不仅已获得了最高的立法权，而且已握有财政控制权，这样就可供政府的行政机关，对它不能不俯首就范了。第二，原有封建时代的政团，已逐渐发展而成为现代的两大政党。这就是说，它们已放弃过去以武力为唯一政争的工具，转而采取和平合法的手段，以争取民众的拥护，于是选票代替了枪弹，互相尊重和容让，代替了互相残杀和仇恨。每次选举的结果，胜利的一方面，即出而组阁主政，要以成绩的表现，巩固其政权。失败的方面则立于反对的地位，虽不免要吹毛求疵的抨击政府，然亦只在争取人民的同情。以求削减在朝党的威信，而期自己有一个出而主政的机会。如此一进一退，均以民意的背向为依归，此种两党政治形势

---

　　① 史：原文为"久"。编者注。

的造成，不致使英国政权的更迭有了常轨可循，同时亦是内阁制得以顺利推行的主因。一方面因为内阁首相及其他内阁员均由在国会拥有大多数议席的政党供给，无复再由君王以个人的好恶来决定人选；就是遇有野心的君王，也不能来左右内阁了。在另一方面，因为内阁为一党的领袖人物所选成，政见自然易于趋于一致，并且在国会中既有大多数的议员为后盾，除非其决定的政策，有重大的错误或违反大部分人民的意向，必定能够得到贯彻实施。也可以说，自政党政治形成以后，英国的内阁在法律上虽仍须受国会的控制。实际上，却已取得领导国会的地位，两者似可分而不可分，唯其行政与立法机关紧密联系，同时为一党所主持，则政府的功过，即易为人民判明，此不仅是英国内党政治的优点，亦是责任内阁制能得运用成功的奥妙，第三，自一二一五年大宪章的公布后以至十八世纪中叶，在这个漫长的民主运动当中，英国的朝野都已树立法治精神；对政治有了相当好的素养，故责任内阁制，虽于法无据，完全建立政治在习惯上，二百年来类人均能遵行不渝，这也不是普通一个国家的人民所能做到的。

现在我们话归本题，试问在目前上列英国责任内阁制开始实行时所有的主观和客观的形势，在我国已经存在了没有？我们的回答当然是否定的，自国民政府成立以来，前后所订的国府组织法，虽都明定行政院为我国的最高行政机关，然而实际上，行政院之上，始终另有若干太上政府存在的。远者姑勿论，即以改组后的政府机构而论，行政院之上不特有国府主席，还有国府委员会。修改后的国府组织法虽然赋予行政院一些重要的权力，如得由政务会议议决提出于立法院之法律案、预算案、大赦案，以及宣战媾和案等等，但同时却又规定国务会议有议决立法原则、施政方针、军政大计、财政计划及预算等等，两相对较，即知行政院的权力，完全是有名无实的。因为它所能决议的事件，不是要根据国务会议的决议，便须呈国务会议再加核定。换言之，目前国府的最高决策机关是国府委员会，而不是行政院，新订的国务会议规则对于主席的紧急措施，虽已略加限制；但其范围仍相当广泛。何况我国一向重人不重法，今后主席仍可以不必经过国务会议，直接以手谕命令行政院，或甚至连行政院也无①须经过，径向各部会以及地方机关命令行事。再者，在欧美的民主国家，军事行政不过是一般行政的一部分；而且军政机关亦必隶属于最高行政机关之下，然而我国的情形却甚特殊，过去在行政院之外，另有军事委员会之设，军政部、海军部、航空委员会等有些在名义上隶属于行政院，实际上却归军事委员会指挥；有的则直接设于该会之下，胜利后，该会虽已撤消，而另设立国防部置于行政院之下，但是军政长官仍可"帷幄上奏"。譬如行政院各首长第一次出席立法院报告施政方针的时候，张院长既含糊其辞的主张和平统一，白部长却说，依照最高统帅的命令，武力统一是既定的国策，同是一个政院有两个极端相反的政策，已是笑话。并且足证明行政院连最高的执行权，亦是不完整的。如此而言实施共同负责制，如何可能？如果照张院长自己所说的，今后行政院要忠实执行国府会议的决策和立法院所制定的法律，这无异要同时对两个机关负责，以一仆而侍二主，岂不左右为难？傅斯年先生曾为文对前宋院长作轰炸式和不留情的攻讦，博得不少人的喝彩。宋院长在他任内有许多措施固然大大失当，以致为国人所唾骂，弄得没面子地下台，咎由自取，我也用不着替他辩护，但是平心而论，国事弄得如此一团糟，行政院院长是否要负全责？如果不是的话，那么，前宋院长在许多方面是代人受过了。我查今日张院长所处的地位，

①　无：原文为"毋"。编者注。

未必较前宋院长为优，其结果自亦不难预料。

其次，"试行行政院负责制"，就客观的条件而言，也是行不通的。一则目前我国的立法院既非人民的代议机关，亦无独立立法和足以控制政府行政的权力，根本不能与英国的国会同日而语。虽然政府改组以后，在形式上已"由一党训政变成为多党训政"，但事实上，因为民社青年两党的力量微乎不足道，但已有"尾巴的嫌疑"，政府仍未脱离一党专政的窠臼。不特此也，今日国民党已非昔日那样意志统一的革命政党，而其内部已分成了许多极①不相容的派系，彼此互相倾轧，并不是因为在政治的主张上有何差异，乃完全着眼在权力的争夺。因此行政院院长可能是某系或某派的领导人物，却不必一定得到全党的拥护。所以就党的立场看，他的地位亦不能与英国内阁首相的地位相比拟。至于谈到法治精神，不特我国一般老百姓无此素养，虽政府当局对之亦甚漠然。张院长登台之初曾谆谆以此自勉并勉人，然而据说他最近调整公教人员待遇的一件事，亦曾亲向蒋主席数度请示，经许可后，才提交政务委员会讨论通过，其余概可想见，法治乎？亦只能由张院长自己加以区别，我们②实无从测其高深。

总而言之，我国政府的机构，一般是叠床架屋的，改组后并未见简化。因此，仍然是系统不明、权责不清，有权的人未必负责；负责的人可未必有权，法可因人而立，法亦可因人而毁，如此而言"试行行政院负责制"，究竟由谁来负责，对谁负责？

《正义报》1947 年 6 月 8 日第 2 版

国立云南大学教授文集（一）

---

① 极：原文为"积"。编者注。
② 们：原文为"他"。编者注。

提高工作效率

瞿明宙

"效率"二字为人们所习见习用，而"提高工作效率"一语，尤为现在任何一个行政、教育或事业机关所希望做到的实绩。二十九年国民精神总动员周年纪念，蒋主席广播训词中特指示以工作竞赛方法，提高各行政、事业机关的工作效率，以加速完成民生主义国家的建设。而行政三联制的实施，尤为注重工作效率考核的良规。但默察各种事业，究竟因为此种运动的推行，制度的建立，把工作效率提高了多少？不仅局外人无从据断，即当事者亦难以实指。或有人以为吾国民族性向重埋头苦干，"只问耕耘，不问收获"，像那样处处讲"效率"的功利主义，为先圣所不道，人民所厌闻。其实大谬不然。孟子答万章之问，不是有"非食志也，食功也"的说法么？（见《孟子·滕文公》章）所谓"食志"，即是经济行为的物质欲望之满足，所谓"食功"，即是经济原则的功效之是求。只以吾国人民向来对于"效"，只有一个主观的观察，笼统的概念，如某也善、某也利，究竟这些"善"、这些"利"的客观标准如何？所达到的程度如何？其获得此"善"此"利"，与其所费去的人力、财力，两相比较，其正确的比率又如何？则素不之计。甚至有为铺张场面，粉饰成绩，不惜牺牲巨大的人力财力，以求在外观上有所表现。即在今日政府积极推行新政，下级机关为应付上级机关的考查，而作此违反经济原则之措施者，仍比比皆是。不知者犹誉之为善，誉之为利，其实律以经济原则，已属所得不偿所失。故笔者以为今日如欲讲提高工作效率，首先要把人们心理上的错误彻底纠正。这个错误，便是共知示"效"，而不知计"率"。

或有以为吾国人民向来精于计"率"，如购买货物者必求价廉而物美，从事工作者要求工简而酬丰，猎官者不必捷径，贪污者要择肥而噬。此皆欲以最少之劳费，获得最大的报酬，颇合于经济学上的合理原则（PrjncjKal of Ratjonalyatzom），吾国人民固优为之。诚然，这种广泛的人类经济本能的行为，其趣或类于计"率"。但决不是这里所说的工作效率的"率"。且笔者认为吾国人民正因为被这些以少博多，力省酬丰，乃至巧取豪夺之惰性的、侥幸的心理所毒化，故任何新的政策，好的制度，一推行到下层，就弊端百出，而完全变质。倘此种惰性的、侥幸的心理不能彻底根绝，则根本无以谈建设。吾人须认清工作效率的"率"，是建基于"劳力"及其附随的时间费用等等的上面，所谓提高工作效率，不是减低工作的劳度，相反的，却应加强工作的劳度，俾预定的工作，可在时短费省的情形下，获得更大的成果；从而使国家的整个建设，亦能在较短的时间，较少的消耗，藉国民劳动的强化与合理化，达成其预定的目标。必须是劳力上的成功，方得谓之"效"，必须是合理的运用劳力，时短费省而获得较大的成功，方得谓之有"效率"。至于效率的高低程度如何，又当以所费劳动力的价值及劳动过程中的消耗总值，与其所完成工作的物质价值作对比，以求其比率。所以提高工作效率云者，即是要求在劳动过程中的成功愈多，耗费愈少，使每一生产品的成本愈低。离开了劳动，即无

政治建设

以言"效率",离开了加强劳动与合理化的运用劳动,即以无言"提高工作效率"。

运用劳动何以需要合理?最好拿事实来说明。"顶了石头做戏,吃力不讨好",这一句谚语,是一般人所习闻的,我们工作上的劳动,最忌吃力不讨好。特别是在团体工作时,尤其需要劳动的配置得法,所谓"劳动组织"者即是。苏联的青年工人斯太哈诺夫,他以五时四十五分采掘一百零二吨乃至二百二十七吨之煤,其工作效率之高,苏联誉之为劳动英雄,并推行为全国性的竞赛运动,这是吾人所周知的。但是斯氏因为以前失败而改进劳动组织之一段史实,每易为人所忽略。斯氏最初在顿河矿区工作,多未能如期执行预定计划,成绩落在其他工业与其他矿区之后。他苦心研究,发现工作落后,不是因为工具不精,而是因为劳动组织不良。因为当时采用新式电钻掘煤,但并未按新技术来实施精密的分工制度,许多人挤在一个地方工作,行动既不自由,工作又互相妨碍。而且同一工人既要各用电钻掘煤,又要兼顾支撑木架,有时还要顾到运输。所以,工作效率必然降低。于是斯氏建议,首先把工作场所分作数段,将以前挤在一堆的工作伴侣,分到各段去工作。每段自成一队,独立负责进行。然后再在每队内,实施精密分工,使钻煤、支木架、运输等工作,都由专人负责。他于一九三五年的八月三十一夜班,按新的劳动组织做首次试验,自认钻煤工作。结果,遂获得了前述的惊人成绩,较之往日,其工作效率增加了十四至十六倍,这一段史实说明了提高工作效率,不仅要工作者的劳动程度加强,而且还要劳动力的支配运用得法。劳动组织实是提高工作效率的有力杠杆。

提高工作效率的方法,固以举行工作竞赛为最易收效。但以吾国过去近十年的倡导(二十八年开始),只是在某些特定机构内,做了些"表征"工作。迄未能将此种精神,广泛而深入到民间,其原因有下列四点:

(一)推行此种运动者,当作一种公事去办,只求如式而止。更因本意在做"表征"故为表征所耗的人力、财力更属不赀。

(二)一般人对提高工作效率的认识不清,甚至连效率两字的意义亦囫囵吞枣似的含糊不明,认识不清便信仰不生,信仰不生便力量不起。

(三)推行一种社会运动最要紧的须先造成一种与此种运动相配应的社会空气。现在推行八九年,不仅在社会上没有起了明显的作用,连实施行政三联制的行政机关,亦只是在工作计划各报告中,点渲了这一类的新调。究竟"效"由何生,"率"到几度,从无精密计算。姑承认其是事实,亦只是表出一个"效"而已矣。行政机关如此,何以示范人民。

(四)因为币值跌落,物价高涨,经营产销业务者,上为此只求保持实物本位,下为此则以账面上的盈余数字相夸。故向以减低生产成本,加强生产数量这两方面以考查一个生产机构之工作效率者,今已废止不用。

现在如欲针对时弊,毅力推进,则作者认为要先切实做到下列四点:

(一)关于提高工作效率的认识,劳工情绪的培养,工作竞赛之广泛的应用(昨十月十八日报载教厅举行各中学的学科竞赛正合此义),工作效率之比率的计算及图表绘制与展览,均应由教育界做起,并在各地中心学校普遍推行。

(二)关于行政机关之行政效率的提高,应将其完成的工作数量与其所费人力、财力和时间相对比,不能单从片面的数字来表示,考核的人也应该考核其比率。

(三)生产机构第一须使其实际生产量较计划生产量之比率为高,第二须使实际的

国立云南大学教授文集(一)

生产成本较计划的生产成本为低，第三须使品质进步，市场上获得了不易动摇的地位。

（四）对于公营事业，应从提高事业责任（Business Accountability）入手。本来"事业责任"的意义，系指经营工商业者，能使其事业自力更生即偶然借助手人，亦应视同一种债务，刻筹清偿。因此，他的制品一样的要顾到成本，发售一样的要有利润，且成本与售价均能在市场上竞争，而不致失败。过去吾国公营事业的主管人，是当作衙门里的公事去办，蚀本于己无关，赚钱暗中自肥。更藉了独占、贴补等优遇，可以毫不费心，毫无责任。所以，没有一个公营事业机关办得有精有彩①的。现在非从根本上解决不可。必须把事业责任心培养起来，然后才谈得到提高工作效率。

《平民日报》1947 年 10 月 19 日第 4 版

政治建设

---

① 彩：原文为"采"。编者注。

民主要求与民主德性

——为国大进一言

范　锜

　　民主政体，国家统治权，已属于人民之全体，则凡组织国家之分子，自始即居于绝对平等之地位，国家一切机会，皆得共享共有，此为民主国家所应共认者。现中国已为民主国，则国人自有要求一切机会均等之权利。顾所要求范围颇广，约可分数方面而言：

　　（一）政治民主。通常以此为要求普选之问题，国内人民，无分男女，达到一定年龄，皆有选举被选之权。卢梭时代，为此运动最烈之时期，此后欧美各国，多有实行之者，然对于女子参政问题，至晚近始告解决。同时罢免权，各国议会，亦常能依不信用投票，而解决之。但吾人希望舍此选举罢免外，更要实行创制复决等政权。

　　（二）经济民主。此为要求经济平等之问题，现今各国，多采取缓和的社会主义，犹未能彻底解决也。自产业革命后，巨细生产工业，皆移诸于工场，国家财富，逐渐归于少数人之手，多数民众，皆仰给彼等而生活，于是酿成今日劳资之冲突，为现代社会潮流之最激烈者，倘此问题不解决，政治民主，亦等于具文，人类平等，更难以实现矣。

　　（三）社会民主。此为道德的人格觉悟之要求，在一社会中，各人皆为组织社会之主体，个人间相互之关系，唯有信义与敬爱，决不受任何轻侮或排挤，个人间相互之要求，亦为社会正义所规定，不容有任何差别或强制。且生活于社会中，各人皆有平等之权利，阶级之区分，地位之制限，男女之差等，全无道德的根据，自宜根绝之，务使各人活动，不致为社会组织所牵制。

　　（四）道德民主。要求道德有共通标准，能适用于各方面，无尊卑贫富、贵贱、男女之别；近更进而要求政府措施、个人行动，均应以全民福利[①]为目的，政治之臧否，一视能否以民意为依归，殆亦民主精神之所寄也。

　　（五）教育民主。要求教育机会均等也，国民教育，固早普及于各国，但中等教育，视为义务教育，战前，只有苏德二国能行之。至高等教育，视为义务教育，则尚未有所闻。但欲个人智德能力充分发展，则人皆有要求高等教育机会均等之权利也。

　　上述各种机会均等要求，有已实行，有行而未遂者，宜再检讨之。关于经济平等，议之者甚众，有以"需要"为分配原则者；有以"勤劳"为分配原则者；有主张废除遗产制者；亦有主张取消私有财产制者；不一而足，然多未能实行，将来必有进展也。如此经济平等之要求，为波及全球最热烈之运动，现今西欧诸国，多已改良经济组织，以适应国代要求；东欧方面，则多采取苏联共产制度。但政治不尚民主，而重集权，不免为民主潮流之反动，论者多病之。余以为经济平等之问题，应由国家负责，规定国民生

---

　　① 利：原文为"到"。编者注。

活之水准，需要多者不能超过最高之限度，需要寡者，亦得适当之满足。同时，各宜应其能力，而尽其应负之责。国内经济事业、公用事业及生产事业，皆宜直接归国家经营或支配，但国人亦得直接监督之，务使各人，皆得均沾国家之利益，不致为少数人，或一阶级，或一团体所独占至经济所以集中之理由一如今日政治法律之必须集中也，其实，皆为遵行公共意志，及实现公共目的之方便耳。

各人实际生活，已需解决，以所需要者，为身心陶冶问题，即各人皆得参与国政，各人均须有参与知识与能力也。故真正民主国家，应使国内各分子，无一不受高深之教育，亦无一不具有自律的人格也。各人气质性格之不同，能力禀赋之互异，依据差异心理学之研究，实为不可掩之事实，然所以补救其短，而启发其长者，教育也。教育之在民主社会中，人皆有要求享受之权利，绝无所限制也，各人个性虽不同，然究其完成人格，而为自律的公民，则人我皆一也。但欲国内各分子，皆得受高深之教育，国家宜负完全之责任，岁之所入，应多拨付及此（一反现代国家军费膨大之所为）。盖国家存在，唯一任务，即在教育其民，使各人身心智德，皆能充分发展，而为完美的世界公民也。

至道德民主，尤为民主精神之所寄，更须设法培植，以适应民主生活之要求。顾种种德性或道德习惯中，其最适于民主生活者，约有四事：

（一）虚心坦怀：能忍事实，容纳人言，及接受批评之谓，人能有此德性，处理世事，自能审理之真伪，辨事之是非，决不致参以成见、偏见、主见及私见也。较诸意气用事，不问事理真伪，嚣嚣然与人争论，只知曲解强辩，以掩己错误者，正与此相反。吾人欲实行民主政治，应使国人有此廓然大公之态度，当讨论国政时，各宜去其成见，摈除利害观念，专一虚怀而讨论求其合理之解决，政治前途，始有开明希望，若仍朋比为奸，纵横捭阖，党同伐异，决不致有光明之一日。

（二）公平正直：能言行一致，表里如一，诚以待人，严以律己之谓也。人能有此德性，自能不畏强暴，不苟随和，不顾利害，不避艰险，一秉至诚，以天下为公。倘自己有过，被人指摘，不文过，不饰非，直认而不讳；他人有善，有长才，即仇雠，亦亟称之，如祁奚之举善，"称其雠，不为谄，立其子，不为比，举其偏，不为党"。为国求贤，应如是！吾人欲实行民主政治而有效，宜痛改旧日颠倒是非，枉断曲直之恶习，而设法养成公正之德行。

（三）负责力行：民主国家，甚重权利义务之观念，各人咸须不弃权、不卸责，毅然尽其应尽之职责，而管理国家之政事。值乎当前，审慎自度，能否胜任，及自信而能，则宜负责力行，求所事之得当，虽途遇艰险，亦不回避，勇往直前，必果其使命而后已，苟人人如是，则百事咸兴，社会生活，亦必日有进展，惜国人多未能行，官需高，俸需优，避难就易，敷衍塞责，益以贪鄙无能，为世诟病。长此而往，国将不国，故吾人要实行民主，不可不养成国民责任心。

（四）洁己奉公：此亦为民主政治必需之要素，人能尽力于公，不徇私益，则一切嫉妒[1]陷害之心，妨贤害能之举，皆归于乌有矣。盖选贤任能，是为公众谋福利，而非为个人安富尊荣也，推举惟恐不当，岂有排挤遗弃之理。今日政途之龌龊，只因贪鄙之风盛，使稍自爱者，裹足不敢前，贪婪卑劣之辈，趋之若鹜然。苟能肃清吏治，扫除恶习，固可稍抑贪污之念，悻进之心，然亦不过一时之振刷，而非根本心理之改造。如需

---

① 妒：原文为"忌"。编者注。

政治建设

根本心理之改造，务使将来国民，能明辨公私，而养成其利他、爱众、牺牲、服务之精神。上述各种德性，为使中国民主政治，发生实效之基础，甚盼国人能共同努力，而求其实现。

《平民日报》1948 年 4 月 11 日第 4 版

国立云南大学教授文集（一）

民主须尊重多数意志

范　锜

现今民主政治，实为多数人统治之政体，其所以成立，基于个人人格之觉悟，组织国家之分子，同居于绝对平等之地位，对于国家政权，同有参与之机会；对于国家权益，同有共享之权利；并宜各尽其心思能力，促进社会之文化，公共之幸福。如此多数人统治之政治，其处理庶政，虽有时较专政或独裁者为迟缓，然较专制或独裁者为稳健，且更能负责任事也。集思协谋，机会已多，分工合作，人数又众，个人聪颖智能，究不若协力而图治。且由多数国人，直接管理国政，更可以长治久安，因只有多数，而反对少数也。彼独裁政治，或寡头政治，则常以个人或少数，而反对多数，或少数彼此自行冲突，故内乱常不绝。自英国一六八八年革命以来，民主政治已逐渐风行于世，迄今已成为世界一大潮流，常视为国家政治最后之判断，故尊重多数意志，不惟顺应世界趋势，亦为适应时代要求也。

卢梭肇基洛克民主思想，以为最高最后权力，属于人民，统治的治权，为人民所赋予，人民所愿望者，为全体人民之福利，由此出发一切合理愿望，名之曰：一般意志，实现此意志，即为政府之目的。迄今民主政府，亦以公意为基础，而重舆论之自由也。美总统遮夫逊（Jefferson）常信服民之意见，可为百胜军，为求公众之安宁，唯有任要闻之自由，公意绝不能反抗，政府亦不能无监督而存在。如政府与新闻，任择其一，吾宁取新闻而去政府云。但此新闻，必能负责，而吐其实，决非有意刺激情感，以广其销数者也。迩来新闻自由，更向国际方面而发展，日前国际新闻自由会议，规定新闻自由及全球新闻自由，并废止对外国记者无理之限制，明订条约，以为信守标准，诚有足多者。吾人亦以为新闻及言论自由，应加以保障，不宜以种族、国籍、宗教、政治等关系，而有所限制，致不能矫正其措施也。唯新闻自由，应负道德义务，不抱偏见，觅取事实，不存恶意，散布情报，以期协助维护国际和平与安全。

现今民主政体，一切政治措施，固以民众公意为依归，但公意常无一定标准，不易测验，且不免流于情感，缺乏理性判断，而为野心家所利用。民智低下之邦，往往是非未明，真伪莫辨，究难获一正确观念也，且公意之所向，具有绝大权威，强人之必行，富有压制之性质。违之者，必遭诽谤，或不免于危害，人情好誉恶谤，言论行动，即为其所左右。如此强制力，守旧社会为尤甚。但民智愈发达，言论思想愈自由，则公意强制力，或可轻减，亦可增强也。总之，欲民意之正确，民智不可不使之发达也。所谓教育，即能使人知德能力之发展，且足为自由幸福之保障，人必受教育，始能发见贤能之政府，协力而助之。遮夫逊以教育维护言论思想之自由，诚有所见也。

虽然，所谓公意，亦不一其解也，卢梭一般意志之说，影响政治理论甚巨，有认为一般意志，超越于各人集合意志，真正社会意志之观念，常深缔于国民共通思想语言中；有谓一般意志，虽于认识，究不知其为何物？因全体社会之性质，关系及倾向，无人能捉摸之也；有另主张集合意志者，谓此可由个别意志协力而构成及发展，团体生活，因相互关系作用，即能说明集合观念、情感及意志也。

其实，一般意志，存于各人心中，确有共通之倾向，各人主张之不同，因就事衡理见解之不同，其所以构成一般意志之观念、情感、意识等要素，则仍趋于同也，夫不同，是由同而生，不同之后，仍归于同，同同异异，所以促进国家社会进步者也。一国之众，亦难乎其同矣，然可使之同，反复磋商，先后接洽，终可趋于同也。如会议然，集思广益，自可趋于统一，统一之意见，实超于各人之主张，而为共通之意见，如此共通之意见，亦即一般意志也。全体人民所要求，无论如何政府，皆莫能与之抗，纵有顿挫，最后胜利，仍归于民也。且吾亦未闻有何政府，能长期压迫民众公意者，压迫愈甚，反动愈烈，国民公意，终无敌于天下。民主国家之建设，即此公意之实现于政府之组织也。故民主政府惟求舆论自由之发展，施行政策，一以民意为归。否则，立倒之，亦无害于国宪也，盖国民公意，即依宪法而表现，国民权利，亦依宪法而保障，宪法究为国民公意表现之最要部分也。

公共意志，已为全体之意志，则无论个人或团体，必须戮力实现此共通意志之要求，亦明矣。如此实现共通意志之要求，即为最高最善生活之中心，而此最高最善之生活，可名之曰：真正丁模克拉西。丁模克拉西社会中，共通意志，是由人民逐渐创造而成者也。且此公意，亦非单纯而无进展者，遇事之不同，而异其用也，遇地之不同，而异其形也；各国各有其国民性，其意志亦自不同也。人类生活如流，一般意志，亦随之而变，逐时进展，逐时演化，终向更进步、更理想目的而进行。

虽然，欲创造国民生活，必需之共通意志，使政治生活，日臻于完善；经济生活，日趋于改良；社会生活，日进于理想。又非咄嗟可几者，顾所当行者有五：一、教育之普及，且进而提高教育之水准；二、宜力谋国内外交通运输之发达；三、使国民得直接与闻政事，以求全民政治之实现；四、尊重言论思想之自由，且协助言论机关之发达；五、宜图国际互助合作之扩充，以增进国人共通之意识。凡此五项之实行，务使国人得参加全体意志之表决。同时，亦可为全体意志之代表。现代民主，常重多数之表决，参加表决者，可无是非臧否，真伪善恶之辨乎？不然，亦不免群盲专政之讥矣。

此外，所宜注意者为尊重少数之意志。现今固以服从多数为民主，然贤明之高见，往往发于少数人。事之是非，理之真伪，应以公平判断之，不宜以多数，而断其可否。所谓民主，亦在能各抒所见，而辨其真伪之所在。若必以多数而压制少数，亦失民主之真义矣，故少数如有异见，应使尽披其所怀，复论议决之议案，务冀臻于完且善。盖少数之意见，多数之意见，同以全体福利为归也。参与之项，唯患谋事不臧，集思愈多，愈难获精确之结论，岂以异见纷歧，而病其繁哉？但如现今联合国五强之否决权，则可断言非民主，万邦之决议，可以一票否决之实等于独裁。但国际间，国际道德未确立，国际会议，纯以己国利害为取舍，若必以多数而取决，则一国权利之损失，自不可免，倘各国能以全人类福利为依归，而牺牲一国之权益，则亦足以自遣矣。

《平民日报》1948 年 5 月 16 日第 4 版

如何解脱绝望破坏的过程

范　锜

现世纪，为要求经济平等的世纪，前半期，行将结束了，在这时期中，半光明，半黑暗，半自由，半奴隶，可称为混沌的时期。过了这时期，后半世纪，人类世界，其演变，又将如何？论者依现今局势的演变，断定将来，日趋黑暗，破坏日甚，过去典章文物，将尽归乌有，和平繁荣，终濒于绝望。但人类为理智的生物，是否必经此绝望的破坏的过程？这是我们现在应该讨论的。

人类的宗教、政治、经济等组织之改革，不免于冲突、流血、创伤、残杀，这是无可讳言的，反抗愈烈，破坏鏖杀愈惨，这也是不可避免的。可是欲行社会制度，国家组织之改善，是否必需走此一途呢？这恐怕不尽然，殆与民族性有密切的关系。斯拉夫民族，多居于寒带，坚忍苦干，是他们的长处，冷酷残忍，是他们的短处，而喜走极端，尤为他们的特质。他们可由专制政体，而走到苏维埃，就可以表示他们的特质来。但他们能解决衣食问题，即乐于听一人之指挥，昔日为专制，于今为极权，形式虽有差异，性质却无区别，也足表示斯拉夫民族，绝对服从之天性。若以此施诸中华民族，盎格罗撒逊民族，恐怕未必从，有一碗饭食，要绝对听一人之指挥，听差老妈子，尚不愿意干，何况稍有教育的人呢？极权主义，能行之于苏俄，苏俄人民，又能安之若素，这可说是苏维埃主义，适于斯拉夫民族之要求，说这个是他们的短处可，说这个是他们的长处，也无不可。

盎格罗撒逊民族，则反是，他们喜欢个人的自由，尊重个人权利，十三世纪时，即要求大宪章之实现；非经合法手续，不得逮捕或拘禁人民。到了十六世纪时，欧洲诸国，盛行专制政体，英王查理十一世也不免受其影响，违反大宪章之规定，英人克林威尔等，就组织铁骑队来革命，击败王军，捕杀查理十一世，后来国王，不肯遵守宪法，英人又逐之，迎立威廉为英王。史家因这次革命不流血采为"光荣革命"。我们于此也可知道英人如何重视守法，以及尊重自由权利了。

战后，世界潮流，更趋于经济之改善，英工党即乘时而执政厉行社会主义之政策，把国内铁路、矿产、大工厂、公用事业等，尽收为国有，且平均分配生活必需品，虽极简陋，民无怨言。我们于此，又可见盎格罗撒逊民族，如何能顺应时代要求，平和改进经济组织了。现在西欧诸国多效英国，和平改进它们的经济的组织，同时，又能实行民主，尊重个人自由和权利，较诸东欧诸国，不可同日而语了。

刻有南斯拉夫神父，自欧洲新到昆明，据他说：上次南斯拉夫政变时，许多地方把宗教家、知识阶级以及中产阶级送到土山上，用机枪扫射，成一死人丘，他自己一家人亦在内，他为尸所压，幸免于难，事后，逃脱至此。苏俄革命时，也尽杀戮之能事，脱出中国各地白俄，类能道其详。我们于此，又可知道斯拉夫民族革命，和盎格罗撒逊氏民族两样，必尽杀异己，破坏一切制度文物而后已。

现苏联自认为世界革命的中心，无产阶级的祖国，必控制全世界，实行共产主义而后已。东欧诸国，已实行苏维埃主义，更向世界各国而发展。美国人即反对美国共产党人听从国外极权之控制，所以美国人民极大多数，都为反苏反共之热烈主张者，议会之通过征训法制，扩大陆海军经费，扩充空军至七十大队，以及欧亚诸国经济实物之资助，皆针对苏联而发。现今世界各国，不归苏，即归美，名为独立自主，实不啻附庸，惟美苏二强之马首是瞻。不幸得很，我们中国，美苏二强，都想染指，或据为己有，连年战乱，民无衣食，困苦颠连，不可言状，到处破坏，死亡枕藉，殆已化神圣禹土，而为黑暗地狱了。国人所期望的，美苏二国，无论谁胜谁负，早日决个雌雄，免了后头抽线，我们同胞，也可休息休息了。

惜乎国人不悟，自己政治经济组织，不自行设法改良，迁延岁月，毫无建树，反听强权之摆布，甘为人工具，而不自觉，较诸西欧诸国，善自为谋，诚有霄壤之别了！那些无知民众，急于升斗，做人的手段，犹可说也。为什么有知识的人，也甘为人奔走，做人的炮灰，而不自觉呢？设使苏维埃政治能实现于中国，知识阶级，当然用不着，即受大学教育的学生，也简直无所用。他们对于目不识丁的乡下人，即可教以一技一艺之特长，不要半小时，即可动作，集合各部分，即可成一机械。所谓人生，几等于一极单纯的机械，离开了全体，毫无所用，也不能自活了。苏联科学家，极其专门，极其精细，但只限于一事一物，全无通晓之可言，也不能批评任何其他一事物，专门则专门矣，其如人变机械何？

至于各国社会主义者，虽有共同的理想，希望将来人类社会，无物质之冲突，无阶级之斗争，个人为其分所当为，即为社会；社会为其分所当为，即为个人。个人与个人间，或个人与社会间，极度调和，正邪之问题不起，曲直之争论不生，世界人类，可以团结而为一体。但各国民情互异，文化各殊，究难超越国民生活，而为机械的个人集合之世界。即现今马克思主义者，欲由经济的见地，超越国境，横断人类生活，而建设以经济为基础之理想世界，亦属疑问，然而马克思主义者，深信他们的理想世界能实现，对于现今一切社会制度、宗教道德，皆务破坏，使之无遗。是否用此酷辣的手段，即可实现他们的理想也属疑问，人类生活，不限于物质、政治的活动，艺术的创作、宗教的信仰、道德的实践，以及其他精神生活，皆为人生必需之要求。试问有了衣食住，人们的内心，即能满足否？如能满足，则亦无话可说了，设或不然，可知道人生除了必需的物质生活外，更有精神生活之要求。

我们独怪马克思主义者，欲要求经济平等，尽可协谋改善，他们国内经济之组织，何必一定仿效①斯拉夫民族革命之行动，进行杀戮异党人士，破坏一切典章文物呢？我们何不顺从自己民族倾向，依理知而解决一切问题呢？美国共和党总统候选人杜威，发表他的政见时，他说："现在只求自由人类，皆可振作精神，鼓勇前进，脱离此一绝望黑暗的阶段，臻于自由、繁荣、光明之域。"我们亦有同感，但望一切机会先能均等，始有人类自由之可言。倘政治、经济、教育、社会、道德等，尚不得其平，则自由、繁荣、光明之域，也永不能实现。故我们以为社会组织不完善，欲期破坏时期之解脱，殊属不可能。

《平民日报》1948 年 6 月 27 日第 4 版

---

① 效：原文为"仿"。编者注。

国立云南大学教授文集（一）

民主精神在致力公共福利

范 锜

民主政体，是以人民为主，国家统治权，属于人民全体也。而民主精神，亦以人民为主，一切公私行动，均以群体福利为归也。但所谓福利者，为人民公共之福利，物质的利益与精神的愉快，均包摄而有之。所谓快乐、幸福、功利、利益，皆不出其范围，殆与公共善相仿佛。然除善意含义外，更兼实益而有之，凡共同生活于民主社会者，咸应奋勉而求全体福利也。设一人，而自私其私，则有如全链中一弱环，其破裂将危及于全体。故尊重公共福利，诚为民主生活，最重要标的也。

柏拉图在其理想的共和国名著中，谓："平等的国家之组织，非为个人或阶级，而谋优越的权利，实为国民全体而谋幸福也，各尽其能力，而取其所需要。但能者，不能要求过分之幸福，因各人所为是为国，而非为个人利益也。是知各人应其能，而任其职，实为公众谋福利，初无所谓尊显。亦无所谓公仆也。"格林亦尝曰："人之才能，须以公益概念而决定之。"此固不免为功利主义传统之思想，然在事实上，人之才能，苟非以公益为标准，实难辨其价值也。深山高卧，独善其身，纵有才能，人焉得而知之？即知之矣，其才与不才，于人何补？于世何益哉？即愿起东山，而为世用，亦须夙夜深思，如何与利而除弊，始足以见其贤能，若只尸位而素餐，或自私其所私，亦足为世诟詈也。

李兰德尔在其前进民主著述中，亦尝曰：科学与工艺，所为物质之成就，除非具有道德的目的，或能为民谋福利。否则，未有不为民害者也。盖无向善之目的，进步之工艺，适足戕贼人类之精神，工业化之地域，所能齐至者，亦惟有新式奴役，及民主制度之破坏耳。是知工业之发达，生产之丰盛，未必即能予人以福利，必须生产之目的，为全体民众而后可。且富源之发展，其最重要之事实，厥为人民，人民实为发展成功主要之要素，人之才能、体力及精神，即此成就之工具也。但富源发展之目的，不仅为最大多数人类物质之福利，且须使人自觉其人格之尊严，彼此皆能发表其意见，并能参与需要决定之事态，此又为进步民主所当注意者也。

各人生活于社会中，欲求其能力之发展，目的之实现，必须与人合作而后可，进而图社会之进步，文化之发展，更非与人协谋不为功，如此合作互助之要求，即为民主生活原动力，亦为社会进展根本之要素。吾人欲求智德能力之发展，无非希图全体福利之增进也。个人之能力，原自有限，必与全体发生关系而后著；个人活动，亦自有别，但欲其活动，而为有效之发展，又非以公共福利，为其活动根据不可。若其活动，仅为个人利益，不惟不易成功，且或陷于悲惨之境，即今侥幸有成，所获亦无多，适足示人以不广也。

但此所谓福利，是质乎？抑量乎？是平均乎？抑总和乎？曰：质也，亦量也，平均为主，总和为的也。吾人主张之福利，已兼心物而有之，则质与量，均其内包也，分量固希多，性质亦所量；若仅求其量，而不务其质，其能满足人心内部要求乎？人生物质生活之要求，究为最低限度之需要，精神生活之期望，乃为内心无限之追求。古来对快乐幸福之见解，彼此各不同：有以实际生活，舒适愉悦，为最快乐，或最幸福者，如功利主义然；有以淡泊宁静，超逸自适，为无上快乐者，如爱被克罗学派然；有以任情纵欲，及时行乐，为人生最乐意之举者，如奇勒内学派然；有以禁绝欲望，检束清苦，为人生绝对快乐者，如基尼克学派然；更有以探究根本实在，为世界最大之快举，且为世界最大快乐者，如柏拉图然；彼此所见，诚有霄壤之别。夫快乐幸福之量，固可以强弱久暂而计之，但快乐幸福之质，则在其人体认之，自居局外者，莫知其底蕴也。但此所谓福利，已包质量而有之，则吾人所应勉者，务使各人皆能满足其欲望。愉悦其心情，脱离压迫羁绊，而达荣誉、自由、美满之境域，各无仇恨、憎恶、恐惧、悻戾，而得悠久、和平、欣慰、安宁的生活，设吾人自信有创造的意志，能协力建设更进步更理想的生活，则不为如此目的可实现，即自然世界，亦可化为永乐的天国。

至福利平均，或总和之问题，亦非难于解决者，国人生活，尚在水准下，自以福利平均为原则，务使家给人足，各得实际生活之裕如。倘国人皆得生活于水准之上，则更求全体福利之增进，务使生活向上而发展，满足个人内心之要求。迨至个人福利平均，已达饱和阶段，则福利平均，亦即福利总和也。现今美国，富甲全球，利得总和，当首屈一指，然国家财富，实操于少数人之手，大多数民众，实不免为人生产之工具，若能平均分配，则各人自可获较裕生活也。所谓"不患贫，而患不均"，亦即此福利平均分配之主张，现有所谓经济民主义者，即依据资本主义制度，而作各种社会主义之改良，如重征累进所得税，限制一切遗产权，国家银行之信用统制、国营交通、运输、公用事业，及巨大生产事业等，皆一一实行于资本主义的国家，使一切经济事业，均能配合于大众之福利，是亦一改进之措施，能使阶级斗争，消灭于无形。此外，国家亦应规定国民生活之标准。需要多者，不能超过最高之限度；需要寡者，亦不致降落最低之标准；各人皆得应其所需，而得适当之满足，是平均，亦即总和。总和，亦即平均也。盖各人立足于水平线上，多者无多获，寡者亦足自适也。

现代各国政体，约可分为五：一为君主制，由一人总揽国家之大权也；二为寡头制，由少数人统制之政体也；三为独裁制，由一人专权独断，指挥一切之政体也；四为民主制，由多数人统治之政体也；五为共产制，由国家完全统制经济也。兹五者，孰为善？孰为恶？固非片言可决者，然亦可以是否为民谋福利，而断其臧否。一时之福利，任何执政，容或有之，但欲望其持久不渝，则非一人或少数人所能为，必多数人民自谋自决而后可。且执政者变换，常为祸乱之源，唯有平和选举，始克长治久安，是政体之善，莫善于民主矣。夫一国之政，能实行民主，而谋全民之福利，固有足多者，但只限一国，而未及全世界、全人类，犹觉其隘也。吾人应扩充民主精神，大而化之，而全人类福利，为最高之要求，最大之目的，一切公私行为，均应以全体人类最大福利为依归。战前，褊狭的国家主义，以发展国民经济，扩充国家势力，为其唯一之政策，彼此竞进无已，卒致酿成第二次人类大惨劫，良堪浩叹！今后吾人切盼各国能实行民治，且以平等原则，适用于社会上各种生活，如教育、经济、信仰、道德及职业，各人皆得均等机会，而自由发展其特长，由此更进一步，协谋人类全体福利之增进。世界文化之发展，方足以应新时代之要求，而尽现代人应负的天职。

《平民日报》1948 年 7 月 4 日第 4 版

一年来的回顾与今后的对策

范 锜

《平民日报》之诞生，屈指于今一年了，在此一年间，无论在国内方面，或在国际方面，都为阢陧不宁，人心浮动。忧时者，疾首蹙额，叹世事之多艰，人生之窘苦；悲观者，觉现世之罪恶，人生之苦恼，是无法解除的；消极者，只顾日前享乐，快意一时，不闻时政，不问苍生，一切听其自然之发展。凡此，皆为现实的情境之使然，即素抱乐观者，亦无以自解其乐观之所在，人类自有历史以来，恐怕未有斯时之惶恐不安，消沉愁闷的。

先把中国来说，战乱频仍，死亡枕藉①，生者亦无以为活，除了少数豪门资本、富商巨贾、高官缙绅外，大都困于衣食，从前士大夫或中产阶级，于今皆沦为无产阶级了。现在已失去社会之中坚，非贫即富，地位殊绝，富者穷侈极欲，贫者死无葬身之地，大家都觉得能活一天算一天，儿女教育，更无法计及了。现在虽实行了宪政，改革了币制，然于民间疾苦，毫无所补，富者自富，穷者自穷，物价日涨，生活日艰，更无以为活了。目下关内外，鏖战惨烈。济南已失，徐州垂危，民情更愤懑靡已。济南三面有山可守，南面有水可凭，守卒数万益以数百十架飞机，旬日之内，□□□□□□，战斗实情如此，前途何堪设想！

现欲救国救民，为政固有多端，然最彻底，□□□□□□□□□唯有实行民生主义。中山先生说："民生主义，是以养民为目的。"又说："我们要实行三民主义，来造成一个新世界，就要大家对于四种需要（衣、食、住、行），都不可短少，一定要国家来负担这个责任。如果国家把四种需要，供给不足，无论何人，都可以向国家要求。"我们观此，可晓得在三民主义国家内，无论何人，有向国家要求生存的权利；同时，国家无论对于何人，都有保证其生活的义务，以满足各人求生存的要求。但民生主义和共产主义不同，各人能够得到物质生活满足外，还要使他们进而要求智德能力之发展。现今政府，已依三民主义而立国，迄今二十余年，何以不实行民生主义？让那些豪门资本，依然存放外国银行。金圆券，发行不及一月有半，已支出九亿余，所余十亿余元，不旋踵即将用去，而满二十亿最高之定额，豪门资本，依然在准备金之外，如此巨额流出，将何以为计？故欲今后平衡收支，平衡外汇，确保金圆券准备金，除现有资金外并速发五角银辅币，对豪门资本，急须设法取用，以裕民生，而固国本。

在国际方面，亦是到处纷乱扰攘，不是冲突鏖杀，就是困苦颠连，厄于衣食，穷于建设，全世界亦为阴霾所笼罩。加以美苏两集团之明攻暗斗，更使世界濒于破裂之危，日来柏林纷争，尤足使联合国面临惨重考验之期，将来结果如何？现虽未能逆料，然无论如何，联合国非改组，无以善其后。照现状继续下去，只有彼此攻讦争辩，无所建树

---

① 藉：原文为"籍"。编者注。

于将来，则可断言。欲矫此弊，唯有明快地分国际而为二：一为社会主义的国际协会，或第四国际。彻底遵守马克思主义，不耻国家之有无，现今苏联可以领导之；二为国际联盟的国际主义，以国家民族为本位，而尊重其独立自主，确立强有力万国公法，以维国际和平与繁荣，现今美国可以领导之。苏、美各自联合与国，彼此互助合作，以谋人类福利之增进，世界文明之进展，未始不是解决国际纠纷之一法。

　　然而人类之统一，又为人心无限之追求，经一次战斗杀戮，必有一次和平集议，继续破坏，继续建设，终趋于人类的统一，理想的世界之确立。古今来希望理想世界之实现者，不知凡几？社会主义，希望无物质竞争社会之实现；革新主义者，希望政治组织之完美；国际主义者，希望国际永久和平之建设；理性主义者，希望理智的公民世界之成立；宗教家，希望永乐天国之期近；道德家，希望自律的人格世界之完成。各所期望，虽不同，然均以全体人类为依归。是知人类统一之要求，终为人心所不能自已的。

　　但现在应如何方能建设一合理的国际社会呢？我们以为应依据国家平等、种族平等、人类平等三原则，始能建立合理的国际组织，以确保世界永久的和平。所谓国家平等，即各国家，皆为集合的人格体，平等为其自然的权利，而能独立运营其政治经济之组织，排除一切外力压迫，自由而发展其特殊之文化。在国际上，无论大小强弱，皆立于水平线上，而为组织国际社会之一员，不受他国侵凌压迫，或片面的不平条约所束缚，对国际法之制定或修改，亦有同样参与的权利。所谓种族平等，要求一切种族，无论黑白红黄，皆立于平等地位，而得自由发展其特长，贡献于世界之文明，对于一切外力压迫，或种族歧视，皆宜排除之，而以敬爱同情相待遇。所谓人类平等，为人心无限之追求，苟为人类，未有不愿团结各族，而为一体，联合万国，而为一家，使此自然世界，化为永乐的天国。古今来，描写理想世界者，甚众，足征人生如渴如慕之心情；然卒真能实现者，因徒有理想，而无实行之步骤罢。倘世界各国家民族能先齿列于平等地位，则人类平等，终可实现于事实，以满足人心无限之要求。

　　现今联合国，是依强权而组织的，五强在安理会，而享有否决的特权，任何议案，苟有一强不赞同，即不能通过，其余小国，则唯有美苏马首之是瞻；而美苏两国，又冰炭不相容，各欲独霸世界，而执世界之牛耳，彼此攻击排斥，殊无协调之可言，联合国在此情形之下，不破裂，亦等于具文。故欲使世界各国协力而建设统一的国际机构，以维世界永久之和平，非依平等原则，无以使各国心悦诚服，协谋世界之和平。愿关心国内外时局者，对上述各对策，有以促其实现之！

《平民日报》1948 年 10 月 11 日第 3 版

国内经济

谈经济动员

伍纯武

谁都知道，现代战争不仅是军事上的会战，而为交战双方之全民力量的决斗。所谓全民力量，包括着全国的军事力、精神力及经济力。一国之经济力，又为一切力量之基础；它的盛衰，可以直接影响到抗战力量的强弱。故在战争期中，军事方面固然是动员了，精神方面也是在动员了，而经济方面尤非从速作有计划的动员不可！

一国经济对现代战争关系之重大，不仅自前次欧洲大战之经过中可以看到，即从我国此次对日抗战之过程中亦可看出。从我们方面来讲，我们是本着长期消耗战的策略来对付敌人，使敌人之财政经济经长期战争而自行崩溃，于是我们便可以从这上面去获取最后的胜利。这就是从经济上去致敌于死命的办法。同时，在敌人方面呢，自从开战以来，敌人于军事行为外，更致力于经济战争的策略；其占领天津，攻占上海，威胁广州，以及封锁我沿海诸重镇者，其目的无非欲遮断我国国际贸易，断绝我军火供给来源，破坏我国经济基础，及增加我社会失业人民；务使我国经济受极严重打击而不能维持长期抗战，这也是从经济方面攻击对方的战略。从这些地方，我们便不难明了国家经济对于现代战争关系的密切。以此，为了要维持长期抗战的力量，并谋对付敌人之经济战争的策略，我们当然也非作有计划的经济动员不可。

此外，在抗战期中，举凡前方军需之供给，后方生产之调整，消费之管理，物价之统制，以及代替物品之采用等，又无一非作有计划的经济动员不为功。

这便是经济动员之意义及重要。

经济动员之重要如彼，然在对日抗战期中，我国经济动员之计划又将若何？

这儿，请先述农业方面之动员：

在农业生产方面，当此抗战期中，我们所应注意者，为粮食生产及出口货农产物生产之增进，尤以后者为更重要。

故目前我国农业动员之意义，为组织农民使有系统地、有计划地来增加生产，以应付前线之大量需要，及谋输出农产物数量之加多。如在粮食方面，我国虽为一农业国家，而平日之麦米等重要食物，即已不足自给——如麦每年缺一六〇〇九六〇〇〇担，米每年缺一〇〇〇〇〇〇〇担以上——在战争区域内，农业生产必受损失，军粮消费必然增加，故位于后方各省，应努力增加粮食生产以补此缺陷。

可是，除粮食之应努力增加生产外，作为输出品之农产物的增加，尤为重要。盖我国为一农业国家，自国外输入许多必需品后，全恃输出农产物以为抵偿。而在战时之购入军火，维持外汇，更非有充分之农产物输出不可。故为现今当务之急①者，为如何增加作为出口货之农产品的生产，及如何使之易于出口。

---

① 急：原文为"亟"。编者注。

国内经济

181

况在中国之出口货农产品中，如丝、茶、桐油等物，若一旦产额减少，便不易于恢复原来的数量。故当此抗战期中，对于粮食生产固然不能忽略，而对于丝、茶、桐油等出口货之生产，亦须动员农民努力从事。

不过，欲达增加农产目的，除动员农民以从事耕种外，复须利用都市剩余资金以救济枯竭农村；利用进步的农业技术以指导守旧的农民；招抚流亡农民以还乡耕耘；及整顿水利，利用荒田等以增进生产效率。

至于推动农业动员之力量，则不外政治的、宣传的及金融的三种。以政治力量来组织农民，以宣传力量来唤醒农民，并以金融力量来救济农民。由是而推动农民去努力生产，便为有计划的农业动员。

其次，来谈工业方面的动员：

提起工业，可以称得上独立的及根基稳固的工业，中国本来没有。但是，中国必须以工业立国，求民族之独立生存于现世。日本此次之侵略中国，未始不是想破坏中国之工业基础，使中国永久停滞于农业阶段。

故当此抗战期中，我们必须集中全国的工业人才，作有计划的工业动员，由是而建筑起我们国家的工业基础。

目前工业生产品中最重要的东西，为军需生产。除多数新式兵器如飞机、大炮、坦克车等暂时不得不由外国输入外，其余所需如火药、炮弹、皮革、被服等，均可动员普通工厂，加以改组，从事制造。

同时，对于战区及接近战区之各种企业，应设法使向内地迁移；此举虽属困难，但对于国防及将来民族经济之关系甚大，故当毅然行之。

此外，在长期抗战期中，我国亦可提倡小工艺以补机器生产之不足。进行方法，可由经济教育两部，联合组成一种委员会，专负筹划提倡推广小工业之责。先将抗战期内全国人民生活上所必不可少之生产物若干种，一一具体列出，以明示目标所在；继此即制定各种合理的及有力的法规，如关于奖励、补助、训练技师、工厂与学校合作等法规，均加以明白的规定，并公布施行。同时，各省亦应有同样性质委员会之组织，俾中央及地方机关有密切的联系，并不断地派员分赴各地督促推行。

自从国民党全国临时代表大会通过《抗战建国纲领》后，关于经济方面，主张以军事为中心，实行计划经济。此以军事为中心之经济建设，不外几种重工业的发展，如染料工业、化学工业、金属冶炼工业、机器工业及电力工业等之发展是，为谋此等重工业之发展，须得从速搜集统计资料并举行全国经济调查；因实施计划经济之先，必须对于国家经济状况有一彻底认识；故统计资料之搜集，经济状况之调查，乃为编定计划之根据。发展重工业之动员，故应自调查开始。

同时，在重工业动员之组织方面，应设立一战时工业委员会，为全国最高计划机关；此委员会之组织，则由财政部、经济部、金融界及实业界推选代表并聘请专家以组织之。其任务为决定各部门工业之原料及资金之分配，各工业之生产数量，批发价格，工资规定，及一切关于各部门工业之重大问题。在此委员会下，每一工业部门，再设一该部门之委员会，由该部门各工厂推派代表组织之。其任务则为执行上级计划，分配各工厂原料、资本及生产额，并监督各工厂工作情形，改良技术，解决各工厂间及其他一切有关系之重要问题，及向上级报告并提供意见等。

上述为我国战时工业动员之方针。

请再言战时贸易方面之动员：

为对付敌人之经济战争，封锁海口，在抗战期间，我们必须实施统制贸易。所谓对外贸易之统制者，即无论政府或商民采购外货，须由中央战时机关统制之谓。现在我国所需①外货，不外军火、军需品以及战时需要之生产机器；其他徒供奢侈消耗等物，政府应禁止输入，国民应省而不用。至统制外贸之必须组织，计有：（一）中央战时统制贸易局，主持进出口业务机关。（二）各业贸易公司，其重要任务有：（1）接受政府金融机关放款，储押囤积；（2）由行商参加组织，依旧收集货品，维持农民生计；（3）将各种原料设法简易加工制造，以便储藏；（4）设法对付敌人商业封锁政策，输出海外贩卖；（5）设法在本国制成熟食以应战时需要。（三）统制交通机关，其任务在开辟运输路线，如对于粤汉、滇越等铁路之利用是。

近来世界经济不景气，同时我国法币汇价跌落，至出口货在世界市场之价格亦已下降。可是，出口商人换得外币汇单后，又复须依法定汇价售之政府，致商人无利可图，因而出口贸易大行不振。补救之法，一方面希望政府奖励出口给予津贴，同时出口商人更应重公忘私，勿因不能满足私利而即怀怨于政府。然则此种困难之解决，又非作有计划的贸易动员不可。故抗战期中之外贸动员，便是在解决这种种的困难问题。

此外，贸易方面之动员，在组织战争经济时，尚有他种伟大功能，如原料之配给，国民消费之管理，汇兑之调整，资金逃避之防范等，在与之有密切关系。

总之，不论农业、工业，或贸易诸方面，当此抗战期中，无不应行有整个计划之经济动员。经济动员一经实行，一方面可以对付敌人之经济战争，同时又可以调整自己的战争经济，这确是现代战争中一件很重要的事情。

事情既然如此重要，我们便当促其及早实现。抗战一周年来，在这各方面固已有了部分的实施，但离理想的境地尚远。故在农业方面之动员，我们希望经济部、农本局、各省建设厅及各地农业银行，从速负责推动；关于工业矿业方面之动员，希望全国资源委员会及各大实业团体，赶快努力推行；而对于贸易方面之输出输入等，则希望政府加强其统制。

七月二十三日写于云大

《云南日报》1938年7月31日第2版

国内经济

---

① 需：原文为"须"。编者注。

战时的物价问题

伍纯武

在目前的社会组织中，商品价格的变动，当即影响着整个的国民经济生活。为了现社会中的一切经济现象，莫不直接或间接地与价格问题有关。如像价格一有变动，一切生产物和有价证券所有者的财产状态，就会发生变迁；它可立刻使人暴富，也会马上使人赤贫！同时，商品的市场价格，又为决定生产物之种类，生产地与生产方法，贩卖地与贩卖方法，及决定生产结果之分配等等的重要因素。所以说，现社会中商品价格之变动，便会影响着整个的国民生活了。

当战争爆发后，交战国家之物价，是显然地高涨了！其涨价原因，有如下诸点：（一）由于军需品需要之大量的及急激的增加；（二）由于政府及民间，因恐将来物资缺乏，价格腾贵，故有储藏多量物资的准备，以致对于商品之需求数量大增；（三）由于海外贸易发生阻碍，致减少原料及外国商品之输入；（四）由于军需品之大量生产，劳力及原料多被吸收，致其它商品之生产量减少；（五）由于战时生产环境不良，生产效率降低，致使生产成本增加；（六）由于战争之危害，致运输费用、保险金额及利率等均一致腾贵；（七）由于利用战争之需要而作投机事业，致企业家少努力于必需物品之生产；（八）由于大规模企业及联合企业之形成独占；（九）由于税率之提高；（十）由于货币价值之低落。

上述诸端，为一般交战国家所必然发生的现象。故交战国家之物价腾贵，盖为不可避免者。然则，物价之腾，对于国家和人民，又会发生如何的影响呢？第一，当物价上涨时，政府置备军需品，即首蒙财政上之不利，以致纳税者的负担增加；第二，一般国民，必因生活必需品之昂贵，感受生活的威胁；第三，物价高涨时，必有因战争而获暴富者，遂不免招致多数国民之反感，而妨害举国一致的团结；第四，因必需品价格之不断上涨，致国民收入之增加往往不及物价上涨之速，于是不免引起多数国民之愤激，甚有惹起暴动的危险。（如当欧战期中，英国克莱德地方之机械工人，因房租及粮食价格之暴涨，更目击场主之坐收巨利，遂群起要求增加工资，遭场主之拒绝，乃于一九一五年二月十六日发生罢工……）由此可知战争期中之物价上腾，对于整个的国民生活，实甚不利！

既然如此，那么战争期中之商品价格，就必须加以统制，再不能任其自由地腾跌了。譬如说，在一般交战国家中，产业主人之利润过大，及物价腾贵，即为一般雇佣者要求增加工资之原因。如其工资之增加，事实上不能追及物价之腾贵，则工人生活将感不安，致使生产效率降低，劳资纠纷频起，其影响及于军需品及生活必需品之生产甚巨。在此种情势下，国家实有合理地限制企业家之利润的必要。盖如此，方足以消释工人之反感，并使一般的必需品价格获得适当水准，社会大众生活，亦能得以安定。

但同时，战争期中之商品价格，其高度又必须足以鼓励军需品及生活必需品之生产者。因若使企业家不能获得一定比率之利润，则将无法维持及增加战时所必需之生产物的生产了。

故对战时价格之统制，必本至公之旨，使物价得保持其正常状态；一方面使政府之军需品及国民之生活必需品均得以维持适当之价格，同时在另一方面仍然可以保障生产之增加。如此，则物价一经安定，企业之危险负担即便减少；同时投机范围缩小，生产业仍可保持其健全的发展。

我国自从抗战以来，已经十五个月了；在此十五个月中，物价高涨的现象早已发生，物价统制的办法亦已有部分的行使。不过，此时对于物价之必须统制的理由，虽多已了解；而有系统的物价统制，却迟迟未见诸实行。考其原因，大致是在统制的方法上，尚须考虑之故。现在，并对于这统制方法的研究上，我们可以去观察一下欧战期中之交战国家对于实施统制物价的经过情形，以作我国实行有计划的物价统制的参考。

在军需品方面的价格统制：试就英国于调配军靴之状况观之，则有如下经过：一九一四年末，陆军部军靴署向各大公司大规模地定购军靴，价格由政府与公司协定，以较公司方面之要求为低为原则。一九一五年四月，陆军部令各制靴业者报告生产原价及其纯益，经审查后，遂将该年七月份之靴价降低。同时，为保证皮革之供给计，仍着手统制原料。一九一六年二月，依改正国防法第七条，强制检查制造业者之各种账①簿，并承认得以生产原价之正当利率为基础的价格，征发生产品。此时，因对于军靴之需要，除英国本己外，俄、意、比、塞诸国，亦向英国定购大批货物；于是英国政府为保证皮革之供给及维持价格计，遂将适于制造军靴之国产皮，全部供给和政府或联合国缔结供给契约之制革业者。

此外，英国政府对于哔叽绒、毛布、毛卫生内衣等之价格，亦曾加以调节。一九一六年二月，政府对羊毛工业者以支给对生产原价有相当利益之价格为条件获取征发工厂生产品之权。同时，并设立计算原价之机关，以考察②各种工程之原价，俾便于决定价格。当时因羊毛价格之不安定，故又统制羊毛原料之供给。

美国战时军需品之统制，则一律采用根据政府与生产者间所协定之价格而稍加一定利益之最高价格为标准的方法。一九一八年三月，政府网罗海陆军部、战时产业院、燃料管理局、关税委员、联邦商业委员、农业代表及学者等，组织价格决定委员会。除粮食管理局主管之粮食及燃料等物外，其余概由委员会以合理的方法决定其价格。决定价格时，则当考虑下述诸事项：（一）该工业在战前数年间之事业成绩；（二）关于投下资本及收回与货物销售之间关系的统计；（三）关于已经实现之推销及利益额；（四）关于生产原价；（五）关于一九一七年度各种商品生产率最大及生产率最小者之原价；（六）关于价格决定前之原价及市价。至被决定价格之主要物品，则为钢铁制品、羊毛、原皮、铅、国产锰、木材、硫酸、硝酸、铜、亚麻、水泥及某种被服类等。

至在生活必需品方面之价格统制：在英国，依一九一六年十一月公布之国防法，授商务部以统制关于粮食价格之种种问题的权限，如压迫粮食价格之不法的腾贵、公定粮食价格及征发粮食等项是。一九一七年七月后，更由粮食大臣以粮食工厂生产力之全部或一部为标准，加算相当之利率为基础，而支付其价格以征用之。粮食大臣为准备决定

① 账：原文为"帐"。编者注。
② 察：原文为"查"，下同。编者注。

国内经济

价格计，则网罗全国之会计师团体，于粮食部内设立原价局以决定各地粮食价格。被决定价格之食品，计有小麦、大麦、燕麦、小麦粉、面包、肉类、牛乳及马铃薯等。同时各地方有粮食统制委员会之组织，委员人数在十二人以下，除一妇女代表、一工人代表，其余不限资格，以能代表消费者之利益为原则；此种委员会之功能，即在决定粮食价格时，供给各地对于粮食价格有关之参考资料。此外，英政府亦曾实施国库补助面包之制度，并对于粮食生产者给与奖励金。

美国之粮食统制机关，有粮食管理局统制自生产以迄消费全部过程之粮食价格。统制之方法，以对利润之统制入手。必需品商人，只能获取合理的利润。合理利润，则以战前商人所得之三年平均额为根据，以后施行此种办法，必须调查商人账簿，困难甚多，乃改用规定最高价格之法。被统制之食品，则有小麦粉、白糖、牛酪、干酪①及卵等。

法国自物价高涨现象发生后，一九一四年十月，巴黎警总监，即决定将市场上肉类平均行市开出贴于各市区公所及各学校门口。一九一五年十一月，法国国会通过一条法律，赋予各州长以平定面包肉类、燃料及其它必需品价格之权限。此办法实施后，技术上的错误不免有所发生，结果遂于一九一八年二月通过法律，修改平价制度，成立最高限价格的办法。此外复有市立商店之设立。

至于德国，于一九一五年九月，有帝国粮食价格监察②局之设，各联邦及地方亦有价格监察所，与监察局保持一切联系。监察局征询社会各界之意见，以为统制价格之参考。同时，德国国库复补助发给"增加肉券"以调整价格。

以上，为欧战期中各国对于军需品及生活必需品之价格统制的概略。但是，一国有一国的特殊背景，我们要实行物价统制，都不一定要照据进行；上述方法，只不过供实施统制时之参考而已。当然，战时物价之上涨，上涨后必要会引起不良影响，及物价有统制之必要诸点，固为已经存在的事实，及确定不易的原则。至于统制的方法，则非固定不变者。方法之决定，又必须认清国情，参考先例，及经过细密之研究而后可。

《云南日报》1938 年 10 月 16 日第 2 版

---

① 酪：原文为"略"。编者注。
② 监察：原文为"监查"。编者注。

物价房租与薪俸人员

伍纯武

所谓薪给人员，就是靠薪水或工资之收入而生活的人们。薪给人员的收入，为他们工作的酬报。不管是劳心或劳力，其酬报总是有限的。

最近数月来，物价的高涨和房租的增加是猛进不已！使一般薪给人员们，叫苦连天了！

国难期中的物价高涨和房租增加，本来是无可避免的现象。生产困难之增加，生产数量之减少，交通运输之困难，需求比例之加大，货币数量之膨胀，以及外货输入之缺乏等等，都是促使物价上涨的原因。同时，战区机关及流亡同胞之向后方移动，后方房租当然也就会因供需关系之变化而抬高起来。所以说，这物价和租金的高涨，是不可避免的现象。

但是，在另一方面，一般薪给人员的收入，曾随着物价与租金之高涨而增加了没有呢？没有。不惟没有增加，反而有所减少。打了折扣之余，还加上许多的捐税。不过，薪给人员们可连半点儿怨恨都没有。为了，大家明白，为了抗战建国；在国难期中，大家应当吃一点子苦！

不错，国难期中，大家应当吃一点子苦，但是，这个"大家"，不是应该包括全国的同胞吗？它当然不仅是指薪给人员而已，在国难期中吃苦，是光荣的。外国人说：在我们这次抗战中，产生了两大英雄：一位是□□□□，一位是我国的农民。□□□□与我国农民之所以被誉为国际英雄者，由于他们的吃苦和牺牲。所以，凡是在国难期中能够吃苦与能够牺牲的人，都可以算是英雄。那么，薪给人员们，不是也可以算作英雄了吗？可是，应当做英雄的，又岂只薪给人员？若是全国人民，不论你是商人、地主，或房东，如其大家都能够做英雄，岂不更好？

然而，在我们这后方的商人、地主和房东，在这国家遭难的时候，他们曾吃了什么[①]苦没有？他们的收入，曾否如同薪给人员们的一般地因战争而减少了没有呢？

事实告诉我们，在这个时候，即使仅从经济的原因方面去讲，一般有货物、有房产的人们的收入，是大增加而特增加了！同时，除了纯经济的原因外，有一部分人，还利用着其有产者之优越地位，来大发"国难财"！

他们是如何地利用其有产者的地位来发"国难财"呢！这不外乎任意地加价和加租。只消看近来的物价和房租，总是在猛加不已！日日在加，甚至时时在加！老板和房东们的心中，也是在一天比一天的欣喜不已！人说国难期中大家应当吃苦，可是，这些人，好像不是黄帝子孙，因为他们正找到了发财的快乐机会！

就拿最近的米价来说吧！去年今日，每石米不过十元左右。现在每石米卖到三十余

---

① 什么：原文为"什厂"，下同。编者注。

元，尚不容易购得。公米行之米，售价虽定为二十二元，但极不容易买到。不看正义门前之公米行，在武装同志弹压之下，购米者是那么地拥挤。于是，在公米不易购得之情况下，结果又非出高价向私米行去购买不可。

米价涨了，其它一切物品的价格也涨了，而且又涨得那么的高！生活必需品中之蔬菜涨价百分之三百以上，猪肉每斤七角，较去年涨价百分之一百以上；猪油每斤一元左右，较涨百分之二百以上；糕饼铺之面包，以前每个二分半，现在每个卖一角，竟涨价百分之三百；其余各式点心，亦莫不涨上百分之二百以上，他如布匹之涨价，其比例亦正相仿佛——而且一切的物价，在日日涨，时时涨，最可怕的就这是继续地猛涨不已啦！

房租之增加，也有着同样的情形。战前每月十元租金的房屋，战后非租五十元不可。而且，假使你没有和房东订得有定期合同，一两月后他准会来向你要加租，一加便是数十元，甚至有加一倍以上者。其加租的理由是：物价涨了，所以房租也要加了！物价涨了，房东可向房客加租，但是房客多半是薪给人员，又向什么地方去要求增加收入呢？房东说：物价涨了，生活维持困难，所以要加房租，但是，物价涨了，房客不是受着同样的影响吗？物价涨后，房租又涨，薪给人员受着这双重的压榨，怎样办呢？

于是，就有许多人家，不能经常地举火。

低给公务人员，每月收入尚不敷石米之资，个人食宿成问题，遑言仰事俯育，全家老弱数口者，每日购食青蚕豆充饥，或吞咽糠粃以度日。长此以往，势必流饿莩！

于是，人民怨声载道，有的甚至忿忿然地说："你们这些黑良心的东西，当心被鬼子来将你们炸光！"

这样一来，对于举国一致的精诚团结，不是有着大大不利的影响吗？

同时，物价的高涨，又反映货币购买力之减低，这对于国家的战时财政，同样的又是大大不利。

可是，这种物价飞涨的原因，是纯出于经济的关系吗？如其是纯出于经济的关系，原为不得已之事。不幸的是，各物价格之飞涨，从许多事实方面证明，经济的原因少，而人事的原因却多。

从食品方面的价格来说，去年的粮食丰收，本市人口，据统计，较去年增加得有限，而且，目前的交通工具，比以前总方便好些。在此种情形之下，物价狂涨之经济原因，简直不易找到。

根据报章所载，及明悉内中情形之人们的谈话，隐约可以看到此次物价狂涨之背景，尤其是食米之涨价，有如下举之四大原因：第一，本市奸商，暗中操纵牟利；第①二，外县奸商，收购囤积居奇；第三，产米之县，暗中封锁米谷；第四，运输工具，为人控制使用。由此足见物价狂涨之因，原非经济生产困难，或供给不足等等之故，乃为一般所谓"奸商"者，从中作祟之故。

不惟米价已耳，房租之涨，亦莫不然！抗战以来，房东租出之房屋，曾另外出资去刷新过吗？很少。曾加工修理过吗？没有。有之，多半为房客自己所修理。但是，一至房屋修理好了，房东加租的威胁也就随着来了！于是，一般租房子住的薪给人员们，就不知要如何才好！

在目前这个环境中，所能想到的办法，只有两条：一条是希望商人、房主及所谓

---

① 第：原文为"弟"。编者注。

"奸商"们的良心发现，大家来为国牺牲一点，大家全做英雄，使物价及租金，不作无理的高涨；一条是请求所服务之机关、学校及工厂，随物价比例以增加薪给。然而，这两条办法，可有一条能够实现吗？想来大概是不容易的吧！

然则，我们就随它自然地发展下去吗？这也不行。因为这种现象，将影响到社会基础的动摇，对于抗战前途，将有极不利的牵制，这是非常的危险的！

我们必须详为规划，作一个有力统制，必须为站在人民生活立场的统制，为站在安定后方秩序的立场之统制，有了这大公无私的统制决心，统制技术的问题也就容易解决。所以，目前所需要解决的物价上及房租上的问题，也就会随着解决了。

这个实现之后，我们敢相信，一切的薪给人员们，将会如何地感激负责人们哟！

《云南日报》1939年6月9日第2版

国内经济

论当前物价问题

戴世光①

我国自抗战以来，初期各地的物价变动还算平稳，即或略有增加，尚不严重。及最近两年，正是抗战最艰苦的阶段，物价的增加却日趋狂烈，俨然扶摇直上。去岁太平洋战事忽起，物价增加率为之一变。等到今年缅甸失陷后，局势不同，物价增加率又为之一变。延至本月上半月，昆市零售物价平均竟为廿六年一月份的一百倍（以廿六年一月份物价指数为一〇〇，今年九月上半月物价指数是一〇〇五一点四。此指数系笔者根据昆市区十七种普通生活需用品的零售物价计算而得），其高度实足惊人。就目前的物价趋势观之，以后还是要作加速率的增加。这种现象继续下去，将会促成经济崩溃，影响抗战大业，这是绝不能不严加注意的。近来各界对物价问题屡加讨论，想已充分理解物价高涨的严重性。我们不必再从详加以分析，目前最重要的问题却是如何制止，而制止之道，却需首先明了物价高涨的原因。以此我们须分别对物价高涨的原因和制止之道加以说明。

关于物价高涨的原因，我们都已认清楚不外有三种：（一）通货膨胀；（二）物资缺乏；（三）囤积居奇。但三种原因对物价的影响却有轻重之分，事实上通货膨胀是主，囤积居奇是从，这两个因子最为重要，而物资缺乏却居次要的地位。因为我国自从对外交通运输发生困难以后，物资自然比较缺少，但是大部分的必需品我们自己是能生产的，一部分必需品可用土产品来代替。不幸的是在主因（通货膨胀）出现之后，物价上涨，同时物资有限，于是囤积居奇者应运而生。这个从者利用形势，假物资缺乏的现象，在暗中操纵取利。例如去岁八九月间物价的突然上涨，及近数月来物价作加速率的增加，全应该按囤积居奇这个从者过于活动来解释。结果是"物资有限"成为傀儡，"通货膨胀"原系始作俑者，现竟变成骑虎，"囤积居奇"是挟天子以令诸侯，主从之间互为因果，循环不息，遂使物价的增加愈演愈烈。

通货膨胀的现象修正较易，我们希望政府严加考虑，原则上应该征税以增加国家的收入，藉免增加通货。不过这只是一方面，即使通货不再膨胀，若局势不变，则社会心理依然存在，由于物资缺乏的形势已成，社会心理仍然存着买者能买即多买，售者能少卖即少卖的心理。这种心理既不能消除，囤积居奇者就有隙可乘，是以物价上涨原因之间，虽有主从之分，但是从者并不会因主者停止而改弦更张。所以，为今之计，应该对主从两个因子同时制裁，双管齐下，否则会顾此失彼。所以，一方面还要讨论如何制止从者，并解除从者的借口"物资缺乏"。

以过去对于物价统制的办法论，太偏重评价，这实在是治标的方法。以评价来制止物价，愈评愈高，结果等于缘木求鱼。这一点可以由过去的经验来充分说明的，是以我

---

① 戴世光，1941 年 9 月到云南大学，曾任云南大学经济系讲师。

们应该从治本入手，治本之道无他，简言之，即统制物资，控制消费，以人为的方法使物价脱离自由购售的市场。这应该分开按两方面来说：在物品供给方面，应该统制物资，即择几种主要的必需品，不论存积的抑随时生产的物品，全定好官价由政府征发收买。同时于初期彻底防止囤积居奇，在这方面应定一合理的需要存积的标准数量，凡超出此数量者，即加以收买，通告后仍暗中囤积者，一经发现，全数充公，并须受严重的处罚。在需要方面，应设法制定消费者必需的数量，庶能使供求相调。具体的办法须采"强制定量消费制度"，即对消费者发给定量购物证，凭证购买，每一个人在某时间内购买的数量是固定的。定量消费在初期不妨限于少数物品，将来可以本此原则逐渐扩大范围，应用在消费者的整个购买方面。

以上是说明制止物价高涨的方案。简言之，即以征税代替膨胀通货，以政府专卖及定量消费来统制物资，杜绝囤积居奇。如此，物价自然平定。不过附带的还有几点我们应该提出的：第一，过去的评价，或统制工作范围太狭，收效不宏，按理应由中央政府统筹办理，普及全国，不废支节的和局部的解决物价问题。第二，以国税的一部分收入增加兵士的薪给，理想的办法是发给实物，按必需的食品衣着及日用品维持一个最低的水准。第三，以专卖的应得利益来提高公务员及教员的待遇，统一规定待遇的标准，不应有所分歧。

总之，物价问题在目下已经到了最严重的阶段，它会给抗建大业一个很大的打击，所以为今之计，决不能再像过去的头痛医头，脚痛医脚。上述征税及专卖两种办法，看去似乎困难甚多，因我们应该以利害为前提，我们既然了解物价问题的严重，我们就应该设法制止，既决定加以制止，自然应该彻底，而且不避困难，徒求简易，结果无济于事。我们既已认为"抗战第一"、"建设第一"是我们的国策，我们决不能因小害大。由此，谨希望政府下最大的决心，将合理有效的办法付诸实施，千钧一发，实不容我们稍加轻视的。

《云南日报》1942 年 9 月 26 日第 2 版

国内经济

191

说垄断

伍纯武

　　垄断，是经济学上一个名词，它代表一种破坏商品之自由流通的行为。所谓商品之自由流通，便是指商货自生产到消费的一个过程中，没有受到什么人为的阻止，只是依照着供给需求比例的关系而变动的意思。如其不然，要是有人利用资本，将某种或某数种商品收买囤集，有意延缓商品之自然流通，致市上对于该种商品之供少求多，使物价不断上涨，而当物价涨至某种程度时，方始出售其所囤集的物品。此种行为，便是破坏商品之自由流通的行为，就是垄断。而垄断者之最大野心，盖为操纵市场，左右物价，以获取巨利。

　　然则，其有此种意义的垄断，又是如何地形成起来的呢？

　　一般地说来，现代社会中的经济，本为自由竞争的经济；自由竞争的结果，往往是小资本被淘汰和大资本的垄断了商品市场。但是，大资本为什么要淘汰小资本？又为什么要垄断商品市场？这主要的原因，便是要获取高额的利润。说起高额利润的获取，本为一般有资本者的唯一目的。不过，假使他们不能由自由竞争走到垄断，只是永久留在自由竞争的途程上的话，那么，由于竞争时所必须有的改良制品与减低价格等等的措施结果，他们所能获得的利润便不会多。这个，当然不是他们所情愿的。所以，为了追求高额利润，一有机会可以实施垄断，他们就非垄断不可。

　　尤其是当国家对外作战期中，生产物的数量是减少了，交通运输的困难是增加了，政府及人民对商品的需求是相对地加大了；同时，政府为了巨额的战费及各种财政上的支出，又不得不增加钞票之发行，以致货币价值比较以前跌落；在此等条件之下，一般的物价自然趋于上涨。于是，那有资本或有着某种方便的人们，咸认为发国难财的机会到了。他们以为，若不乘机发财，未免太傻！发财的方法虽多，但最好的莫如囤集货物。为了，若是投资工业，资本的流转太慢，一时难见效果；且若工业生产增加，反有影响于物价之下降，这不是有资本的人们所希望的。所以，总不如利用资本收买货物，待物价而沽，比较投资工业，易于获得高额利润；若是资金雄厚，能够垄断市场，那当然更妙！在此种社会环境所形成的发国难财之心理活动上，各种商品的垄断，便尔形成了。

　　可是，如此地形成起来的垄断，又有着些什么特性呢？

　　假使社会中的财产制度比较合理，假使社会中的私人资本确有节制，那么，资本所有者便不会有垄断居奇的可能。因此，我们不难明了，商品垄断之第一个特性，便是由于财产制度的不合理，及私人资本之无节制的关系。同时，谁都知道，要行垄断，就非有较大数量的资本不可；薪俸阶级的人员，工资阶级的同胞，绝无垄断商品的可能；由是，我们便又找到了垄断商品的第二个特性，便是：垄断一事，只是社会中有钱有势者的特别权利，而一般平民是不容易做得到的。此外，要是社会的组织健全，上下一心为国，彻底实施产物的战时管理，那么私人的囤集货物、垄断货物，也就不可能了。自此，

国立云南大学教授文集（一）

我们又不难理解到垄断之第三个特性，那便是社会经济之没有合理的和健全的战时统制。

目前，社会中既然具备着这些足使垄断发生的前提条件，故自从抗战以来，我们在社会中的各方面，都不难发现许多垄断的实例。

如像米粮方面的垄断，早已成为一个最显著的事实，不消说别的，只消看实施平价时，商米便忽然地绝迹于市场；而当取消价格统制，任凭米商定价时，许多商米便都一齐出现了；这现象之于垄断的关系，当然是很明白的。夫米粮，为人类生活的必需品，人对米粮之需求伸缩性是极小的，任凭它如何的贵，买的人总得要买；商人们聪明，看准了这一点，所以垄断便从米粮着手。甚至当政府出卖公米，调节米价时，他们还会多方设法，取得大量公米，囤集以待善价。结果，吃亏的永久是买米吃的人们，发财的却总是这些垄断米粮的人。

米粮之外，如布匹、洋纱、白糖、肥皂、香烟、自来火等物，亦莫不成为垄断者收买囤集的对象。有亲见这其中秘密的人说，有些地方堆满了几房子的洋纱布匹，有些地方又囤集着若干箱的香烟、肥皂；甚至于有某公务人员，利用资本，收买了好些箱数的黑人牙膏，每月他就可以纯赚数千余元，比当公务人员要好上十倍。诸如此类的事实很多，垄断盖已成为社会中一种传染病，所以现在连有些电影院的戏票，在开始售票不久便会卖完。这其中的原因，也就是有人在作大量的收买，实行垄断，以便待价而沽。

所以，垄断现已普遍地充满于社会中的各方面。可是，它对于社会的影响又为若何呢？

垄断的结果，是使商品的价格无理由地高涨起来：商品价格涨得愈高，垄断者所获得的利益愈大。这在垄断者方面说来，固然是一件很好的事情。但是，社会中之有成为垄断者之资格的人很少，而大多数人民的利益，却是和垄断者之利益相对立着的。故凡垄断者之所得，便是社会大众之所失。换言之，由垄断而使商品价格高涨，则人民大众的生活便会受到无理由的剥削。同时，在抗战期间，政府对于物资的需求，常较平时为多，故当商品价格因垄断而无理由地上涨时，政府在财政上之支出，便亦随着比例增加。况且，物价上涨，又常影响于一般公务人员的生活，为救济公务人员之生活困难起见，又不得不增加财政上之支出；如此等支出的增加，系以增发钞票来应付，那么由于货币数量之加大，商品价格更会进一步地上涨。此种现象，当然不是抗战期间所应有。此外，对抗暴敌，若欲取得最后胜利，就非上下一心，团结一致不可。可是，垄断促使物价上涨，少数人乘着国难发财，多数人却身受着无须有的痛苦；似此，难免一般人民对垄断有不发生怨恨；于是，国民内部的精神团结，便要受到不良的影响，这同时也就是对于抗战力量发生了不利的影响！

故垄断一事，为抗战期中所亟当彻底取缔的行为。取缔之法为何？

如其希望垄断自己觉悟，停止囤集居奇，这却困难得多。因为，垄断者泰半是有钱人，有钱人对于钱的爱好甚深，他们希望钱愈多愈好；故如没有外力的压迫，他们自己绝对不会停止其发国难财的行为的。所以，如要彻底取缔垄断，就非由政府和人民，行使那处决汉奸和禁绝鸦片的手段不可！

不过，要实施此种取缔垄断的手段，还要具备着一种不可少的条件，便是行使取缔垄断法令的人，先须大公无私，健全自己，则法令自易发挥效力。

此外，社会有识之士，还应当与政府共同努力，造成一种风气和环境，使社会中的游资流入生产部门，发展产业，增加产品，以调节商品之供需关系。同时，并使全国人

国内经济

民，本着吃苦决心，提倡节约，增加生产资金，则垄断的可能便可减少，而商品的价格自易于调平。

以上，是我们对于垄断之意义、形成、特性、实例、影响及取缔之简单说明。

尤其是关于垄断之取缔，若能彻底执行，则一方面可以维持社会经济之正常关系，同时还可以巩固抗战后方的社会稳定，的确是一件很重要的事。

《云南日报》1940 年 6 月 30 日第 2 版

国立云南大学教授文集（一）

货币金本位问题

郭树人①

目前中国农业银行总经理顾秀高先生，提出采用货币金本位，以稳定通货，平抑物价，其详细内容，目前固未得而知，然于法币无限贬值，物价急遽上涨，以及黄金政策已见弊端之今日，顾氏的主张，必定引起全国人民密切的注意。

货币金本位的历史很久，第一次世界大战以前，欧美各主要国家，几全行货币金本位制，迨第一次世界大战爆发后，各参战国咸以□用浩繁，货币滥发，所有以黄金为本位币的国家，均不得不施行金禁，而先后声明放弃金本位。大战结束，交战国先后复员，直至一九二六年，各国为防止通货的继续贬值，并拟恢复大战以前的货币平价，遂又相继恢复金本位，以挽救战后的经济危机。德国为了发展对外的经济关系，亦复采用一种以黄金为基本的新币制。虽然，恢复金本位过程使若干国家在经济上不无痛苦，然自一九二六年以后，各国通货则胥得赖以稳定，不是后来的美国经济恐慌传遍世界，则金本位的前途，是很可保证稳定的。

近几年来，政府以支出浩大，预算不能平衡，遂采用通货政策，使其大量膨胀，几达恶性循环。又用黄金政策，祈使法币回笼，结果投机转向。银根奇紧，利息提高，正当工商业几乎无法维持，黄金与法币脱节，社会经济紊乱，忧时之士，遂皆致力于稳定通货的方策。

截至目前止，黄金售出总量约计三百万两，收回法币约计七百万万元，美国借给我们的黄金业已售出大半，至以目前止法币发行总额，为四千万万元计，则回笼法币当不及发行总额的五分之一，但目前的物价，并未因有五分之一的法币回笼而有回跌的现象，况今后反攻在即，政府预算愈难平衡，法币势须继续增发，则黄金与法币的价比，愈来愈远。

投机黄金的事象有增无已，推波助澜，终必造成更严重的黄金风潮，通货增发，物价上涨，物价上涨，通货增发，循环推演，愈来愈厉。环视我们目前的通货情况，与第一次世界大战后，各国间通货紊乱的情况颇多类似。一九二二年，日内瓦会议，经济专家议决一复兴欧洲各国币制的政策，建议各国平衡预算，不以创造纸币或信用，为弥补预算不足的方法，并决定钱币单位的金价值，各国共同采用金本位。我们目前的经济环境，与当年的欧陆诸国固多不同，但应觅致一稳定通货的办法，则初无二致。

理论上讲，货币金本位的主要特征，为国内各项支付工具，可按一定比率，兑取黄金或国外之黄金要求权，及黄金进出口与改铸货币的绝对自由，这对我们目前的缺乏黄金与封锁经济的情况，不无干格，我们目前实行金本位的主要问题，是我们是否握有足够兑现的黄金，以及实行金本位后，我们应如何应付随金本位以俱来的一些经济财政方

国内经济

---

① 郭树人，河北乐亭人。1949 年 8 月到云南大学，曾任云南大学经济系副教授。

面的问题。后者兹事体大，此处难于立论，关于前者，我们开始不可以权经达变，以应实需。从金本位的发展历史上看，金本位的内容，逐有变更，英国一九二六年后的金本位与大战前的金本位，在性质上，颇多不同，政府纸币兑现，规定以四百盎司为最低限度，金币铸造权由英兰银行独占，考其用意，不外保持政府纸币在国内行使，限制小宗纸币之兑换，使现金集中英兰银行，取消个人铸币之绝对权，时人意见，以为如规定国币十万元兑换一刃黄金，就目下之发行总额计，则二百万刃黄金可充作百分之五十的金准备，设使美国今后尚愿以大量黄金续相借助，我们实行金本位非无可能，而黄金准备亦不致大成问题。

采用金本位的国家，在国际经济方面与国内经济方面，首须有必要□若干条件，就国际经济环境言，其主要者须在安定的、和平的国际环境，处于有利的地位以解决战债与赔款问题，并得国际间的协助与合作，不久以前举行的联合国货币会议，对于各国通货问题，已经有了详细的讨论，而对于实现世界货币金本位也有了明确的决定，如："各国通货均须与黄金密切联系通货，面值于加入基金委员会时得各国之协议而决定，一经决定则不得基金委员会之同意，不得擅自变动。"

就国内的经济环境言，除非我们握有足够兑现的黄金，施行金本位自有困难，物价问题、通货问题，是我们目前两个最难解决的问题，而这两个问题又很难分开，偶然解决，就理论讲，金本位的主要功能，在能自动以安定公价，且能机械地调整物价，我们施行货币金本位能否解决我们目前的经济困难，顾氏的主张，一定会引起国人深长的考虑的。

《平民日报》1945 年 7 月 5 日第 2 版

战后农村经济问题

冯素陶①

一、中国农村的基本问题

这个问题所包含②的范围是相当广泛的，但为若干读者的方便，我想还是把中国农村经济的机构首先拿来约略分析一下，因为这是本文所接触各种问题的焦点，也是检讨那些问题的出发点。

我们农村经济问题的焦点是什么呢？是土地关系，是土地的"占有问题"和"使用问题"。

土地是农业劳动的对象，是农业的一个基本生产手段，不过不能将它拿来和机器厂房之类的生产手段等量齐观，因为机器是人工制造的，土地谁也可以经人工施肥而增加若干生产力，但却不能由人工把它添造了出来。所以，土地的性③质是含有独占性。因而农业经济中，土地的占有问题即所有权问题遂成为一个主要的问题。

现今中国土地所有权的分配究竟是怎样的情形呢？据陶直夫氏的统计如下：

类　别	户数（千户）	百分比	所有地面积（百万亩）	百分比
地主	二 四〇〇	四	七〇〇	五〇
富农	三 六〇〇	六	二五二	一八
中农	一二 〇〇〇	二〇	二一〇	一五
贫农雇农	四二 〇〇〇	七〇	二三八	一七
合计	六〇 〇〇〇	一〇〇	一四〇〇	一〇〇

在若干全国土地分配统计中，这一个是比较富于折中性的，在此表中，我们可以看出中国六千万农户中百分之十的地主和富农拥有全国土地的百分之六十八。反之，全国百分之九十的中农、贫农和雇农却只有百分之三十二的土地。

但除了有地的农民外，另外的没有地的农民还占了全部农民人口的大多数，若再将惟有地而并不够种的半自耕农加上，则全国农民百分之七十以上都是缺少土地的农民。

---

① 冯素陶，字穆岩，云南盐兴人。1939 年 1 月到云南大学，曾任云南大学先修班教师。

② 含：原文为"涵"。编者注。

③ 性：原文为"将"。编者注。

又战前中央研究院与北平社会调查所在保定曾作精密的调查，被调查者计十村，凡一五六五家，其中百分之六十五的农户不是无地可耕，就是耕地不足①。贫农与雇农每户所能使用的土地平均七亩，地主富农即平均每户占有土地五十五亩以上，百分之六十五以上贫苦农家只有耕地的百分之二十五点九，而百分之十一点七的地主与富农却有土地百分之四十一点三。同时陈翰笙氏在广东调查的结果是：百分之七十四的贫农占有地不及五分之一，而百之分二的人家乃有耕地二分之一以上。

这是多可使人心惊的矛盾，但这些都是客观上的事实，我们还应当从农民生活的主观要求上来作一点补充的考察。问题是：每一个中国农民究竟需要若干土地才能维持合理的生活水准呢？这是应该根据各处生产力和物价水准、生活水准等项作标准来测定的，据英国米德尔顿氏的计算，各国农民每人必需的耕地如左②：

国　别	各人所需耕地面积
英国	二点五〇英亩合一六华亩
美国	二点六〇英亩合一六点九华亩
法国	二点四〇英亩合一五点六华亩
西班牙	四点〇〇英亩合二六华亩
丹麦	一点八二英亩合一一点八三华亩
德国	一点五一英亩合九点八二华亩

中国农民每人需要多少耕地和可得多少耕地呢？如果依照古梅氏的计算，中国农民生活水准以有衣穿、有饭吃为度，也至少每人需要六亩半的耕地才可免于冻馁。又看看中国农民每人所能分配到的耕地有多少呢？若拿全国耕地面积与全国农民人数平均计算，每人可能分配到三亩地。而实际今日每一个中国劳动农民所能使用到的耕地面积距离这个"三亩"也还是远得很。

这个土地的"占有"和"使用"之间的矛盾，即有地的人不种地，种地的人没有地的矛盾，和在现状下每一农民最多可能使用三亩地而事实上至少需要六亩半的矛盾，这便是中国土地问题的焦点，也即是中国农村社会矛盾的核心。这一矛盾之存在，不但影响中国社会之安定，亦且桎梏中国经济之发展，有远见的人说这是中国社会的病源，我们自然是毫无保留地同意这个观点的。

二、战争给予中国农村的影响

这个八年的战争给予中国的影响真是不算小，它使我们的农村无论前方后方，无论是否炮火所及之处皆发生各种的变化，但这影响和变化也不是一律的，至少是未经战火所及的大后方和曾经敌骑践踏的沦陷区之间情形各有不同。在沦陷区里，大致又可分以下几种不同的情形：一种是受破坏不太重，生产力尚可维持的地方，旧的租佃关系没改

---

① 足：原文为"是"。编者注。
② 原文为竖排报纸格式，故位于左。另，全书出现此类说法者，皆如此。编者注。

国立云南大学教授文集（一）

变，地主对佃农的剥削没有减轻，这大底是敌人势力比较稳定，土豪劣绅在敌人卵翼之下以继续或加强其榨取地位的地方。一种是敌人勒索征发较重的地方，这等地方无论地主与贫农，皆受同样的苛扰勒索，一般的生产皆急剧减退，地主惶恐田地荒废无人照管，不得不减租让息，甚至有倒贴钱留住佃户者。一种是在敌人高度破坏摧残后，固有的社会秩序乃至生产关系都破坏了，地主有的逃走，有的被杀，有的做汉奸在本国军队反攻克复之后被清算，所以租佃关系乃至于地权关系都发生了新的变化。

在大后方，由于经济发展矛盾的深刻，一方面不少的人暴富暴发，大量"游资"没有正当的投放处，还可以将一部分剩的资金运用到土地上面来。一方面多数劳动农民特别是自耕农，负担过重，无法维持，只好抛弃土地，卖之大吉。所以土地买卖在后方多数地方都活跃，土地集中趋势颇可观。据农林部农产促进委员会的调查报告，地主所占农地的百分比，在四川从民二十六年的百分之六十七增加至三十年的百分之七十，在西康，从民二十六年的①百分之六十七增至三十年的百分之七十二。自武汉撤退，四川繁荣以后，四川几个著名农业县②无不布满发财老爷们的求田问③舍的足迹，我们最所声闻的是灌县的田地大半被某某权贵划买了，就是地政署的负责人也公开说：郫④县的全县土地几乎都被某⑤一人买光了。至于云南，则又和川康陕甘略有不同的地方，原因是在战争的前半期币价骤落，战前负债农民典当出去的田地，此时只须很少几个钱，就可以赎了回来，这个赎田运动相对地对消了土地的集中。在战争的后半期，云南特别是昆明及滇缅路线一带空前的繁荣，商业资本的活跃及商业利润的优厚超于其他的地方，一部分土地资本也被吸引到商业市场上面来，这又相对地缓和了土地集中的趋势，但这情况并不说明云南因此没有土地集中的现象，由于征实征购未能采取累进征收率，由于小农负担的过重，自耕农失田弃地的事是逐渐多起来了。

在后方各省另一严重的现象是地主用加租加利的方法转嫁征实征购的负担，所以超额地租和高利贷给予小农的压榨是远较战前为甚的，有人认为佃农不负担征实征购是走了好运道，而没有注意到地主们的转嫁办法，这种负担的转嫁是正在方兴未艾的。

三、战后农村经济问题

我们在前面两节中所得到的重要理论是：我们农村社会潜藏着深刻的矛盾，在八年的战争过程⑥中多数地方是使这个矛盾更加深刻化。这个矛盾之存在，不但影响中国社会之安定，亦且桎梏中国经济之发展。

现在战争结束了！庆祝胜利的狂热时间也过去了，假如我们的视线不曾从农村社会这个视野移间去，那么我们应当问问胜利给我们的农村带来了什么呢？我们抗战为的是保障国家的安定与和平，我们在抗战中所迫切企求的是进步和发展，我们赢得了胜利，也必须赢得安定与和平，也必须赢得进步和发展。我们的农村拿极大的牺牲与忍受支持

国内经济

了这个战争，赢得了这个战争，而这个战争的胜利给我们农村带来的倘若不是安定而是混乱，不是进步而是退步，那么这个胜利恐怕不是支持抗战最力、贡献抗战最大的勤苦农民的胜利。

我们今后农村问题的严重性是没有人可以无视的。处理这些问题首先不能不着眼于如下的几项：

（一）收复区要从速恢复生产力，调理社会秩序。

（二）后方各省区在此商业的"黄金时代"已过，工业的发展条件尚未具备之时，土地集中的趋势很可能愈见加速，不论为了预防这个危机也好，为了酬报农民的功勋也好，要赶快设法调整租佃关系，由保障佃农做到扶植自耕农，实现耕①者有其田政策。

（三）利用以下各种土地：（1）没收汉奸的土地；（2）战区无主之地；（3）公荒——确实办理战士授田。

（四）在土地使用上固然应确实做到耕者有其田。在生产方式上却不能停滞在小农经营上，在小农场经营上要求改革生产技术和提高生产效力是办不到的，只有大农场经营才有这可能。所以，我们应一面扶植自耕农，一面应倡导合作农场，透过合作经营方式实现现代化的大农生产，完成农业的工业化以配合整个的新经济政策。

《正义报》1945 年 10 月 21 日第 2 版

国立云南大学教授文集（一）

---

① 耕：原文无，编者添加。编者注。

我国现阶段经济之剖视

梅远谋①

    我国经济基础原极薄弱，直至抗战之前夕犹停滞于幼稚的农业经济阶段。沿江滨海一带号称为工业区者，然除外人移殖资本在华设厂外，国人自营之工厂规模狭小，为数无多。以故百年来国民经济生活依存于人；甚至主要之农产品，如粮食、棉花之类，犹不能自给自足。至于商业，除供给原料，推销洋货，仰人鼻息，食人牙秽之买办阶级而外，简直无商业之可言。金融机构，不独松懈脆弱，而且体系庞杂，利害不同。国家银行成立较晚，以根基不固，能力不足，未克行使其金融控制之职能。整个金融市场悉在外商银行牵制之下。所得税刚开始试行，财政收入之主要来源建筑在关盐统三大恶税之上，不足之数，完全赖公债以资弥补。然而此时国人在连年内战中反觉经济生活之安定，此何故耶？盖因当时有列强支持，各在其经济势力范围内供给军民所需之一切。人以我为鸡鸭，皮毛脱尽，我不以为怪，反甘之如饴。今日经济之危机，正即当时之恶果。

    及战争爆②发，敌人挟其雷霆万钧之威力，倾巢来犯。我政府坚持长期抗战国策，以空间换取时间，阵地转移，日促百里。举凡沿江滨海之固有工业悉数沦于敌手，予敌人以战养战之机会，而我战时之经济反穷蹙不堪。随政府迁来后方之工厂，多系临时性质，因陋就简，产量无多。物资日形短绌，消耗反见剧增。敌人乘时采用海陆空三重封锁，欲以经济策略而实现其灭我之迷梦，外货来源顿成绝望。供不应求，物价趋涨，势所必至。兼以财政收入之主源断绝。公债劝募，呼应不灵；巨量军用物资而取给予大后方者不能不赖法币交换得来。货币数量增加，物资需求随之增加，物价当然作相应之上涨。

    外货虽然中断，而沪港两地外汇投机之风甚炽。敌人乘机利用敌伪货币在此两地投机市场套取法币外汇基金，予我战时财政金融以重大打击，外汇日高，国币日低，人民对法币之信心于焉动摇，西南太平洋大战展开之时，华侨在外不能立足，尽量抛售其资产财物挟现金以逃入祖国怀抱，此项资金一时难觅投放之所，大多以存入西南几大都市之银行。同时昆渝蓉各地新成立之行庄，如雨后春笋，其中有未开业前已赚得惊人之巨利，银行吸收如许存款而又系活期形式，其将何以处之？无疑，投机商人正拱手以待，借款金额多多益善，借款利率高亦无妨。于是乎社会游资愈积愈多，投机活动愈演愈烈。因此大后方物价濒濒跳涨，步步高升。而一般消费大众则望风景从，相率争购身家半年或一年所需之食用品乃至于消费上所不必要（如洋钉之类）之物资，物价至此，如火如荼，扶摇直上。当是时也，政府外遭暴敌之全面围攻，内受经济之严重压迫，危难重重，

国内经济

---

    ① 梅远谋，字一略，湖北黄梅人。1947 年到云南大学，曾任云南大学经济学济系教授兼系主任。

    ② 爆：原文为"暴"。编者注。

计穷力竭。幸赖法币为唯一应付之手段，终于支持抗战到最后之一息。

战时财政经济与金融虽然诸多艰难之处，但有一可聊以自慰之事，即外援断绝，物价上涨期时大后方到处成立不可胜数之手工工业、半手工工业与夫旧式之机器工业。乃至于十八世纪之交通工具（如鸡公车、肩舆之类）亦大行其道，农村经济亦呈活泼跃象，消费者因舶来品太贵或缺货亦只好购买国货土产（休想西装革履，何妨布衣草鞋——成都某报写公教人员联语）（外国经济学家名为"强迫储蓄"，吾则称之为"强迫消费"或较有意味）。我国民经济处此时代，外无帝国资本主义之剥削，内有自力更生之气象，俨然一自给自足之复合经济。除公教人员以及其他薪资阶级感受生活之压迫，从分配立场上讲有欠公平外，并不十分感觉经济危机之威胁。即有之，其威胁之程度亦不若目前之深。

外战告终，胜利初临之日，物价开始暴落，此因大局转变出人意表，群众乐观心理之势力迫使投机商人大量抛出其战时囤积之物资，而或然购买者则认为物价将更要落下，咸趑趄不前，以致市场顿呈供过于求之现象。物价趋落，币值提高，人民对法币之信心逐渐恢复，黄金美钞因无人问津亦随之惨落（饰金曾二十余万跌至八万元）。然当政府在收复区规定法币与伪币兑换率为一与二百之比而开始实行时，收复区人民纷纷以伪币抢购物资，物价因以提升，反映法币价值作相应之降落。投机家乘时兴风作浪，故态复萌，发胜利财之机会又到，则相率在市场上大肆扒进物资、黄金、美钞，终及于证券。自外汇市场开放与汇率二次调整以后，投机家更大显身手，如醉如狂，迫使金钞步步高升，物价节节跳涨，至最近已成燎原之火，不可向迩，政府当局则采取"短兵相接"战略，抛售黄金，吸收游资以抵抗投机，平抑物价。然"道高一尺，魔高一丈"。终难操必胜之权。一年来各地游资，风驰电掣向上海不断奔流，汇聚于黄金大海。据最近估计集沪游资总额的有六千亿元之巨。

他方面，工商企业日即凋零，危机四伏，其原因甚多，而主要之病根不外成本过高，销路不旺，资金缺乏，周转不灵。其所以致此者，仍直接受投机之影响，何以言之？因工商业所需之资金被投机市场吸收殆尽。而投机利大故不惜高利以贷入资金，金融市场之利率因以抬高至难令人相信之程度。同时，物价受投机之影响普遍腾跃，工商企业之进货亦高，工资、房租等等势必随之上涨。成本加重职是故也。他方面，顾客寥寥，门可罗雀，此由于消费大众缺乏购买能力。其尤要者为海运重开，外买恢复，洋货源源输入，充斥市场，其价之廉，其物之美，国产品望尘莫及。一年来入超数字与日俱增，据海关统计，昨年一月份进口为一〇 九二三 九二一 〇〇〇元，九月份增至二二二 六〇六 一〇七 〇〇〇元，较之一月份多二十余倍，同时进口值有出口值七倍之多。此为目前经济所与战时绝对特殊之点，亦即促成我国经济面临总崩溃之最有利因素，读者幸勿等闲视之！兹引一件事实以为证。

去年十一月重庆直接税局召开所得税审查委员会时，出席工商业代表几异口同声谓市场不景气的原因：洋货驱逐土货。"颜料代表说：外国货一来，四十九家行庄关了二十家，十家半开半关着，卖几个钱连吃饭都困难。旧五金业的代表说：因为外货的充斥，土货无人问津……牙刷业代表说：国货牙刷哪里抵得过玻璃牙刷？同业的许多工厂关得只剩一家了。山货业代表说：每月背一大分子金，同业三十四家倒得只剩十二家了。切面业三百余家现在只剩一百家。川烟业原有四十家，现仅存九家。漂丝原四十一家，现仅存十三家。铜铁锡业原有百余家，现仅存十余家。机器业原有四百三十五家，现仅有

国立云南大学教授文集（一）

二百零二家"（见重庆西南日报十一月十一日）。

至于农村经济，亦是同一命运。收复区之农地被敌人蹂躏，农具被敌人破坏故置不论，单就可耕之土地言之。农产品价格上涨无几，且有较战时为低者，然而工资、农具、耕牛、肥料等项无一不贵，农村高利贷更为可怕，地方捐税如毛，征借如故，兼以盗匪横行，交通梗塞，即有剩余收获亦无法运销。农村经济问题之严重性恐远在工商业之上。

关于战后之国家财政，则因物价飞涨，复员费以及其他意外支出剧增，而此时工商各业变动不已，有迁移者、有修复者、有停顿者，不一而足。在此情景之下，税收有减无增。预算赤字当然庞大。政府除凭藉印刷机而外有何方法以资弥补？此为减少人民对于法币信心之一重大因素，此增发之法币三回九转终究流游于投机市场，加深游资之渊薮，加强投机之活跃，加速物价之跳涨。世俗所谓"循环恶性通货膨胀"者大抵指此而言。要知此非政府发行之过失，乃法币流向之差误；法币流向之错误，应由金融机关负其责，银行钱庄不贪图高利，何致货款于投机商人？投机商人无钱，如何作投机买卖？为虎作伥，助桀为虐，私人行庄岂能辞其咎？然此乃现行信用制度之缺点而非银行家之本心故意出此。

综上所述各点观之，我国现阶段经济之危机，其原因在于经济基础之薄弱，而经济基础之所以薄弱者又由于帝国资本主义者之经济侵略与经济割据，不容我有发展之机会，使我民族经济长期停滞于农业经济阶段。战时国人心存观望，不知埋头建设，更有一般投机者流利用游资，囤积居奇，操纵物价，妨碍建设。近一年来更变本加厉转而从事于黄金外币之投机，结果提高黄金外币之价值以压低国币，反映物价暴涨不已，使社会货币所得剩余之资金不能灌溉到正当生产事业，而流入不独无益而且有害于国民经济之歧路。此种现象，吾名之曰"资金偏在"。战时资金之偏在影响尚小；现在资金之偏在为害甚大。因为长期战争之后，民族经济元气之损耗殆尽，已有之残余旧式工业，须赖资金还之扶持；未来之新式工业亟待资金为之奠立。加以外买关系恢复之后，工业先进国家之商品源源向我倾销，国人应急起直追，发奋图强，以谋精进，俾能与人竞争。今日再不容有资金之偏在，再不许有投机之行为。

国内经济

《云南日报》1947年1月1日第6版

我国黄金买卖政策与外国公开市场买卖政策之比较

梅远谋

去年秋间，政府公布第二次外汇调整令时，同时指定中央银行负责配售黄金。不数日，中央银行即在上海市场上公开出卖黄金，数月以来未曾间断。此种黄金公开买卖政策为政府既定之计划，且思有以贯彻之，无疑矣。

当局之所以断然采用此种政策而与外汇政策同时进行者，显非财政目的——至少非以财政为主要目的，盖欲藉此以吸收过剩游资，平抑过高物价与夫辅助新汇率之稳定而已。此显系仿效外国中央银行之公开市场买卖政策，又无疑矣。

公开市场买卖政策，欧战以后，风行一时，首先倡用者为英国之中央银行——英国银行。此种政策与贴现政策同为中央银行控制金融市场之两大武器，在金融市场上，迭奏奇功。且此两大武器往往双管齐下，殊途同归，均能收通货数量调节之效。

公开市场买卖何以能（亦只能）调节通货数量。欲明乎此，姑引发源地英国之公开市场买卖机构以为例。为便于说明起见，特假设一英兰银行理论的平准表如下：

表一　发行部

（单位：千万镑）

负债	资产
镑钞：	
（1）流通额…350（镑）	（a）信用发行额…250（镑）
（2）业务部存额…$\dfrac{150}{400}$（镑）	（b）库存资金额…$\dfrac{50}{400}$（镑）

业务部

存款：	
（1）公家存款…20（镑）	（a）证券总值…50（镑）
（2）银行存款…$\dfrac{80}{100}$（镑）	（b）库存镑钞…$\dfrac{50}{100}$（镑）

假如英兰银行，因某种原因，库存黄金减少一万万镑，即发行科目部（b）150－10＝140镑，而科目（2）50－10＝40镑；同时，业务部科目（b）50－10＝40镑，而科目

（2）80－10＝70镑，当是时也，英国银行抛售证券一万万镑，图挽救黄金之流出，于是英兰银行发行部平准表仍旧，而业务部资产负债表变动如下：

表二　业务部

存款：			
（1）公家存款…20（镑）		（a）证券总值…40（镑）	
（2）银行存款… $\dfrac{70}{90}$ （镑）		（b）库存镑钞… $\dfrac{50}{90}$ （镑）	

　　由此观之，英国银行突出证券之作用四：（一）制止黄金流出；（二）稳定镑钞之价值；（三）紧缩银行信用；（四）减少通货总量。英兰银行如感觉市场黄金不足，则反其道而行之：买进证券，抛出镑钞。如此一买一卖，使金融市场之通货得以维持适当之量。至于物价外汇，揆之货币数量学说以及与此说相关之购买力平价说，自趋稳定而无问题矣（在平时或无问题，在非常时期则否）。

　　此为外国公开市场政策之大略也。试观我国现行黄金买卖政策如何？吾人可对之曰：黄金买卖之机构是无机；以黄金为买卖之对象，是不对的。只卖出黄金而不买进黄金，是跛足的。今分述于次：

一、机构无机

　　英格兰银行集中全国商业银行之存款准备金，掌握整个信用之基础，同时主持清算制度。当其实行买卖证券时，立即使银行信用为之伸缩，市场通货为之增减，如影如行，如响应声，莫或离二。例如英格兰银行抛出证券，承购者大都付予商业银行之支票，英格兰银行即在各该付票行存款账（即存款准备金，如表（二）（2）项）项下扣除一定金额，该付款行准备率立即降低，放款随之紧缩。如前所述，英兰银行抛出证券共一万万镑，全体银行存款准备总额共减少一万万镑。商业银行为维持其一定准备率计，不能不紧缩放款。于是全体信用量、通货量随之收缩矣。

　　我国商业银行存款准备金依法得分存于国家四行，不如英国集中于英兰银行一家。兼以票据市场之不健全，清算制度之不普遍，各商业银行所缴存于当地四行之存款准备金，大都呆存于收款银行，例以一月结算一次；如系缴入现金，收款银行并给予周息八厘之利息，此俨如普通银行在国家银行之定期存款然。不能如英格兰银行得以相机而作，灵活运用。故中央银行买卖黄金与商业银行存款准备了不相关，因之不能如英兰银行买卖证券可以立即影响全体银行之信用，立即发生通货调节之效果。无怪乎，黄金政策施行以来，国家银行库存空虚，商业银行存款丰满，市场游资泛滥洋溢者也。故曰外国公开市场买卖之机构，是活的、是有机的，我国黄金买卖机构，是死的、是无机的。

二、对象不对

　　政府以黄金为公开市场买卖之对象，真是失策。何以言之？第一，外国中央银行在公开买卖之物为公债券或国库票据，总之是政府自己发行的长短期之公债。此类债券，政府当局可以斟酌市场情形，任意增减，几无限制。投机家对此不敢轻于尝试以撄其锋。

例如英格兰银行出卖证券时，其准备出卖之量，谁能预知，因之投机家无法操纵，证券价格不致压低，然市场资金因以作相对之减少。反之，收买证券时，证券价格不会抬高，而市场资金以作适度之增加。是买卖之物其价格不因中央银行实行买卖之故有所波动而通货调节之理想安全实现矣。

黄金则不然，黄金为天然产物，其量有限。我国既非产金亦非存金之国家，散在民间者不复为政府所有，而政府手中所拥有之黄金，人皆知其借自美国，为数无几，美国拥有世界百分之八十之巨量黄金，但不能对我作源源不绝之供应，是政府手中存金之量究属有限，卖出一条便少一条。且政府为吸收游资只能卖出，不敢买进。投机家洞悉乎此，故敢与政府一较长短。政府卖出多少，市场便消纳多少。政府手中黄金越来越少，投机家手中黄金愈积愈多。政府所得者便是自己发行之纸片，投机家所得者是真正十足之金条。结果法币黄金均为投机家囊括一空，席卷以去，政府侧目而视，莫敢谁何？

第二，黄金在我国虽为普通商品之一，然系国际通货之基础，值此联合国国际通货基金成立之时，各国货币皆与黄金紧相联系。金价在我国不断跳涨，逼迫新外汇率继续支持。最近黑市外汇率与官定外汇相差达一百倍以上，黄金外币暴涨反映法币价值暴落。此与平抑物价稳定汇率之原定目标恰成背道而驰之势。如当局不用与外汇有关之物为公开市场买卖之对象，决不至此。此点在下文详加申述。

三、只卖不买

我国中央银行数月以来只见卖出黄金而不见其买进，此与外国公开市场买卖政策又异其趣。此种跛足黄金政策之作用，与外国中央银行卖出证券，自大不相同。

例如英兰银行抛出证券之后，全体银行立即收缩放款；放款收缩，市场利率随之提高；利率提高，商人不堪负担，遂抛售存货归还银行借款，物价因以压低。是外国中央银行出卖证券之作用，一面提高利率，一面压低物价，固彰彰也明矣。我国中央银行出卖黄金，只见利率与物价齐飞，不可遏制，其故何耶？请分述之：

第一，因央行配售之黄金无多而市场消纳量过大。以故半年来之金价总是小稳大涨，就长期趋势观之，继涨增高，有如梯形。此种现象最有利于投机行为，譬如前日金价每两三十五万元，央行配售一千条，投机家按此价购进一千条；昨日金价涨至四十万元，央行配售二千条中，投机家看涨者再以四十万元买进。看跌者以四十万元卖出。每两赚五万元。次日每两又涨五万元，则前日买进而未卖出并于昨日继续扒进之看涨者，是每两可赚五万至十万之多。由此观之，央行配售之金价总是落后而无法上前，总是被动而不能主动，此黄金投机日益猖獗者也。金价如此跳涨，投机家为增殖其利润，必争向银行借贷以增购黄金。市场利率于是提高矣。

第二，市场利率既高，物价不独不跌反见暴涨，此由于金价领导物价故耳。黄金与外币实为一物，今金钞上涨反映法币下落，法币低落即表示物价高昂。其次，我国生产不足自给，一向依赖舶来品，而今尤甚，兼之国产品不如洋货之廉美，故年来外货进口与日俱增。进口货皆系用黄金外币买来，金价愈高，洋货愈贵；洋货愈贵，土货自然步其后尘。此金价上涨之所以挟物价作普遍上涨，假如央行不以黄金□□□对象，金价不致刺戟上涨，金价不涨，利率不致提升，而物价不致如目前之高昂矣。

综上各点观之，可见我国现在黄金买卖政策仿效外国公开市场买卖政策，未免有袭貌遣神、捉襟见肘之感，以言其吸收游资也，而游资愈积愈厚，纸币愈发愈多。以言其平抑物价也，而洋货土货之价格无一不飞黄腾达，上搏云霄。以言其辅助外汇也，而官定三三五〇之汇率等于具文，美钞黑市突破八千大关，黄金政策之结果如此，应即放弃矣！如任其演变下去，民族经济□□□□殆无望矣。中国之病在穷，救穷必自生产始，生产须先投资。投资是增加生产，投机是减少生产，欲增加产业投资必须制止黄金投机。盖国民一定量剩余所得，流向于投机市场甚多，流向于投资市场者必少。此即目前中国经济危机之所在。笔者曾屡屡指出买金偏在黄金为我国经济之症结，并创议采行信用独占制度以矫正存金之偏在。其他西洋把戏，例如公开市场买卖政策，以及贴现率政策，存款准备金政策等等，皆非挽救中国经济之药石，因此政策充其极只能控制资金之数量而不能支配资金之流向也。

《正义报》1947 年 2 月 2 日第 2 版、2 月 9 日第 3 版

国内经济

如何推行输入定额制

陆忠义①

　　去年十一月十七日，行政院最高经济委员会颁布《修正进出口贸易暂行办法》十八条，从内容看来，比之去年三月一日原定制度，颇多进步之处。除了加强管理机构，扩充禁止进口货品名目以外，最显著的一点，就是对于输入占居多数的商品，包括制造品、半制品、工业原料以及补助材料，推行输入定额制。当这入超巨大的时候，这一措置，表面上好像为了轻减国内生产业事备受外货倾销压迫，实际上，使得我国对外贸易政策，步入一个新的阶段，诚有其深重的意义。

　　输入定额制，又可称为进口比额制，许多人士，初初认为这是最近盛行的贸易政策。但是仔细研究起来，这种制度，在欧洲关税史方面的记载，在一八九四年五月十八日，俄国最先曾和毗连欧洲的国家，创始应用。后来，一九〇六年二月十一日匈奥帝国，一九一一年一月十六日瑞士，在边境贸易地带，行过许多时候。那时货物定额，仅仅限制武器弹药的进口，为数甚微，可能影响的范围，只至于一地或一国而已。等到第一次世界大战时期，无论交战国，或中立国运用斯制，非常普遍。第一次世界大战结束，欧洲许多国家，大家都在从事经济复兴工作，大家都在鼓励进口，输入定额制，一度消声绝迹。一九二一年，世界货币乃至各国经济次第稳定之后，国际之间货物交换，渐渐恢复繁荣，定额制度，都被各国放弃，没有继续应用。一九二九年，可怕的世界经济恐慌发生，法国于恐慌之余，从一九三一年五月五日起，为了维护本国市场，直截了当，对一千三百三十种商品进口，予以限定。到了同年十二月间，奥国、捷克、爱沙尼亚、土耳其、比利时、伊朗、西班牙都也闻风而起。一九三二年丹麦、瑞典、南斯拉夫、巴西、智利；一九三三年保加利亚、荷属印度、乌拉圭、拉脱维亚，号称自由贸易老家的英国和它的自治领加拿大、澳大利亚、南菲联邦；一九三四年美国、葡萄牙、阿尔巴尼亚、古巴、挪威、秘鲁；一九三五年意大利；一九三七年日本；一九三八年阿富汗、印度、新西兰等国，进口商品都已采行这种制度。又以一九三九年年底各国缔结之商约为例，在五百一十件中，与定额制有关者，竟占到百分之三十六以上，益显推行输入定额制的广泛了。

　　上面只是一页定额制度的历史，从滥觞至推广运用，发展非常迅速。综观当时各国办法，大致不外下列两种：

　　（一）单方定额制，就是定额的决定，仅由本国单方命令决定，强制实行。此制法国最先肇端，美国继之。

　　（二）双方协定输入定额制，即定额的决定，不是依照进口国单方命令执行，而是经过进口出口双方代表协商决定。这种方法，盛行在欧洲小国家里面，例如捷克、爱沙

---

①　陆忠义，1941 年 8 月到云南大学，曾任云南大学经济系副教授。

208

尼亚、土耳其、比利时等国都采用之。

从输入定额制本身的成败关键，我们这次实施输入定额制，首先对于定额数量确定，就很不容易。全国各种货物的消费数量，往往因时而异，在经济繁荣的时候，人民购买力量增强货物的消费扩大，在经济衰落的时候，人民购买力量弱小，货物的消费缩减。纵然处于同一经济情况之下，一般货物消费，常常因为人民消费习惯的变迁而异；常常因为季节变化而异。倘规定数量过多，则不易发挥定额制的效用。反过来说，倘使规定数额过少，在国内生产不足供应，一般国民经济，难免受到不良影响，在国外惹起进口国家的反感。

那么，施行定额制的目的不但不能达到，反而弄得出口遭受报复，本来定额，可以按照过去的进口统计，来作参考，确定货物进口标准。实则不如这样简单，因为各国历年输入数量，常常受到各种影响而变动。

输入数额既经确定，进而就要注意定额里面的分量支配。依照法国、土耳其以及巴尔干方面的国家，都用输入总量限定法，单单规定货物输入总额，各个输出国家，在那个法定数额之内自由竞争，不再分别厘定各国个别进口数量。货物进口手续都和平常无异。此制的优点，简单易行，但是它的缺点，不易收得限制之效。一国假使只设一个机关，关于输入量的管理，自无问题；事实上面，各国通商口岸颇多，所设税关亦伙，编算进口统计，必费时日，运用这种办法，困难异常。法国刚刚实行的初期，牛肉的输入超过定额百分之六十，猪肉的输入超过一倍。在意大利、瑞典、美国和英国经济集团里面，都用输入分量限定法，依据从前各国输入量中所占的比重，平均分配。按理来说，这个方法比之前者来得公允，然而对于基准年度的选择，那可非常困难而复杂了。荷兰、挪威、秘鲁、意大利诸国，另又采用输入限额许可制，规定由输入商人先向指定机关请求发给货物输入许可证，然后方准进行贸易。例如意大利对于工业品的输入，由意国工业协会办理输入许可证；荷兰对于农产物品的输入，由荷兰农事委员会办理输入许可证。依此方法，管理输入的货物，较之上面二法，来得有效，可惜手续过于麻烦。

选择定额里面的基期，事实上也是一桩很伤脑筋的事情。现行的定额，都比从前真正输入数量低，甚至有的只低几成。以法国的情形而言，法国依据一九二八至一九三一年的平均输入数量作为基础，而予以百分之四十的定额；英国和它的自治领殖民地，选择一九二七至一九三一年作为基期；有些国家，包括荷兰、捷克、土耳其在内，采取三年平均数作为基期；有些国家运用以往五年或则十年的平均数字作为基期。大家希望尽量地足以代表各国正常贸易情状，不致对各国发生偏向，俾便足以适应本国的经济需要。原则上虽然这样，但是基期决定的结果，不是发生偏向，就是不能适合自己经济的需要，很难觅到一个合乎理想的条件。

以上为其推行输入定额制度常常遭遇的几个问题，得自各国经验里面，倘使各方能够注意及此，俾我国的新贸易政策，获得其预期的效果，则此文之作，非徒然也矣。

《正义报》1947 年 3 月 2 日第 2 版

国内经济

银行家之使命

梅远谋

此文为本年三月十四日应昆明银行从业人员康乐会学术讲演之底稿，适《正义报》征文下走，加以整理而成。当讲完毕时，该会负责人以记录恐有不完之处，即索原稿以资对照，今特披露于此，并达盛意，藉就正于海内贤达。附识。

现在是信用经济时代。一切经济活动，大都赖信用为之启发，为之维系，为之完成。银行是信用受授之机关。吾人亦可以说，银行是信用之摇篮，产业犹之乎婴儿，银行家犹之乎乳母。乳母之责任，是在抚育婴儿健全的长成①；银行家的天职，是在辅导产业均衡的发展。银行家既是产业的乳母，则产业之落后便是银行家之耻辱，产业之偏枯便是银行家之过失，产业之崩溃便是银行家之罪愆。社会人士对银行家期望之殷，责备之切，正因银行家责任之重，使命之大故也。

窃以银行业不过是企业之一种，银行家不过是企业家之一员，其职责使命何以特别重大？探究原因，则有下述诸端：

（一）商贾贸易有无，银行挹彼注此。前者藉两种价格之差以增殖利润，后者藉两者利奉之差以增殖利润，在性质上本无不同之处。不过前者为趸买零卖，后者为零买趸卖。因其买卖方法之不同而责任亦异，不可不辩也，商人整批买进，其债权人只是一个（例如厂商或批发商）。银行家零星收进存款，其债权人多至几千几万。商店不幸而关门，受其害者不过极少数人。银行不然，如不幸而倒闭，则受害者为千万家存户，乃至整个社会受其拖累。再就卖出方面言之，商人零星出卖，买主如不能偿付货款者为数必少，金额无多，不致全体顾客皆无偿付能力，是商店之呆账倒账实属常事，然其危险分散、吃亏不大。银行反是，银行一笔放款动辄以千万万万计，设借款人无力如期如数归还于银行，则所受其影响者岂独银行本身而已哉。

（二）银行又如工厂然，同为制造之机关。银行吸收社会剩余而分散之资金以为原料而制造信用，使私人债权债务社会化，广为流通。工厂收购民间产物以为原料而制成商品，使之标准化，畅销于市场。二者之性质极相类似。但工厂所制造者均属有形物，其为优为劣，悉以货物之品质为凭，其制造时虽有赖于工人，然人工已经②为商品所吸收，与购买大众不发生直接的关系。银行所制造者为信用，其出售者为服务，其为优为劣，悉以人为转移。信用赖人为之树立，维持与加强；服务赖人为之计划，推行与发展。是银行所制成的东西在与人发生不可脱离之关系。总之，工厂所恃者为物，而银行所恃

---

① 成：原文为"城"。编者注。
② 经：原文为"金"。编者注。

者为人。吾人一入银行之门，所见者除衣冠楚楚，伏案写作之银行人员外，竟无他物，即其明证。

银行事业既建立于人，以人为本位，则银行家之地位与职责迥然与普通工商家不同。故银行家先进徐寄庼氏认为银行家应具备下列五条件：

（1）表率之人格——必如此然后才足以符众望而坚仰；

（2）完备之知识——必如此然后才足以应付金融之变化；

（3）高深之学问——必如此然后才足以纳金融于正轨；

（4）卓越之才能——必如此然后才足以领导群众，指挥若定；

（5）丰富之经验——必如此然后才足以鉴往知来。

否则便流于鲁莽、粗疏、武断、小气。小则陷本行业务于不振，大则影响整个金融之不安。由此以观，银行家责任之重，使命之大岂与普通企业家所可同日而语哉？

（三）再进一步，从利率机构以觇银行家在经济制度中所居之地位与其所负之使命为如何。前已言之，银行之利润来自利息。放款利率大于存款利率构成银行之利润率，是银行之利润率以利率为函数，同时，银行家为增进利润必须变更利率，此即云，利率机关之钥匙掌握于银行家之手。他方面，吾人又知利率为经济生活之灵魂，向为经济学家所极端重视，潜心探讨之题材。兹略举几家权威学说为代表藉以确定银行家之职责。

（一）皓屈莱谓一切生产均建立于提前支付制度之上。在制造品尚未完成与出卖之前，各种生产要素业已得到报酬，收进所得。商人依据其对于消费之预测而向厂商定货，因而生一串债务。但商人之债务是定期的，而厂商之债务（如工资等项）为即期的，为周转起见遂向银行告贷；然银行贷出之资金实为“无中生有”。但银行供给之款，立即变成社会所得，增加社会消费，商品之需求随之增加，如此循环不已。当此时也，银行同业为竞争放款，拉拢顾客逾相率降低利率，以至达于最小限度。然逾时感觉头寸空虚或由中央银行施以压力，银行家为保持准备率计，又相率提高利率，紧缩放款。于是物价下落，生产收缩，失业增加，所得减少，经济危机因而爆发。依氏之意，经济循环几完全由银行家一手造成。

（二）维克塞分利率为二：自然利率与实际利率。后者如高于前者，则增加储蓄（减少消费），阻碍投机（减少生产）；后者如低于前者，则投资增加而储蓄减少，如两者相等或相近，则投资与储蓄平衡，生产与消费平衡，物价稳定，经济均衡，此为经济之最好景象。氏之结论亦与皓屈莱相若。后来其门人密施斯祖述师说而谓银行家用人为方法变更利率而酿成经济恐慌。氏谓银行降低利率使生产时间延长，首先提高生产财物之价格，继而提高消费财务之价格，然不旋踵为自卫起见，银行家又迫而提高利率远在自然利率之上，恐慌于是发生。

（三）凯恩斯在其货币论中，认为物价变动，经济盛衰与银行政策之关系甚大。银行利率提高之后，一面增加储蓄，一面减少投资价值，而储蓄增加又影响于消费品价格之降落。结果一般物价低于生产成本，生产因以萎缩，经济于是衰沉。反之，如降低利率可使生产增加，经济繁荣。凯氏以储蓄与投资为物价稳定，经济均衡之两大要素，而决此两大要素之变动者又为利率。

凯氏后来在其大作《就业通论》中之说法便与从前不同。氏谓就业量决定于投资量，欲增加就业必须增加投资，欲增加投资必须加强投资之诱力，加强投资之诱力必须提高资本边际效率，提高资本边际效率之法除由政府施行公共工程政策而外，即为使银行制度努力压低利率以期接近于零。

（四）最后，吾人从物价变动过程亦足以窥见银行家责任之重大。此地，有两位名经济学家为代表。

1. 罗柏逊在其《银行政策与物价水准》一书中言之纂详，兹撮要如次：

第一，当物价步涨时，企业家为维持其营业资本之实值于不变，其所需之现款必须增加；如扩大生产或新投资，则其所需之资金必然更大，或彼或此，皆须藉助于银行。信用因之扩张，通货于膨胀，物价更见上扬。

第二，物价步涨使生产时期延缓，其故有二：一因商人预料物价将继续上涨，不独不愿出售其存货反而设法再行购进新货，一因扩大生产，在制造上或运输必然遭受若干困难而加重生产成本，凡此种种，其所需要之流通资本必多，银行如源源供应货款，势必加重物价上涨之程度。

罗氏基此两大理由因而主张银行家在物价趋涨之秋应及时收缩信用，以遏制物价过分之上涨与预防恐慌之发生。

2. 海叶克氏认定物价变动与通货分配之关系甚密，而通货分配即通货之用途虽属于工商业家，然掌握通货分配之最高权力机关，则为银行。

海氏将生产机构分为五个阶段，上层为资本物生产阶段，下层为消费物生产阶段，假如资本物价格趋于上涨，企业家以其有利可图，增加生产，于是通货争向上层工业不断流注，促使上层资本物价格更形上扬，而下层消费品价格下落，通货减小。反之反是，银行家如发觉上层工业有膨胀之趋势，应限制其放款，而转移其资金于下层工业。反之，则应转移其资金于上层，如此，经济均衡之局，才能维持，不致剧变，海氏所谓资金分配不均，影响于物价之波动，与笔者年来认定我国物价暴涨由于资金偏在，其理则一，分配资金之去宰既为银行家，故矫正资金偏在是为银行家之使命，责无旁贷。

以上就理论方面来分析银行家在业务上、利率上、物价上与通货流向上之职责与使命，吾人于此可以明了一国经济之命脉，大半操之于银行家之手，亦可云天下安危繁于银行家之身。

至于事实方面，前例甚多，每当国家非常时间或经济恐慌之际，政府当局对于银行往往严加监督与管制，我国战时管制有银行管制之条例，最近公布之经济紧急措施方案，又特别侧重于银行，是因银行为百业之关键，银行家膺国家社会付托之重，故对之期望甚殷，责之甚切，年来政局不安，民生日蹙，各界对银行不免有所评议，希望银行家认清使命，忍辱负重，本淡泊明志之胸襟，宁静致远之精神，领导全国经济建设向前迈进，国家民族前途，实利赖之！

《正义报》1947 年 3 月 16 日第 2 版

美国贷款政策的认识

陆忠义

三月十二日下午一时，美国杜鲁门总统在国会参众两院联席会上，发表二十分钟的演说，以他的单调平凡的语气，宣布希腊土耳其两国四亿美元的贷款。该项援助法案，业经美国参院外交委员会，在三天之前，十三票对零票予以通过。许多人士，初认为这是一个普通的经济援助，但是仔细研究起来，这是一桩震动世界的事件。从一七七八年美国立国起，好像这样重大的政策转变，至今一共只有三次。一次是一八二三年的"门罗主义"，由美国负起领导美洲的责任。一次是一九四一年罗斯福总统的"租借法案"，由美国支持对付德义作战的艰难工作。这次杜鲁门的企图，可以这么说一句，就是一个"和平时期的贷款政策"，率直指示美国负有领导世界对抗共产主义的重任。

美国这种贷款动向，从杜鲁门演辞看来，重点放在"防止共产主义全能政治的发展"上面。杜氏演辞表面，没有提到"苏联"二字，但是苏联是共产主义的摇篮，也是实行共产主义的老家。那么"防止共产主义全能政治的发展"，实际是防止苏俄继续扩展"安全地带"。战后美苏二个大国，一个美国，拥有领土三百六十二万方哩，人口一亿四千万。一个苏联，拥有领土九百六十二万方哩，人口一亿九千三百万，经由德国、东南欧、达达尼尔海峡，直到日本海，许多国际纠纷里面无一不同美苏两个集团的斗争有关。前些时候，美国对付苏联的作风，都用绥靖政策。可是去年以来，苏联得寸进尺，咄咄逼人，美国一再迁就，始终没有效果。最显著的例子，巴尔干半岛到黑海那片地区里面，苏联控制了保加利亚、罗马尼亚、南斯拉夫、阿尔巴尼亚，以及捷克等国，现在硕果仅存，仍在苦苦撑持的，只有希腊和土耳其两个国家。但是以二个国家的力量来对抗苏联，这是显然不够的。

联合国驻在希腊视察的美国团员爱斯里治，美国政府驻在希腊人员鲍特，先后几次电告华府，说明希腊情势不佳。本年二月二十二日，原来负责支持希腊，维护地中海的英国，因为战后国力减退，财政遇到极大的困难，在财力上已经不能继续推行预定的政策，不能继续支持希腊和土耳其去抵抗苏联与日俱增的压力，所以正式通知美国，说明英国准备在三月底退出希腊，要求美国考虑对策。二月二十七日，杜鲁门曾在白宫召开秘密会谈，由马歇尔国务卿出席报告，英军如果撤退，希腊就会内战，土耳其就会内战，共产党将要夺去政权，可能近东各国都成苏联俎上之肉，西方的意大利及法国将告不稳，情势极为严重。当天晚上，马卿另又召开部属商谈，三月七日，杜鲁门接到上面关于希土问题的报告，经过召集国会领袖研究之后，便在十三日宣布希土两国贷款政策，放弃陈旧的绥靖作用，采取坚定的步骤，英国军队留驻希腊，经济上面归由美国负责。最最显著的一点，美国企图以经济力量，防止共产主义的发展。

经济援助希土，恰恰发表在举世注目的莫斯科会议的时候。原来英国在希土单独应付苏联的工作，目前变成英美两国合作支持的局面，这是由于英国经济危机而造成的。

国内经济

三百年里长成的大英帝国，在三十年中，经过二次战争，元气大伤，国内经济，衰疲不堪。而美国是世界财东，是最大的生产者，是最大的债权国。国力之盛，远过英国。从前在国际舞台面，追随英国之后。现在长成，已经取得"老大"地位。英国本来企图从德国、巴尔干、近东，直到印度，设立一道防线，限制苏联西进。这道防线太长，需要人力太多，英国正在叙利亚、伊朗、埃及、印度、巴力斯坦等地撤退，放弃了"面的防御"，改变成为"点的防御"。美国本来担任"远东防线"，现在出马担任中东到印度防线，慢慢成为美国独任艰巨的苦境。

许多人们，焦心美国这样对外贷款，针锋对着苏联。一个要想发展势力席卷世界，一个加以制止，说是会得引起战争。其实往远处看，美国的评论家都认为不致发生冲突。因为：美国的政治传统，根本不会先发制人，根本不会先动手打人。在苏联，对德战争之后，生产没有恢复，许多地方，沦于饥馑，国力不如战前，没有作战力量。国内政治也因为战时出征军人，所见所闻，都同从前听到政府的宣传，大有不同，中欧穷苦的国家，一般人民生活，比较苏联好。这些军人回国之后，影响所及，才有不久以前的清党，在心理上是否能够作战，甚是问题。另外还有一个大问题，就是原子弹，大概苏联要想利用原子能力作战，还得相当时期，苏联不敢①冒险从事。如果清楚苏联的作风，就可领悟到这种奥妙。苏美的对立，虽是世界的暗影，在目前情势之下，却决不会和美国正式决裂，除非在军事上有绝对把握。

在原则上，美国对外贷款，是准备负起特别艰巨的责任。总计去年一年当中，美国对五十九个国家，贷出借款九十二亿七千九百万美元。一个月前，副国务卿克莱顿曾在参院外交委员会中，支持三亿五千万美元的贷款，对匈牙利、奥地利、意大利救济饥馑。这几天，又盛传美国对南韩贷款六亿美元。这许多消息，假使确实，那美国对于苏联展开经济性质的攻击，将更为剧烈。

美国已经选定了应循途径，在这个局面里面，我们应该如何善处，这是一个很值得研究的课题。

《正义报》1947 年 4 月 6 日第 2 版

---

① 敢：原文为"故"。编者注。

卅六年美金券债之解析

梅远谋

一①

上月二十六日国防最高委员会决议发行三十六年短期库券三亿美元暨美金公债一亿美元，二十七日经立法院完成立法程序，二十□日国民政府明令公布施行。由财政部委托中央银行主办发行事宜并已于本月五日在上海开始发行。

此次债券之发行，乃经济紧急措施方案之积极的表现，以别于方案中减缓国库不必要支出与禁止黄金外钞买卖之消极的措施。就财政言，前者为开源，后者为节流。就金融言，后方为制止游资之活动，前者为流通游资之出路。经济紧急措施方案之目的，藉此新公债政策为之配合，而渐趋于达成与具体的□现，此诚政府解决财政金融困难所应有之措施，在原则上无可訾议，人民亦不必怀疑。

吾今所欲言者为券债意义之说明及其关联性之分析并进而试估其价值。盖此次公债政策无论从发行债额上条件或意义上讲，确为抗战以来之一最重大的财政金融之措施，吾人应该特别重视与缜密研究，惜为时间所限，关于技术方面未克具论，祈读者谅之！

二、美金库券之目的及其意义

根据三十六短期库券条例第一条，库券发行之目的为"稳定金融，鼓励储蓄"。此两点虽是平列，然第一点稳定金融似较重要。所谓稳定金融，即是吸收游资。因年来游资充斥，飘忽不定，扰乱金融，危害财政，故发行库券以吞纳之，使毕集于政府之手；捣乱分子既俯首就擒，金融市场从此可以太平无事。

至于第二点，鼓励储蓄应训为抑制消费，因储蓄与消费是反相关，鼓励人民储蓄即是劝告人民延缓消费。此确为目前中国救穷之一良法。然储蓄之形成基于两大条件：储蓄能力与储蓄意志。储蓄之能力系于边际消费之大小，即以消费对所得之比率为转移，穷人之所得勉可温饱，其边际消费即其最低限度生活之所必需；富人所得多，其边际消费已远在生活必需水准之上。是则所可鼓励之储蓄，所可延缓之消费，在富人而非穷人，能有富人才富于储蓄能力。

然有储蓄能力者不必即有储蓄意志。左右储蓄意志之因素甚多（凯恩斯氏分为主观与客观两类共十四种之多，恕不具述），且人人言殊（古典学派认为提高存款利率可以加强储蓄意志，凯恩斯及其他动态经济学家力反此说），其最要者不外乎政治经济之现状及其预期之变动，就中国目前而论，妨害储蓄意志之有力因素莫过于政局之不安与物

国内经济

---

① 原文如此。编者注。

价之波动。今政府以美元为单位而发行库券，稳定债本提高债息，正所以加强人民储蓄之意志。

三、美金公债之目的及其意义

美金公债之目的，据第一条所载为"充实外汇基金，调剂对外贸易"。所谓充实外汇基金者即是稳定外汇。盖自经济紧急方案实施以后，国人在外存款政府无法移用；内地金钞持有人向央行请求兑换法币不甚踊跃，此类金钞非①逃避即死藏。政府有鉴于此，特发行美金公债以招徕人民在国内外所保有之金钞外汇，增加对外支付之能力而维持对美金一万二千元之汇率，再深正式加入国际通货平准基金，使法币在外汇市场得以长期稳定，俾能分润基金会员国应享之权益。此为美金公债之第一义。

至于调剂外贸，意即减少入超，而减少入超又必须训为增加出口。盖中国为谋经济建设起见，举凡有关建设之物资必须仰给于工业先进国家。是进口不能或不应希望其减少。故欲减少入超，唯有增加出口，理至明也。

然刺激出口又必须维持有利汇率或现行汇率，使出口商有利可图。同时，输出增加又能充实外汇头寸，汇率得以维持不变。是外汇外贸两者成辅车唇齿之势，在我国尤然。故美金公债之目的名虽为二，其实则一。然亦有本末之分。调整外贸，本也；稳定外汇，末也，因稳定外汇，正所以增进输出，出口发达，外汇才得稳定。

四、库券公债之关联性

券债之目的与意义已分别述之如上。兹再进而说明其关联性。

由第二节看来，库券之作用在平抑物价，亦即稳定法币对内价值，因国民剩余货币所得或剩余购买力未变成投资而以游离姿态出现于市场，使物价剧涨无已，反映币值日落，今以库券方法将此种资金收归政府掌握，作有利的运用，同时，鼓励人民延缓不必要之消费，增加新的储蓄，或彼或此，皆能减少商品之需求与减轻物价之压迫，法币对内价值可渐趋稳定。

从第三节看来，公债之作用在充实外汇；亦即稳定法币对外价值。因对外价值之低落，由于外汇头守空虚而形成国际收支之不平衡，国际贸易之不利；外贸不利又加重收支失调，促成外汇上涨。如此循环无端，国民经济危机四伏。

由此观之，券债之目的分开说是稳定物价与汇价，合而定之，即为稳定币值。吾人深知物价与汇价在依存于国际经济关系较多之国家，特别在经济落后，不能自给如今日之中国，二者不能分开稳定，必须同时并进，双管齐下，然后收效始宏，此次券债两案同时通过，同时公布，同时发行，实为政府最贤明之举措。盖货币内外价值之不可分离，构成券债之密切关联性。

其次，通货依附于经济，以经济为本体。无论其对内对外价值，欲期其根本稳定，长期稳定，除增加生产节省消费外，竟无他法。就其对内言之，如欲平抑物价，只有一面增加物资之供给，一面减少物资之需求，或两者同时并进，吸收国民剩余所得，集中国民储蓄，转而用之于国民生产事业，供求适应，经济均衡，物价焉有不稳定之理。

---

① 非：原文为"飞"。编者注。

国立云南大学教授文集（一）

就其对外言之，如欲稳定汇价亦只有增加生产与节约消费，双管齐下，因为如此，出口方能增加，入口方能减少。外贸逆势方能改善，国际收支方能平衡，汇价何愁其不稳定？此为国民经济与国际经济之联锁性而构成券债之关联性。

五、库券公债之评价

财政学家常言，公债之好坏不在其本身而在其用途。又曰，公债之优劣不在其数量而在其金钱条件。吾人今兹评议券债之价值当以此为准绳。

首论库券。第一，通货之为祸不在其本身或数量而在其流向或用途。关于此理，笔者屡屡申述，姑不赘。今出售库券，减少通货，即令能如定额悉数发出，至多不过暂时解决量的问题。设政府不能将券款（法币）死藏于国库，或销毁之，则左手收进，右手放出，市场通货数量不能减。且发行之库券，仍赋有若干通货之功能（参阅第十一条）。第二，市场通货骤然大量减少，利率将必随之提高，生产成本因之加重，投资诱力为之削弱。且库券利息本已定得过高，大有侵蚀国民生产资本之嫌疑。第三，券款用途无明文规定。据财部负责人声称（见三月二十八日天津《大公报》）系用以补助国家预算之不敷。果如此，库券发行之目的，与其说稳定金融，不如称之为平衡预算，平衡预算而发行库券与发行钞票不过五十步百步之差而已。预算之支出果系消费性质，是不过转移人民之消费而为政府之消费。游资将必增加，物价仍旧狂涨。

至于谈到鼓励人民储蓄，则券款必须用之于生产建设，然后始能培养国民储蓄能力，提高国民储蓄水准。盖储蓄来自所得，所得来自就业，而就业更与投资及生产紧相关联。吸收之储蓄如不用之于生产而用之于消费，则国民储蓄之能力日益削弱，储蓄水准日益降低。起债之条件再加优厚，而人民心余力绌，无法承购矣。其结果富者愈富，贫者益贫而国民总储蓄终至于零。

此外，关于库券金钱条款所可訾议之处甚多，一国举债以外币为单位，就外债言，已显示其地位之低落而不利于债务之履行。发行内债而以外币支付本息，更表明国信之万分薄弱矣。政府此次发行短期库券照美汇牌价偿付本息，盖欲加强人民之信心而利公债之发行，苦心孤诣应为国人之所共谅。然伏有若干不良影响，不可不知也。

第一，外汇政策将因此而受拘束。对外汇率应依国民经济情形随时有伸缩之余地，今后政府便不能自由变动汇率。提高固为库券持有人之所愿，但国库债务支出随之加多，国民财富分配之不均程度加重。降低汇率，则为债权人所讲议而有损于国信。只有维持起债时之汇率，始得调平。

第二，政府不独要坚持硬性的汇率，同时尤应维持不变的物价，假如物价仍无法控制，其上涨也，国库债务负责加重，预算膨胀愈甚，租税负担过高，生产成本更大，影响所及，诚不可想象。物价如幸而下落，券市随之贬值，券值跌落，反映利率高涨，利率高涨又有害于生产。

第三，汇价或物价一有发生变异之趋势，投机家不免从中兴风作浪，推波助澜。将见市场板荡不安之情形必定甚于昨日。因昨日只有汇价与物价，今者加上券价，三者合为一体，其中一有变动，其他二者不能不变，不会不变。政府今后必须三管齐下，同时兼顾，国家财政与国民经济始得安定。

第四，券息定为二分并半年付息一次，其实在利率之高为过去任何内外券债所不及。此亦政府迫不得已而出此。除抬高市场利率之外，尚有下述几种流弊：（一）已往公私债券之价值必作相应之低落。更予旧券债权人以不利，工商企业持有旧债券者，其资产无形贬值。（二）有碍库券本身之调换与夫将来公债之发行。

以上就美元库卷之可能的或应有的结果而言耳。至于美元公债，流弊较少。因债额仅一亿美元，债息六厘不算太高，用途确定且极正当。公债本身大体上颇合乎公债学原理，毋庸讨论。唯应顾虑者，外汇之稳定与外贸之改善，非区区一亿美元所能臻事，根本办法仍在健全国民经济，增加生产，节制消费，提高储蓄水准，强化投资诱力。由是言之，美元公债与美元库券确紧相联系，而前者为用，后者为体；前者为末，后者为本。欲求达成公债之目的，必需库券目的能圆满①实现，本固枝茂，实大声宏，理固然也。库券之缺陷颇多，因而忧虑公债成功之渺茫。而希财政金融当局设法补救，使新公债政策变成完璧，国民经济前途有厚望焉。

《正义报》1947 年 4 月 13 日第 2 版

---

① 圆满：原文为"漕圆"。编者注。

从国家收支不敷说到发行特种短期优利库券

陆忠义

　　五月七日上午，财政部部长俞鸿钧在国府会议席上，发表二十五分钟的报告，以他单调平凡的广东官话，坦白的公开国家收支不敷的情形，全部详细内容，我们没有获悉，单就那天报告的约数而言，（一）原列本年支出总额定为九万三千余亿，岁入定为七万二千余亿。（二）一月至四月的实际支出约为五万亿，实际岁入约为二万亿。（三）估计全年约需支出二十万亿，岁入可望达到十七万亿。

　　当时许多国府委员，还是认为中国财政尚称稳定。但是我们看来，这三个数字，并不感到乐观。现在一到四月的实际收支和原定预算比较，岁入方面相差不多，支出方面超过了百分之六十以上，这是一桩显而易见的事实。从五月到十二月的预算收入，单靠增税，究能收到多少效果，现时没法统计；可是要靠三十六年美金债券的四万八千亿，据说至今销数只有百分之五；假使要靠剩余物资敌伪财产的出售，所增为数不会太多。但是支出方面，当非十五万亿所能过得去的。综合计算起来，国家收支不敷，根据以往的经验，应用最最保守的方法，还要短少十万亿。从前作战期间，中国财政困难，大都依靠国际借款。从一九三七年七七事变起，借得美国贷款九次（除租借物资外），共七亿六千三百万美元；借得英国贷款一次，共四亿二千四百万美元；借得俄国贷款四次，共三亿美元；借得法比捷克诸国贷款五次，共一亿六千六百万美元。从那日本请降之后，中国得之国际贷款数目，约为二亿美元，少得可怜，比不上英法。根本上，国际贷款只能用在经济建设，不可以之应付财政亏绌的。这样，如果完全依靠发行法币，加以弥补，那么可怕的通货膨胀，真是难以言喻了。

　　这几天来，盛传政府正在计划发行特种短期优利库券一种，期限从一个月到三个月，利率比照市场情形定为一角至二角，票面分作法币十万、五十万、一百万、五百万四种，经由财政部部长俞鸿钧送与有关部会缜密洽商，研订细则。这些消息，所传不虚，则全案内容的公布，或者就是眼前的事情。

　　发行特种短期优利库券，本来用以应付财政年度中偶然的不敷，预计在短期内即可由财政收入的增加而予以偿还。换一句话说，税收常有旺季淡季之别，在那淡季发行特种库券，在那旺季清偿。但是该券可以继续发行，可以累积发行新券调换旧券，它的实际上的功效，几同普通公债相似，从而吸收游资，稳定币值，许多人们主张这项特种短期优利库券，从速发行，而且愈快愈好，这是不能不走的一条道路。

　　这样的主张，当在债信没有重建，人民储蓄心理消沉的时候，也许有人会得否定它的成效。但是为了挽救经济的危机，为了保持国家的生命，这不失是一个妥善办法。发行这种性质的库券，在英国时常运用，颇收宏效。它由英格兰银行控制，作为公开买卖，当那市面银根紧缩，利率高涨，库券跌值的时候，英格兰银行便就买回库券，放出通货，以应社会对于资金之需要。反之，当那市面银根松动，利率下降的时候，英格兰银行便就卖出库券，吸收通货，俾资收到调剂金融之效。如果我们仿行顺利，一定能够敛很多游资，消减很多掀动物价的力量，直接给予国民经济生活一种安定因素。

有人认为优利库券的发行，有一个可以顾虑的地方，就是它的目的完全在于弥补财政、国库负担高额的利息。但是这一弊害并不足惧，因为现在世界各国无不负有巨额公债，例如英国截至一九四六年三月底止，负债总额达到二百四十六亿余镑，比照本年英国全部岁入预算三十亿余镑计算，那么统统用以偿付债务，则需八年以上始能了清。我们从战前到战后的公债总额（除上次美金债券外）约计一百二十亿，为数非常微小，负担一些利息，并不一定是坏事。

又有人认为这种库券发行之初，很能刺激黑市利率上升。但是造成这种刺激的因素，是心理重于经济，因为近十年来的传统习惯，官定利率来得低些，民间利率来得高些，一般人们听到政府利率忽然提高了，民间利率就要应该跟着上升。这种心理作用，只要日久之后，自然会被经济法则予以冲销的。如果为了吸收法币过多而使黑市利息上升，危及正当工业的经营，中央银行就可运用低利贴放加以补救的。

另有人认为，这样一来，许多商业行庄的生存势必受到严重影响，因为现在商业行庄定期存款利率，少则五六分，高则八九分，都低于库券利率，那是敌不住库券的竞销，很可能在短期间内大量缩减它们的存款，碍及它们的原有业务。可是我们的看法，这不是大患，抗战时期，设立了很多商业行庄，这些行庄不去辅导产业均衡的发展，最为可恶的，每次掀风作浪，都是它们利用受授信用，流向投机市场。因而真正能够减少商业行庄存款，则不啻就是减少投资市场上面的游资。简单的说，就是社会资金便可集中国家行局，又从国家行局之手，转向生产，就是关闭了许多商业行庄，对于当前经济的大难，对于当前物价的狂涨，可说是一帖对症下药的方单。

经济危机的发展，已经激起全国的不安，看看政府有无吸收游资的真正有效有力而迅速的办法，假使一时没有特别良好的工具，那就希望当局接受现实，不妨一试。

《正义报》1947 年 5 月 25 日第 2 版

实施进出口联锁制的检讨

陆忠义

从去年五月起，许多经济专家、许多工商业者，就提出进出口联锁制度的办法，希望政府当局予以考虑，利用部分开放外汇市场的方法，发展对外贸易。但是那时政府手里还有一笔数目巨大的外汇存量，没有考虑这种建议。三十五年全年入超一万一千亿，外汇头寸便就损失了四亿美元左右。这几个月来，采行进口定额，因为外汇不足，定额分配，愈来愈少，工商业者都感到不满。六月二十日，召开第五次国务会议的时候，在那行政院长张群所提的经济改革方案中，重又提到实施进出口的联锁办法，该项原则现在交由全国经济委员会审议研究。接着，民间又有进出口联营公司的组织，看样子，联锁制度很有实行的可能。

进出口联锁制度，许多人们，初初认为这是最近盛行的贸易政策。但是我们细细研究起来，这种制度，在欧洲历史上的记载，在一九三一年七月十五日，德国首先曾和毗连欧洲东部的国家，创始应用；后来，一九三一年九月巴尔干诸国，包括保加利亚、希腊、罗马尼亚、匈牙利在内，闻风而起。一九三二年南美阿根廷、巴西、智利三强，一九三七年远东的日本，对于商品进口出口，都已采行这种办法，有的为了外汇头寸枯竭，有的为了进口物资窘缺，有的为了增加工业成品的出口，我们以一九三九年年底各国缔结之商约为例，在五百二十件中，与联锁制度有关的，占到百分之二十左右，益显施行进出口联锁制度的广泛了。

进出口联锁制度的基本原则，是出口商人所得的外汇，应为出口商人所有，准其自行购买商品，输入国内。至于输入手续，完全按照管理输入处旧定办法办理。眼前看来，外汇政策以不变应万变，过分压低官价外汇，黑市外汇价格超过官价外汇价格四倍以上，国内物资输往国外，无利可图。三十五年出口净值四千亿元，以平均物价上涨四千倍计算，仅仅等于二十五年出口总额的七分之一。但是进口物需求最盛，利达三河，联锁制度可以商人在进口方面所得利益，补助其在出口方面所受损失。换句话说，进口出口联锁，当可增加进口物资的供应，同时也能推广出口，从任何方面看来，这是一举两得的良策。

我们简单的分析起来，这种联锁制度，有个别联锁与综合联锁之别。个别联锁，就是比照工业制品分门别类的出口，作为一定原料物品的进口。综合联锁，就是不问商品的性质怎样，产地的内外如何，单单规定商品等到出口之后，给予出口商人一个相当出口金额的输入权利。进出口联锁的施行，这里有个值得考虑的问题，是出口商人所得之外汇，应否自由转让？如果按照前些时候上海市商会建议的办法，准其转让，那么外汇一定会得发生黑市，黑市汇价对于物价不能没有影响的。另有人们建议：出口外汇，绝对不准转让，在相当时期以后，外汇所有人倘使没有把外汇完全用去，中央银行就可按照牌价收买余额。这些主张果然非常合理，也很动听，可是事实上面不易做到，即使做到，必定违反了推广出口的目的。

依照历年的贸易统计看来，中国进口出口商品性质绝对不同；兼营进口出口两种贸易的商人，为数不多；联锁制度采行之后，必有一部分商人要把外汇余额出让，可是外汇黑市如果任其存在，那么兴风作浪的事情，一定不可避免。关于这笔剩余外汇的处理，一方面要顾到其外汇黑市对物价的不良影响，一方面要顾到其对推广输出性能的影响，黑市易被投机者操纵，所以私人让售不如由中央银行收买。不过要使出口商人愿意把外汇售给中央银行，它的着手，可从改变现行外汇政策做起。

目前的外汇汇率，这是一个固定的牌价，它是僵硬不变，它是顾虑变动以后对于物价发生的刺激作用。在那物价暴涨不已的时候，单单为了这一点，把外汇牌价维持着一个偏低的局面，以致出口窒息，侨汇避逃，外汇存量有减无增，国外原料进口日益减少，影响生产。汇价原是一国货币的对外价值，它和物价距离过远，种种弊害会得表示出来，于是才来一次跳跃式的"外汇调整"。我们看来，如果政府不变现行固定汇率政策的话，与其隔几个月跳跃一次，还不如缩短间隔距离，譬如一个月头调整一次，每次变动幅度极少，刺激作用较小。外汇牌价过分呆板，它的好处，在于不致影响物价；它的坏处，便就失去其指标的意义，使人加意寻求黑市价格，以为活动的根据。

在这出口事业差不多就要窒息的现状之下，我们认为联锁制度的实施，可以获得补救的。出口增加，促使生产器材、日用物品的进口数量增加，从而缓和物价上涨的趋势。联锁制度，可说是放宽外汇管理的起点，不仅是硬性外汇管理的一个补救办法，也是纠正对外经济关系的一条道路，这是值得我们加以注意的。

《正义报》1947 年 7 月 13 日第 2 版

改革币制与稳定币值

陆忠义

改革当前的币制，许多经济专家、许多工商业者，觉得愈来愈有迫切需要。前些时候，从国际方面一度透露消息，政府将要发行一种"孙币"，作为稳定币值之说，旋即完全否认。后来，本年五月七日财政部部长俞鸿钧在国府会议席上的报告，对改革币制，曾经表示"正在研究"。这几天来，政府为了安定经济，另又盛传恢复银币本位，闻由美国采用贷款方式供给白银，兑换比率定为六千元法币折合银币一元，以银币二元折合美金一元。这些消息，如果所传不虚，那么改革币制，可能就是最近期间的事情。

原来我国历年发行法币，渐渐增多。一九三七年六月日本全面侵略前夕，财政部公报计为一十四亿，到前年八月战争停止的时候，已增至二千八百亿，在八年一个月三天的战争期间，法币的发行指数，由战前的一〇〇倍增到二〇〇〇〇，约为每月二倍，每年二十五倍。战后社会经济都已疲惫不堪，一切收入无法马上恢复，许多支出又不能因战事结束而立即缩减。总计前年八月到现在为止，租税收入，根据官方消息，平均每月不足一千五百倍，财政上面的支出，本年度预算总额定为九万三千余倍，但实际支出必远在二十万亿以上，超过预算一倍，收支差额几达百分之九十五。财政亏缺加大，自然继续加发法币，从上海重庆等地报纸所载，六月二十日俞鸿钧部长在第五次国务会议席上报告的数字，一九四六年年底法币发行总额四万亿，本年四月又增到七万亿，估计今年度法币发行，当在十五万亿的水准。这样演变下去，以视这次大战以后匈牙利的班柯，在程度上，好像觉得远善于彼，但是法币发行增加的势头，比起战时来得猛烈，对内价值比起战前跌到四万倍以下，这是当前一个非常严重的问题，从前的法币，连做辅的资格也没有了。公私支出动辄几千万几万万，货币的接受大感不便，来往携带至为笨重，已经失去了"个数制度"的意义，已经违背了"易于计算"的原则。我国的币值，在从前抗战时期，不宜多事更张，现在战争结束快满三年，看样子，确有亟待加以改革的必要。

初初看来，改革币制，只是一个技术问题，但是仔细研究一下，同时也是时机问题。近来讨论这个问题的人们有二种看法，第一种：主张货币改革在前，政治经济的调整在后，这是急进论者；依照他们的意见，以为货币不加调整，币值不能稳定，那么财政不会平衡，贸易不会振兴，物价不会下跌，商业不会发达，工业不会繁荣；如果币值改革了，那么它可以领导物价趋于稳定，领导财政臻诸平衡。说大一点，一切政治经济均得归于正常。第二种：主张货币改革在后，政治经济的调整必须在先，这是缓和论者；依照他们的意见，以为政治经济不加调整，那么一切货币改革均属徒劳，例如财政太不平衡，无论那种新行币制，都是难以维持的；如果要想改革币制，必须先求财政收支的平衡，否则不宜立即改革币制。这二派意见，各有见地，各有前提。但是我们看来，改革币制，至少要和财政平衡，同时并进，有如车之两轮，鸟之两翼，不可有所先后，那么，将来的货币，不至再趋崩溃。如果一面变更，一日膨胀，整理次数愈多，信用愈失，其势不可挽回。经过一番变化，增加一番损失，非徒无益，而又害之，这决不是一般人们所愿意的。

前次欧战之后，各国改革币制的方法，计有三种：

（一）维持战后币制水准，使它不再下降，这是从前法国稳定法郎至战前（一九一四年六月）五分之一之比例。

（二）发行新币，代替旧币，规定一个比价，限期收回旧币，稳定新币对外价值。前次战争期中通货膨胀剧烈的国家，包括德国、俄国、波兰在内，都是采用此法。

（三）紧缩通货，恢复战前币值的水准。这是升值法，一九二四年瑞典，一九二五英国所用的币值整理方法。

现在我国的法币，已经贬到四万分之一以下，公私收支觉得单位太小，不足据为价值之标准，交易之媒介。依照理论来说，势须废弃。可是在那许多条件没有具备之前，如果实行紧缩通货，不但我国战后财力缺拙，不堪负此重任，同时通货紧缩以后，又将招致许多恶劣影响，物价惨跌，产业倒闭，阻碍出口贸易。眼前的情形，我国改革币制，可能走发行新币代替旧币一途，这是一种最彻底的办法，也是一种治本的办法。

上项前提，如果不错，那就可以研究新币本位的性质了。换句话说，就是我国将来的新币，用什么东西来形成呢？采用黄金本位呢？恢复银本位呢？还是纸币本位呢？金币本位，从一九三一年算起，各国都已放弃，从这次大战之后算起，世界五十六个国家之中，没有一个国家恢复应用，我国黄金本感缺乏，固不可能。金块本位，事实上，颇多困难，我国幅员广大，金价涨落，因地不同，中央银行要想无限制的买卖黑金来维持币价，恐怕力所不胜。恢复银币本位，更加没有必要。倘使现行法币变成银元，国内物价，自以银元作为计算单位。世界银价变动，则影响旧币价不定。纯粹的纸币本位，常常使得货币的伸缩失据，不足为法。最为妥善的办法，我们看来，自应采取美金外汇本位，对外连联国际货币基金的汇率，对内实行管理通货，以物价的稳定作为调节通货的标准。从前金币本位以黄金作为标准来稳定币值，从前银币本位以白银作为标准来稳定币值，这些金币本位银币本位只是一物本位，管理通货则以百货为标准来稳定币值，这是百货本位，它是采用物价指数，作为计算基础。

如果内乱停止，努力生产，同时对外币值相当接近自然汇价，那么改革币制以后，币值可以稳定，工商繁荣，民生复苏。法币的崩溃，都是出诸经济以外的原因，今日的货币问题，与其说是经济问题，毋宁说是政治问题，假使抽去了政治问题的原因，则单纯的货币问题，由经济方面来求解决，那便是容易解决的。

《正义报》1947 年 8 月 10 日第 2 版

国立云南大学教授文集（一）

现阶段的物价变动

陆忠义

现阶段的物价，又和抗战末期一样，全国各地如响斯应地齐往上涨，成了人民生活最为可怕的威胁。在政府没有办法之前，我们不敢妄加猜测，但是物价这样疯狂，看样子，严重的经济危机，好像已经控制不住了。

一般地说，这种猛烈的物价高涨，对经济建设、工业生产、财富分配，以至社会政治，都在发生恶劣的作用。对于经济建设，现在的物价波动是一个重大的阻力。在物价猛烈波动期间，投机利润远较建设事业为大，结果资金集中在投机上面，建设工作受到打击。许多工矿业的投资，因在物价上涨之下，表面都有可图，我们仔细分析起来，这些企业都是依靠物价上涨方能维持生存的，对于现有的工业生产，物价上涨，依理有着刺激生产的作用，但是到了物价已经恶性变动的今日，靠了物价上涨刺激生产，犹如饮鸩止渴一样，终必反而引起工业生产的衰退。物价波动最大的影响，就在分配，它一方面使得社会财富荟萃到少数富裕阶级的手上；一方面使平民阶级的生活程度降到生存水准之下。从另一方面说，从战时到战后，许多富裕阶级曾因物价变动而大量增加其掌握的财富，渐渐弄得社会资本都跑到他们手上。他们不但利用投机、操纵、垄断、经营等等方式，乘机渔利，他们并且形成"既得利益"集团，左右国家的财政经济政策，在平时发投机财，成了国家经济的剥削者，无疑的物价上涨一次，他们多聚财富一次。在社会方面物价上涨的影响，也是十分严重，平时薪水调整赶不上物价，公教军警人员待遇过低，收入无法维持一家数口。从前抗战时期，大家为了支持抗战，奉公守法的人员，都只能用出售旧物，强忍饥寒，勉渡难关。现在胜利已经到了三个年头，重新受着物价狂烈上升，大家陷入更加痛苦的境地。在这种情形下，薪水阶级必会运用集体要求，去争取待遇的调整。几天之前，上海许多工人的怠工，北平、天津两地教育人员的要求配发实物，都可说是一种先声。如果物价问题不能解决，则一定会不断发生增加待遇的风潮，如果国家整天在纷乱中度日子，则社会将会要遭到严重的影响，物价暴涨，许多奉公守法的人们，因为受不了生活的压迫而离开了他们在抗战期中宁忍饥寒也不肯离开的岗位，而留下来的人们都要靠着舞弊敲诈方式过活，则原已贪污盛行的机关里面，更是来得一片黑暗。这个物价乱涨的恶劣现象，继续向着严重的道路进前，如果因循延误，不作合理而有效的改革，那么一定要走到经济崩溃为止。

什么是当前物价暴涨的原因呢？前些时候，许多人认为是交通困难和物资缺乏的结果，但是详细研究起来，这方面的理由比较次要，我们只能用来解释物价所以维持经常一个很高的水准，我们不能用来说明现时物价狂跳的。现时的交通总比从前来得好些，现时的物资总比以前来得多些，从这一点看来，物价变动另有其主要原因。

又许多人，几乎一致认定，当前中国经济问题的症结，在乎物价。物价的变动，就是由于法币滥发，币值低落，从而吁求政府紧缩通货，稳定物价，随之经济大难迎刃而

国内经济

解。另有许多人，主张清算法币，发行新钞，采用快刀斩乱麻办法。如果币制改革了，那么它可以领导物价趋于稳定，领导财政臻诸平衡，还引举第一次世界大战德国的马克，这次战后匈牙利的班柯，以为例证。很显著的，我们可以这么说一句，这些都是货币数量学说的应用。倘使物价直升，真正因为法币滥发，通货膨胀，则通货数量和物价之间定有一种必然而又直接的关系。但是我们的观察，现代经济学者，从动态经济理论出发，批评货币数量学说，大有人在。奥国学派大师冯维塞，新古典学派鼻祖冯迪尔，倡导物价所得说的阿夫泰利翁，特别是现代金融货币权威不久以前逝世的凯恩斯，已将货币数量学说攻击得体无完肤，诸家见地，各有深奥，证明通货数量不能直接影响物价，不能使得物价作机械式波动的追随，认定促使物价上涨的原因，或由于边际效用，或由于所得增加，或由于有效需求，决非通货数量。

从理论上看，币量和物价，没有必然与直接的关系。换一句话说，当前中国物价变动不能武断的归咎到法币膨胀。要知道法币发行，流入民间，更就构成了人民的所得，它对于人类本来有着好处。法币发行增加，国民所得与之俱增；国民所得增加之后，以之投资生产，以之刺激生产。可是这十年来，这笔增加的国民所得，没有流向生产，而流向囤积物资，促成物价上涨。没有流向工业，而流向争趋黄金外币，间接影响物价变动。这种奇形怪象，诚如经济学者梅远谋所说："伊谁之咎，政府法币之过欤？通货膨胀之过欤？非也，是乃资金之偏在。"根本上，社会资金偏在的局面，这可归咎于商业银行运用不善的缘故。许多社会资金以存款方式集中于商业银行，又从商业银行之手，流向市场。抗战期间，设立了很多商业银行，不去辅导产业均衡的发展，掀风作浪，利用受授信用，争趋投机。我们别的不说，只要看本年五月物价狂涨的时候，中央银行总裁张嘉敖采取办法，对于贷给商业行庄的头寸，限令到期收回，严格取缔转账申请，物价便就渐渐下跌，由此足见商业行庄，就是稳定物价的对象。

说了半天，我们认为可行而在现时非行不可的办法说来很是简单，我们大胆地主张商业银行国有，好像英国的英格兰银行，法国的法兰西银行国有一般，游资和投机可以隔离，社会资金便就转向生产，对于当前经济的危机，对于当前物价的狂涨，可说是一帖对症下药的良方，这不独解决游资问题，而国家财政的困难，也就消减于无形了。

有人说，采用商业行庄国有，是无异对于现行金融制度，予以彻底改革。这样一做，金融市场将必大为骚乱。这一缺点，我们并不足惧，从前中国、交通二行原是私人经营，改成国有之后，都不作投机放款。为了保持国家的生命，为了避免贫困，似乎不得不采取这个办法。

这里的主张，单单提出一个原则的商讨，竭诚希望经济学家、工商业者大家加以研究的。

《平民日报》1947 年 10 月 12 日第 4 版

论物价膨胀与预算膨胀

梅远谋

物价膨胀一词与通常所称物价上涨貌相似而质不同。其不同之点有三：（一）物价上涨，是指着正常的经济状态与经济繁荣的现象而言，而物价膨胀乃是反常的经济状态与经济衰落的表现。（二）物价上涨，必伴以所得、消费与投资之增加，物价膨胀则不然，所得、消费与投资同时减少。（三）物价上涨，为出产消费，供给与需求两相失调之自然结果；而物价膨胀，除供给自然失调之外，尚有人为的因素。物价上涨，犹之乎讲求卫生的人，其肌肉发达，体重增加，是正常的健康的现象。物价膨胀，恰①如病后失调的人，遍身浮肿，体重减轻，显系反常的病态。物价上涨不足为病，而物价膨胀，如任其继续下去，实为不治之症，目前中国经济危机之症结在此。两种不同的经济实质，应有不同的术语表示其观念，故笔者特采用（并非杜撰，见之何书，一时不及检证）物价膨胀以示与流俗所谓物价上涨有别，姑为定义之曰：物价膨胀者是物价上涨超过供求失调所应有的上涨率之谓也。

物价膨胀固缘于产销②脱节于供求失调。然产销脱节与供求失调不一定引起物价之膨胀。倘此脱节失调是暂时的或偶然的（例③如凶年饥岁以及季节或交通运输发生④障碍等等），物价会呈一度涨势，然不久即可恢复状，倘产销供求两者有长期不能适应之趋向，物价当然作相应的变动。在此期间，物价上涨足以刺激生产或促进输入。工商企业之利润增加，就业增加，所得增加，消费与储蓄亦随之增加，固时物价徐徐上升系代表一新的经济均衡之局面，再不复回到旧时水准，此社会经济进化之应有的现象。

设使供求长期失调之际，物价长期超涨既不能刺激生产，又不能抑制消费。兼以外援隔绝或限制入口，于是供不应求之距离更无接近之希望。斯时也，拥有物资者市利百倍，大家超于囤积做货之一途，因以形成所谓职业投机家者流。此辈既已享受"利润膨胀"之利益，犹复张罗借款，扩大做货，以企图攫取提前的利润膨胀。同时，正规的企业家感觉投资之困难，始而"利润紧缩"继而成为"负利润"，于是在可能模围内转移其所有的资本（特别是营业资本）从事于做货。国民生产资本于焉减少，是谓"资本减缩"。他方面，消费者阶级，特别是固定收入者阶级，眼见其相对的真实所得之降落，不能不提前购进其身家所必需之物。此亦可请为消费者无法获得目前剩余（因消费者所拟付之价格总是低于市价，在物价膨胀时期，往往如此）不得已而追求异时间货币支出之利益，既所谓提前消费者的剩余，物价水准，在此层烘托情形中，势必飞黄腾达，蒸蒸

---

① 恰：原文为"洽"。编者注。
② 销：原文为"消"，下同。编者注。
③ 例：原文为"列"。编者注。
④ 生：原文为"年"。编者注。

国内经济

日上，反映货币价值江河日下，此为物价膨胀之根本原因。

如从金融立场言之，物价膨胀之成因，是由于资金之偏在。所谓资金偏在者，即社会资金相率脱离"产业流通"范围而卷入"金融流通"漩涡。资金流向之所以如此者，又由于社会大众"因袭心理"，憧憬于提前的利润膨胀或提前的消费者剩余。

普通称预算膨胀，系指着国家岁出岁入同时俱增之意。吾今用以指着预算亏空或赤字加大而言，亦别意义。盖国家某年度预算亏空，必由于岁出增多或岁入减少，或二者兼而有之。此亏空如系短期的或偶然的，其填补也容易；如连年累亏不已，国库负担加重，终须出之于人民所得之剩余。所得来自生产，人民生产增加而消费不变，或消费减少而生产不变，然后才有剩余所得提供政府以弥补预算之亏。假如政府因环境关系无法抑制国家支出，而人民生产萎缩，所得剩余无几，不足以应政府之需求，于是预算亏空与年俱增，终至于无预算之可言。故预算膨胀之本义应为赤字预算超过人民剩余所得。唯其如此，才可构成财政之危机。我国本年度半年预算数（九十六万亿元）不过美国联邦本年度预算总额百分之一耳，在我国却应称之为预算膨胀，然美国只是预算增加而已。

预算膨胀，如定义所云，诚足为国家财政之病，然未必即为不治之症。人所周知的开源节流之古典方法，大可转危为安。即政府下大决心，消减不必要或不合理的支出；同时人民厉行节约，努力增产，如能假借外援以渡过财政难关与便利经济活动。则预算膨胀之威胁更有提前消减之可能。倘以上三端均属无望，专恃发行纸币以为补苴之主要的或唯一的法门，预算膨胀势必扩大而无止境。何也？政府发行纸币，即是争夺民间现有的与有限的物资，市场物价将必迫而上涨；物价上涨，预算亏空益深，有如无底之海。用纸币政策以弥缝预算赤字，是无异作茧自缚，饮鸩止渴。

由上述物价膨胀与预算膨胀之意义及其成因各点观之，吾人可寻出经济与财政二者之密切的关系。今缕述之如下：

（一）物价膨胀与预算膨胀同时并存，交相影响并互为因果。如能解决其一，其他无问题。因为：

（二）物价膨胀与预算膨胀二者同建立于国民生产之一基础之上。生产发达，物资充沛，物价只可能上涨不会膨胀；同时，预算只可增加，决不膨胀。盖人民与政府所需要之物，皆可于现行出产量而取得之，无虞匮乏，不需争夺，物价与预算何由而膨胀之？

（三）根据社会消费性向法则，国民所得增加，消费亦增，但不若所得增加之快，国民之剩余所得额因之较大。此剩余所得既可供社会之投资，又可供政府之征税。投资增加，出产增加；租税增加，岁入增加，物价稳定矣，预算平衡矣。

（四）物价稳定，投机敛迹，商人再无意贪图提前的利润；消费者亦无追逐其提前的剩余之必要；昔日流入"金融流通"之资金，今则复返于"产业流通"。预算平衡，除调剂金融作用外，政府不独无发钞之必要，发行公债更属多事。

于此足见国家财政与经济实为一体，不容分割。同时，又显示人民与政府在经济财政上实有密切合作之必要。换言之，人民对于国家预算膨胀，应该视为己事，克勤克俭，从事生产节约以所有舒国家之难，而政府对于物价膨胀亦应引为己任，必廉必忠，视公帑如血汗，撙节开支，尽可能减轻人民之负担。如此上下一心，首尾相顾，则国家财政、国民经济，必可转危为安，反弱为强。我国现时物价膨胀与预算膨胀并驾齐驱，各不相上下，是因二者之关联性有以致之，而卒莫能挽回者，是又由政府于人民未能各尽厥职，协力合作使然耳。

《平民日报》1948 年 3 月 14 日第 4 版

国立云南大学教授文集（一）

怎样改革现行的货币本位

陆忠义

现行的法币制度，许多经济专家、许多工商业家，觉得愈来愈有迫切改革的需要，前些时候，从国际方面，一度透露消息，政府将要发行"孙币"，作为稳定币值之说，旋即完全否认。后来，本年一月十四日贝祖诒率领技术代表团飞访华府。财政部部长俞鸿钧在国府会议席上，对改革币制曾经表示"正在研究"。这几个星期中，政府为了安定经济，另又盛传采用金本位，由政府以国营资产作为担保，径向美国商借黄金。这些消息，如果所传不虚，那么改革现行的法币制，可能就是最近期间的事情。

前天行政院长张群在招待国民参政会全体驻会委员会上，说明当前法币的发行，渐渐增加。从上海、重庆等地报纸消息，三十六年年底法币发行总额计为二十万亿。今年一至三月，估计每月增发法币当在十万亿的水准。这样演变下去，比之这次大战后匈牙利的班柯，在程度上，好像觉得远善于彼，但是法币发行增加的势头，现时比起战时来得猛烈，对内价值，现时比起战前跌倒二十万倍以下，这是当前一个非常严重的问题，从前的法币，连做辅币的资格也没有了，公私支出动辄几千万时，货币的授受大感不便，来往携带至为笨重，已经失去"个数制度"的意义，已经违背了"易于计算"的原则。我国的币制，在从前抗战时期，不宜多事更张，现在战事结束将近三年，看样子，确有加以改革的必要。

初初看来，改革币制，只是一个技术问题，但是仔细分析一下，同时也是时机问题。近些时，讨论这个问题的人，有二种看法：第一种，主张货币改革在前，政治经济的调整在后，这是急进者，依照他们的意见，以为货币不加整理，币值不能稳定，那么财政不会平衡，物价不会下跌，贸易不会振兴，工业不会繁荣。如果币制改革了，那么它可以领导物价趋于稳定，领导财政臻诸平衡，进而一切政治经济均得归于正常。第二种，主张货币改革在后，政治经济的调整必须在先，这是缓和论者，依照他们的意见，以为政治经济不加调整，那么一切货币改革均属徒劳，例如财政太不平衡，无论新行币制，都是难以维持长久的。如果要想改革币制，必须先求财政收支的平衡，否则不宜立即改革币制。这二派意见，各有见地，各有前提，但是我们看来，改革币制，至少要和财政平衡，同时并进，有如车之两轮，鸟之两翼，不可有所轩轾，则将来的货币，不至再趋崩溃，如果一变更，一面膨胀，整理次数愈多，信用愈失，其势不可挽回。经过一番变化，增加一番损失，非徒无益，而又害之，这决不是一般人所愿意的。

在恶性通货膨胀之下，改革币制的本位，我们是主张金本位的。有些人说：只要稳定币值就行了，我们对于管理通货的本身，并不反对，不过眼前不采行金本位而能稳定币值之说，很是怀疑。我们随手举几个例：

第一个：前次欧战以后的德国，在一九二三年底它的币值跌到一万二千亿分之一，后来采用金本位，一下趋于稳定。

第二个：俄国革命之后，起初以为共产主义国家不要货币，有意毁灭卢布的价值，到一九二三年十月一日，卢布的购买力跌到战前的六亿五千万分之一，后来改变办法，恢复金本位，发行黄金卢布，币值才得稳定。

第三个：这次战后匈牙利和希腊的通货膨胀得那样厉害，一经采用金本位，币值便就稳定。法国发行的钞票，在战争期间，增加还不到十倍，膨胀不算恶劣，它想不用金本位，而求稳定币值，也失败了，黑市法郎的价值还不到官价的一半。人民喜用黄金，恐怕将来仍须采用金本位才能稳定的。

我们主张金本位，有两重作用：一是藉以整理我国的币制，一是希望世界都采用金本位，使各国间的汇率得以稳定。眼前世界各国都有这种趋势，中国如不欲像从前用银时一样，在汇价不断发动中同国外做买卖，迟早也要采用的。有人说：苏联没有参加国际货币基金国，认为基金成功的希望很少，可是我们认为如果苏联坚持不去参加，吃亏的是苏联，并不是参加的分子。

现在反对金本位最烈的，倒是最先采用金本位的英国。英国反对金本位，有三个原因：（一）英国本国的黄①金都已流到美国了。（二）英国的货币学理论的权威凯恩斯，一向是反对金本位的，但在他临死的时候，亦已转变。（三）最大的原因，是英国人多把金本位和通货紧缩连在一起。英国是一个工商事业发达的国家，通货紧缩可以引起许多人民的失业。近几年来，经济理论几乎集中在就业问题上，英国历史上，从来没有遇过恶性通货膨胀，所以把通货紧缩看得比通货膨胀更为可怕，不知英国之所以没有发生恶性通货膨胀，近代虽然由于管理得法，从前正是因为采用金本位的关系。

这个采用金本位的主张，单单提出一个原则的商讨，竭诚希望许多专家加以研究的。

《平民日报》1948 年 3 月 28 日第 4 版

---

① 黄：原文为"英"。编者注。

谈币制改革

秦　瓒①

　　宪政伊始，总统就职。全国民众，莫不延颈举踵，伫看新政府之改弦易辙。与民更始，以出吾民于水火。于是改革币制之声，又复甚嚣尘上。

　　关于改革币制之内容，传说纷纭，归纳起来，不出两途：一金本位，二银本位。鄙意以为前者之可能性较小。因为所谓金本位，不外三种：曰金币本位，曰金块本位，曰金汇本位。要施行金币本位，政府必须有大量黄金，铸成金币，恐怕政府现在无此力量。而且在世界各国都感黄金缺乏之际，外国政府也未见得肯借给我们。施行后两种本位，固然勿须铸造金币，但是在金块本位制下，政府仍须拥有大量黄金，以备人民随时来兑现。照现在人民对于法币的不信任来看，新纸币一发行，必争先恐后的兑现，则政府所需要的黄金数量，未必比铸造金币所费的少。惟有在金汇本位制下，在国内不需要现金，只要政府在国外有大量外汇，足以维持国币的对外比价即可。但是那样岂不是换汤不换药？所谓改革，徒然虚有其名。因为现行的法币制度，本来就建筑在这个理论之上，但可惜到了现在，政府已经无法维持了。

　　所以我们预测政府如改革币制，大概是出于恢复银本位之一途。据一个最近的传说，政府的改革币制计划是："采取银币本位"，铸造新银币，规定银币的对外比价约等于美金三分之一，成立外汇平准基金，国内通货包括：（一）十四亿新铸的银币（据说已向墨西哥定铸）；（二）十四亿尚未收回而藏在民间的旧银元（据政府的估计）；（三）相当额数的可以兑现的钞票。这样的改革计划，据说只需三亿美金的费用，并且借款已在进行之中，大概不成问题。这个传闻的真实性如何，诚难断定，然就金本位与银本位之可能性而言，后者实远过于前者，因为改银本位不但比较起来费用经济，并且银借款也容易成功。现在世界产银的国家，墨西哥与美国，正苦白银之无出路，忽然得一个用银的大主顾，他们岂有不万分欢迎，稍为熟悉美国货币史的人都知道美国国会中，有所谓"银集团"（sliver bloc），这个集团在国会中，势力相当庞大，最近又在那里活跃了。

　　诚然，从货币学的理论看起来，恢复银本位是开倒车，银本位的弊病，已成老生常谈，不必烦述。最要紧的是：在世界各国都以采取金本位的时候，银就变为商品，价格变动不定，用银国家的国外贸易就难以发展，并且还发生其他种种的毛病。回想战前我国实行银本位时，每逢银价变动，或涨或落，总是我国吃亏。银价涨，固然使我国的入口激增，出口锐减。银价落，我们的出口并不增加，入口也不减少。至于在财政、外汇、借款，各方面也都是我们吃亏的时候多。银本位所给我们的种种惨痛教训，多数读者，想尚未忘。银本位理论之不健全，不待货币学之昭示，我国人也应该知道。

---

　　① 秦瓒，字镇略，河南人。1942 年到云南大学，曾任云南大学教授，后任云南大学专任经济学教授。

但是，时至今日，我们的币制、财政、经济，以至于整个社会，都到了所谓危急存亡之秋，已非高谈理论之时。我认为现在人民对于法币的信用，已完全丧失，政府再不能以一张空纸来欺骗老百姓。要维持币制的稳定，必须给他们实在价值（Intrinsic Value）东西。新币能够用黄金最好，不然就得用银，再不然就是用镍、用铜与铁，总比用纸好。况且就纯粹理论来说，不但用银本位是开倒车，就是用金币本位也何尝不是开倒车。所谓管理通货本位，才是真正的理想的本位，现在的法币制度，也正是创立在管理通货理论的基础上。但是外国的良好东西一到吾国就变了质，法币才演变到不可收拾的状况。所以，我们真不敢高谈理论，只好迁就实际，卑之无甚高论了。

反对马上就改革币制的有两个最重要的理由：（一）现在内战尚未结束，军事费用仍然庞大；改革以后，财政仍难平衡；如果膨胀政策旧剧重演一次，其为害更烈，不如暂时观望，等候时机。（二）美国借款已经成功，将来还有增加的希望。如此则不但财政可以平衡，发行可以停止，并且还可以回笼大量的法币。所以以后物价的安定，不成问题，而法币也就用不着改革。无疑地这两个理由颇为重大，是值得考虑。

关于第一个理由，我们的意见是：内战何时结束，全无把握，若要等候统一太平，真是澄河之清。至于政府再蹈膨胀政策的覆辙，倒是一个严重问题。但是任何制度都在乎运行如何，所谓"有治人，无治法"，新本位之能否维持，就要看新政府之决心与施设。并且退一步说，即使不改革币制，谁又能保证政府将来不再膨胀呢？

关于第二个理由，我们的反辩正可以表示这篇短文的中心思想。我们认为改革币制的目的，不应仅仅限于平衡财政与安定物价。单就这两点而言，也许像对方所说的，只靠外力援助就可以达到，不必再费事来改革币制。但是从长时期看来，美援是不是可以源源不绝而来，大有问题，即使有外援可靠，法币就继续维持下去，而人民不信任法币之心理习惯已养成。幸灾乐祸，兴风作浪之人正多，将来风吹草动，皆可以引起物价之波动，所以物价能否安定，也还在未定之天。然而我们对于币制改革的期望还不止于此。第二次世界大战后欧洲各国的货币政策昭示我们，一个良好的币制改革，不应以能安定物价为已足，还应当进一步求达到其他更要紧的目的。所以，我们希望将来币制改革计划在安定物价的目标外，还能发生下列各种作用。

一、冻结资金以达到政府管制资本之目的。这个条件是最近各国币制改革最普遍的原则。一九四四年①以来比利时、荷兰、捷克、南斯拉夫诸国，于发行新币，调换旧币时，莫不将大部分或一部分资金冻结。冻结以后再由国家支配资金用途；或者用强迫借款，不能转让的债券，以及资本捐，增值税产方法来吸收过剩的资金。我国现在正苦游资作祟，若能将资金冻结，则对于取缔囤积、金钞黑市以及投机等恶习，必能收伟大之效果。

二、平均分配以达到安定社会之目的。苏俄于去岁改革币制时，按一比十的比率以新卢布换回旧卢布。但对于存款在三千卢布以下者，则按一比一的比率交换。这样优待小额存款者及贫苦阶段的办法，别的国家亦有施行者。但多数国家则利用冻结存款，强迫借款，以及累计税等方法来平均分配，如芬兰的改革币制的规定，凡超过一百万马克的纸币，即丧失其法偿面值之一半。此种纸币，必须裁成两半，左面的一部分在换成新币前照原值之一半行使，右面的一部分，则换成不可转让的债券。还有的国家对于大额

---

① "年"字为编者所加。

纸币持有者，实行强迫借款。总之，各国的办法，不必相同，亦各有利弊，但平均财富的精神，则弥漫于此次改革币制之运动中，这是值得我国政府考虑及效法的。

三、整顿税制以达到充裕财政之目的。战争期间，自私自利，利用战机以发抗战财，也是各国的普遍现象。这些财富多被以货币的形态隐匿起来，政府虽努力用战时利得税、所得税、资本税等设施来取缔这些不义之财；但多被富有阶级逃避，而无如之何。在改换货币之时，这些财富都要暴露出来，于是各国都利用此时机，来整顿税制，采行资本捐、利得税、强制公债等方法，一方面来充裕收入，一方面来改善生产及分配状况。政府现在正在推行的救济特捐，困难重重，大家都知道将来不过是敷衍了事，否则就会因分配额数的不公平，以致引起社会的反感。历来征收财产捐最大的困难就在于动产或无形财（Jn CAngille Roperty）之难于调查，而现在我国富有阶级之财富，又多半是寄在动产之上。所以，若果救济捐能与币制改革同时进行，其推行必较容易，收效亦宏，盖可断言。至于币制改革对于其他各种直接税之有利影响，亦属显然，勿待赘言矣。

新内阁成立之后，是否要改革币制？改革币制的计划如何？我们无从知道，更不能作详细讨论。然而我们认为现在应否改革币制，与如何改革币制的问题，是有密切关系而不可分离的。所以，我们提出三个条件，供给政府作参考，同时也贡献给大家作币制改革计划的衡量。

最后，我们的结语是：改革币制比不改革好，用金银作本位比用纸好。我们希望在这新政伊始，人民喁喁望治之际，政府能下最大决心，施行币制改革，为中国之财政、金融、经济，开一新纪元，以报答人民在膨胀政策下所受之痛苦，以赎解自身政策谬从所造成之罪咎。

《平民日报》1948 年 5 月 23 日第 4 版

外汇政策的改制

陆忠义

恰恰一个星期之前，中央银行总裁俞鸿钧氏在中外新闻的记者招待会上，以他的单调平凡的广东官话，宣布从五月三十一日起，推行结汇证明书制度，除了改善现行那套呆定汇率之外，觉得政府在外汇政策上有点采取"革新之举措"。这是此次外汇改订的特色，值得我们予以深切的注意。

在这陷于极端苦难的时候，许多工商业者、许多经济专家，对于结汇证明书的办法，都相当同意。无疑地，这是今后进出口贸易和外汇政策的一条能够通达大道的途径：

（一）这张结汇证明书，是出口商将所得的外汇，结售与指定银行，他们所得的不是按照牌价所折成的国币，而是一张结汇证明书。

（二）这张证明书可以转售与领有输入许可证的出口商。

（三）其买卖价格比照自由汇价，由双方决定。

（四）证明书有效期定为七天。

（五）由国外汇入华侨汇款，可以原币汇回，由政府给予特种结汇证明书，除以中央银行牌价之外，其与黑市的差额，可在出售与进口商时，取得补偿。

从办法条例看，这次之改制，没有无条件的全部开放外汇。如果外汇完全开放，对于物价一定有很大的刺激，同时助长资金的逃避。因为囤积物资，不如囤积外汇有利，必定还有许多人士转移目标，把出口物资囤积起来。所以这次外汇政策实行之后，最显著的：

（一）以出口养进口，即以后政府不再供给进口所需之外汇，而以出口所得之外汇供给之，就是利用"结汇证明书"的方式，出口、进口互相联锁。停顿已久的出口，因此推动起来，输往国外的数量势将大为增加。预计本年六至十二月出口所得之外汇，每月平均可增加到二千万元，这是新办法的优点。

（二）前些时候，侨汇逃避之风，日甚一日，主因在于汇率太低。这次对于侨汇可以赋予相等黑市汇价之贴水，不必再在黑市外汇中逃避，而纳入正轨，未来的侨汇数额，一定大增。

（三）结汇证明书使用办法，近乎进出联锁制度，这和许多工商业者所要求的，不谋而合。出口商出售结汇证明书给进口商，便就充分表现进出口联锁的精神。

（四）进口商向指定银行结购进口外汇时，除购得出口商的结汇证明书外，仍须输入管理委员会所发的输入许可证。此时输入许可证的意义和以前不同，这种许可证已不再含有管制外汇的意义，而只是管制进口货品的种类数量，以及价值，但是这些以之作为进出口外汇谋取平衡的工具。

有人认为：在出口有利的情形下，出口商将在国内发生竞购出口物资的现象，谁有出口物资，谁便有外汇，因此那些出口物资的上涨是可能的。但是这一缺点不必忧虑，大家更不可误会。出口物资涨价，只是一种短期现象，经过了必然的过程以后，出口物资价目便会慢慢获自然的水准。

另有人认为对于多数原料必需依赖输入的工业，将会不利。因为根据新办法，要照自由汇价结汇，过去所占限额低廉原料的便宜，今后是没有了。但是这些工厂产品，可供输出外销，获得广大的国际市场，可以在内销清淡的威胁下，打开一条出路，反而对于工业是有益的。

又有人认为：这个办法出现，则增加进口商品的成本。但是这一弊害，并不严重。因为输入限额依照牌价结汇早无希望。进口商品的市价本以外汇黑市计算，所以除非黑汇异涨，进口商品不致受到很大的刺激。

我们看了新办法，觉得这次的改制，可以说是颇属可行之举。在机动汇率受了非经济因素的影响不能彻底执行的局面之下，这种措施，辟出一条虽然复杂曲折，但却还能走通的途径，我们的精神上都觉得如释重负。如果试行成功，那对经济现状确是有利的。

《平民日报》1948 年 6 月 6 日第 4 版

国内经济

稳定币值之途径

梅远谋

在国际经济关系极错综而密切之今日，一国的货币价值，对外取决于汇价，对内取决于物价，同时，汇价与物价二者又互为因果，交相影响。

大概言之，一个经济落后或不能自给之国家，如中国、比利时等，其货币价值之变动常发生于汇价，而物价紧随其后，如响应声。反之，如第一次世界大战以前之英国，大战以后之美国，执世界经济金融之牛耳，常能使汇价作有利之变动以适应于物价，介乎其中者，为经济自给自足之国家，如一九二四年后之法兰西，可以闭关自守，只要稳定国内物价，而汇价不愁其不稳定，故法郎于一九二七年已成事实上之稳定，至一九二八年，再予以法律上之稳定。

从上述三种类型之国家观之，足见汇价与物价有互为因果交相影响之关系，其孰为因果与夫影响之强弱则以各国经济之实质为转移。

吾国产业落后，距自给自足之经济甚远，百余年来，依人为生；八年抗战之后，继以大乱，民族产业，摧毁无余。举凡军事民生所需之物资，大都仰赖于外国之接济；外汇消耗之巨，可想而知，汇价剧升，理有固然，而资金逃避以及投机于黄金外币者，如醉如狂，又势所必至，处此情况之下，决非讲求预算平衡，通货紧缩，资金断流，抛售物资，配售用品，经济检查，金融管制等等头痛医头、脚痛医脚之政策所能奏效，因我国不是当年的自给自足之法兰西，闭门而能达到稳定币值之目的，试观港汇急缩，金钞暴涨，物价挺升之事实，昭然若揭，贩夫走卒，无不知之，而一般经济学家与政府当局犹狃于货币数量学说以及与此说连带的购买力平价说，并从而主张厉行通货紧缩以为挽救物价之不二法门，是昧于中国经济之本质与现状也矣。

为今之计，稳定币值，平抑物价，应先从外汇着手，即是先攘外而后安内，攘外之道，须藉助于外援而善用之；换言之，向外国商借一定金额（约三亿美元），充作外汇资金，正式加入国际货币平准基金为会员国。依平准基金条例，会员国得享受其基金三倍之透支。如此，我国在外汇市场可运用之资金约有十亿美元左右，以此项资金专作平衡因经济关系而发生的国际收支之用，至于军需品之输入，则宜另商借款，切不可侵蚀此项基金。

依此办法，汇价必可得初步之稳定，一方面，投机外汇者咸具戒心而资金亦无向外逃避之必要；他方面，侨汇收入与出口贸易渐渐增加，国际收支渐趋平衡，外汇供求渐相适应。再辅以合理而严密之输入管制，使国内产业必需之器材与民生必要之用品得以源源而来，则国内物价自然平抑，币值自然稳定，投资日多，生产者众，对外经济均衡与对内经济均衡可由此而次第实现矣。

《平民日报》1948 年 7 月 11 日第 4 版

临时财产税

——为反对此税者进一解

秦　瓒

在抗战时期，西南联大几位同人，曾建议政府开征临时财产税。我虽然不是发起人之一，但也从旁赞助，写了不少文章，为此税鼓吹。复员以后，我们抱着兴奋的情绪，认为从此光明来临，一切都入正轨，而临时财产税不过是一种紧急措施，并非理想的良税，所以久已不弹此调。但时至今日，每况愈下，从财政、金融、经济，以至于政治，一切的一切，反不如抗战时期。于是大家又感觉到有开征此税的必要，而我自己对于此税久已冷却的心绪，不觉又兴奋起来，忍不住要说几句话。

首先，在我们提倡临时财产税已经数年之后，现在社会对于此税之演变情形，不能不使我有若干感想。

我们所提倡的临时财产税，在吾国一贯的调停、妥协、敷衍，与不彻底的精神支配之下，竟摇身一变成了现在非驴非马的救济特捐，此不能不使我们为之惋惜者一。

我们所提倡的是临时财产税（Cabirae Leny），不是普通财产税（General Preperty Tan），然而到了现在尚有根据后者的理论，来拥护或反对临时财产税，此不能不使我们为之惋惜者二。

在抗战时期，虽有人反对临时财产税，但他们皆从事实及技术上的困难立论，其见解诚未可厚非。现在居然有人从理论上的立场来反对此税，此不能不令我们为之惋惜者三。

关于应该举办临时财产税的理由，从立法院的原提案以至于专家学者的论文，各方面所论已多，不必再在这里赘述。一言以蔽之，现在对于此税之需要，比战时尤为迫切，其举办实不容缓。但是对于反对此税者理由，我们不能不加以检讨及反驳。

第一，反对此税者最大的理由是：现在工商业已濒绝境，不堪再受压迫，若再征收临时财产税，必引起严重之危险。这种论调，难免下列各点之错误：（一）临时财产税系以大资产阶级为主要对象，一般普通工商业所受影响较小。（二）临时财产税系课于财产，即既成资本，且系临时，对于企业以之影响不大。（三）现在工商业之衰落，原因甚多，若不急图补救，即不征临时财产税，亦难免趋于崩溃，苟有根本治疗方法，即征收此税，亦不致阻碍其振兴。诚然，无论如何，临时财产税免不了增加工商业之负担，但是任何租税皆是一种负担，在现在的严重局面下，政府岂能因噎废食，并且现在的社会，是畸形发展，分配不均，工商业界总算是比较有负担能力，教他们多负担一点，也不为过。

其次，临时财产税足以使资本逃避，在现在资金外流的局面下，不免助桀为虐。这是历来反对临时财产税的基本理论，从前英国、瑞士诸国之所以不敢采行此税，都是为了这个缘故。第一次世界大战后，瑞士曾拟推行此税，当其方在议会中讨论时，一日之

国内经济

237

中，资金汇往英国达数百万镑，议案遂不得不临时中止。但是中国的情形，与欧美诸国不同，他们的资本是因课税而逃避，中国的资金外流，别有原因，已经在大规模进行，绝不会因不课此税而中止。并且，中国现在局面的严重，超过英瑞诸国当时的情况，对于临时财产税之需要，更为迫切。更且，各种财产之中，有不易外流，及不能外流者在。

复次，有人认为当前急务，是在取缔"豪门资本"，要达到此目的，须别筹良法，不应征收临时财产税。不知所谓"豪门资本"，只是一个流行语，既不是科学名词，更不能规定于条文之中。所以，我们只能将这种意思，寓于税法之内。况且，退一步说，大资产阶级甚至于中产阶级，即使不是豪门，也应负担一部分租税，方符"有钱者出钱"之旨，所以临时财产税，不但不应单限于豪门贵族，更且应该普及于所有资产阶级。

复次，因为立法院提案，有平均分配字句（据闻此条现已删去），攻击者竟以为藉口，谓平均分配即是共产。这种理由之幼稚，不但为有识者所笑，更为共产党所噱。要平均分配，是近代经济学者的老生常谈，资本主义国家的租税莫不为此原则所支配。而真正的共产主义者，则不弹此调，认为有灰色之嫌，这种论调，本可以置诸不辩，但是现在的社会中，正弥漫着类似的论调。批评政府的便认为反动，言论正直的便认为"左倾"，"共产"，多说诬陷，皆假汝以行，言念之下，为之慨然。所以，我们在这里不能不申说一下，以正是非，以伸正义。

复次，反对者更从人道的立场，举出最动人之理由说。"假使孤儿寡妇，要他们一次缴纳财产税若干亿，岂非逼人上吊。"姑无论临时财产税据提案税率为百分之五至百分之十，绝不会将个人之财产全体没收，而且这些生活优裕的孤儿寡妇，也绝不至于上吊。现在社会上贫无立锥的孤儿寡妇，公务员以至大学教授，上吊投河之新闻，充满报纸，请问是"谁为为之，孰令致之"，为什么他们竟充耳不闻呢！临时财产税之推行，正是想对于这些不平现象，稍稍加以纠正，为民请命。不意反对者反以此为理由，真所谓"自己打自己的嘴"了。

总而言之，现在有少数的人，完全站在自私自利的立场，正在进行一种有组织的运动，来反对临时财产税。他们是吹毛求疵，无微不至。甚至有人攻击立院无提议临时财产税之权（已有人为文驳斥①），所以他们的理论，实在是驳不胜②驳。

最后而且最要紧的，我要正告社会人士以及资产阶级，请你们认清现在一个严重的事实，就是政府的膨胀政策，实在是变相的租税。这个租税把全国最重的负担，压在薪俸阶级和贫苦阶级的身上。举例来说，一个大学教授的薪水不过五千万元，按物价指数来算，只合战前的十五元，以战前的平均薪水每月四百元来说，足足的打了一个九五折，那就等于纳百分之九五的所得税（临时财产税的税率，无论如何，总不至到此地步）。在这种本末倒置，分配不均的现况下，廉洁者仰屋兴嗟，贪污者以身试法，驯良者坐以待毙，桀骜者铤而走险。长此以往，国家社会，不至于崩溃不止，到了那时，贫富贤愚，同归于尽，虽有财产，岂何能保。孟德斯鸠有句名言："租税者人民牺牲一部分财产以求其他部分之安全也。"望有远见的资产阶级，三复斯言。

《平民日报》1948 年 7 月 25 日第 2 版

---

① 斥：原文为"饬"。编者注。
② 胜：原文为"甚"。编者注。

运用美援复兴农村工作之重点

梅远谋

本月五日中美两国依据美国援华法案第四零七条成立复兴中国农村协定，并规定由中国政府派公民三人与美国政府派公民二人组织中国农村复兴联合委员会主持中国农村复兴工作。此项协定公布后，引起全国人士之极端重视。

我国以农立国，全国百分之八十以上之人口均依赖农业以为生，国民经济之基石在农村而不在都市，在农业而不在工商业。今日国病民贫，民穷财尽之危机应溯源农村经济之衰落崩溃。美国于经济援华二亿七千五百万美元总额中，以十分之一，即以二千七百五十万美元作为复兴我国农村之用，并揭示改进农村经济、教育、卫生三大项为工作之目标，针对我国穷、愚、弱三字病症下药，诚堪庆幸。

然此区区二千七百五十万美元之数用以复兴广大之农村，杯水车薪，恐无济于事。依照协定第三款各款所规定之业务，极为繁重而广泛，如择定少数地区作为示范性质或可有成，如求一一普遍施行，收效必鲜。故于复兴中国农村联合委员会成立之前，愿就其工作之重点敢贡刍荛。

第一，穷、愚、弱三病固然连带相生，但究其根源，实由于穷。因穷，治生之不暇，焉有受教育之机会？故愚，既穷且愚，岂有不弱之理？故复兴农村工作，应侧重于经济，应自救穷始。农民丰衣足食，自知送子弟入学，自会讲求卫生。

第二，农村经济复兴包括农业生产、销售、信用、灌溉及排水设备，家庭与乡村工业，土地改革，改良种籽之繁殖及分配，牲畜瘟疫之控制诸项。其中又应视中国目前之实际情况，分别缓急轻重依次举办。例如灌溉及排水设备为农家现时所感觉最迫切而急需解决之难题，应列为首要工作。此问题如不解决，其他皆谈不上。中国人靠天讨饭吃，水旱频仍，哀鸿遍野，此为中国农村经济之致命伤。

第三，施行复兴农村计划所选定之省县区域必须避免或远离战争势力范围，否则，建设未成而破坏又至，是徒空耗美援物资人力，违背复兴农村之本旨。且运用美援以建设农村，毕竟富于提倡辅导之意义，而主要犹在使农人自力更生，希望农人自己投资于有关生产事业，以谋农村经济之繁荣。如选定之地域接近于战区，将必无人安心投资矣。合此标准之省县必在长江以南，特别是西南数省最为适宜。

第四，运用美援复兴农村，其中大部分多系有关农业个别配备之器材，此项实物授予之际，究应采取何种方式取偿于农民，大有研究之必要。鄙意认为贷予方式最为合宜。盖此类器材，授予之对象，应以扶植自耕农及佃农为原则，此辈农人大都缺乏资本，如索取现款，是逼农人走上高利贷之一途。至于农村之共同配备如灌溉及排水设备等，除大地主、富农之外，仍须贷予，俾自耕农、佃农分期偿还以减轻其负担。

第五，中国农村复兴联合委员会出售各种实物所得之代价无论为现金或债券，必须有一接近于农民之金融机构为之收支调度。鄙意应委托当地固有之公共金融机关，如省县银行合作金库等兼营此种业务，开立专户，不必另设机构以节靡费。

第六，上项出售物资所得之资金由某选定省县区域得来者仍应拨归该区域循环使用以期达到经济、教育、卫生三大目标之适当限度为止。换言之，即穷、愚、弱三病完全医好为止。设非如此，在授予者方面，未免贻"功亏一篑"之讥，在接收者方面，不免有"为德不卒"之感。且此种办法又可防止资金集中都市之弊。

关于运用美援复兴中国农村一问题，时贤论列甚多，中有不少宝贵意见。不测谫陋，特撮举其工作最重要之点数端如右，就正读者，闻政府内定晏阳初氏主持其事，晏氏为一乡村教育改进者，尤盼此文能使晏氏有寓目之机会。

《平民日报》1948 年 8 月 15 日第 4 版

防堵商业资本侵入农村

瞿明宙

　　此次政府颁布财政经济紧急处分令，自然是就整个国计民生，兼筹并顾，期其推行尽利，全民俱蒙其福。惟是中国社会之基础在农村，中国经济迄至今日，无论就政府财政收入说，或出口贸易说，仍是以农村经济为支柱，不仅中国今日有远见之经济学者看清这一点，就是美国朝野也认为欲扶植中国今日危险重重之中国财政经济，使之趋于安定繁荣，也非从复兴农村入手不可，因之于美国国会通过的二亿七千五百万美元的经济援华款项中，特指定其中至少十分之一，即二千五百万美元，作为复兴农村的用途。中国农村经济在今日之必须保护扶持已为中外一致的主张。因之我们对于这次政府以安定整个国家财政经济，人民生活为鹄的而公布之改革方案，也就不能不注意到它实施后给予农村将有何种特殊的影响。

　　这里把农村与城市在这次经济改革法案下所受到的同样的影响都撇开不说，单从农村社会经济的特殊条件来考察。我认为在政府公布的四项办法中，将使农村蒙受影响最大者，可能发生在加强管制经济办法第二十五条的规定。第二十五条之规定禁止商业银行经营物品购销业务，诚属至当。然商业银行过去投机经营非其本分的业务，已成司空见惯，今受此限制，可能会拨转领来，以商业资本的姿态，向资金贫乏的农村寻找出路。中国农村凋敝，仍然需要城市的过剩资金去润泽，以解救一般农民缘于资金贫乏所受的高利贷的剥削。可是我们鉴于民国二十年前后，商业银行因资金充溢，在城市找不到出路，而竞相假借农贷美名，以其过剩资金，通过地主豪绅之手，高利转贷农民，反而加深农民所受高利贷剥削的痛苦，更在其变质了的农贷过程中，以其贷款作为攫取农民血汗所得的农产品的一种手段，曾演过了农村中不少的悲剧，政府曾为遏止此种榨取的悲剧，而集合若干商业银行，组织农业贷款贷款银行团性质的农本局，寓禁止非法农贷于疏导游资的组织之中，其间经过情形，犹历历如在目前，在当时政府商业银行的资金活动，原无限制，尚不免以农村为其过剩资产的尾闾。今政府管制经济明白限制商业银行资金不能在城市作经营物品购销业务，试问这些臃肿于商业银行的游资，真会死心塌地，放弃过去投机囤积的超额的利润，而单单做一些存放汇兑的正规业务吗？真会革面洗心，奉法循全，将资金用于出产建设从艰苦与风险的过程中去寻求一些生产利润吗？我们可以很肯定的说：在今日中国社会未臻安全，生产利润尚无十分把握的情形下，这些做惯非法业务，吃惯超额利润的商业银行，是万万不愿意的。

　　刚才说过，抗战以前，商业银行因为都市资金充溢，曾以多种方式流入农村，不仅使农村因高度商业资本的侵入，农产品受中间剥削，得不到等价之交换，农民所得减少，经济益形枯竭，而且还以贷款方式透过地方豪绅，加深农村高利贷的剥削。今日的商业银行如在都市不能囤积投机，追求超额利润，则旧路仍走，这是很可能的。但据我们的观察，今日的商业银行，如果把大量的游资冲入农村，其所采方式决不会再如民国二十年前后，假借农贷合作的名义，去做信用放款，它将是直截了当，以其资金在农村中大量收购农产品，尤其是纯商品性的农产品，如棉花、美烟，以及每个人民生命所托的粮食，这些产品到了他们的手里，价格就由他们操纵，必然是会突飞猛进的高涨起来。至是，产品的利润已与农民无涉，而农民的生活费和生产费必然会被其掀高，无疑是会使农村经济遭受到严重的威胁。

现在的银行资本，与其说它是从产业经济发展中成长，毋宁说它是吮吸商业利润而肥壮起来。假若它们走进农村，所获得之超额利润，是不会留在农村中供农业生产资本的运用，可能向都市或其他方面去游击。故商业资本之在农村又好像是吸血针，农民的生产利润白白的被其吸去，不仅农民生活益趋贫穷，而且农业的再生产必然会一天一天走入缩小与不合理的经营，其前途的危险实不堪想像。最近我们已得到一些非正式的消息，因昆市物价受政府管制，一时无法波动，他们估计最近之五个月，可能会有一个稳定局面，以资本用于城市投机已无大利可图，且所冒险亦大，有见于外县美烟已陆续上市，故均纷纷将资金投向农村，且有不少出卖黄金，以作收购的资金。他们都认为今年美烟收成不佳，将来必会暴涨。美烟涨，其他农产品价格亦必随之而涨，故稻谷杂粮也成为他们抢购的对象，这些消息，如果不幸而是事实，则蒙受其害的，不岂仅今日被掠夺农产品的农民而已吗？

基于以上诸因，我们认为第二十五条仅限制商业银行不能经营购销业务，却没有防堵它们向农村中袭击。换而言之，政府并没有将农产品的购销组织指定由生产者的农民自己组织机构经营，则此软弱的一环，无异是为商业资本开其方便之门。

新经济改革方案的成功，需要整个国家经济基础所在的农村能够复苏，尤其是绝对大多数的农民生活能够安定才能获得保证，因此笔者愿向政府提出这一个建议。

《平民日报》1948 年 9 月 12 日第 3 版

为农村复兴联合委员会借箸一筹

——复兴农村从复苏农民入手

瞿明宙

基于本年七月三日中美签订之美援运用双边协定及美政府制定之一九四八年援华法案中之规定，两国协筹组织中国农村复兴联合委员会，经双方代表磋商就绪，于本年八月五日在南京外交部以换文方式成立协定。复经过相当长的筹备时间，始于本月一日举行成立大会于南京。计自双边协定签订之日起，经过三个月，如自换文之日计起，也有两个月。中国农村复兴联合委员会筹备得如此慎重周密，愈见两国政府对于这件复兴工作的重视。关心这件工作的人，都时时盼望着能够早些日子把两国委员商订的计划，实施于农村；尤其希望知道两国委员正在商订中的计划，究竟重心何在？动向怎样？步骤如何？可是我们除了在报纸上读过了委员兼执行长晏阳初氏关于实施四项平民教育以开发民力建设乡村这一类比较有系统的文字之外，对于联合委员会的工作究将如何下手，至今仍是茫然。

以吾国农村今日之百孔千疮，已到了农村无产可破，农民无力可发的严重程度，望援之急，如火燃眉，如水穿堤，其间不能容发！无怪乎国人听到政府有此措施，友邦有此厚意，要把它当作起死回生的仙丹妙药，都希望分到这一杯续命之汤。可是美援中指定用于复兴农村的专款，仅是二千七百万美元，折合金元券也不过一亿余元，约当政府改革币制后一个多月发行额的九分之一。我们并不嫌这一个数字太小，而是感觉到吾国土地之广，农民之众，现时农村复兴工作所需要的资金之多，这一个数字，委实有杯水车薪之感！诚如农村复兴协定换文第三款之所表示，是要选择若干省创办，以资示范，再逐步推广。所以目前我们只可把联合委员会的计划设施，当作对吾国农村复兴工作的一个号召或是一个实验去看。美籍委员莫叶氏曾于来华前发表谈话称："联合委员会可能选择省主席可与之合作之三四省，开始工作。"（中央社华盛顿九月二十三日合众电）联合委员会工作之着重选区试办，似已明显，盖专款的数额亦只允许它这样去做。

可是联合委员会委员们的眼光毕竟是远大的！……此意正与协定换文的一天，美司徒大使声明中所称："中美农村复兴联合委员会之设立，以由于承认农村地区之改进，对于中国全体人民之重要性，并由于承认一项明显之事实，即此项复兴工作，应以改进此等社会及文化状况为宗旨。"意思有相互引发之妙。的确，中国今日的乱源是在农村，农民在救死不遑的情形下，铤而走险，被匪利用的不在少数。今日欲安定中国社会，亟应清除乱源，为曲突徙薪之计，非以安定全体农民生活不可。若是只顾了选区试办，以三十六年中美农业技术考察团的报告与建议为蓝本，只想把中国农村造成一套配合美国乃至日本需要的格式，而不顾到全体农民大众的需要，则无异是为獭驱鱼，为鹰驱雀。此种与农村实际需要脱节的复兴方案，决非美国政府援华注意复兴农村的本意之所在，尤其不是我国政府与人民之所愿。

然而近日的问题，不是愿不愿，而是能不能。以美援农村复兴专款来对全国农村作普遍的实施，是决不可能。因此，我们原本自助立场，建议联合委员会中美双方委员，迅以委会立场，建议政府并联合地方热心农村复兴之人士，发动全国普遍性之"复苏农民"的运动。

我认为要复兴农村首先要复苏农民。司徒、莫叶两氏着眼重于改进社会文化，安定社会秩序，以防共党利用，诚属至当。可是人民必须要肚子吃饱，方才有兴趣来接受你的文化。所谓"富而后教"，"仓廪实而知礼节，衣食足而知荣辱"，便是这个道理。晏阳初氏以文化、生产、组织、健康四种教育并重，理论亦属至当，但在今日的农村中，如欲四管齐下，除掉做一些象征工作外，恐亦不会引起大多数农民的兴趣与信心而收其实效。老实说：今日的农村已够不上"穷"的资格，简直是"光"。今日的复兴农村工作，踏实一点说，不是救穷，而是救死。凡是做农村工作的人，都可看到今天的农民，已不是十年前所说的"食不饱，衣不暖，居不安"那一副穷的情景，而是"无食，无衣，无住"被生活压迫得快要窒息而死的一副凄惨的情景。可是在一息尚存的时候，他们还要挣扎，为政府、为地主和一切对他们的剥削者，缴纳苛捐杂税，门摊户派，高租重息，乃至委员下乡时伙旅各费的供应。常有些做农村工作的人听到农民的诉述："谢谢公家的好意，我们不敢接收，我们也无心接受，莫噜苏吧！我们肚子饿着，要去寻食了！""我们不敢奢望政府来对我们施恩，我们只愿公家不要来多烦恼、多骚扰、多搕索，让我们安定些①日子，苦苦的自谋生活。"这些话几乎可以代表了每一个农民的呼声。以农民如此打不起气的一种心情，对任何的改革措施，恐均无法下手，以农贷来说吧，原是政府对人民一种最直接的扶助。可是代政府推行农贷政策的国家银行，他们把款子交给有土地、有权势的一些豪绅之手，结果，成了他们高利转贷的资本，或掠夺农民产品的手段，更加深农村高利贷与商业资本的剥削。这又何怪农民对政府的利农善政，怀疑为病农的措施！

为今之计，亟应把农民死气沉沉的情绪，和怀疑政府的态度，扭转过来。农村复兴联合委会既以安定中国农民为工作目标，而在今日所有的一些复兴专款又无法普遍实施则今日尽可针对着目标，先做这一个最得人心、最切需要的"复苏农民"运动，使死气沉沉的农民先苏醒振奋起来。联合委员会做此工作并不需要多大的人力、财力，只要以委员会的立场，一面建议政府，从委会复兴工作开始之日起，任何省县不得再令农民摊派供应，并免除一切苛杂，限期实行减租减息。农民的生产、消费以及产品运销等组织，一律由农民以民主方式选人主持。其各省之已有此项组织之基础者，即扶助其发展，不必多所纷更。另一方面由联合委员会发动各省组织农村复兴促进会，俾可集中地方热心农村复兴的人士，使之以社团立场，促进这一个"复苏农民"运动的成功。联合委员会只需经常派人巡视各地，直接与农民接触考察各省县对复苏农民的几项主要工作之推行的实况。务必以各种力量促其实现，以立信于今日之农村。更以各省推行成绩来作决定，协助资金的标准。如此，则今日可免各省争取美援之烦，却已为真正的农业改革工作开其康庄大道。而事实上，因农村剥削的减免，农民生活的改善，尤其是对政府的信心渐渐树立起来，已确立了真正复兴工作的前提。

《平民日报》1948 年 10 月 12 日第 3 版

---

① 些：原文为"息"。编者注。

新币制成败之关键

梅远谋

"八一九"新经济政策之目的，是欲藉改革币制以挽回人心，而求物价之暂时稳定，再藉物价暂时稳定以谋平衡国库收支与国际收支而达到币值之长期稳定。近年以来，人民对于法币之信心，几全丧失，商品市场之供求已非常态，实有根本改革重建新币之必要，盖非如此不足以振奋人心，树立币信，人民对新币既有信心，再不若改制前之重物轻钱，市场物价可得暂时之稳定。物价稳定，始能谈到整理财政收支与改善国际收支，财政收支与国际收支如能接近平衡，则币值可获长期之稳定，此中实具有连环作用。

就理论上讲，此次新经济政策诚不容有所非议，然其成败之关键，则视其能否争取人民信心，抑制物价之上涨。

货币演进到现阶段，完全建立于信用之上。货币信用之基础有二：一为国家或发行机关之信用，二为币材或货币本身之信用，国家信用卓著，虽纸片可以横飞天下，畅行无阻，如今日之美钞，同为不兑现纸币，而人人视为至宝，求之不得。又如一九二四年德国"连登马克"，与当时政府发行之马克同为纸币，而"连登银行"以能取信于人，终使德国币制纳于正轨。假如国家或发行机关之信用动摇，则欲求货币履行其固有之功能，斯不能不反求诸货币本身，或则铸造硬币自由流通，或则发行钞票自由兑换，或则准许人民无限买卖外汇，或至少须铸造足以取信于民之金属辅币。前两项在中国固办不到，亦无办到之必要，第三项在中国目前无此实力，即有之亦不免于浪费，最后一种办法，在中国却易于实行，尤其是人心浮动之今日应该如此。

政府当局深知收拾民心争取币信之重要，然多属隔靴搔痒不得其法。例如公布金圆券发行办法，规定金圆本位含纯金〇点二二二一七公分，金圆券十足准备发行，最高发行额不得超过二十亿元，与组织发行准备监理委员会，并定期公告发行额与准备金，同时宣布持有金圆券者不得以任何理由请求兑现，此种办法在政府方面满以为可以建立币信，而人民方面则以镜花水月视之，此外规定法币与新币兑换率为三百万比一，是又使人民感觉金圆券之出现无异于大钞之发行。

假若政府自知国信薄弱而求诸货币本身，采用上述第四项办法，铸造半元以下之银辅币与金圆券同时出笼，则人民耳目必为之一新，而不注重代表本位币流通的金圆券之为何物。明知金圆券之为纸，却能换得半元银币二枚或十枚银角，与昨日之法币崭然不同。尤其中国人民习用银币已久，更易恢复信心。闻政府近有计划大量铸造银辅币之说，果能立即实行，仍不失为补牢之策。

由是言之，假如新币果能因此取得人民信心，则物价就可从此稳定，改币就算成功乎？其中尚有微妙复杂之理，兹分别述之于次：

第一，一般人民对新币如有信心，将必不愿立即购进不急需之物而以剩余货币所得储蓄起来；假如市场利率在零点之上，将必相率存放于银行。商品之需求总量因之减少若干。

第二，工厂商店昔日以多批少卖为佳，今相信新币不复贬值，将必采随购随卖政策，以期在商品周转速度上寻求合理之利得，商品供给总量因之加多若干。

第三，由于前两项原因，商品市场渐次恢复常态，因此投机囤积者相率敛迹，改邪归正，一面增加供给，一面减少需求，于是物价水准更趋平静，新币制至此才算获得初步的成就。

第四，由于前述各项，特别是第三项之理由，现金需求总量必然锐减，现金供给总量必然剧增，因之市场现行利率必趋下落，利率下落，假定资本边际效率一定，投资总量必然加多。

第五，国民投资增加，国民就业增加，随之国民所得增加，消费增加，于是乎一方面国家租税收入增加，他方面国家救济及其他不必要之支出减少，再加上公债易于发行，国家预算之平衡可无忧矣。

第六，因产业发达，输入渐渐减少，输出渐渐加多，国家贸易与国际收支渐趋好转，外汇因以稳定。昔日逃避之资金将相率重归祖国，外资亦必源源而来。

第七，由于五六两项原因，新币对内对外价值可保证其达到真正的与长期的稳定。至此，新币制之大功始告厥成。

综观右①述各点，足见新币制成败之第一关为币信是否能自树立，币信树立之后，物价少可至呈暂时稳定之局，再进一步则为利率，利率是新币制成败之第二关，而且是重要之一关。因此时游资充斥正寻出路，若落于投机家之手，则旧病复作，物价受压迫而上涨，较八月十九日以前之情势更为险恶。若落于投资家之手，则游资纳于正轨，得到最后归宿，如上述五六七各项之好果将陆续发生，币制改革的最终目的，最后理想，可完全实现矣。自改币以来，政府稳定物价唯一办法，只是硬性盯住于"八一九"的水准，并配合以绝大政治力量执行之，吾恐这足以减低币信，反不利于新币制之推行。在此新币制面临第一关头，伏冀当局慎重考虑对策，经济问题仍须乞灵于经济学理以解决之为是。日来造成物资藏匿，市场呆滞之现象，识者深为新币前途忧。

（于云大）

《平民日报》1948 年 10 月 14 日第 3 版

---

① 原文为竖排报纸格式，故为"右"。另，全书出现此类说法者，皆如此。

为商榷经济紧急措施致翁院长函

秦　瓒

（上略）① 此次财经紧急措施，动机甚正，惜办法有考虑未周之处。然其失败之故，盖由于大局所趋，非尽缘人谋之不臧。最要者勿讳疾忌医，而应力图所以补救之道。

报载北平清华北大经济系同人座谈会结论四点：（一）禁止银行贷款，（二）冻结银行存款，（三）取消银行钱庄本票制度，（四）金圆无需准备可以提活作用。鄙意极其赞成第四项办法，认为可以付诸实行。至于第一、二、三各点，测其用意大略相同，盖欲实行紧缩政策以消灭游资。然个人观察所及，以为现在大部分游资不在银行，银行亦不能控制游资，且以往历次收紧银根均未发生若何效果。停止贷款与冻结存款，徒资纷扰，有失公平，更使正当工商业者有所藉口。诚非计之得，取消本票则流弊较少，或可酌行。

限价政策违反经济理论，绝不适行，蛮干硬干，终归失败。盖欲限价有效，除非自生产分配以至于消费采行整个经济统制，然兹事体大，在欧美犹视为畏途，诚不敢高谈梦想。议价与限价，五十步与百步之比，执行之困难正负相等。议价高，使少数商人坐拥厚利，议价低又将发生黑市、抢购、物资逃匿等流弊。除非全国各地、城市与农村、生产区与消费区、原料区与②工业区，能同日议价，必至纠纷四起。结果愈议愈高，效果直等于零。故限价办法应立即取消，议价亦不宜施行，惟有恢复自由市场，另图补救之策。

贴补政策不合财政原理，应即取消，国营事业应准其作合理之价格调整，但应厉行整顿，取缔浪费及奢侈。

金圆准备镜花水月，有如赘瘤，可以无需，应提作活用，向国外购买必需品与原料配售，以发挥平价作用。配售范围应推广，遍及各大城市，不应如以往之只以京沪平津为目标。

公教人员待遇应切实提高，且依物价指数随时调整。公教人员待遇应提高之理由，不必赘述，但个人之所欲唤起注意者有一点：即待遇政策与物价政策，实相表里，提高待遇即可以济物价政策之穷。盖物价高涨之大患，在于高涨程度之不一。于高涨过程中，农工商各业皆能提高其各自之价格，以增加其收入，独公教人员之薪资，瞠乎其后，无法随涨。于是经济失其平衡，种种流弊随之发生。社会之阢陧不安，胥基于此。若人员之薪资与工人之工资，不加冻结能随时提高，则物价难涨，"水涨船高"经济秩序不至于发生变动，即不至有何危险。为今之计，或稳定物价，或提高薪资，两者必居其一。然处现在局势之下，欲绝对安定物价，无论如何，恐难办到，故莫若提高待遇以作经济

国内经济

---

① 原文如此。编者注。
② 与：原文为"支"。编者注。

措施之补救。若只重军事而忽视经济与政治，仓①惶无措，顾此失彼，则前途之危险，诚有所不忍言者矣。

公教人员之待遇不应相提并论，教育人员之待遇尤应特别提高以延中国教育一线之生命。现在公务人员与教育人员之生活，差别甚大，事实昭著，姑勿论贪污风气无法戢止。即所谓奉公守法之官吏，其生活亦绝不靠低微之薪水来维持。在薪俸以外其所享受种种利益，如住宅、仆役、衣服、车马、应酬等项，或依惯例，或经默许，谁以屈指。平心②而论，一大学教授与薪俸同级之官吏，其生活之差别真不可以道理③计，此实为社会所公认。虽然自政府之立场，碍难公开承认此种差别，但事实俱在，断难抹杀，且即就公务人员而言，其待遇亦并不平等。国营事业之待遇高于一切固为举国皆知之事，此外享受特别优待之机关，亦不胜枚举。是政府根本未能维持公教人员待遇平等之原则，独何嫌于教育界，而有所藉口，不为之一援手乎？

欲奠定新币之基础，首在培养信用，欲稳定金圆之价值，必须节制发行。近闻有主张大量发行银辅币以作货币政策之补救者，窃期期以为不可。银辅币发行必发生万来歆定律，恶货币驱除良货币之恶果：辅币方发行即遭吸收藏匿，充斥市面者仍为纸币。或者以为如将银辅币成色重量减至极低限度，则此弊不至发生。果然则发行银辅币之原意亦将丧失无余，盖银辅币之发行正期以提高金圆之币信，且无论如何，人民总认为银优于纸也。或者又以为若一面发行银辅币，一面收回金圆券，则市面既需相当额数之筹码，银辅币必可藉之流通。然除非能大量发行银币将金圆券全部收回，则在两者并行流通之状况下，金圆券必发生折扣。若能以银币收回金圆券全部，岂非又等于恢复银本位，自行破坏金圆本位制。故银辅币之发行，恐终无万全之策，诚宜慎重考虑以免一误再误也。（下略）④

《平民日报》1948 年 11 月 7 日第 2 版

①　仓：原文为"怆"。编者注。
②　心：原文为"以"。编者注。
③　理：原文为"里"。编者注。
④　原文如此。编者注。

国立云南大学教授文集（一）

常则与变则

——从财政经济与自由管制立论

韩及宇①

《大学》曾说："物有本末，事有终始，知所先后，则近道矣。"本者本也，末者标也。经济之道，以活本为常则，活标为变则。政府为谋解救经济的危机，近十年来所用的财政政策，及所谓划时代的新币制，及十月三十一日所颁行的经济改革补充办法，全是以变则为变则。倒末为本，先后失序。故经济之道，未有结果。

"日出而作，日入而息"，这是中国人数千年的生活方式，政府总是以少管百姓的事为好的政府。积习下来，人民的经济生活全同自由主义的经济制度下的生活相吻合。那是：在自由消费、自由生产的方式下而有的分工合作的经济生活，而有的交换经济，消费与生产什么物品，好多数量，完全无人控制，也是自由的。那么，这种庞大的合作，是谁在控制呢？是价格。价格低，多消费，少生产，两者不能均衡，价格必定被提高到两者均衡为止；价格高，消费少，生产多，生产过剩而消费不足，两者不能均衡，价格必被压低到消费同生产、需要同供给达到均衡时为止。由此，也可以知道生产是为了消费，供给是为了需要，卖是为了买的。人是自私的，他决不会为了善心来使别人有东西享受而生产，而是因为消费者所愿出的价格高于成本而生产，他是追求价格与成本的差额——利润。通常生产所得多半应该大于成本，不管所从事的是物质效用的增加，或提供劳务。生产是需要安全的环境。人们根据分工合作的原则，遂将安全的责任委托一部分人去肩任，由他们来组织一个机构，就是政府。大家由利润中抽出一部来养活政府的人员及开支政府的费用。这种提摊，叫做租税。人们为了要维护经济生活，从利润中缴纳租税；政府为了要完成保护委托者的经济的安全，从人民的利润中提得一部分以应付一切的支出。这种情形是经济的活本之道，是常则。而目前，或说抗战的后期及战乱时期，政府所实行的是征是借，农民全年辛苦所得，几全为政府征走了，以成本计算，不仅取走全部利润，即使是成本，也拿走了一部分，这危及了农民的生存。否则，就不会有农民将田地契贴在门上，弃田地而跑逃的事了。对商人，常有因捐税过重，而有使商人有捉襟见肘之感。政府的租税剥夺了人民从事生产的整个利润，已是不应该，而侵及他所用以生产的成本，这更使再生产更为减少。用这种治标的财政政策为临时应付紧急事件，未尝不可。然而这种治理经济的变则延长了近十年。不仅此，为了应付战费，采用了发行膨胀政策——发行不兑换公债的纸币，征用人民的购买力。这个变则更不合理。截至十月三十一日为止，政府的金圆券已发到一五九五三八六六九一圆，政府之误用变则为常则之情形可知。

我们的交换经济是自由交易，在这种场合，买卖双方各有一部之自由，即卖主只有

---

① 韩及宇，山东栖霞人。1947 年 8 月到云南大学，曾任云南大学经济学系教授。

定价格之自由，买者只有规定购买数量的自由。要价太高，我少买，东西卖不完，得跌价，至供求均衡时为止；要价太低，我多买，东西供不应求，得涨价，至供求均衡时为止。今日政府为稳定金圆券的价值来限价，一限价，要表示价格低于应该卖的价格，大家抢买是必然的结果，所以，限价必定得也限制购买者所要买的数量，即配售。这样，政府一方面得统制，掌握物资，一方面得有人口统计。这些，都是我们政府办不到的，在自由交易的常则下实行限价的变则，失败必矣。

金圆券既然是管理金本位，顾名思义，也知道是在发行数量的管理，使之不超过市场所需要的流通量。如果超过，物价必涨。"八一九"以前的法币发行额只等于二亿金圆，而现在的发行是十五亿九千余圆，超过了六倍，无怪乎上海的生活指数已较改币前增加了六倍。现在限价的政策已取消，人民已有了对物价继续涨的经验，重物轻币，流通速度之加大无疑。以后，物价胀膨的速度，必大于通货膨胀的速度，这种增加不兑现纸币的发行是不能恪尽其道的变则，是不能再用。而今日的经济改革补充办法仍没有管理金圆券的流通数量的规定。

我们认为：由人民的利润中取一小部分供政府的开支是常则，治本之道。侵蚀了成本的财政政策是变则，治标之道。自由交易是常则；限制生产者的要价的自由是变则。以管理通货的流通量来稳定金圆券的对外对内价值是常则；以限制外汇、物品及劳务的价格是变则，是而不控制通货的流通量来稳定它的价值是变则。变则未尝不可以一用，但不能长久地使用。今日的解救经济危机之道，是在减低农工的租税，征收财产税，过分利得税。全盘的取消限价，对金银外币的物品及劳务限价完全取消。停止黄金外币收归国有，自由买卖。政府原来有出售一亿五千万的美元给厂商购买外国原料，政府不妨照生活指数以二十元一美元卖出，就可使二十亿金圆券回笼。那时，物价一定可以下跌，金圆的价值也可因之而稳固。

《平民日报》1948 年 11 月 13 日第 2 版

国立云南大学教授文集（一）

勤俭与复兴

梅远谋

大家知道，中华民族之衰替，是由于穷、愚、弱。然从实际分析起来，愚是指知识水准低落而言，知识水准之所以低落，又由于人民无住学校的力量，无受教育的机会，其所以无此力量与机会者，无他，穷而已矣，养生救死之不暇，焉有余力以学文？至于弱之由来，一方面因为营养不足，一方面因为疲劳过度，故鸠形鹄面疾病夭亡者触目皆是，孰令致之？无非是穷。由是言之，中华民族之衰替是由于愚与弱，而愚弱之根源又在于"穷"，复兴之道，必自救穷始。

然则何以谓之"穷"（Poverty）？中国地大物博，还要叫穷，其他诸国之版图比之中国小得可怜，竟有不及我国之省县者，其天然资源极感缺乏，反较中国为富强康乐，此何故耶？我国现世纪之产量比较十八九世纪要大得多，我们这辈子，衣、食、住、行的方式，为我们的父辈、祖辈所梦想不到，奢华得多。为什么那时代的中国民殷物阜，太平有象，而今反穷困潦倒不堪呢？从这里我们可以发现穷的意义了。

穷的定义是消费与生产失其平衡。国民消费量超过生产量是谓"消费过度"或"生产不足"，这当然是穷，现阶段中国的穷，不属于此类。反过来讲，国民生产量超过消费量，是谓"生产过剩"或"消费不足"，这也是穷的现气，欧美先进国家时常发生经济恐慌，就是这个缘故，前者我们可以说是真穷，后者可以说是假穷。

两种穷的性质既然不同，其医治的方法当然不一样，救济外国的假穷，欧美学者专家均主张增加消费或"浪费式"的生产，而一般政治家则鼓吹向外争夺市场，结果是经济侵略，世界战争。救济我们中国的真穷，当然要反其道而行之，即应主张增加生产与抑制消费双管齐下，增加生产须要大家勤劳，抑制消费须要大家俭约，二者必须同时兼进，缺一不可，何以言之？

第一，中国的穷窟窿太大太深，即是国民总生产比之总消费相差过巨，如只是勤劳而不俭约，仍然不能解脱穷的束缚，所以我们要一面努力生产，一面抑制消费。

第二，中国的资本缺乏，尤其是十余年的对外对内长期战争。使原有区区资本，更形削减。资本是由国民财富累积而来，生产的财富剩余愈多而提供以作资本之总量愈大，欲臻乎此，不独需要努力劳作以增加生产，同时尤应厉行节约以减少消费，然后国民生产资本才可渐渐繁殖起来，有了资本，劳动的生产力必将大为增加，如仍照旧节约，勿使消费量作同比例的增加，则国内资本较前更见充裕矣。如此下去，中国经济纵不能与列强媲美，亦可小康。

第三，假如国人一方面增加生产，一方面抑制消费，则国际贸易之入超可望减少，国际收支可望平衡，以节省之外汇大量输入生产事业所必需之器材，于是国内资本量与生产量可望增加更多。

第四，有人说利用外资可以谋中国经济之复兴，不必过于重视勤俭，误矣，外资是否能为我们利用，大成问题，即今外人对我愿意投资，仍然需要我们自己勤劳俭约以博得国际信用与加强偿债能力，如仍像目前奢侈淫逸，外人必不敢投资，我们亦无力清偿外债，结果越更穷得不能翻身。

除上述经济的意义外，"勤俭"二字尚有伦理的与政治的作用。

第五，社会的财物除极少数者外，其余皆须靠人类劳力获得之，凡不劳而获者均是社会的寄生虫，此辈所恃以为生者无论其为乞丐、贪污、盗窃、巧取、豪夺，要皆为社会之蟊贼，人民之公敌。大众埋头苦干，节衣缩食以供此辈之消费或浪费，天下不平之事，孰有甚于此乎？我们厉行劝俭运动，即是与此辈公敌宣战。转移视听，矫正颓风，其意义较之经济更为重大。

第六，昔贤有云："勤能补拙，俭可养廉。"又云"克勤克俭"，此不独为修身齐家之箴言，且为治国平天下之极则，外国人（如德国）之智力并不优于我们，因其埋头苦干，清廉自矢，朝野上下对于自力得来之物资弥足珍惜，不敢轻易浪费，若人人自食其力，自爱其力，则社会安定，天下太平矣。

综观上述各点，足见"勤俭"二字不独为救穷之要诀，且为提高国民知识水准、道德水准，以及挽救整个政治社会颓势之有效方剂，岂惟中华民族因以复兴，而世界和平实利赖之。

此文系本月十二日在省立昆华图书馆公开演讲底稿整理而成，其中许多例证虽经删削，大意毫无变更，特此附注并希当时听讲诸位先生原谅与指正。

《平民日报》1948 年 11 月 14 日第 2 版

儒家和法家重商政策略论

萧子风①

中国古代社会，把人民分为四类：曰士，曰农，曰工，曰商。因为习惯上把商人列于四民之末，加以儒家学说，每多重义轻利之说，于是便被人误会。儒家经济思想，重农而轻②商，实则此种看法非常错误，请略加论述。儒家而外，并兼论法家。所谓儒家，暂以孟子为代表。至于法家，暂以管子为代表。

孟子书中《梁惠王篇》和《公孙丑篇》曾先后说过："天下之商，皆悦而愿藏于王之市。"

孟子提倡王道，同时又复重视商业，可见孟子绝非闭关主义的迂腐学者。

孟子《公孙丑篇》："古之为市也，以其所有，易其所无者，有司者治之耳。"经济机构，流通过程，至关重要。战国之世，交易之事，尚不发达。孟子居然能独具卓见，重视商业，岂不难能可贵。

孟子更主张简化稽征手续招致他国商旅，《公孙丑篇》曾说："市，廛而不征，法而不廛，则天下之商皆悦而愿藏于其市矣。关，讥而不征，则天下之旅皆悦而愿出于其路矣。"孟子深知商业是富国裕民的要图，因此，极力提倡国内贸易和国外贸易，而且极力主张简化稽征手续，废除苛杂，以徕远民。孟子重商政策的高妙，经济思想的正确，委实是儒家中的翘楚。

管子的重商政策又怎样呢？尽管法儒二家在经济思想和政治思想各方面有许多不同之处，但对商业的看法，两家的态度，无甚差异。尤其是孟子、管子两人，重商论调，有时候竟完全相同。

《管子·轻重篇》中说："万乘之国必有万金之贾。千乘之国必有千金之贾。百乘之国必有百金之贾。"这充分说明了商人在国家所占地位之重要。

管子主张简化稽征手续，藉以招徕异国商旅，和孟子的主张，几乎完全一致。《管子·小问篇》中说："征于关者，勿征于市。征于市者，勿征于关。虚车勿索，徒负勿入，以来远人。"《霸形篇》中说："关，讥而不征。市，书而不赋。近者示之以忠信，远者示之以礼义，行之数年，民归之如流水。"

读历史者，都认为齐国能富甲天下，称霸诸侯，得力于军备。殊不知齐国之所以能富强，实力于管仲经济政策之正确，更得力于商业政策之正确。

管子的商业政策，其精彩者为对外贸易。今作扼要叙述如次：

（一）凡邻国缺少的物品，政府鼓励本国人民生产该项物品，藉以吸收邻国的金钱。比方齐国富于盐铁，而梁赵诸国，缺乏盐铁。管子便积极奖励盐铁的生产，换取梁赵诸

① 萧子风，湖南湘乡人。1947年8月到云南大学，曾任云南大学经济学系教授。

② 轻：原文为"说"。编者注。

国内经济

国的现金。

《管子·轻重篇》中，有一段这样的描述："管子对曰，孟春既至，农事且起，北海之众。无得聚庸而煮盐，若此则盐必坐长十倍。请以令粜之，梁赵宋魏濮阳彼尽馈食之也。无盐则肿，守圄之国，用盐独甚。桓公曰，诺。乃以令使粜之，得成金万一千余斤。"

管仲的经济学说，主张利用天然资源。政府奖励输出，从而获取巨量现金。

政府收支，可以平衡。人民租税，可以减轻。这是管子的商业政策和财政政策的妙处。

（二）邻国需要何种货物，政府设法，鼓励本国商人，把多余的货物，运销邻国，再从邻国换取本国所必需的货品。表面上似乎是利己利人，实则自利的成分居多。

《管子·轻重篇》中描述桓公和管仲一段对话："……桓公曰，何谓来天下之财？管子对曰，昔者桀之时，女乐三万人，端噪晨乐，闻于三衢，是无不服文绣衣裳者。伊尹以薄之游，女工文绣，纂组一纯，得粟百钟于桀之国。夫桀之国，天子之国也。桀无天下忧，饰妇女钟鼓之乐。故伊尹得其粟而夺之流，此之谓来天下之财。"

桀王荒淫，纵欲贪乐，所喜爱者为文绣衣裳。伊尹投其所好。结果，藉交易而得桀之粟。桀既失粟，民生顿起恐慌。伊尹既得财粟，四方之民来归，人口增加，财富增加，可谓一举两得。管子经济思想，高人一等。故其对外贸易政策，常有独到的见解。

（三）运用经济的力量打击邻国的元气。其方法是提高国内生活必需品的价格。国内必需品价格既然提高，邻国商人，便纷纷把该项物品输入，藉图厚利。于是邻国的必需品，大量减少，而陷入恐慌之境。

《管子·轻重篇》有云："滕鲁之粟釜百，则使吾国之粟釜千。滕鲁之粟，以流而归我，若下深谷者，非岁凶而民饥也。辟之以号令，引之以徐疾施平，其归我若流水。"抬高物价，可以诱致邻国商品。管子想利用对外贸易，侵略邻国。虽其出发点不无可议之处，然管子商业智识的丰富，确实值得佩服哩。

西洋经济思想史中，有重商主义一派。该派起源于十五世纪与十六世纪之间，至十八世纪而渐衰。殊不知远在西历纪元前六七百年，中国的经济思想和商业哲学，已经灿烂可观。本文所论，不过一鳞半爪而已。

《平民日报》1949 年 10 月 16 日第 6 版

国立云南大学教授文集（一）

县地方金融制度刍议

杨克成①

一、县在国民经济上的地位

对于县的认识，在行政一方面，几乎是一致的。在皇权时代，设官分治，县长为亲民之官，是朝廷治理人民的主要干部，是皇帝控制领土的基层代表。在民主时代，政权表达，县为自治单位，为直接民权行使的重点。不论属于自治或被治的地位，在过去、现在或将来，政治上，无疑的，县是政治制度最基本的"单位"。

现代的社会科学家，指出经济问题为政治问题的核心，离开经济就不足以谈任何政治。就县政言县政，首先应明了县地方在国民经济上的地位，为其所当为，不为其所不当为，庶几乎措施允适，求进步而不至乱投药石。何况就国民经济而言，县为区域，亦为基层，欲说建国，首要在区域基层的民生，所谓区域，包括地方性与普通性，所谓基层应注意基本性与层次先后性。这些性质都是建设之大前提，不可不明也。

国民经济之目标综合言之，曰富国，曰裕民。国民经济之内涵，分析言之，曰消费、曰生产，曰交易，曰分配。在资本主义之国家，认定个人自由发展，即为整个之强大繁荣，故重自由主义。在社会主义国家，以经济性之剩余价值剥削，为社会之病根，故重计划经济，期其在富国裕民之中，求得享受之均衡，于是人民之消费、生产、交易、分配活动，都采用原则上限制、或纠正、或诱导、或提倡之措施，今日中国国乱，实在是因为遍地剥削贪污，不只是风气，而且是经济性之沉疴。财富大都只是由弱者转移至强者。而很少在开发新资源创造新生产。今日中国之穷，也因为人口众多，资源不足，生之者寡，食之者众，一切生产技术组织方法都不求上进，战火又消耗了大部分养生之源。在这些原因之下，说中国的国民经济，自然要普遍的从基层下功夫，于反剥削大前提之下求增加生产之方。

再说"富裕"二字，在企业方式上，往往是愈富裕的愈强大，同时也要强大的组织始能收富裕的效果。中国旧有企业的规模，无论铁匠、木匠，乃至裁缝店、杂货店，大都不出一家一姓的范围。现代化的生产，则讲究动力，讲究组织，就是由强大中求富裕的表现。在资本主义国家的强大生产者，多半是公司制度，由少数人领导多数人。在社会主义的国家生产组织，一重国营事业，一重合作事业。两者都不许少数人独占生产工具，前者可以国家资本办理大规模经济建设，后者集合民力发展私人经商。由这里看，以县为范围的国民经济适合用合作组织使人力、财力可以相当的集中组织运用，但我们就难得从十分强大方面去着手了。很显然的，我们不能希望在一县里去建设国营事业，

国内经济

---

① 杨克成，云南大理人。1946 年 9 月到云南大学，曾任云南大学经济系教授。

也不能期待县地方"工业化"。因此，我们认定在县的立场，不谈全国性、全省性的经济建树，而注意普遍性的均衡发展。

但我们亦须认识县的国民经济是广大消费购买力的泉源，广大劳动生产力的场所，广大资本储蓄力的根基。因此，民生日用消费活动的计划，农产品的增加与改良，以及加工运销，手工副业的复兴与改进，农民生产资本的收集与运用等问题，将是县经济上最具体的事项。

总括言之，县在国民经济上的地位，是基层的，不是高层的；普遍的，不是集中的；乡村的，不是都市的；核心的，不是表皮的。需要消毒性的反剥削，更需要全面性的讲求生产之方。

二、县地方经济制度的枢纽

经济活动的出发点在生产力的发挥，然后方能得到丰富的消费，提高生活享受的水准。今日县地方经济的革新，有了人口与土地，但难在得不到生产的效果。因此，经济问题的症结落到资本上面。

从事改良县政的实际工作者，都感觉到一切高谈阔论都无济于事。惟一的办法，必是筹得一笔巨款，作有效的运用。我们从经济学人的立场上，应当同情这一呼吁，认为在资本或资金的问题没有办法以前，不能说任何的经济建设。这点认识，不只是目前的，而且是永久的，不只是一地的，而且是遍处的。

亚当·斯密在《原富论》上有一句名言说"资本推动劳力"。他不仅说明了资本是生产三要素之一，而且是其他两要素的主动因素，资本主义发展到金融资本主义一个阶段便已登峰造极。美国在纽约一条华尔街领导之下，任何一种生产得其支助便生，任何一种企业失其支助便死。华尔街感兴趣在汽车工业上，汽车工业便可繁荣一时，华尔街为想置①钢铁事业于死命，则钢铁工厂可立刻关门。同一样道理，苏联建设的初期五年计划，若不把国家资本放在重工业头上，坦克车、大炮从何而来？国家没有资本发展轻工业的余力，苏联人民便只好没有足够的衣服、皮鞋穿。哪一种生产事业先办或后办，理论上自有争执余地，但没有金融机构，而要办生产事业，却是断乎不可能的。

"金融"二字，照字面解释，即是资金的融通。"资金"二字，又可以解释做融通的资本。资本问题，不单是有无的问题，而且是融通的问题。资本是应当有的，因为资本就是劳力的储蓄，只要有劳力而能作有效的活动，便可产生资本，但资本都不容易产生，尤其困难在产生了也不容易融通，而且资本产生往往在劳力有效活动以前被闲搁了，或有效活动以前被浪费了，或被锢藏了，以致可能有资本不见有资金。其故一部分在劳力之未能尽量推动使用与劳力价值之被剥削，一部分却在金融机构之未能建立，以及人民对金融机构使用的不习惯。在县政上，如何善用民力与取消剥削民力的势力，需要正确而有革命性的措施，不在本文讨论之列。至于如何建设县金融制度及如何使人民培养成功使用金融机构的问题，将在下面几节来研究。

在现有县地方情况之下，所有经济规模都不完善，金融制度自然更说不上，但基于上述的理由，将来经济制度之枢纽，必然是金融制度无疑，在整个经济制度未完善以前，

---

① 置：原文为"制"。编者注。

国立云南大学教授文集（一）

希望金融制度先行①完善亦属不可能，全盘经济的各种因素将互为因果，此推彼进，但我们认定金融制度既是枢纽，则枢纽之成败关键关系最重，需将特别重视设计俾无错误，需要特别加强努力，以期加速全盘推动之效率。

我们标榜县地方经济改革的反剥削性，则我们尤应重视金融活动的极端剥削性，枢纽所在，如不去掉剥削，则制度愈新，人民痛苦愈重，有如土铲刮地皮，与拖拉机垦地，后者之取土效率远胜于前者，不可不慎也。

三、县金融资本从何而来?

"有人斯有土，有土斯有财。"正为经济学所告诉我们的一样，劳动与资源（广义的土地）作有致的配合便可以生产。生产收益减去消费量便是储蓄的资本，依据这项理论，中国县地方的形成因素是土地与人口，则县地方自能有其金融资本的来源。事实上我们普遍的看到县地方是穷到一无所有。这样一个现事与理论不能符合的问题究竟是怎样解释呢？

首先从历史的民族性的常态去看，我感觉中国民族有一个节约储蓄的美德，不亚于任何民族，但储蓄的方法却非常原始、愚笨而失去社会经济的重大意义。当一个勤苦耐劳的中国老百姓，将劳力所得、节衣缩食而有余时，他们以通洞钱为起码单位，教导孩子们储藏在圆形底面有孔的陶器里面，这个陶器叫做"扑满"，又叫"没奈何"，不到积聚满了将它击碎时，这一笔小小资金是不肯也不能动用的，这便是穷人小额储蓄的方法。再看经济宽裕之家，全部储蓄力量都堆积在主家政的太太们金银首饰上面，叫做"私房"，实际上即是毕生最可靠的储蓄（代替了西洋人的人寿保险单以及股单存款单据之类）。说到发了财的人家，除了华屋良田的消费投资以外，动辄将金银窖藏在墙根脚下的土罐子里，子女不会知道，死后若干代异姓购得他们的地皮起房盖屋的时候，这个储蓄便秘密的被人拿走了。

这样的幼稚办法，显然非改良不可，中国想改良这项习惯，不自今日始，早在数年前，民初编纂国民小学教科书的人，即已在国文读本内编入了一章：《有钱则当存之于银行，埋藏地下非善法也》。编书人以这一章代替三字经，使下一代的国民潜入脑筋，做到家喻户晓，期望化死藏的金钱，为有效的资金，其用心可谓有远见而良苦。原来一国的民间素质的改良，自应由国民教育入手。文化普及的国家，像欧美，从妇女的好尚看，早已革除了用金银做首饰的风尚。我们已经看不见西洋妇女身上穿戴金饰以增其美丽的恶俗。反之在非洲在印度，金饰不仅为妇女所炫耀而且为男子所着与。无怪世界经济学家，估计民间储金量为印度占最高位，而货币准备金则美国占第一位，文野与富贫的程度原是成正比例的。

但是我国在□年后之今日，民间的银行在那里？读民初课本的小国民，现在已长到四十岁了，若反问当时编书人，有钱储存入那个银行方为善法？编书人地下有灵，将感慨无以为答。于此我们应重视经济制度学派所提示，制度对于经济发展的重要性，在今日实需从早建立人民的金融机构了。这说明了金融机构不惟有了资金的泉源，而且说明了资金的泉源早已等候着金融沟渠的建筑，而机构的建筑工程却迟迟未能完工。

---

① 行：原文为"引"。编者注。

不过，储蓄资本的多寡要以生产量与消费额来决定，要增加资本的数量必须一面增加生产一面节约消费。在个人说必须"勤"于收入"俭"于支出。所谓"勤俭致富"道理在此，中国县地方良善的农民大众，勤俭二字是一向有的，然而生活却一天不如一天，穷到不能温饱，再也谈不到致富了。尤以目前这一个穷困的局面下，又怎样有资金的泉源呢？这问题便在既已勤俭何以不能致富的道理上，让我们分析这个道理。

　　从社会的观点上，个人的生产量相加等于社会的生产总量，个人的消费相加等于社会的消费总量。但从个人的观点上看，则收入不一定是生产的结果，支出除消费外，还有其他支付。这其中便有各种各样的个人，其收入不靠自己的生产力者恒藉政治性社会性的方法以取得他人的生产结果而消费之，有余时还可以收买土地转佃或作为资金借给他人，而且加上地租利息作第二次的收入，其支出应付各种负担，还不够的人，只好在负债情形之下维持极可怜的消费，这两种人前者占少数而后者占多数，因此普遍的看便形成多数人穷而没有资金了。这个关系就是剥削关系，大体言之可分为四种：一是纯政治性的，二是纯社会性的，三是土地性的，四是金融性的。

　　所谓纯政治性的与纯社会性的都①是指纯粹藉政治权力及社会关系的剥削，其手段无需有经济手段者为贪污霸占，所谓土地性与金融性的都是指藉土地及金融为剥削手段，包括与政治或社会优势有关或无关的都在内。贪污霸占之类一经排除之后多数人的生产结果，重归多数人所有，对人民经济自由裨益，对金融上富有间接宽疏之影响，此处暂不置议。至于土地性及金融性的剥削，则系与经济直接有关的，我们不好详加检讨。

　　农业为县的人口养生的基本事业，土地为农民生计唯一之凭藉。但土地与劳力的配合，因为所有权使用权并不是根据人民的劳动能力作合理的分配，剥削性非常利害，不惟农业生产的结果，得不到普遍养生的效用，而土地的利用也失去效率，得不到应有的生产量，妨②害了社会的财富的增加。

　　根据租佃关系，生产者收获的一大部分贡献给地主。这一部分资源，可能有两种出路：一种是地主阶层的消费，养活了一批收租吃饭的闲人；一种是地主阶级的投资，做商业买卖，赚取更大的收益，或再收买土地，图更大的地租收入，或作高利贷放款，乘人之危掠入利息。

　　又因为土地所有③权不在耕作者之手，于是自佃户经营农业，往往不像自耕农一样，肯多花经精力时间在土地上，故生产量不如自耕农获得的多，对于土地的保养爱护，心理上亦不如对自有田地那样，因此杀灭了土地的生产性能，便是消极的减少了社会的财富。

　　对付这一项情况的对策，便是土地改革。土地改革的基本方针在耕者有其田，根本消灭租佃关系。较和缓的办法是减租，稍微减少佃农的负担。

　　实现了耕者有其田之后，占大部分的发生过租佃关系的土地生产力便可普遍的增加，配合上作物改良等技术上的措施，增加生产量的百分之三十是可能的，这个数目对于一县的财富上看是不可以小计的。其次租额取消，损失的是地主，而使占人口数量较多的佃农，减少了负担，这负担要占其生产量的百分之四十，佃农确保这部分收入以后，可

----

　　① 都：原文为"者"，下同。编者注。

　　② 妨：原文为"防"。编者注。

　　③ 有：原文为"息"。编者注。

以改善生活而外，再有节约剩余便是一笔社会资金。

基于土地改革上面所生的资金，费孝通先生在他最近写的《乡土重建》一本书上，寄以很厚的希望，让我们引用在下面：

"据吴文晖先生的估计，贫雇农（平均每户七亩）占全部农民百分之六十八，这些农户或是全部或是部分的租田经营，依据一般估计全部靠卖工或租佃经营的约占全部农民百分之卅，部分靠租佃经营占百分之二十，所以有一半的农民在支出中有付出地租一个项目，或承受极低的工资，实际上将大部生产的结果贡献给了地主。另一方面有土地而不自耕种的地主们却拥有全部耕地百分之二十六，再加上雇工经营土地的富农的百分之二十七，我们可以说近一年的耕地是贫雇农去耕种的，这一大桩土地的生产中至少有一半并不进入生产者的消费中。这样我们可以有一个约略的估计，就是中国土地上至少有四分之一的收获在地租项目及类似的剥削制度下脱离了生产者的掌握，结果使一半的农民不够靠所剩余的来维持生活，不能不借贷过活。其实他们所借来的原本是他的劳动力所生产的，只是因为分配给了地主所以不能不说是借贷了。我并不知道究竟地租中有多少在借贷名义中，重返农民手上作为消费之用，但是我们可以断定是决不能是全部，所以我们也可以断定说，就目前而论中国农民并没有全部把他们生产的消费掉，而是有一笔可观的剩余，这笔剩余在现在土地制度中送入地主手上。如果中国一半以上的农民已经在饥寒线下，这地位是人造的，并不是自然的结果，因之我们可以相信，如果财富不外流乡村中还有相当积聚资本的能力。"

实现耕者有其田，便成了我们发掘资金来源的重要项目，我们还可以说即使不实现耕者有其田，单就减租一项措施而论，这来源也就不是少数的了。问题在如何跟踪减租之后鼓励节约储蓄，以信用合作之纲，来"捕捉"社会资金为平民生产之用。

金融性的剥削，存在于旧式乡村借贷关系上，除了城镇上偶尔有一两个以动产为抵押放款的"典当"而外，中国乡村就没有正式的金融机关，于是高利贷者便以压迫者的姿态出现在乡村里。高利贷的形成有两个因素，第一是借款人的社会地位低微，无组织，各个的在无援的情势下，向贷款人讲条件，因而恒居于不利地位；第二是贷款人对债务的管理成本太高，因债率大，形成利息不得不高（平民金融在理论上是成本最高的）。乡村的息率，普遍的高于城市，而目前尤其严重。其中实物放息一项，更为可怕。普遍农民借用农业上的资金，到年终须支付加倍以上的利息负担，这样便掠去了他剩余生产的大部分，而其中因为负担不了利息，而强迫丧失了土地所有权的比比皆是。

我们很容易了解取消了高利贷，可以减少农民的利息支出，这项减少了农民的负担，可以改善其生活，直至于储蓄下来作为自己的运用资金。但我们必须承认，高利贷资金也是县地方现有资金的一种，在"取消高利贷"的口号下，高利贷是否即可消灭？再说即使消灭了以后，农民无法借款，是否农民的损失？依我的愚见，认为高利贷是不会在政府措施之下消灭得了的，高利贷者也不会抱着于牺牲利息收入而不再放款，其结果必然是秘密的借贷，息率也许低下一点来，但借贷关系仍旧存在，"高利不会根本取消"。

我们主张以疏导方法对付高利，使富者的资金仍为贫者所借用，但必须以合理的息率借贷之。减息政策答复了问题的一部分，我们要补充的便是：借款人要组织起来以联合信用保障贷款的安全，而政府应当指导人民组织平民金融机构，以导高利贷资金于正轨，并禁止"黑市"借贷。这便是取消金融性剥削的基本办法。

总而言之，在普遍穷困的农村里，要开辟资金的来源，只有去掉剥削，而经济性的

国内经济

259

剥削手段系凭藉土地与金融，在至少政府要实施的减租减息以后，可能得相当的数量，作为县地方金融资金，作有计划的经济改革之用。

所谓相当的数量，不能说太多，但也不能估计得太少，比如说单以一县的农地生产力，有四分之一的生产数额作为融通的资金，在比例上已属可观，比较之于一无所有，也算聊胜于无。

县地方各级的公有款产，包括一切属于"公家"的财产，不能不算是可以运用资金的一项。积谷的运用，在不失其为防荒的条件下，已经证明是一笔活用的资金，类此的一切公租学谷，各种基金无论属于乡村，或全县所有，多半为豪绅们不明不暗地运用着，俟县的金融制度树立以后，亦应为资金来源之一。

县地方公库制度也不失为资金周转的一项，邹平的乡村实验，曾经有过以县财政的公库存款，运用作农贷基金的事，县也跟中央或省是一样的，财政与金融应互相为用。

在云南，县地方各县对于积谷上所产生的息谷收入及人企公司的红息，已被重视为建设地方的主要财源。可惜这样的来源不会太多，有之就应当妥为运用，在初期适宜于周转生息，以期细水长流，积少成多，则县金融机构似乎亦可借来作运用基金的。

至于一般所期待的农民银行或省银行的资金补助，我们实应划在计划之外，因为中央靠发行钞票繁荣地方经济，实在不能长久，而且不易普遍，至于省级的补助，更因为发行权之不存在希望限度是很微的。

以上说明了金融制度、资金的来源，剩下的问题便是运用的技术了。

四、怎样利用县地方资本

资金能善于"利用"，其效果可以"厚生"。问题包括两部分：第一部分在如何将可能存在的资金收集储汇起①来，第二部分在如何使各种资金作推动生产之用，以②求得最大的效果。前者譬如蓄水池，资金有了归纳之所，第二步便是计划开渠灌溉，按田亩的土质地位，依时间分量轻重缓急分配用水，实际上两个部分是互相决定、息息相关。况且，资金的供求，还是同在广大的农民身上，其来源与出路，都是一个方向。因此，县地方资金的利用，必须注意普遍与深入与农民接触。

县城在一个县的地位，其形成多半是为防卫的、政治性的需要。所有县民的生产活动并不集中于县城，偶然县城也可以成为交易活动的中心，但在大多数的县份则不尽然。因此，县城多半不是资金集中的地点。要全县经济动脉活达，金融的融通不能仅在县城一地发展。在交易状况未改变以前，县金融网的构成，必须要以村为单位，因为村是自然习惯所形成的，依田的耕作管理的方便，自成一个生产活动的结集点。过去邮政储金汇业局的布置的地点是起点，办理储蓄汇兑业务。根据所发表的业务统计，农民与工人合并的储金额仅占总数百分之三点一，再以各县县银行的存款看农民存款恐怕是等于零，因为县银行的业务多数仅有县城一个据点之故，可见这些机构离开了农民大众太远，在资金收放的作用上是极微小的，譬如利用水源，必须有充分的沟渠或输水管，始能吸引或推放及于广大的范围。

---

① 起：原文为"记"。编者注。
② 以：原文为"向"。编者注。

资金的利用，在金融的原理上，包括信用的授受，农民的剩余资金可以存之于金融机关，同时农民需要资金，亦需要金融机关来接济。在利害关系上，农民的资金应当用在农民的身上，尤其中国农民保守性较重，一地的资金，被移转在他地去用是很难取得信任的。从前邮政储金汇业局规定应以存款额百分之八十以上用于农贷，县银行法亦规定放款业务以农贷为主，已经注意到这个要点，但实施的结果，很不圆满，其重要原因仍在金融机构之不能以乡村为据点之故。要解决这个难题，必须使一村的资金，在一村里融通，农民看得见利用储蓄的利益，可以增加储蓄的兴趣。

从金融机关的授信业务去看，放款必须看重安全与有效。换言之，放款必须能够按期收还，而成本必须减轻，借款人必须将资金用在生产途径并作有利的收益。但农民分散居处于广大的县区里，不像工商业集中于一地，信用调查不易，收款时开支特多，放款的监督困难，因之呆账的形成机会亦多，而呆账就是放款成本之一，均私人高利贷索息特高，在高利贷者以立场说是很有理由的。政府从前鼓励各县举办农民借贷所，其结果筹集了资金为少数人所借用，据主持借贷所的人解说，就是怕分散借给多数人，即无把握收回之后，县金融机关为欲贷放资金在广大农民身上，必须有一道通到乡村的"输水管"，而①这个设备又必须构造简单耗费不大。

再就金融的汇兑业务而言，甲地的资金与乙地的资金交流是经济发展必要的条件，自足自给的时代已经过去，任何一个人都需要将资金来往输送，金融机关不能普遍存在，实在束缚住若干可能做的经济活动，使经济发展受到很大的限制。自有邮政汇款以来，人民已相当称便。金融制度若能普及于乡村，则汇兑的发展将有更大的前途。

总之就以上种种观点，县金融制度必须建树一个普遍而深入民间的体系，这个体系的基础，无论就政治的或经济的任何观点，天然的只有德国的雷发巽式信用合作社。

信用合作社，以村为单位，集合七人以上互相信任的社员，以无限责任连环担保的精神组成，办理资金之存放汇兑等业务。在德国，信用合作社还可以兼营消费生产业务，其组织的基本原理，以互信为基础，故类似赊会，但其作用则扩大到永久性的金融活动。惟其因为性质是朴实的而合乎中国的国民性，故容易组织，发展亦快，在抗战以前农民需要资金的时候，政府或商业银行大量办理农贷，农民组织信用合作社的集于借用，有借必还，无须催收，故信用合作早已形成了中国乡村接受城市资金的输水管。而这输水管，在金融机关看几乎等于"免费"利用，因为信用合作社是人民自己组织，所做的工作，仅花销一部分社员很少的时间或劳力，替金融机关节省了收放款子的开支。

我们很容易想到，信用合作的授信业务上既已在中国表现了成就，应当很快的发展受信业务而完成为整个金融业务的机构，但是事实并不如此，现在信用合作社没有农贷都枯萎了，这其中原因非局外人所能尽情道达。愿藉此机会略述云南合作事业成败的关键。

云南创办合作事业以信用合作开始，先后运用资金，包括国家银行及省银行的，均合抗战前法币五千万元以上。贷放区域达七十余县，开办之初原拟以农贷为诱导剂发动人民组织信用合作社。注重合作教育启发自助互助精神，一再加强合作社自集资金运动，完成县级合作金库组织，建立县与县间之金融网，期以若干年之努力，信用合作社为基层之金融发展，可由农贷活动小额储蓄，渐渐自力更生，充实金融体系，进而发展生产

---

① 而：原文为"向"。编者注。

消费运销公用等各种合作业务，不难达成农民合作经济之完整组织。不幸，云南合作事业创始之年，适值抗战初起（二十六年），随抗战之进行法币贬值与日俱增，民国三十二年，币值加速崩溃，当时各级合作社存款，有达数十万元，甚至每社之集至百万以上者，遭受法币贬值之影响，致存款社员蒙受重大损失，自此后乃急速停止，自集资金运动此时不准人民自集资金之基础已摧毁无遗，而农贷基金五千万之数亦几乎化为乌有。继后办理实物贷放及接办积谷，工作虽繁重，而对人民经济，已经没有多大意义，仅能维系事业机构于不坠而已。

以上这一段经历，证明信用合作社为县金融制度之主体，并非空论，其成败关键繁于币值之稳定，其余一切困难决不是冲不破的。

假定币值能稳定在良好的基础上，则县金融制度之树立本诸已往种种经验，自应以村单位信用合作社为基层组织，乡镇设联合社，县设金库或银行上下构通，信用受授，缓急相通，不难使地方资金，活泼运用。

惟尚有二义必须陈述者：

第一，有钱人之资金，不惟不应摒弃，且宜积极加以保障收纳，以供平民发展生产之需，故县银行之股本，高利贷之资金，都须设法纳入县金融制度之内，因此我主张县金融制度，不必是纯合作的，应将现有之县合作金库及县银行合并改组。改组后亦无须固执在任何名称。不过地方公股与合作社股必须大过于私人股权，以免伤害平民利益。而放款对象亦必须以合作社为主，其放款额必须以股本之比例为比例。换言之，平民利益须占大部分。此项主张在合作主义之立场，容有被人批评之处，但我认为只要县的经济发展走向合作的方向，县级金融制度容纳了非合作资本，对合作事业是无害而有益的。吾人所应注意的是此项金融制度之精神必须贯彻，而主持业务方针的人，务须了解平民经济利益而已。

第二，县金融制度创始之初，切忌浩大开支，各级信用合作社之职员及理监事向为无给职，这是办得通的，因为社员各有生业，对社的服务当非职业性质，以闲暇劳力贡献于工作，并无困难，我主张县级的金融机关、县合库或县银行亦须做到理监事无给，职员仅办伙食。不得已暂时用兼任人员亦可，一俟业务发展，收入增加，然后职员由办伙食而进于津贴，再进于发薪，乃至给较任何县级机关为优的待遇，全凭业务之发展为断，以这样的法度办事，然后才有成功之望。否则，即使初时筹集了相当数额的股本，开业不久，即须吃完用光，县级经济事业之不易有成效，其故往往在此。

五、县地方金融制度简述

（一）县以村街为单位，组织无限责任信用合作社。以农民为组成分子，由农民依互信为基础，自由约集组成之。

（二）村街信用合作社以经营信用放款、小额储蓄（或社内约集赊会）为主营业务，必要时得兼营生产消费运销公用等业务。

（三）乡镇由村街信用合作社联合组织乡镇合作社，为村街信用合作社之联合组织，负保证责任。其理事会由各村街信用合作社选举代表组织之，地方公有款产及股实户可以加入提倡股本，每年支付定额股息。

（四）乡镇合作社主营业务依当地经济情况决定之，惟放款业务，注意农产储押，不作信用放款，必要时举办汇兑业务。

（五）县设合作金库或平民银行由地方公股及各种合作社为组成分子。必要时得收容私人提倡股本支付定额股息。其理事会由公股及合作社股选举代表组成之。

（六）县合作金库或平民银行专营银行业务，透过各种合作社融通全县资金。

（七）各种合作社县合作金库，或平民银行开业之初，以不支付薪金为原则，视业务发展情形酌定待遇。

（八）全县公有款产分别由村街信用合作社、乡镇合作社，及县合作金库负合民银行代理公库，或贵营运保管。

《平民日报》1949 年 11 月 2 日第 6 版、11 月 16 日第 6 版、12 月 2 日第 6 版

国内经济

263

国际经济

泛论英镑贬值问题

郭树人

一、引 论

　　纽约十九日广播，英国财政大臣克立浦斯爵士正式宣布，英镑区域的英镑，贬值百分之三十，将英镑与美元的比率，自一比四点三三，降到一比二点八〇。这个消息，引起了全世界金融方面和政治方面的广泛的注意。英镑贬值，是一个传论甚久的问题，自第二次世界大战以还，英国经济便面临着一个史无前例的困难，国际收支的逆差，重要原料的缺乏，以及金镑集团国家美元储备的短绌，使英国丧失了一二百年来，在国际经济中的领导地位，但英国政府，为了挽救这种危机先后也曾有过不少的努力。在国内方面：延长战时的配给制度，增加生产，减少输入，节衣缩食，以压低人民的生活享受，其刻苦精神，曾博得全世界人士的同情；在国外方面：加强金镑区域的贸易关系，广订两国之间的商务协定，促进美国对于欧洲经济复兴计划的实施，举借美债，复于今年六月间，宣布金镑集团国家，向苏联采购原料，以减缓美元枯竭的压力，而九月间，外交大臣贝文，财政大臣克立浦斯，暨驻美大使富朗克，先后赴美，与美加两国当局，召开三国财政会议。会议甫毕，克氏便宣布英镑贬值。这一举措，不仅是一九二九年以来国际经济中一个极大的变化，同时也是今后资本主义体系发展中，将产生何种变化的关键，我们姑就英国经济困难的原委，此次英镑贬值的意义，以及英镑贬值，对今后国际经济发展的影响，加以简括的论述，以就正于本报的读者。

二、经济困难的症结

　　我们如想研究英镑贬值的原因，我们首须要知道英国经济问题的症结，这须从三方面着手：

　　甲、国际收支的逆差：国际收支的逆差是英国经济困难的根源，去年一月间，英国政府公布的白皮书，对于一九四六年至一九四八年度的国际收支，有下列的说明：

	贸易收支			海外政府用费支出	无形收支			
	输 入	输 出	逆 差		投资净收入	航业净收入	其他净收入	净亏损
一九三八	八三五	五三三	三〇二	一六	一七五	二〇	五三	七〇
一九四六	一〇九二	八八八	二〇四	二九〇	七五	九	三〇	三八〇
一九四八	一五四七	一一二五	四四九	二一一	五一	一七	八三	六七五

　　（上列数字皆以百万镑为单位）

英国的收支逆差有三个基本原因：第一，英国输入品的价格，高于输出品的价格，是以英国虽努力减少输入，但其藉无形收入所支付的代价，仍然是很大的，尤其自第二次世界大战以还，英国在经济上，依附美国的地方加深，而美国输出价格，因国内生产成本增高批发价上涨，因之，英国对美国的贸易支出亦加多。例如一九三八年顷，英国出售收音机二架，便可换回小麦二吨，而目前，则须出售四架，始可换回小麦二吨，同时，一九四七年英国输出价格，高出一九三八年水准的百分之二二六，而输入价格，则为一九三八年水准的百分之二六七，即使英国输入输出的数字能得平行增加，但因有形收入而增加速率，抵不住输入的价格，增加的速率，则英国国际收支的逆差，仍难望弥补。第二，第二次世界大战以后，英国海外支出急剧增加，其仅用在德国占领区，及其他若干军事基地上的用费，便约计支出二亿一千一百万英镑。第三，第二次世界大战以后，英国无形收入大量减缩，这是由于战时出售海外投资，数达四点四亿美元和偿付战时债款利息数达三十五亿英镑。按一九三八年，英国藉投资收入，得偿付输入支出总额的百分之二十七，而至一九四七年则仅足百分之三，此外，航船运输方面的收入，及其他方面的收入，一九四七年总储为三亿零五百万镑，而月项支出，则达五亿三千一百万镑。就总输出而言，一九四七年的输出总量，约为一九三八年的百分之一〇八，而一九四八年的输出总量，亦不过百分之一一七，其原定目标系百分之一三〇，相去尚远。

乙、美元储备的枯竭：国际收支的逆差，引起了美元储备的枯竭，据克立浦斯爵士宣称，英国的美金余额至一九四八年底止，存美者估计三亿美元，存加拿大者，二亿八千万美元，南非者三亿二千万美元，存国际货币基金者，为八千八百万美元，总计十亿万美元，约合二点八八亿英镑。克氏复又宣称，英国不仅要偿还因战争而举借的二一点二亿美元的巨债，同时还要支付每周约计五千万元的经常用费，以此计算美金储备不等到年底，便要用完。我们都知道，英国对美元的支付，不仅英国本身，其他大英协邦的对美支付，亦由英国负责，故其窘态，我们足可以想象得出来的，报载本年四、五、六三个月美元不敷数额最低估计为六亿二千八百万美元。

丙、重要原料的缺乏：英国重要输入物品计有粮食、石油及其他若干重工业方面所需用的原料，其中尤以支付粮食输入为大宗，按一九四八年度，英国经济概览上披露，就粮食一项，有以下的说明：

	英国粮食输入（百分比）		
	来自英镑国家	硬币国家（美国及加拿大）	欧洲各国及其他国家
一九三八	四〇	二七	三三
一九四七	三五	四七	一八
一九四八	四六	二五	二九

从上表看，粮食来源主要的为美国，此外铜、铁的输入，也主要来自美国，这种事实，使英国的经济困难，日益恶化。

三、英镑贬值的意义

工党政府的政治哲学，是以社会主义的主张为体，以费边学社的主张为用，而工党政府的财政哲学，则是完全建筑在凯恩斯爵士的经济思想之上的。凯恩斯这一派的经济学说，认为政府的货币支出和货币收入，不仅影响到生产和分配的类型，且可影响到生产与就业的水准，是以充分就业的保持，须借助于适当的财政政策的运用。财政政策的运用可分两方面：其一是货币供给方面：利用平衡财政，或赤字财政，以增加或减少流通货币的总数量。其二是所得分配的变更方面：利用改变政府收支组成，以达到各个经济单位间收益的重分配，而政府又可藉税收及消费的方法，以达到各个经济单位同购买能力的转移，注意英国财政政策的人，都知道工党的财政政策，完全是以这个分析为依据的。但在执行以这种分析为依据的财政政策上，工党政府遭遇了极大的困难：第一，凯恩斯爵士的思想，是不论甚样形式的政府，或不论甚么体系的经济，如果其财政政策，不以达到充分就业为标的，则这种形式的政府，这种体系的经济，将失去其存在的意义。但英国如欲达到充分就业则不能够大量减缩原料的输入，因为减少某种原料的输入，则必影响到依附于此种原料为生的工业，同时，必将引起这一行业中工人的普遍失业。第二，工党政府，足以实施温和的社会主义为号召的，它不但要顾及全体人民的生活，并且要把这种生活维持于一适当的水准，煤矿铁道的收为国有，推行一年十亿美元的福利计划等都是和英国的经济处境，极不相容的。因为有这两种基本困难，遂使英国的种种办法，都归失败。今年六月间，英国政府当局为了报复美国在国外贸易上，所给予英国方面的压力，宣布大英帝国，及其联邦放弃对美贸易，一切工业原料均自苏联采购。这个办法宣布的第二天，美财政长史奈德氏便兼程飞英，与英财政当局广泛地交换意见，那时候明悉国际经济的人士，均认为不是英国的这种举措，并资本主义即将崩溃的征照，而是英美之间一种经济斗争的运用。在国际经济上，英美属于一个体系，原系事实，他们之间的经济依存比任何国家都要大，但英美两国当局，对于英国的经济危机，却抱着不同的见解。英国认为，英国经济之所以有今日的危机，系因国际经济失了平衡，就是说，英美两国，应该各有自己的发展领域，英国近几年来所遵行的所谓双边协定政策，便是这个看法的具体表示。但在美国方面则认为英国经济危机的基本原因有二：一是英国既拥有一个资本主义的经济结构，则在经济政策上，应采行自由放任主义，所谓国家干涉，政府管理，都是文不对题的；另一原因，则是英国业也国势式微，就应该降低人民的生活水准，减低生产成本，俾使货物可以外销，故远在今年二月间美国财政当局，曾明白地建议英国财政当局，贬值英镑，而为克立浦斯所拒绝。此次英、美、加三国华府会议，英美提出的意见，还都是过去的意见；英国所提议的，是要美国减低关税税率，大量使用天然橡皮，向英国制造业投资，多多购买金镑集团国家的工业品、原料及劳役等，而在美国，则认为除非英国的生产成本降低，生产效率增加，工业品，可以和美国工业品站在自由竞争的地位外，这些意见，是难被接受的。就在会议甫毕的时候，克立浦斯宣布英镑贬值，其意义，当甚明显，我们无须再加申述。

四、英镑贬值的影响

英镑贬值的影响，可分两方面：一是对国际政治的影响，一是对国际经济的影响，就国际政治而言，工党政纲，是以实行温和的社会主义相号召的，在美苏争霸的局面中，英国工党上台，想开辟第三条路线，那时曾博得全世界，寄希望于第三条路线人士之好评，但为时未久，工党的经济政策却是遍体疮痍，使人怀疑到，在一个资本主义经济结构里，能否实施经济干涉，或经济管理的问题。中央社伦敦二十日专电，保守自由两党，提议早开议会，以讨论英镑贬值，同时，工党内阁，亦拟举行信任投票，看看工党内阁是否仍为大多数人民所拥护。就国际经济而言，首先发生反应的就是美国，美商务部长沙伊尔氏曾谓英镑国家，在短期内，将以较低价格的商品，向美元国家实行倾销。此外，就在宣布英镑贬值的当日，又有八个国家，计以色列、埃及、澳洲、南美、爱尔兰、挪威、印度、丹麦，同时宣布货币贬值；继之而贬的，又将有荷兰、芬兰、瑞典等；此外，意大利内阁曾召开紧急会议；希腊政府又命令银行、证券交易所，停止活动；法国、瑞典也停止外汇挂牌。其影响之深，范围之广，是近世罕见的。

在目前的情况下，英镑贬值，对我们中国没有十分严重的影响，因为我们并不属于什么集团。不过，就目前的港昆贸易和港穗关系而言，英国货物价格，或将下跌，则是可以想象得到的。

《正义报》1949 年 9 月 24 日第 2 版、9 月 25 日第 2 版

升降浮沉的英法币值

萧子风

一、三大团体

自十九世纪末迄二十世纪初，世界金融市场约可分为三大集团。

（一）英镑集团：以英吉利为主体，坎拿大、澳洲、印度纽西兰、南非洲等地，都属于这一集团。

（二）法郎集团：以法国为主体，意、比、瑞士、罗马尼亚、北非洲以及安南等地，都属于这一集团。

（三）美元集团：以北美合众国为主体，中南美以及菲列宾等地，都属于这一集团。

在第一次大战以前，英镑集团势力雄厚。伦敦市场成为全世界的金融中枢，及至大战结束，欧洲参战各国负欠美国债务达一百三十二万万金元，占欧洲负债额百分之五十三。同时，美国生产力量突飞猛进。于是，世界金融中心便由伦敦而移至纽约。（世界政治中心由伦敦移至华盛顿。）

二、同床异梦

第一次大战结束以后，作为世界政治中枢的国际联盟（League of Nations）操纵于英法两国手中。欧洲问题，甚至世界问题，大部分决定于伦敦和巴黎。大体看去，似乎英法两国形同一体。然而内幕怎样呢？英法之间，经济利害，矛盾特多。

英法经济矛盾，有其先天的原因。英国产业革命的完成，早于法国七十余年。英国工业化的程度，始终高于法兰西。第一次大战后，情形虽有变迁（即英国工商业衰退，法国工商业进步），然而两国之间，货币政策之先发制人，与夫金融措施之明争暗斗，处处显得剑拔弩张。他们的"自卫武器"，花样繁多。然而他们所最惯采用的，恐怕要算"货币贬值"这种武器了。

三、升降浮沉

下面有一简表，叙述三十五年的时间（即一九一四年起至一九四九年九月十七日止，代表三分之一世纪稍强的时间），英镑和法郎比值的变迁涨落，对于两国货币政策的举措无常，也可明了过半哩。

年　别	英　镑	合法郎
一九一四年	一英镑	二十二法郎二十二生丁
一九二八年	一英镑	一百二十五法郎二十一生丁
一九三二年	一英镑	八十九法郎二十一生丁
一九三四年	一英镑	七十六法郎七十二生丁
一九三七年	一英镑	一百二十四法郎四十四生丁
一九三八年	一英镑	一百七十九法郎五十九生丁
一九三九年	一英镑	一百七十六法郎七十生丁
一九四四年	一英镑	二百法郎
一九四五年	一英镑	四百八十法郎
一九四八年一月二十六日	一英镑	八百六十四法郎
一九四八年十月十七日	一英镑	一千零六十二法郎
一九四九年九月十七日	一英镑	七百六十七法郎
九月十七日以后	一英镑	??

四、结　论

自第一次大战以迄去年，法国频频采用法郎贬值政策，藉图挽救危机，平衡收支。

一九四九年九月十七日，英国政府也同样采取英镑贬值政策，藉以缓和财政恐慌。

货币贬值，对邻国而言，原是一种损人利己的自了行为，不可轻易滥用。何以故？因为邻国迟早要采取报复的手段。报复的手段，约有两种：第一种即同样贬低币值，使对方毫无所得。第二种即提高入口税甚至禁止对方货品入口，使对方的倾销政策，无法实现。

英法两国，都系科学文化发祥之地。自二次大战后，经济方面所受损失，百孔千疮，马歇尔援欧计划，原想恢复西欧十六国——尤其是英法两国的生产力，作为美国的理想市场。不意好事多磨，时至今日，英国竟需步法国后尘，采行英镑贬值政策。英吉利经济病症的深刻和财政危机的严重，也就相当可怕哩！

《平民日报》1949 年 11 月 2 日第 6 版

国立云南大学教授文集（一）

272

半年来英德法产钢量的比较

萧子风

一个国家工业化程度的高低，可以凭它产钢量的多少以为断。因为钢的用途非常广阔。无论轻工业、重工业、民生工业，或国防工业、化学工业和电气工业，都需要钢。近代化的交通工具，上自翱翔高空的飞机，下自泅泳重洋的潜艇，以及航行水上的船舶，驰骋陆地的火车、汽车、电车等，在在需钢，物物需钢。

今将一九四九年六、七、八等三个月，英、德、法三国产钢的数字，简述如次：

国　别	月　　份	产钢量
英国	六月	一百五十万零一千吨
	七月	一百零一万吨
	八月	一百八十一万三千吨
德国	六月	七十七万七千吨
	七月	八十万零四千吨
	八月	八十三万四千吨
法国	六月	七十六万七千吨
	七月	七十四万二千吨
	八月	七十三万七千吨

根据右列数字，我们得到几点结论：

（一）三国产钢量，以英国为最高，德国次之，法国产量最少。

（二）德国产钢量，逐月递增，而法国产钢量，逐月递减。

（三）英国五月份的产钢量，高达一百二十万吨以上，六月以后，猛烈下降，尤其七月份产量为最低，八月份产量，纵略见好转，但仍远在五月份产量之下。

英、法两国，自二次大战结束迄今，生产效能，始终未能恢复战前水准。至于产钢量的逐月递减，主要原因，由于劳资纠纷，工人用罢工为手段，要求达到增加工资的目的，因而影响到生产量的减少。

本文所称德国，系指"西德"而言。根据《联合公约》，"西德"每年产钢量，不得超过一千一百四十万吨，右表所举数字，尚未达最高数额。

所谓"西德"，实际上受着美国政治力量和经济力量的支配。美国对"西欧联盟"的努力，其目的在"复兴欧洲"。而"复兴欧洲"的目的，又在"重建德国"，而"重建德国"的重心，又在经营鲁尔。

早在二次大战以前，德国的工业生产量，居全世界第二位（仅次于美国），举凡军需工业、化学工业和电气工业，都达到了登峰造极的境地。

至于鲁尔，更有其工业的重要性。鲁尔是德国煤矿业和钢铁业的中心地，也是军需工业和化学工业的集中区。鲁尔钢和铁的产量，占德国全部钢铁量百分之七十。鲁尔的冶矿工业，占德国万分之五十以上。鲁尔所产焦煤，超过英国全国焦煤产量两倍以上。

一九四七年七月，马歇尔"援欧计划"公布之后，即加以附带申明：（一）尽先恢复鲁尔的工业，作为重建德国，复兴欧洲的张本。（二）英国不得单独控制鲁尔的工矿事业，鲁尔工矿生产技术，美国有领导监督之权。

（注：关于鲁尔的工矿诸问题，请参阅拙作《一九四八年国际经济动态》一文，该文载昆明《民意日报》一九四九年元旦特刊号。）

因报告英、德、法半年来的产钢量，顺便把美国经营"西德"的情形，作一鳞半爪之描述。世界经济动态，原是一个整体，"牵一发而动全身"，世界未来局面的变化，经济因素，是不可忽视的。

《平民日报》1949 年 12 月 2 日第 6 版

近代美国的产业结合运动

杨宜春①

所谓产业结合，就是对于同一性质或联系性质的企业单位，利用收买合并或其他方法，使它们统归于一个所有权或管理权之下，而从事于经营的一种企业扩张过程与方法。因为在产业革命之后，工厂制度形成，生产力扩张，贸易范围加大，所以在市场上产生了剧烈的竞争，企业为了能够在竞争中获得胜利，一方面遂努力于经营方法的改良，在另一方面则致力于消灭竞争、缓和竞争，并且还进一步想独占市场。以避免淘汰保持永久的生存与繁荣。关于经营方法的改良，表现在科学管理的应用，关于消灭竞争独占市场，则表现在一八五〇年以后所展开的产业结合运动。本文就美国的产业结合运动情形作一个简单的介绍。

在美国最初的产业结合形态，是营业同盟与营业协约，营业同盟在南北美战争后直至一八七五年甚为盛行，它的性质颇像现在的各种同业公会，其主要的任务在于研究一般商业情况，决定共同的贸易政策，避免同业间的竞争。不过它对于入盟会员的行动，则不作任何的强制与干涉。至于营业协约则为由数个同类企业，在产品售价上，交易条件上，或其他经营方式上，作种种公开的或秘密的协定，以便共同遵守避免竞争。协约与同盟不同的地方，就是协约的拘束力较强，协约一经商定，所有加入协约的企业均有遵守履行的义务。

此外还有一种结合组织叫联营，它相当于通常所说的"加迭尔"与"辛地加"，严格的说起来，它也是协约的一种，不过它比协约组织得更为坚强，对于会员的拘束力更为强大。譬如联营中有一种叫作收益及利润联营，凡是加入这种联营的企业，它们所获得的利润，必须交由联营组织共同分配。所以，这种组织的结合性和拘束力都比以上所说的同盟与协约为大。不过就一般的情形来说，这三种组织的结合性拘束力虽然有些差别，但它们对于会员的加入或退出，均有相当的自由。所以，我们可以把它们叫作自由的结合组织。从它们的作用上说这三种组织只是消灭竞争或缓和竞争而已，至于讲到独占市场的作用，那只有联营才算是为独占市场奠定初步的基础罢了。

因为生产技术的进步，企业不断的扩张，遂使竞争日益激烈，在竞争中获得胜利的企业，为了扩大规模，加强营业力遂渐渐的走上市场独占的道路。所以，在一八八二年美国产生了托辣斯组织。这种组织的动机在于独占市场。它的组织过程是：先由若干企业组成托辣斯本部，然后劝诱其他同类企业或与本业有联系性的他种企业加入，凡加入企业的股东应将他们的股票全部或一部，无条件地提供与托辣斯本部，而由本部换发掺水的托辣斯证券与各股东，于是各企业的管理权都转移于托辣斯的手中，而达它垄断独占的目的。企业结合组织发展到托辣斯，已经由消灭竞争、缓和竞争的作用一变而为独

① 杨宜春，辽宁朝阳人。1948 年 5 月到云南大学，曾任云南大学经济学系副教授。

占了。美国的托辣斯以美孚油托辣斯为最早，以后风起云涌争相成立主要的如威士忌托辣斯、制糖托辣斯、烟草托辣斯等。直到一八九〇年，美国国会认为它们不是普通的信托事业，而是不合理的股份转让，遂通过了反托辣斯法案，这种结合组织才宣告解体！

在托辣斯被宣告解散之后，还有一种近似神秘的结合组织产生，就是所谓联股。不过因为这种组织为时甚短，我们不预备讨论它。现在我们要说的是股权公司，它是现今美国通行的结合组织，它的基础完全建立在，公司法所规定的公司执业人产生程序，及股份表决权上。因为公司董事和监察人的产生，是由股东大会的决议，而股东大会议案的表决，并不是以人为单位而以股数为标准。任何人能掌握股东大会绝对优势的表决权，他就能够左右董事监察人的选举，透过董事监察人会就可以掌理公司的业务。美国股权公司产生于一八九九年。因为当时纽泽西州修改公司法，认为保有其他公司股份，为组织公司合法目的之一。所以，美孚油公司的主持人洛克费勒氏，利用此一时机组织一股份有限公司作为母公司，再用这个公司的资本，购买足以控制其他公司数额的股票，将许多公司作为它的附属公司。这样继续扩张其控制力，使美国石油业的全部业务，几乎都落在它的掌握之中了。据统计，当时美孚油公司统制了二十家总公司，二十三家分公司。在一九〇一年成立的美钢铁公司，用股权统制方法，统制了十四家大公司，由此大公司又统制了三十二家分公司，透过分公司又统制一百八十余家附属公司，企业结合组织到此，已经达到了高度化的地步。

股权公司的基本精神，在于用少量资本统制多数企业。例如美国的 C. R. P. 铁路公司资本总额为一四五 〇〇〇 〇〇〇金元。其中优先股为四八 九五六 〇〇〇元，当时公司法规定，凡控制优先股者即可选举过半数董事，所以如果利用股权控制方法，以二五〇〇〇 〇〇〇元购买该公司优先股票就可以控制该公司董事会，管理十五亿元的资产，一万五千里的铁路。由此可以知道结合组织发展到现在已经到了高度化的形态。股权公司这种结合组织，它是资本经济运用的最高峰。它由于现代社会产业组织的进步投资机构的健全，首先将财产的所有权与管理权分离。放弃所有权而利用股权控制方法取得管理权，因为这样才能使股权公司利用少数资本控制经营大量企业。普通的收买合并固然也可以做到企业的结合，但因为收买合并这些方法是着重在所有权与管理权的同时获得，所费的资金过大，不合于资本经济利用的原则。美国的股权公司所以发达也就是这个原因。

因为产业结合运动的展开，更促使企业走向大规模经营，大规模经营就企业本身来说是有利的。因为它可以使企业得到原料、机器、设备以及管理上的种种经济与便利。

我们在上所说的各种结合形态，虽然有些已经消灭或没落了，不过股权公司仍然是美国最通行的最高度的结合组织。但这种股权公司能否在中国产生呢？我们看一看中国的公司法就明白了。我国旧公司法（十八年十二月三十一日公布）第一二九条规定："公司各股东每股有一表决权，一股东而有十一股以上者，应以章程限制其表决权。但每一股东之表决权及其代理其他股东行使之表决权，不得超过全体股东表决权五分之一。"同时该法规定关于公司股东大会之普通决议，以表决权过半数始可成立。所以，我国旧公司法中绝无股权控制之可能性，股权公司也不可能产生。至于现行公司法（三十五年四月十二日公布施行）对这种限制已经放宽。该法第一七四条规定"公司各股东每股有一表决权，但一般股来而有十一股以上者，公司得以章程限制其表决权"。这个规定虽然比旧公司法为宽泛，但是因为可以由公司章程限制表决权的关系，也可以减少股权公司

国立云南大学教授文集（一）

发生的可能性。新公司法对此立法的原意，在于由人民自择，给大规模企业以发展的机会，助长我国产业的发达。所以，就现行公司法说股权公司这种结合形态在中国已经有发生的可能了。

《平民日报》1949 年 10 月 13 日第 2 版

国际经济

美元也要贬值

杨宜春

　　据本月十八日《平民日报》载："杜鲁门总统及其内阁，目前正在研究一计划提高金价并将美元贬值。"自本年六月直到现在，世界金融方面，确曾发生了很多重大的事件。七月间有克立浦斯的"美元恐慌"声明，九月初有英、美、加三国的经济会议，九月十八日有英镑贬值的宣告，紧接着便是二十余国步英国后尘的货币贬值。现在又有美元贬值的传闻了，今年底确是世界金融上不平凡的一年。

　　美元为什么也要贬值？要解答这个问题，必须从英镑贬值的因果关系上着手。关于英镑贬值的原因，大家都一致认为是由于英国战后生产萎缩，无形输出减少，致使它的国际收支失衡，产生了经济上的漏血症，为了挽救经济危机才实行英镑贬值。对于这种说法笔者是完全同意的。不过我们如再进一步研究，又可知道这次英镑贬值，虽然是英国自动的，可是这"自动"发生的契机却是被迫的。

　　谁都知道英国人民是富于保守性的，对于过去的一切永远怀恋。第一次大战也曾将英镑优越的国际地位动摇，在战争结束后他们不惜任何牺牲，恢复金本位，将英镑价值提升到战前水准。可是后来被经济危机所逼，终于在一九三一年九月十九日实行所谓自由贬值政策。这次大战结束后，虽然没有致力于英镑价值的提升，可是对于避免英镑贬值确曾尽了最大的努力。譬如工党政府的厉行节约政策，本年初根据马夏尔计划的拨款所制订的四年经济复兴计划，都是预备在一九五二年马夏尔计划结束后能经济自立不再依靠外援，可是由于美国物价波动及本国粮食缺乏，使它满以为足用四年的美元，不到二年就可能用完了。本年官方最后一次公布的美元存量仅有十六亿二千四百万元，而四、五、六三个就不敷六亿二千万美元。它的经济情形恶化到这种地步，财相克立浦斯在议会上只大呼"美元恐慌"停购美货三个月，却绝不提英镑贬值。由此我们知道英国是在处处设法避免英镑贬值的了。

　　本年九月七日在华府所开的英、美、加经济会议，主要的任务是解救英国经济恐慌，可是克立浦斯所提的要求是获得更多的美元，比如说他要求将马夏尔计划的第二年拨款额由八亿五千万元增加到十五亿元，以及美国维持橡胶价格等。再根据华府所传该会议题共分六部分，主要的是美元区与英镑区收支失衡的对策，英镑区对美元的赚取与该区货物的关系，美国资金投向英镑区的可能性，美国增加对英镑区的油类、锡、橡胶购买问题。这些主要议案，可以说是根据英国要求而拟定的。在这里面并未谈到英镑贬值。可是上述问题解决权是操在美国，并且如要圆满解决则必须美国"大掏腰包"，美国政府怎能同意呢？所以，会议的无结果是可以想得到的，到这时英国对避免英镑贬值所做的一切努力均成泡影了。山穷水尽，尚复何言。所以，在克氏返抵英伦四十八小时后（九月十八日下午八时五十分）宣布英镑贬值了。这宣布当然是自动，但宣布的形式却是美国给它促成的"无路可走惟此一途"。

国立云南大学教授文集（一）

美国造成了英镑贬值的原因，当然也得享受英镑贬值的结果，可是这结果对于美国来说恰与英国相反。因为英镑贬值对英国是有利的。比如值一镑钱的英货，贬值前在美国值四元零三分三美金，现在只值二元八角了。相反，原来值四元零三分三的美货贬值前在英国值一镑，现在要值一点三镑了。所以，英镑贬值能使英货在美国市场因价廉而畅销，使美货在英国市场因价昂而滞销，它是能刺激英货出口，而减少美货向英国入口的。所以，英镑贬值对英国有利，对不贬值的国家有害，这受害最深的国家当然是美国，因为它是英国对外贸易上最大的与国。

　　美国所遭受的英镑贬值不利影响尚不止于对英国一国输出的减少，因为所有英镑区域的国家及与英国有商业同盟的国家均随英国而实行货币贬值了。据统计截至目前，贬值国家共有二十余国，其中贬值率与英国相同的（30.5%）有澳洲、南非、锡兰、纽西兰、爱尔兰、埃及、挪威、丹麦、荷兰、以色列、缅甸、伊拉克、印度、香港等。其他加拿大、法国贬低 10%，希腊贬低 50%，葡萄牙贬低 15%，比利时卢森堡贬低 12%，西德贬低 20%。此外尚在考虑贬值的国家计有西班牙、阿根廷、智利、乌拉圭等。这些国家所以共同贬值，其主要目标当然对付美国，美国面对着这种二十余国的货币联合阵线它能默然吗？它能坐视它的出口贸易被二十余国的货币贬值所绞杀吗？拿美国的经济情况来说，无论如何它不能忍受而必须采取措施的！

　　美国在这次大战中生产力已经达到每年二千二百亿元的高度，如果要维持国内的充分就业则必须维持这样庞大生产力的工业，它每年所生产的物资除了本国消费外，必须出口外销一百五十余亿，销往欧洲的占第一位，中南美也占了 17%，这次英镑贬值所连带的国家遍世界，如美国商品在这些国家中遭受打击，它每年一百五十余亿的产品该如何处理，国内充分就业怎样维持，年来因为欧洲美元缺乏，世界购买力普遍降落，美国的经济已经显露了危机的征兆！本年春季官方宣布生产力已下降九十余亿元，失业人数已经达到了五百余万，这些现象正说明了美国对世界商务维持现状尚感不足，何况又遇着二十余国的货币贬值？杜鲁门在六月十二日所提出的开发落后地区计划，还不是为着那庞大的生产力找出路，以解救即将发生的经济危机吗？所以就美国说面对着二十余国的货币联合阵线必须要来一个反击，"以道还道"，大家一齐贬值，相互抵消贬值作用，恢复原有的经济态势，所以我认为美元贬值的可能性很大。如果成了事实则英镑贬值作用即被抵消，大英帝国只有仍旧过着那艰困的日子了。

　　至于美元贬值的方式传说是提高黄金官价，我想这是个最便当的方法。将来多半出于此途，但贬值程度如何则颇难说了。不过我们晓得美金原来的法定含金量是二三点二二克令，一九三三年国会通过了农业救济条例授权总统，可贬低含金量至 50%，至一九三四年一月二十日金准备条例公布，将美元含金量贬低 40.94%，新含金量为一三点七一克令，规定纯金每盎司可铸三十五美元，这就是所谓黄金官价，所以就美元含金量言，总统尚有权再贬低 9.06%。即可将黄金官价提高至每盎司三八元八角，这是我们推测之一。但是我们就上述二十余国的贬值率言，最高的是希腊计 50%，最低的是 10%，英国及英镑破坏的国家则为 30.5%。如果美元照此数贬值，则黄金官价可能升为每盎五十美元，这是我们推测之二，究竟如何只有□于事实证明。美元如经贬值，则美元区域国家也必随同行动。这是英镑集团与美元集团的大斗法，一场剧烈的货币战争。

国际经济

欧美的战时财政

徐绳祖

一、本文的目的和叙述的内容

目前我们中华民国中华民族依然还在一个英勇、悲壮、艰苦的大搏斗之中。

在这英勇、悲壮、艰苦的大搏斗过程里，我们所需要调整、抓疏、发动、增强的事项和部门，当然有如一部二十四史，不知从何说起。不过我们若针对着我国的现实和现代战争必备的条件看来，则调整国家财政，密切①的和抗敌军事配合起来，确是一桩最核心最重要的工作，至少是抗战要政中应该放在第一、第二的一环。

我们知道，战争的必备要素，一是人力，二是物力；我们也知道，我国是土广民众的大国，然而同时也是生产落后的大国；抗战未爆发以前，举凡消费工业制品大都仰自舶来，抗战以后，抗敌物资有待外运，这现实，写出了我们确然只是一个落后的农业国家。目前抗敌军事，在内在外、自上而下，都形成了不达最后胜利决不停止的局势，是则抗敌物资的自外运入，自是一个长期的，而财政上的军事费庞大支出，也是一个长期的前途。

然则我们现实的财政收入怎样呢？毫无疑义的因敌人盘踞沿海各省而遭遇了一个比较严重的困难。理由是：我们的财政收入，主要建筑在关盐统三税上，尤其是关盐两税上；而这关盐两税，则已因敌人盘踞区域之扩大而减少。即统税一项，情形也正和关盐两税一样。

在这收入少而支出增的矛盾状况下，主客观的情势，需要我们统一这矛盾，逼迫着我们不能不统一这一矛盾；中国国民党临全代会议决公布抗建纲领中的"推行战时税制"，政府公布的国防公债条例、金公债条例，便是这矛盾的统一，矛盾的解决。

不过"战时税制"的推行，我们除已知印花税业已增征，货物转口税业已部分实行外，其余尚无所闻，揆之情理，或许正在政府计划之中。唯"他山②之石，可以攻错"，如果我国的"战时税制"还在研商的阶段，则引他国的先例为借镜，在事功上似非徒劳。本文之作，其目的便在芹献外货，借供全国上下的参考。

此外，本文的标题虽系战时财政，然支出部分，自因国情需要而不同，并且战时财政所遭遇的困难，主要在军事费的筹措方面，所以本文的叙述的范围，主要是放在军事费的增筹一点上。

---

① 切：原文为"接"。编者注。
② 山：原文为"由"。编者注。

国立云南大学教授文集（一）

二、英国的战时财政

欧洲第一次大战中英国财政上所支出的纯军事费用，合计共五十七亿八千二十六万九千镑。这一笔军事费和借自治殖民地其他协约国借款之筹措，主要是根据以下的来源（单位：一千镑）：

a. 政府暂借款	三四五 一九八
b. 财政部证券	一一二一〇〇一
c. 战费证券	三 八九〇
d. 战时贮蓄证券	一八九 五〇〇
e. 库券	六一二 五一八
f. 军事债券	一二〇四 一七三
g. 国内公债	一八七三六〇三
h. 外国公债	一八九 八三四
i. 美国借款	七六九 四八四
j. 增税新税	一一七二〇九四
k. 增加邮费电费电话等费	三 八五〇〇
共计：七 三一六 七九三	

英国军事费的收入，百分之十六是从增加税收和建设新税而来；百分之八十二则是仰赖于借款。增加税收和建设新税两项，战争开始以后，曾数次进行，税目如下：

所得税、所得税提成税、啤酒税、茶入口税、超过利益税、砂糖税、烟草税、酒精税、火柴税、印花税、所得税附加税、农民所得税、火车乘坐税、娱乐税、奢侈品入口税。

上述新设税目和增税以后的税收所得以及和战前预算相较，其金额如左：

（单位：千镑）

年 代	租税全体收入	较战前预算增加
一九一四年	一八九 三〇五	一五 五二九
一九一五年	二九〇 〇八八	一一六 三一二
一九一六年	五一四 一〇五	三四〇 三二九
一九一七年	六一三 〇四〇	二六〇 六六〇
一九一八年	三二六 四七七	二六〇 六六〇
计增加		一一七二 〇九四

三、美国的战时财政

美国参战以后所支出的军事费，共为二百二十万万九千五百七十一万三千美金。其来源如左：

（单位：千美金）

财源种类	金　额
战时储贮证券	九五三〇〇〇
国内公债	一六 六〇七 六六三
增税和新税	四 五三五 〇五〇
共计	二二 〇九五 七一三

美国军事费的筹措大体和英国从同，即收入之百分之二十，是由增税和设新税而来。而百分之八十，则仰赖于公债和证券的发行。增税和新税的税目，大略如下：

战时所得税、战时利得税、战时饮料税、公用事业利用税、保险税、消费税、战时印花税、遗产税、增加邮费等。

四、法国的战时财政

欧洲大战中法国军事费的支出，共计达一千四百八十二万万八千九百五十四万四千法郎，这一大笔军事费的筹措，主要是仰赖于借款和发行公债，增加税率和新设税目，在战争进行过程中，也曾行过，然而结果并不佳良，当时的总税收不仅不因税率增加税目新设而增加，反而呈较平时为减的现象。大战期中法国筹措战费的方法和所得金额，大致如下：

（单位：千法郎）

财源种类	金　额
借款	一九 一四五 八六二
财政部发行国防证券	三九 八七四 九一一
国防债券	六七九 〇〇〇
国内公债	六〇 一四五 一七九
外债	一五 三八六 四〇二
共计	一三五 二三一 三五四

（附注）法国军事费支出和收入两抵，不敷甚大，并且税收因战争而减少，此种减少数和不敷数究如何弥补，方法不明。大战期中法国增税和新税的内容大致如下：

a. 战时利得税：战时利得税系开战以后新设的，即凡在一九一四年八月到战争停止后十二个月期间所得的战时利益，课以新税，税率在当初为百分之五，以后提高到百分

国立云南大学教授文集（一）

之六，而凡战时利益获得在二十五万法郎的，更提高其税率。截至一九一八年八月底止，是项新税的实际收入，共为五万万二千二百九十八万法郎。

b. 所得税：降低免税点到五千法郎，同时将原征百分之二的税率提升到百分之十，百分之十二点五，以后更提升到百分之十四。

c. 有价证券所得税：提高税率，凡税率原为百分之四至百分之八的税率，提高为百分之五至百分之十。

d. 登记税和印花税：修正遗产税，漏税者罚款和公司税，新设支出现象税。支出现款税计分证书税，日常现款支出税，娱乐饮食现款支出税。又商业票据应贴的印花税，也提高税率。

e. 酒葡萄酒税：税率增加一倍。

f. 砂糖税及其他：凡砂糖、矿泉饮料、醋、醋酸等，均提高其税率。

g. 关税：关税中新设一种统计税。

五、意大利的战时财政

意大利在欧洲第一次大战中所支出的军事费，合计共为四百四十万万一千七百万里拉，收入的来源，大抵不外以下所举各项：

（单位：千里拉）

财源种类	金　额
增发纸币	一一七九〇〇〇
暂时借款	五八四四五七二
财政部证券	一一七三六〇〇〇
库券	二九二三〇〇〇
公债	一四一七七八六三
增税和新税	三九〇五五八九
外国借款	三九一六九二五
共计	四三六八二九四七

意大利增税和新设税目的征收所得，在整个军事费中约达百分之九，其余百分之八十八，是仰赖发行公债和借款，百分之三则由其他方法收入。至于增税和新税的税目，略如下述：

遗产税、印花税、地租动产所得税、出口许可税、贩卖酒精税、啤酒酿造税、砂糖制造税、矿油贩卖税、兵役免除税、公司经理所得税、战时利得税、脚踏车税、登记税、火柴制造税、饮料税、干地耕地税、动产税、不动产税、战时房租收益税、非战斗员税、动产不动产移转税、批准税、种子油制造税、咖啡消费税、宅地税、骨牌税、房产税、纸烟税、火柴贩卖税，此外邮费电报电话费，均一律加价。

六、德国的战时财政

欧洲大战中德国所支出的纯粹军事费，共为一千三百九十三万万四千二百三十四万二千马克，款项的来源，大致如下：

（单位：千马克）

财源种类	金　额
开战当时政府原有资金	三〇〇 〇〇〇
财政部发行证券	二〇 七一九 二二〇
公债库券	九六 九四四 四〇一
一九一四年国库剩余	二二九 〇〇〇
占领地征课和赔款	三二六 四〇〇
增税和新税	一一 二三四 〇〇〇
共计	一三二 六八〇 六二一

依据上列数字计算，可知德国在第一次世界大战中所支出的纯军事费，其来源百分之八十九为公债，百分之八为增税和设新税的收入，其余百分之三，则仰赖于占领地征课等。至上表收入与纯军事费相减所差的六十六万万六千二百七十二万马克，则因筹措方法未明，未能列入，依事实推测，或系财部发行证券，因德在战争期中，常于公债发行未到时期以前，发行财政部证券，藉资挹注。又德国在战争初起时，军事费用，多仰赖于公债，后因公债利息增加，乃或提高既定税率，或另设税率，以资弥补其增。新税税目如左：

帝国银行战时税、战时利得税、烟草税、邮政电报电话加价、运单印花税、煤炭贩卖税、增加货物运费和火车票价、战时利得税附加税、奢侈税印花税、交易税、葡萄酒税、清凉饮料税、咖啡、寇寇、茶、巧克力进口税、香槟酒税、啤酒税、票据印花税、白兰地专卖等。

七、侵阿战争中的意国财政

根据德国柏林繁荣研究所出版的周报所报，法西斯意大利侵阿的军事费用，约为一百八十万万里拉；这一百八十万万里拉侵略军费的出处，大体上大部分仍仰赖于公债，其余一部则从增税而来。增税的内容，大体如下：

（a）凡政府以外公司银行法人所发行的无记名证券股票利息，如价格上涨，利息增加，即增征百分之十的税。

（b）政府批准税，增征百分之二十。

（c）增征证券交易税。

（d）增征矿油贩卖税。

（e）增征车价运费，新设汽车运货的平衡税。

（f）增征棉花、破絮、羊毛、煤、骸炭及其他燃料的进口税。

（g）增征电力消费税。

（h）提高独身者的累进税率。

（i）增征商业买卖上的印花税。

八、结　语

以上所述，大体欧战期中各主要国军事费的支出数和收入增加的方法。在这个叙述里，关于各国财政收入的增加——亦即军事费的筹集——我们看出主要不外两个方法：第一个方法是发行公债，计英国发行公债所得收入，实占军事费全体百分之八十二，美国占百分之八十，法国占百分之百，意大利占百分之八十八，德国占百分之八十九。第二个方法的增税和设新税，所入亦不为少，计英国增税和新税的收入，实占军事费百分之十六，美国占百分之二十，意大利占百分之九，德国占从百分之八。当兹抗战正在进行的时候，军事费的筹措，实为焦眉之急，而攻错他山，又为一切治事的简捷办法，是本文的叙述，自非毫无意义的了。

《新动向》1938 年 7 月 1 日第 1 卷第 2 期

国际经济

教育评论

今后各大学发展政治学系之我见

王赣愚

本月十五日云南大学举行政治经济研究所成立会，除少数人士被邀参加外，社会上一般人似尚未加注意。在敌人的炮轰机炸下，许多文化机关先后遭受摧残，许多优良学者相率迁徙流亡，说来真可痛心！学术研究是国家命脉，百年大计，不论平时或战时，不应中辍间断，永远负着发扬民族精神的重要使命。从这项意义上言之，云大政治经济研究所的成立，暂不管其目前规模及今后成绩如何，确是当前"充实后方"声中之差强人意的一事。

近年来，政治经济两科之在我国，遭受一般的歧视，而云南大学竟倡导该两科之研究，与其说是标新立异的措置，不如说是针对非常时期需要的准备。关于政治学的研究，该校研究所业已草成相当精密的计划。以研究目标言，该所拟一方面研究现代国家形成之条件、过程与方法，并测定其最近发展的形式与倾向；一方面分析中国社会的现象及其环境之特性，以求对现今中国的政治经济各项问题得到相当正确之认识，而拟定今后吾人所以建立新国家之可实行的较有效的各种方案。对政治学作这样有意旨的、有目标的研究，在我国尚属创举。云大政治经济研究所的成立，或者象征着我国政治学界的新开展、新生面。所以，笔者在这里略论今后国内各大学——尤其是边省各大学——发展政治学系一事，以贡献于战时的中国教育界。

政治学是什么呢？这里不必细说，归根一句话，政治学是研究与国家直接相关的学问。国家是最广大的最普通的人类组织，人群生活总离不开国家，那么，我们去研究直接关系国家的各项问题，照理应该是极切实际的努力。政治学是一种科学，还是一种技术，久成悬而不决的问题。以科学论，它和其他科学一样，是精密的、有系统的学识。以技术论，它也和其他技术一样，是供用利行的艺能。科学重真确，无浅近目的，本为真理而究真理。技术则重精巧，有一定目的，本为功用而究功用。所以研究政治学，理论与实用互相关联，不可偏废，这是今后研究政治学亟应注意的一点。

我国教育部未施行限制文法学生办法以前，国内各大学学生中，习政治学的远居多数。历年毕业，颇似过江之鲫。他们在校成绩卓越者，既属罕见，离校身受失业者，又比比皆是。前锋出路无着，后进畏葸退缩，这是人之常情。试观目前各校习该科的青年，往往自惭无术，处处遭人轻视。谋事总觉才不称职，深造又怕学无所用。因此，这个大学政治系根本停办，那个学院日见减色，不是因为学生不足额数，便是因为学校当局不加注意。这种现象横列着我们的眼前，似无容掩盖的。当然，以往习政治的人数过多，以往各校政治系办理欠当，以往该系教法不妥，及以往该系师资不能使人满意，这都是实情。但倘如好些人所说：政治学本身是空洞无根的学问，政治系是培养高等游民的场所，政治课程是教人捣乱闯祸的门径，那么，我们只得大胆加以否认的。一个最早发达而且最饶兴趣的学科，硬要弄得乌烟瘴气，岂不是荒诞无稽呢？

前此各校当局，尤其对开办政治系，可说漫无方针。该系本科四学年始终未能大量造就兼重学理与实用的专材，并非无因。举其荦荦大者，不外以下三端：（一）该系课程不合环境需要。过去各校大抵过分偏重西洋教材，我们虽承认外国政治制度及思想是习政治学的应具的知识，然对那些适合国情的学程，均付阙如，殊非得计。所以，一般学生对本国政治问题，茫然莫解，一出校门，简直好像新人异境似的。这是最显著的通病。（二）该系课程重复，不堪言状。结果学生再修复习，毫无心得。同时何科应先后选择，何科应特别注重，教师少加指导，致使学生选科漫无标准。（三）该系教师多不安其职。在他们教鞭本藉糊口，而仕途才是归宿。"近水楼台"奚足为怪。试看国内继续研究政治学而有可观成绩者有几人？坊间关于政治学的佳构又有几本？这已够证明过去政治学教师之不尽职了。

然则，我国政治学研究果到末运吗？我国各校政治学系果一蹶不振吗？我们绝对不肯置信。过去政治教育之无成绩，与其责就学者，不如责办学者。平心论事，数年来各校的确已经下着整顿政治系的决心，而慢慢向着正当的目标去矫正以往的流弊，这是值得欣慰的一事。笔者愿贡献管见几点，以与负责改进该系者商榷。

第一，兼重学理与实用。前此习政治学者，泰半纯谈理论，弊端已形露骨。今后政治系应尽量鼓励学生研究行政技术的各项问题，如行政组织、城市的设计、公文档案的处理，以及人事的整理等等。至于理论方面，当然也不容忽视。最好在本科四学年内，尽量使学生对本系基本课程（如中外政治思想及制度等）及其他关系较密的课程（特别是经济系及法律系的课程）都能打得深广的基础，以作再求深造的准备。总言之，际兹国家政治建设伊始，各校政治系负着较大的任务。在可能范围内，一面亟应造就多数实际行政专家，以适应环境的急需，一面还要培植较少数优秀的政治学者，以提高学术的水准。双管齐下，统筹兼顾，实为上策。

第二，增设符合国情的课程。以往各校政治系课程，虽名目繁多，然适合国情的，简直缺少。今后所应做到的就是酌量裁并各种名异实同的课程，而增设并充实如本国政治史、政治思想及政治制度等类课程，俾使青年学生，除认识外国政治概况外，尚能熟谙我国过去及现在的政治情形。依笔者所知，抗战以前，国内如北大、清华、南开等校政治系，都正在设法这样做去，诚属很好的现象。

第三，酌量鼓励课外活动。这里所谓课外活动，当然不是指参加学潮而言。过去各校政治系学生，常喜从事政治活动，已受外界猜疑嗣后更当格外点检。大学教育的本旨，要在培养高级的干部人才，所以政治系尤须训练学生，俾有领导或组织民众的知能。要做到这一层，首必鼓励学生自动把当代政治问题作演说、辩论或征文的题目。至学生分赴各地宣传或集会，倘具纯洁的动机，似亦不应严加取缔的。

第四，率赴实地参观或实习。除正课之外，政治系学生尤当由教授率领赴附近各级行政机关参观，或在可能范围内尚作短期的实习，翼使书本知识与实际经验互相连贯。这样做去，将来政治系毕业生被政府录用后似乎无须再经长期的训练，徒耗青年的可贵时光。抗战以前，华北建村建设协进会创办"济宁训练区"，由南开大学担任地方行政部分，以便利该校优良学生的实际训练，这是非常适当的一种办法。

上面是显而易见的几点，也可说是轻而易举的数事。各校当局倘肯酌量采行，定能符合国家育才的本旨。年来我国推行政治建设，处处才难其选。当今的急务，端在整顿政治教育，以求质量并重的改进。这样看来，教部间接限制政治系学生，显然不是釜底抽薪的办法。至于现今各校习政治学的青年们，误解自己的使命，忧患前途，彷徨莫定。学习四年，漫无计划，意欲换来一纸文凭、一个学位，就算了事。这班有为的青年们亟应认清途径，切勿自暴自弃。这是我们的热切愿望。

一九三八，一，十八　云大

《云南日报》1938 年 1 月 19 日第 1 版

教育评论

史地教育与抗日救国

吴　晗①

国难已经到了最严重的阶段了！在中国历史上还没有那次外患可以和目前的形势比拟的。我过去曾坚持的信念，以为中国决不亡，中国之存在，正如宇宙之存在，这理由是中华民族是一个韧性的并且富于弹性的民族。何谓韧性？"譬如百炼钢，化作绕指柔。"我们的祖宗经过五胡乱华，经过契丹女真的统治，经过蒙古建州的压迫，经过鸦片战争、八国联军……不止经过百炼了。"多难兴邦"，中华民族是永不会被屈服的，中华民族的民族意识因外患而愈坚强，而愈发扬，百折不挠在历史上是如此，在现在更可证明，"韧"是本质，"韧"而到"绕指柔"，除了它本身，世界上是没有另一元素可以克服它的。何谓弹性？"狂飙经沧海，白浪掀滔天"，敌人肆意侵略蹂躏的最有效成绩，是促进我们的团结和统一，举两个最明显的例子，西元三世纪初期，后汉分裂为三国，内乱了八九十年，接着又是晋初八王之乱，同室操戈，结果是引起五胡乱华的惨剧，可是这一教训，立刻发生作用，中国历史上最值得夸耀的大唐帝国，团结的统一的帝国是中华民族因受长期外患而反抗的弹性的表现。蒙古人在西元一二七九年算是征服了中国了，可是宋人始终未曾屈服，在几十年中不断地前仆后继来袭击敌人，尽管蒙古没收了他们的军器马匹，禁止他们开会结社，用政治的力量，用法律的制裁，用武力的压迫，可是，还是不相干，各地的义兵仍是风起云涌，各地的秘密会社仍是非常活动，最后经过二十年的苦战，结果逐出蒙古人，还我河山，建设了统一的团结的大明帝国！水是柔性的、韧性的，可是，有微风，便生波浪，风力愈大波浪愈高，压力愈大，弹性也愈强。风尚②不能屈服水，也正如中华民族之永不会被敌人所屈服。

在现在，我更进一步，我以为在抗日救国的运动中最值得注意的一件事是用全力来发展我们的史地教育。

说来也可耻，由于过去的时代太不注意民众的史地教育，一直到现在，在一般的民众头脑中，国家的意义是什么？国家和他有什么关系？日本在什么地方？这次战事因何发生？我们为什么要抵抗？这一些最简单的问题，都瞠然莫明其妙。甚至在智识分子中也发现有替敌作伥的汉奸，有拥资待毙的地主，有弃城丧地的官吏，有拥兵不战的将领。这是最可怕、最危险的现象，假如不赶紧来纠正，我们这国家、这民族的前途是没有希望的。

上文我所根据历史的经验说中国决不亡，由于中华民族是一个韧性的并且富于弹性的关系。但是，这只是本质的、消极的（我们要记得历史和现代是两件事，历史只能告

---

① 吴晗，原名吴春晗，字辰伯，浙江义乌人。1937 至 1939 年在云南大学任教，曾任云南大学文学系教授。

② 尚：原文为"上"。编者注。

国立云南大学教授文集（一）

诉我们以经验。现代人必须接受祖宗的经验，所以必须要懂得历史，但是历史不能替现代人负责）。在过去君主时代，几千年的忠君教育，使民众都知道有一个君主，在国家危难时，他们知道要忠君、要报国，君主是代表国家的，忠于君自然忠于国。这是过去的史地教育的原则，这原则和中华民族性调和构成中国不亡的历史论证。然而时代转换了，君主消灭了，替代君主的是民国。可是代表民国的是什么呢？民国在民众的脑中到现在仍是一个空洞的名词，国家这名词也不如皇帝来得具体。二十几年中政体转变了几次，爱国的观念在这短短的时期中，也未能普遍地本能地培植在民众的胸中，他们不知道自己的祖先、血统，更谈不到民族，不知道自己所住的地理环境，更谈不到外地外国。他们不知道过去祖宗为求独主、统一而奋斗的光荣史，自然不会懂得现在抗战的意义。他们不知道国家和他的关系，自然不以作汉奸卖国为可耻可杀。

我们要动员我们的全民族抗战，先决问题是要使每一个人都深切地了解国家、民族的意义。我们要普遍地把"国家"这一名词代替过去的"皇帝"，本能地培植在民众的胸中，我们要动员所有受过史地教育的青年深入民间教育民众。我们更应该努力发展史地教育，养成爱国民众的教育师资，我们应该利用历史的经验，"爱国"成为现代民众的史地教育的原则，和我们固有的民族性相调和，我相信中国不但决不亡，并且，进一步，"楚虽三户，亡秦必楚"，我们的国旗，会有一天飘扬于三岛的。

《云南日报》1938 年 2 月 6 日第 2 版

教育评论

后方文化事业与抗战建国

熊庆来①

最近十年中，经朝野人士之努力，我国新文化已有长足进步，余曾于本报为文论及，夫京沪北平三处，蔚为文化中心，学术机关林立，人才济济，可谓一时之盛，自去年七月七日卢沟桥事变以还，北平、上海、南京相继沦陷，机关迁徙，人才流离，刊物停版，使吾国方兴之文化，顿受严重之打击，有识者，莫不引以为痛，不宁惟是，江浙城镇陷于敌后，敌人作有计划之劫夺，善本书籍，百无一存，此其损失，不可计数，各学校仪器图书之丧失，犹不与焉，吾国遭暴日如是之蹂躏，文化生命，已濒危殆，不之救拔护惜，前途安可设想，今幸各重要大学与研究机关，均已迁移后方，中央与地方政府，均力谋与以便利，俾得于最短期间，恢复其工作，研究人才，亦渐得生活上之安定，而可致力于工作，同时后方大学，亦得政府之重视而加以扩充，或提高其地位，惟治学工具如图书，如仪器甚感缺乏，且因经费不足，一时不能充实，是应冀政府予以提携，社会加以补助，庶从事研究者，得进行其计划，又如于成都、昆明、贵阳、重庆等处应以相当力量重刊吾国善本书籍，以谋保存一部分国粹，若是国家文化于后方得厚植其基其利厥有数端：一、可进行与军事有关之研究，以求有补于抗战。二、培养专才以开发资源振兴生产事业。三、西人重视奋斗精神，学术上之奋斗亦犹战场上之奋斗也，吾若能恢复各种学术刊物，以贡献于国际，必可博其同情。四、战事告终，失地恢复，有此文化根据地则整个文化之复兴自易，由是言之，后方文化基础之树立，于抗战建国，实有绝大影响，不容忽视也，且科学发明，往往关系之大有为吾人所不能想像者，昔一八七〇年普法之役，法人受创至深，巴斯德氏，亲历其役，潜心研究，遂发明微菌之理，其致国富，可以一人之力抵偿赔款，其造福人群，尤为世所艳称，可谓伟矣，所愿吾国学者，亦发奋为雄，以其研究所得，以厚国力，以增人类幸福，则七月七日，将为人类永久纪念之日，岂特抗战建国纪念而已哉。

《云南日报》1938年7月7日第4版

① 熊庆来，字迪之，云南弥勒人。1937年8月到云南大学，曾任云南大学校长、数学系教授。

国立云南大学教授文集（一）

294

怎样做青年的导师？

王　政①

有人说过，"教学者如扶醉人，扶得东来西又倒"。这句话的意思无非是形容办教育和当教员的困难。在现行中国教育制度之下"教学"事业几乎纯粹变成"教书"事业，所以许多人称教员为"教书先生"。"教书"二字，狭义地解释，仅只代表文字的训练，只要将文盲教成知书识字的人，教书的任务便算完成。有时，如中国的私塾教育，所谓"知书"就是把一本书背得烂②熟，不一定要了解它的内容。所谓识字，但求勿倒捧卷册，不一定要能够理解文字，运用文字。广义地解释，"教书"的目的充其极不过是传授知识技能而已。严格说来，文字的训练和知识技能的传授都不是轻而易举的事情。第一，人类的文字，尤其是中国文字，是多么复杂、多么奥妙的东西。知识技术更日趋广博、精深；真个是"人生也有涯，而知也无涯"；真个是"活到老学不了"。第二，教书不像印书那样容易，做教员的人不能像印书匠一样把铅字印在学生的脑袋上便算完事。他们要因势诱导，先提起学生的兴趣，然后按照学习的历程用种种方法使学生了解自己已经了解的东西，使学生能做自己能做的事情。这样看来"半瓶醋"固然不配教书，学富五车的人也未必能做好教员，教书尽管是"吃不饱饿不死的事业"，一般人尽可把它看作"书生末路"，然而它却是一种，艰巨的工作——是一种艺术。

教书已经够困难了，可是仅只教书还算不得教育；教育是经验的传递与改造。"经验"二字泛指人们在生活过程中习得的适应的习惯与方法；文字也，知识也，技术也，都不过是经验的一个方面。为打破传统的狭隘的教育概念起见，杜威说："教育即是生活。"陶行知说："生活即是教育。"说得平凡一点，我们认为教育的对象是人，不是书；教学的目的是在教学生做人，读书不过是做人的手段罢了。

吾国现行教育只教人读书，不教人做人，结果教育虽日渐发达，而国势反益形危殆。抗战以来教育当局深深地感觉到这种缺陷，于是通令全国中等以上学校实施导师制，以收训教合一之效。从今后当教员的人不能叫"教书先生"了，他们快要变成"教人先生"了，他们不但要教学生读书，并且还要教学生做人。

俗话说："人难做"；这话另有用意，然而做人确乎不是一件容易的事情，教人做人更是谈何容易！但是，无论怎样艰难，人们总得要学做人，领导青年学习做人，依然是教育者的天职，蓄意规避这种责任的人根本就不应该"吃教育饭"，至低限度也不应该做导师。从事教育的人，尤其是有希望当导师的人，在导师制实施的前夕必须扪心自问：什么是最有效教人方法？因为教书而兼教人的教员同时可以取得导师的身份，所以问题最好是这样说：应该怎么样做导师？

① 王政，字子政，云南新平人。1938 年 3 月到云南大学，曾任任云南大学文法学院教授。
② 烂：原文为"滥"。编者注。

教育部颁发的导师制纲要规定导师之职务为"对于学生之思想、行为、学业及身心摄卫……施以严密之训导，使得正当之发展，以养成健全之人格"。人格本来是一个整体，在人格发展的历程上，思想、行为、学业及身心摄卫，是彼此相关的，是互为因果的；要想把人格的各方面当作独立的个体，在学理上确实说不过去，但是事实上人格的发展常有偏颇的现象，为便利注意力集中起见，社会心理学者也不得不单独研究人格的各方面，虽然他们时时刻刻留心着不把任何方面看作独立的个体。那么，在实际训导青年的时候，只要认清楚人格之各方面的相关连环性，我们也可以针对个别情形，决定对于某方面特别加以训导。依同理，我们发现中国过去的教育忽略了人格的思想、行为及身心摄卫，现在在承认思想、行为及身心摄卫与学业，不可分离的原则之下，用导师制的方法来补救过去教育上的失败，特别注意思想、行为及身心摄卫的训导——这种假定，应该是没有什么问题的。换言之，我认为实施导师制的意义是教原来专门"教书"的教员，同时也做点"教人"的工作，即兼负训导思想、行为及身心摄卫的责任。

关于领导青年思想时应该注意的地方，笔者曾于《导师制与青年思想问题》（见《云南日报》）一文内，就中国目前实际情况略抒己见，现在专从行为及身心摄卫方面来说明"教人"的方法。

"行为"二字指人们以主观态度（先天品质与环境交感的产物）为基础，对客观环境的反应；身心摄卫有类于有益身心发育的生活习惯及对于社会环境的正常的适应，在本质上是行为的一方面，这里为行文方便计，将它归纳在行为范围内讨论。

笼统地说，"教人"就是支配他人的行为；说得具体一点，就是引导被教者使他们在一定的情境之下，对一定的刺激作一定的反应。支配他人的行为时，支配者必须有一个定见，引导别人做人必须自己有一个做人的标准，起码也要有一个方向。换言之，做导师的人不但对于某事某物自己应该有一个见解，对于宇宙、对于人生、对于社会，还须要有一个一贯的宇宙观、人生观和社会观；否则盲人瞎马夜临深池，其危险可想而知；并且自相矛盾，一经发觉，威信全失，根本没有支配人和引导人的能力。因此，我认为教青年做人的导师必先根据自己对于人生的了解和社会需要的认识，确定一个做人的原则，然后才能教人做人。

决定行为的条件不外三种：（一）主观态度；（二）刺激；（三）情景。欲使青年在一定情境之下对一定的刺激作一定的反应，对整个宇宙人生和社会持某种态度，做导师的人必须能控他们的主观态度，控制主观态度的先决条件是要了解它，"导师制纲要"上所说的"体察个性"就是这个意思。主观态度（或个性）之形成有赖于先天的倾向，过去的经验和现在的环境。先天的倾向虽不可磨灭，但环境的力量可能限制它、转移它或助长它。经验的影响可以用新的经验来替代它或加强它。至于客观环境，至少在理论上是人力可能操纵的。明白了主观态度的成因，同时又认清了它的可塑性，那么，很显然地，导师的第二个问题就是：如何去彻底了解他所领导的青年？解答这个问题需要体力测验、智力测验、品性测验，尤其需要了解每个青年的家庭状况、社会环境、政治关系、宗教信仰等等。简言之，需要了解每个青年的过去和现在的一切一切，了解得越透彻越有把握。

确定做人标准，了解青年个性——这两件事要算是做导师基本的条件。从此基本条件为出发点来领导青年学做人，才不至牛头不对马嘴；且有这两个基本条件以后对于教人的方法自然会决定去就取舍。

最原始而又最普遍的教人方法是"强制"。为人师者利用他们权威发号施令，教青年做这样，不要做那样；听话的就是好学生，不听话的就是顽童；对好学生有奖，对顽童有罚。这种方法在社会心理学上叫做"命令与禁止的方法"（Ordering and Forbsiding Technique），它之所以成为最普遍而历史最久远的方法，一方面因为它是最自然最省心的方法，另一方面在某种情况之下它多少是一种有效的方法，虽然所付的代价往往超过所得的效果。一般新教育家认为它足以戕贼个性，养成畏惧的、盲从的心理和自卑的疙疸，所以根本反对用它来教育青年。无疑，用"命令与禁止的方法"来教人做人，所得的效果多半是消极的、暂时的、表面的。青年为博得导师的欢心，为毕业文凭，为奖学金，而惟命是听，不敢为非作歹，但实际上并无真实的认识与信念，结果在导师眼前做一种人，背着导师又另外做一种人。命令与禁止的教人方法很容易养成虚伪和其他许多有碍人格之健全发展的心理，此乃不可否认的事实。起码我们得承认这样的教人法仅能使受教者在一定的情境之下对一定的刺激作机械的反应，很难培养成功一种综合的生活法则。但自另一方面看，打破旧有习惯有时不能不用相当的压力，人类的行为习惯占很重要的地位，强制的行为最初许是表面的、暂时的，然而习之既久未始不会变成"第二天性"。俗话说"棍子头上出好人"，并不是完全无根据的。自然，棍子头上锻炼出来的好人只能做消极的好人，但是低能者和病入膏肓的人恐怕只能做到消极的好人。总之，强制的方法虽不能完全避免，但它始终是一种危险的方法，非到不得已的时候最好不要用它。

反对强制法的教育家，对于教人的方法，因各人根据的心理学说不同，而有种种不同的主张。理智主义者相信人类的行为①完全受理智支配，凡是能理解做人之道的人都会做人，所以他们以说理为有效的教人方法，假如他们希望青年做某种事情便对青年说明要如此做的理由，不希望青年做某种事情便向青年解说，做了以后会发生怎样不良的效果。易词言之，他们主张以朋友的态度劝善规过，以利害得失和是非曲直的观念来启发青年的理性，感动青年的良心。这种方法在心理卫生方面确是一种健全的方法，因为应用的时候不会发生"副作用"，但一说到效果可就发生问题了。我们不敢说训诲的方法来教人不能生效，然而它的效果毕竟是很有限的，要不然过去的修身、论理，现行的公民、精神讲话等科目满够教育青年做人了，何以还要请人专司训导，更何需乎实施导师制？训诲的方法在效果上所以会发生问题，因为它的理论的基础根本就成问题。理智主义者假定人类"理性的动物"，其说固能投合人们的自尊心，他们所以能博得广大的同情是不为无因的。不过人们要是平心静气地观察人类的历史，分析自然的经验，情形就不是这样单纯。我们不必学极端主义者那样矫枉过正，反过来说人类是"感情的动物"，操纵人们的行为只有在情绪上做工夫之一法；尤其不可以陷入精神分析派的窠臼，硬说把握住"力必多"就算把握住行为的动机的全部。原因是：人类不是纯理智的动物，也不是纯感情的动物，更不是完全受性欲支配的动物；行为的动机是多元的，理智和情感都不过是行为动机的一环，并且它们彼此之间不是绝对相反的。用说理的方法来左右他人的行为，其效果如何常常要看训诲者的态度和训诲者与被训诲者感情如何；反之，以感情动人也有一定的限度，无论技术怎样巧妙、感情怎样浓厚，一味教人上当，教人做违反理智的事情，迟早总不免引起反感的。这种认识在实践上的含义极其明显：

───────────

① 行为：原文为"为"。编者注。

做导师的人要能因材施教，因时制宜；在需要用理智的地方用理智，需要用感情的地方用感情；用理智的时候别忘记说理的态度和感情上的关系可以影响说理的效果，用感情的时候谨防超越理智的范围。

　　试验主义者视教育为生长，生长就是"经验之继续不断的改造"；教育事业就是辅导青年于生活情景继续不断地学习并改造经验以求生长。教育无本身以外的目标；教育事业之成败一视其能否刺激青年求生长的欲望，及能否供给实现此欲望的方法与手段。在实践上，试验主义的教育者尊重青年的个性，尊重青年的自由，尤其重视活动——集精会神的活动。教育者的任务重在刺激青年求生长的欲望，并为青年配置适宜于生长活动的环境。在青年共同活动以求生长的集团中，教育者不过以一个前辈的地位来参加并辅导青年的活动而已。显然地，"命令与禁止"的方法在这里是不合用的，劝诲的方法也与试验主义的精神背道而驰，因为试验主义者由教育只教人怎样做人，不教人做什么样的人，他们并没有一定的做人的标准和最终的教育目的，然后针对此标准与目的指定青年对某种刺激作某种反应——养成机械的习惯与定型的观念。反之，顾名思义试验主义教育者的理想是要教人以科学的态度，试验的方法实际解决问题，于解决问题的过程中融汇他人的意和自己的经验求得解决该问题的假定，后来以此假定为出发点，解决类似的问题，以新的经验为根据来证实或改正旧的假定。这样继续不断地在生活活动中学习并改造经验，便是生长，便是教育；教育者的使命就在辅导青年依据这种方法做人，消极地他们要帮助青年扬弃传统的束缚生长，窒碍试验式的生活法则的势力，积极地他们要用有效的方法，把青年自发的活动导入试验生活的途径，要控制青年的生活环境，使适宜于生长活动，试验主义的教育者并不是没有标准，试验式的生活法则就是他们的标准；他们很了解个人生活与社会福利之统一的必然性与必要性，因此遇青年的活动与他人的或团体的福利冲突时，他们也要出面纠正，自然，在理论上可以让青年慢慢从事实的教训里体验个人与社会之有机体的关系，但是在现社会中这种效果不一定常能实现的，那么在纠正这类过失的时候不但不能不用训诲的方法，就是"命令与禁止"的方法，恐怕也不能完全避免啊。这样一来，试验主义的教育方法不容易贯彻了。然而，我们不能否认从实际生活里体验出来的生活法则是要比机械的习惯，模仿的行为和口传的道德都切实得多。复次，稍有历史眼光的人应该知道行为标准的相对性：一时一地的行为标准每每因时过境迁而沦为窒锢^①人生，危害社会福利的毒物。要免除这种流弊，似乎只有以试验主义者的态度来看待行为标准，以试验主义教育者的方法来教青年做人。在这里，关怀世道人心的道学先生们用不着过虑，凡是基于人性的需要的，历百世而不变，放诸四海而皆准的金科玉律，经过大家以试验主义的态度来评定，以试验主义教育者的方法来体验以后，它们的价值更要提高，支配力更加广大。

　　普通的训诲法和试验主义的教育法虽有许多不同的、相反的地方，然而在信任人类的理智这一点上是相同的。近代生物学与心理学上的发现，群众心理与变态心理的研究，和一般学者对于理智主义的反感，多方面的势力凑合起来，形成十九世纪末叶到二十世纪初叶此期间内风行一时的本能论。在当时人们好像发现了解释行为的秘诀，而且是再简单、再方便不过的秘诀。婴儿为什么哭？本能。父母为什么爱儿女？本能。铁匠为什么打铁？也是本能。人类行为的一切的一切都可以拿"本能"二字来解释。在本能论的

---

　　① 锢：原文为"個"。编者注。

旗帜下教育也成了简单明了的事情：抑制无用的本能，启发有用的本能，调节本能与本能间的矛盾。造成一律行为，保持文化特质的，因而关系教育方法最密切的是模仿的本能。人类生就势利眼，通常最喜欢模仿比自己高明的人，所以为人父母与为人师者照例是儿童的模仿型。"龙养的龙，凤养的凤，老鼠养的会打洞"；优生学家说："这是遗传的铁证。"模仿论者说："这是儿童模仿父母的比喻。"相信模仿论的父母自然明白，假如不愿自己的儿女做老鼠，自己就不应该在儿女眼前作老鼠的行为，依同理，为人师表的人所行所为应该足以为青年楷模。古语曰："以身教者从，以言教者讼。"又曰："其身正不令而行，其身不正，虽令不从。"足征吾国古贤也认为模仿的效力大过训诲和"命令与禁止"的方法，教育当局目前下令实施导师制恐怕也是以这种信念为根据的。诚然，模仿是人类行为上很普遍的现象，用潜移默化的方式来支配青年行为比强制、比讲道德说仁义有效力。所以，做导师的人首应以身作则，此乃天经地义的定论。不过我们要认清楚做导师的应该以身作则是一回事，以身作则以后能否受青年模仿又是另一回事。原因是这样："模仿"二字仅能形容相同的行为，不能解释相同行为之所以然。现代社会心理学家多半用"暗示模仿"一名词来替代"模仿"二字，因为他们研究的结果发现相同行为的原因不是模仿的本能，而是相同的，态度或冲动。比如甲本来有吸烟的嗜好，一时因忙于谈话想不起吸烟，后来看见乙伸手取烟，自己也不知不觉地伸手取烟。甲跟着乙取烟是模仿，但不是受本能支配而模仿，乃是因为乙伸手取烟的行为给他暗示，刺激起他原有的吸烟的冲动，从而不知不觉地与乙取相同的伸手取烟的行动。由此可见，做导师的人要想使青年在同一情境之下对同一刺激和自己采取同一的反应，必先使青年对于该种刺激的态度与自己的态度相同；在缺乏此种条件的时候青年是不一定会模仿自己的。自然，这并不是说青年的态度与导师的态度相同时就不需要导师，因为模仿自己信仰的人对同一刺激作同一反应，可以加强刺激与反应间的联①系。换言之，"以身作则"依旧是教青年做人不可少的方法。

前面已经反复说过，决定行为的要素不外主观态度、情境和刺激三者。欲使青年在一定情境之一对刺激作一定的反应，做导师的人必须把握住青年的主观态度。形成主观态度的因子非常复杂：先天的倾向，生理的情况，过去的经验，现在的环境等等因子交相感应，错综配合，形成个人在某种情境下对某事某物的态度。所谓把握住主观态度，就是要把握住这许许多多形成态度的因子；其困难可想而知。我们刚才讨论过的方法应用得当都可以相当地把握住形成态度的因一方面或几方面；例如用强制法可以把握住对权威者的敬畏的心理。用训诲法可以把握住主观的崇真的观念，两种方法的效果都是部分地建筑在人们的社会性上面。用模仿的方法就是把导师的行为当作有效的客观环境来刺激青年的主观态度。试验主义的教育法重在让青年直接从生活经验中培养态度，但根本的试验的态度也是要教育者以普通的方法来教给青年的，同时在消极方面教育者有时也得要改正青年的态度的。换言之，试验主义的教育者也仅能把握住主观的求生长的冲动和客观的辅导者的刺激。主观的心理条件和客观的教育势力，在主观态度形成的过程中，虽然占着主要地位，但不能占绝对优势。当主观的心理条件和客观的教育势力与其他因子调协时教育容易生效；倘主观的心理条件和教育的势力与其他因子冲突，则胜败之数颇难预卜；单以教育的力量来抵抗其他因子的联合阵线，大半是凶多吉少的。举个

---

① 联：原文为"连"。编者注。

例子来说明罢。一个青年他主观的认识上知道贪污是不对的，导师也常常用种种方法教他做良好的公民，同时导师自身确是一个廉洁的人，但是一般社会并不以贪污为耻辱，青年毕业后为公务员待遇极薄，而家庭经济窘迫，家用甚大，自奉①虽菲，然而亲属不能不顾，体面不能不维持，最初还勉强挣扎住决心和恶社会奋斗，后来因为多方面的压迫，不知不觉中就贪污起来了。在这种情形之下做导师的要想将这个青年训导成一个廉洁的公务员，除了用有效的方法直接训导他外，还需要帮助他解决职业问题、家庭问题，并且还要进而改革虚伪的奢侈的风俗习惯，改革奖励贪污的社会经济组织与政治制度。

这样说起来，导师的责任实在太繁重、太艰巨了，谁也负不起这样大的责任。责任确是艰巨，倘教育者甘于专一教书为能事，一切自然不是问题，若要负起整个教育的责任——不但教书还要教人——那么无论怎样艰巨也不能规避的。诚然，大的事业不是少数人短期的努力就能成功的，但以教育事业为职志的人应分朝这个方向脚踏实地的做，做得多少就有多少的效果。

办教育的人要做教育政治家，我们要把力量伸张到学校围墙以外；"教书匠"算不得教育者，仅只直接在青年本身上用工夫不能实现训导的目的；教育是科学、是艺术，同时也是社会的改造。老早就有人这样呼号着，希望在实施导师制的当儿中国教育者能渐渐了解自己神圣的、艰巨的责任！

八，十九，云大
《新动向》1938 年 9 月 1 日第 2 卷第 6 期

---

① 奉：通"俸"。编者注。

云南青年夏令团

杨春洲①

一、缘 起

龚厅长的客厅里，有三四位客人在和主人谈论着许多教育问题。谈到各校暑期宣传队的组织上，厅长突然提出一个新颖的问题来，使大家极感兴趣，而我尤觉兴奋。想不到这便是云南青年空前未有的一页新生活开始的发端。

"国难一天比一天加重，我们的教育也该一天比一天感到责任的巨大，同时也该是工作得一天比一天紧张。"主人说到这里，略为停顿，又往下说：

"青年的领导，更该要积极起来。在校时要领导，离校后也不要放松。比如这悠长的暑假，让学生各自散去，不但干不出什么有益于抗战的工作，反而会使多数学生沉沦到腐恶的社会生活里去。所以，我有一个打算：除各校已组织的宣传队外，拟发动一种组织比较严密，生活更为丰富的青年团体，来好好利用这一暑假。此事我希望春洲兄来负责主持。"

一面感到兴奋，一面又有几分怯懦，使我一时不能承允，但厅长仍继续鼓舞着，同时大家在这一新的企划中所预想得到的一切困难，厅长均愿一手承当，此事在三两日的短期中遂逐渐具体化。组织纲要在确定举办的第二天便修正核准了，经费也同时确定发下了，我们便开始延聘导师和征求团员。

新大陆未发现之先，大多数人每每不会相信有新大陆的存在。云南青年的生活，一向局促于个人的自私的死寂的角落里，一旦辟出一条光明的大路来，大家当初不甚理解。所以夏令团在成立之初，参加的人不很踊跃，曾延长过报名日期，甚至曾发生动摇。但终于克服一切困难，团员人数达预定人数的一半以上（预定为一百名），遂于七月二十四日清晨冒着倾盆大雨，导师和团员，戴着斗笠，整队踏上了征程。

整齐的步伐，急越的阵雨，是一种律动，是一种雄壮的吼声。这团体的成分除导师外有大学生、有高初中学生，是来自许多不同的学校，彼此的关系是疏淡、是陌生。然而，"集体"富有潜力，集体的律动，会使每个孤立的心燃烧起来，雄壮的吼声助长着心的燃烧，使得人人不由地更加振奋。火车开动了，天气也放晴了，空气的清新，晨曦的妩②媚，旷野的辽阔，已够使人换上新的生命。列车中有人发动救亡歌曲，每人团员的面孔越来越焕发欢欣，渐渐不感拘束，亲热已在团体中酝酿滋长，我们已把握到前途的光明。

---

① 杨春州，云南石屏人。1937 年 9 月到云南大学，曾任云南大学附中校长，化学系教授。
② 妩：原文为"抚"。编者注。

二、我们的信念

夏令团的宗旨在利用假期，教导青年，从事于：（一）救亡工作；（二）训练集团生活；（三）实地考察各地社会及各种自然现象。我们的组织也针对看所定宗旨，分为三个部门，即庶务部、宣传部、研究部。各部再分为若干股。我们希望由这一次新的集体生活经验中，为云南青年辟出一条新的道路。我们要让青年去实地体验教学做合一的教育原理。

出发之前，我曾郑重地向全体团员说明，此次夏令团的举办，在云南是创举。每个团员成了开路先锋，新园地的垦殖者。我们仅有理想而无经验，我们是由都市走到农村，由学校走入民间。我们对工作前途虽抱着极大的希望，但不能不认清这一工作极需极大的努力、热心和仔细。

假如这次我们能做出一些成绩来，我们便确实为云南青年开辟了一条健美之路。反过来，如成绩不良，这条中国青年应走的路，至少在云南会蒙上一个暗影。我们能了解这一意义，我们当会感到夏令团的责任相当艰巨。

时代的怒涛，是这般激荡着。每个青年如要生活得有意义，便得站立起来，建树一种有力的、健美的、愉快的、集体的新生活。目前有这样一个难得的机缘摆在我们面前，我们当要把握住它，不让它轻轻放过。

我们不但年青，我们的心尤为年青。我们当以象征着年青的一切姿态——如纯真、灵活、进取、负责、大公无私等——表现于我们的生活上。希望在这短促而难得的期间，我们要获得可贵的经验和成绩，我们要做到抱着欢欣和充满希望的心情而来，也满载着欢欣和收获而归。

现在夏令团结束了，我自己非常愉快。说到收获，或者有限，但此次参加夏令团的人，无论导师与团员，大家都认清了以上所述的基本信念，大家都认真地尽了最大努力，使得工作一天比一天进步，果然满载着欢欣归来，来时车厢中的热烈比去时激昂十倍，大家都恨火车开得太速，更有的希望火车能够后退。

三、工作经过

由夏令团宗旨看来，以下三个纲领可算是我们的生活三部曲：（一）要研究自然与考察①社会，自然与社会就是我们要读的书本；（二）要做实际救亡工作，把宣传与组织联系在一起；（三）要过一种健美、朴实、耐劳、有力的集团生活，把我们融成钢铁，作为新时代的骨干。

一到宜良，食住刚刚布置就绪，我们便召开一全体大会。在这大会里，我们的生活和工作都仔细地规定了。这一大会确定了今后本团要彻底民主化的精神。每个团员都认真地发言，阐明夏令团的意义，检讨当前的环境，规定今后的工作，于是大家都明白个人的任务，看出团体光辉的前途。

息作时间规定如下：每日六时起床，六时半早操，七时早餐，八时至十时开座谈会或讲演会，十时至十二时阅读书报或准备工作，十二时午餐，午后一时出发宣传或作调

---

① 察：原文为"查"，下同。编者注。

查工作，五时半晚餐，七时至九时开晚会，十时就寝。

这息作时间表，它的外形似乎也如一般学校的一样呆①板；但它有几项特出之点：第一，不分团员或导师，起居饮食完全相同，任何工作也须全体参加，公定的纪律更得人人遵守。第二，每一工作都以严肃紧张的情绪去从事，但严肃紧张之外，更增加一种新的活力素，我们不是板着面孔工作，而是欢笑着、鼓舞着、歌唱着工作。歌咏名手李家鼎先生，是我们的导师之一。他常常利用各种场合，发动激昂的歌声，为工作而疲乏的人们，为之振奋了。我们的总领队大汉子张震海先生，他是一个典型的体育家，他还多才多艺，他传给我们团体许多欧美青年集团所常做而有趣的游戏和动作。他的口琴和火棒更博得宜良路南民众的许多喝彩和鼓掌。

每个团员都留恋每天的晚会。晚会里一半时间用来检讨当天的工作和计划第二天的工作，有时也改为座谈会；一半时间便用来娱乐。娱乐是这么地丰富有趣而普遍，而且不是低级的而是健美的。一天的辛劳，在这欢欣亲切的晚会上，早已洗涤净尽了。

救亡工作是我们当前之务。每个华胄子孙，假如不能到前线冲锋陷阵，也会在后方直接间接做些救亡工作。国难虽然严重到这地步，我们的民众对抗战无认识，对组织极松懈，这是不可否认的事实。我们很幸运，得到这一机会，由城市走到农村。虽然我们的能力薄弱，我们的时间短促，我们岂能放过我们的职责。

一到宜良，我们发现宜良中学正在举办□分小学，教师暑期讲习会□□□□小学教师参加者五十余人。小学教师是最基本的文化传播者，这讲习会即刻成了我们工作的中心。第二天，我们邀请宜良地方当局、各机关领袖、各民众代表，及暑讲会全部教师开一联欢大会，向他们说明我们团体的意义，他们很表欢迎，给我们许多帮助，提供许多地方情形做我们工作的参考。从此，我们请暑讲会全部教师和留宜的宜中同学都参加我们的各种集会，如朝会、座谈会、讲演会、晚会等。我们教他们歌咏，介绍他们书籍，和他们个别谈话，制调查表调查他们的服务状况，由导师轮流按天给他们讲演，这些纯朴的小学教师在他们的太不合理的待遇下生活、工作，把他们压得苍老、憔悴、沉默，他们的青春早已消失净尽，这回突然和许多生龙活虎、如火如荼的青年一道生活，这些青年带给他们以希望、热情，他们大受感动，两三天的短促时间，和我们成了顶要好的朋友。

一天的晚会上，参加的人非常踊跃。暑讲会的小学教师、宜中同学、本团的导师和团员，总数将近二百人，很兴奋地讨论了许多问题之后，论②到余兴，突然一位叫朱文炳的小学教师站立起来，激昂得目眦尽裂。他告诉大家，为了保卫祖国，他已决心抛下教鞭，要投军到五十八军去，明天一早便要踏上征程。一时会场中紧张严肃，每个人的血管几乎要爆③裂。当场我们发动一个欢送朱老师出征抗日大会，大家欢唱、欢呼，声震屋瓦，散会后由推出的几位代表赶夜准备第二天清晨的欢送大会。第二天清晨，宜良市街呈现出一种空前未有的盛况。一列列的队伍，渐渐集拢来。童军的鼓号作先导，一个欢送的布标高擎着，朱老师在布标下面，队伍依次排列在朱老师的后方。一列雄壮的行列通过宜良各繁盛市街，一直送到车站。激昂的歌声与口号，已唤醒了宜良热睡中的

① 呆：原文为"岩"。编者注。
② 论：原文为"轮"。编者注。
③ 爆：原文为"暴"。编者注。

民众。

夏令团的团员，原来仅限于大中学的男生，但在离省前曾有若干女生要求入团，我们答以到宜良后斟酌情形，再为决定。抵宜之后，觉宜良交通便利，居食亦无困难，遂允许她们的要求，于是我们团体里便增添了十二个女团员。宜良妇女及儿童工作，尤其关于歌咏方面，有了女团员参加，成绩极为显著。

说到歌咏，要算夏令团救亡工作中最有成效的一项。得李家鼎先生的领导，不但团里时时洋①溢着救亡歌咏；暑讲会小学教师、宜中同学、女简师同学、宜良城乡②各小学校学生、常备队、保安队、民众训练班，以及市街上的一般民众，都由本团按天派人去教歌咏，作政治讲话，帮助他们组织，并开办一歌咏干部训练班，已训练出好几十歌咏干部。快离开宜良的时候，我们发现成千的民众尤其儿童已和我们融合成一起，每唱起一支救亡歌曲，满街的人会跟着合唱起来。我们现在离开宜良了，然而宜良已散播了不少歌咏的种子。路南民众曾热烈地欢迎我们，可惜我们住路南的时间太短，歌咏成绩远不如宜良。

救亡新剧的演出，也很值得一述。陈豫源先生在百忙中能够抽空到宜良和我们生活好多天，我们很感激，在陈先生指导下，我们排了好几个剧本。在宜良，于七月三十号夜晚举行一个营火大会，观众在五千以上。新剧及各种游艺，演得紧张热烈，在熊熊的火光下，把观众吸引得如疯似狂。会后，演员和观众融为一体，整队作市街火炬游行。这盛况，据说在宜良是空前未有。

同样的营火会，在路南也举行了一次，在路南还演了一次街头剧。路南地方当地各机关领袖和各界民众，对我们的热情赞助和欢迎，使我们感动异常。可惜我们不能久留，大家一道热烈工作的机会太少□□□□。

最后离别宜良那天的前夜（八月九日），我们发动一个慰劳宜良出征抗日将士家属游艺大会。这回以民众礼堂作舞台，地点稍小一点。会内秩序虽好，难免没有许多民众向隅。凡出席的抗敌将士家属，均赠一红绸标识，上印"民族英雄家属"，让他们佩③带胸际，此外每人并赠送点心一包。剧情的紧张，歌咏④的激昂，和几次热烈的演讲，想来抗敌将士的家属们，在这游艺会上，必可获得一些认识和安慰。

我们的宣传工作，是依据政治部、省党部和教厅所颁布的宣传纲领，每天午后，团员分为若干组，分赴城乡及四郊宣传，标语漫画股制备许多标语漫画由各组带去张贴。标语的效力，显然没有漫画的巨大。

团里尚有书报流通股，由云大附中图书馆借去书籍三百余册。除团员借读外，并公开借给当地知识界。另外又代几个书局推销通俗读物，推销的成绩很好，在宜良、路南两地，共推销至六百余册。

团里出了两种壁报，一叫《大家看》，偏重于使民众易于阅读。换言之，尽力通俗化。一叫《团报》，多半发表各种工作理论、工作经验和研究心得。每隔一天出一种，《大家看》极能吸引民众。

---

① 洋：原文为"扬"。编者注。

② 乡：原文为"厢"，下同。编者注。

③ 佩：原文为"配"。编者注。

④ 咏：原文为"泳"。编者注。

我们的研究工作，分为两个部门：一是研究自然，一是考察社会。这次的组织，美中不足，没有延聘到生物与地质专家。自然研究一项，虽然有的团员很热心，采集了许多动植矿物的标本，终于成绩有限。考察社会的工作，因得好几位导师的热心指导，制备许多表格，每个团员也都深入民间，所以民间的疾苦，农村的机构，各种庶政的实况等等，收集得不少资料。现在社会股的团员们，在导师指导下，正在整理这些资料。整理完竣，拟供诸社会，或可供研究社会科学的人们藉作参考。

我们的工作情形，大体如上所述。但还有一事，亦很值得一提。有一位美国基督教学生运动聘华代表，一位二十二岁的美国青年麦先生，他为同情中国的抗战而到中国。他要了解中国抗战的实情，他要鼓励中国青年和中国民众坚持抗战；质言之，他是中国的诚实的友人。由朋友的介绍，他愿加入我们的夏令团。最后一周间，我们的团体加入了这位异国的青年，他看到我们艰苦而愉快地工作，他很感动。他和我们同食共住，一样工作；他给我们阐述美国的国情，美国青年的生活，美国各阶层对中国抗战的态度；他提供我们许多抗战必胜的信念。啊，啊，多么伟大的同情，多么有力的同情，我们的团员都受到很大的影响，大家不但更看清中国民族远大的前途，同时也知道整个人类的前途也是光明的。

八月十日是夏令团结束的日期，这一天我们永远也不能忘记。宜良各机关领袖、各民众团体、各校学生，都热烈地冒雨到车站送行，我们彼此竟这般亲切，大家临别依依，不忍分离之情，由彼此的欢呼、鼓掌和昂奋的歌唱当中，表现得十分热烈。

车开了，再见吧，亲爱的朋友们！铁路公司为我们预备的一节车中，好像载着一团火，大家的热情实在遏止不住，任何团员万万没有想到这将近三周的生活会这样的叫人狂恋。大家唱吧，唱破喉咙也不惜；跳吧，跳破车板也不顾。然而热情中我们并没有忘记理性。夏令团今次的宣传工作，最初就决定要灵活地使用，要抓住任何一个偶发的机会。于是有人提议我们组织一临时列车宣传队，问赞成不赞成。赞成的回声，宏亮得震破耳鼓！宣传的技术，显然比初来时进步了，各列车宣传过后，发现许多同情者，更有几位五十八军的出征将士，很兴奋地和我们握手。

大家恼恨着车开得太速，女团员们在祈求车能倒退；然而车终于不知趣，很快的便飞奔到昆明。全体团员昂奋高歌着列队步入昆明市，在甜蜜的回忆里结束了此次起程。

四、我们获得些什么

夏令团初创时，报名者不很踊跃，有的朋友很替我们担心，怕得不到好成绩，空靡公帑；又一位并且劝我罢手。他很诚恳地讲："时间太短，分子太杂，管理松懈，则无法工作；管理太严，则易起反感。"朋友们的好意，我们自然尊重，因此对于纪律，事前特别考虑。我们经过深刻的考虑，决定尽力民主化，严密团的组织，使每个团员有发言的机会，也必须服从团的决议。实施经过很良好，十八天夏令团的生活，从来没有一次负责人正颜厉色地责备过一个团员，而团员们反而很自重，谁都怕晚会上群起而攻之的集体裁判。但尽力民主化，得具备一个条件，那便是负责人须能以身作则，与群众共甘苦。我们不必做到"先天下之忧而忧，后天下之乐而乐"，只要一视同仁，同甘共苦，天下事没有办不通的。假如"只许州官放火，不许百姓点灯"，"己所不欲，专施于人"，那么民主便是我们的死对头，谈民主便等于自掘坟墓，这算是我们获得的宝贵经验之一。

我们感觉得中国青年，过于早熟，年纪青青，便大谈哲学，这是好是歹，姑且不管，至于四体不灵，麻木不仁，悲观苦闷，少年老成，那确是一种民族衰弱的表现。当此抗战建国关头，我们的青年不能再让他们萎缩不振了。夏令团今次的生活、纪律、工作、欢欣，可谓三位一体：我们时时利用各种各式的方法，激动大众的情感，使大家兴奋，也使大家快乐。不停的工作中产生快乐，快乐的心情下更能激励工作，有人说国难如此严重，你们还谈什么快乐。这种肤浅之论，我们必须予以打击。青年是挽救国运的生力军，不避艰险的突击队。只有感情丰富，心情快乐的青年，才配担当此种重任，必要时并能视死如归，从容就义。唉声叹气，悲观苦闷的少年老成者，是懦夫、是弱虫，小事都难以成就，他们那能担当救国大任。希望从事教育的同道，多多注意这问题。我们这次短期的经验，觉得只有将青年领导到活泼、快乐、好动的方面，才能省事，才能做事，也才有意义。消沉是无形的蠹虫，会蠹坏了我们的心。

谁也明白，时至今日，个人的力量已太渺小，集体的力量，伟大得不可思议。这次我们由实践生活中体验者，任何事体，都可运用集体来进行。集体工作，固然成效显著；集体读书，亦较个人研究来得有益。集体的纪律是积极性的；用命令来维持的纪律，只显消极作用。集体中可以涤尽个人的自私、消沉等恶点。集体生活更能陶冶出许多崇高的德性，我们盼望从事教育者不要再忽视此点。以往偏重个人发展的教育，不但与抗战不相配合，且能消减抗战力量。以往的教育者，往往存有一种畏青年的心理。对青年得时时加以戒备、压迫。否则青年便似乎如离笼的猛兽，会对人有什么伤害。因此，教育者与青年之间，便筑成一道无形的鸿沟，形成一种对立。这次夏令团里，导师与团员之间，除了责任上的差别外，一切生活、工作，完全不分彼此。在先我们也有几分担心着，恐有什么不便。但事实告诉我们，并无什么害处，相反的，反使工作更易推动，情感更为融洽，生活更为活跃。由此推断，青年不足畏，民众亦不足畏。当此民族生死关头，我们希望教师赶快纠正畏惧青年的心理，政府也要纠正畏惧民众的积习。赶快训练青年，组织青年；也赶快训练民众、组织民众，让青年和民众都觉醒过来，自然地能自己组织，自己了解当前自身的任务，则政府立刻会得到强大的后盾，许多重要的庶政如征兵等，当丝毫不致感受困难。抗战以来，训练民众、组织民众的声浪，高唱入云。但我们试一检查各地情形，实在离理想太远。当此保卫大武汉的紧急关头，我们对民众的训练和组织，不能再忽视了。

所以有人问这次夏令团我们获得些什么？我们便可直截了当地告诉他，我们已获得了以下的经验：

（一）采用民主方式，开诚布公地训练青年，领导青年，极易见效。

（二）我们反对少年老成，麻木不仁。我们需要青年人生龙活虎般活泼乐观，工作效率才大，才能担负抗战建国的重任。

（三）个①人的力量渺小，集②团的力量伟大。希望每个青年放弃孤立的个人生活，参加到各种集团中去。

（四）青年不足畏，民众亦不足畏。谁能以身作则地领导青年，谁才是真正的青年导师；谁能不辞艰苦地与民众接近，谁才真是救国救民的干部。

---

① 个：原文为"对"。编者注。

② 集：原文为"兼"。编者注。

国立云南大学教授文集（一）

五、最后的感想

在宜良看到七月二十七八两日的《云南日报》，读到长江先生所写《湖南对抗战之政治准备》一文，不禁有无限感慨。我们常常听到云南有无尽的宝藏，我们急需开发，以裕国富，撑持抗战。这说法，当然是指着云南矿产丰富，土地肥沃。但另一方面，我们也不要忽视了云南无数万的青年与民众，他们也具有莫大的潜力，把他们唤醒，也许比开发出来的煤铁还有力量。湖南省政府指示出来，抗战建国的许多新方案，要靠一批新知识分子、新青年去领导民众，才有办法。青年分子蓬勃而有朝气。

诚如长江先生所说，一般人对青年有两点疑惧：（一）不信任青年人的能力，因此不赞成青年到民间去。（二）让青年做事，有被人利用操纵，酿成不测的祸患的顾虑。这两点疑惧，湖南省政府当局说得最透彻。关于第一点，他们以为我国的乡村，实在太古老了，如果不用革命的方法，把新的血液灌输到农村里去，试问这种永久压迫之状态中的老大乡村，怎样能够动起来呢？又怎样能够担负抗战的任务呢？目前一般青年的世故经验，诚然薄弱，但他们的朝气、锐气和热血，足以鼓动他们改革老大乡村的精神。关于第二点，正是各地青年运动不能开展，民众运动无从深入的根本原因。他们以为只要领导得法，严整行政机构，以坦白的决心，至诚的信念，感召青年，试问谁能够诱惑青年呢？如果所谓有人操纵青年，"那不是因为别人可怕，而是由于我们不行"。

此次夏令团的生活，给我们以一种新的启示：觉得青年人太可爱。当此国家危急关头，青年的力量如不加以利用，不但可惜，且与国运攸①关。所以，我们希望贤明的政府当局，对于"如何领导青年到社会上，到民族抗战实际的基础上，去做活的工作，求活的经验，上活的讲堂"的这一事业，特别加以注意。对于现行的教育，亦须重新估价。为了适应战时环境、战时需要，承平时代的教育暂时不能适用了。

我们已卷入大时代之中，大时代里，需要突飞猛进，需要大刀阔斧。如是才能铲除一切旧的腐恶的障碍，才能抗拒敌人残暴的侵略，才能建立独立自由的国家。张治中先生有几句警语："历史上从没有一个国家，已经失了好多版图，而他的后方还是一切照常；诸凡行政机构、社会组织、教育方法等，依旧保持原有状况，绝无紧张，毫无变动。时局发展到了今天，我敢说一个新时代和一个新潮流的到来，就在目前了！没有一个国家，会在这非常时期内，依旧故步自封，蹈常袭故的！"这话诚然不错，所以我们希望我们的国家，无论在任何省区，无论在任何角落，都要用快刀斩乱麻的手段，来除旧布新。更希望对于这比煤应有力的成千成万的青年，能积极领导，积极训练，积极□用。

《云南日报》1938 年 9 月 3 日第 4 版

---

① 攸：原文为"悠"。编者注。

教育政治与政治教育

王　政

　　理想派的教育者，常常诅咒现行教育制度，嫌它太过政治化了。教育，在他们看来，应该①是超然的，教育者应该是无党无偏的专业家；青年学子在"读书时代"更不可以参加政治活动，以免荒废学业，甚至于被人利用，误入歧途。

　　这样的论调，动机确实不坏，表面上似乎言之成理，无奈社会生活的本质不容许这种理想成为事实。社会好比一个有机体，它的各部分是节节相关的，息息相通的。教育和政治都是整个社会生活之联锁中的一环，它们都不是独立的个体。缘是政治要脱离了教育就不能实现它的机能，教育要不能影响政治就是变成死的纤维。

　　无怪乎时无论古今，地无论中外，在目的上、在内容上、在方法上，教育总不免反映当时当地的政治制度，同时政治制度也藉着教育的力量来维持它的生命。在神权时代教育以神的崇拜为职志，在君权时代学校简直是奴才养成所，在封建社会里教育便成为特权阶级的侍仆，在资本阶级支配的政治组织下教育便成了资本主义的护身符，以党治国的国家就要"党化"教育……

　　教育反映政治，此乃势所必然理所当然的现象，过去的教育差不多完全处于被动地位，这也是不可否认的事。然而我们不能因此就根本否定了教育的支配力。原因是这样：政治与教育的关系不是命定的关系，而是交相感应、互为因果的关系。诚然，教育不能离开现实来杜撰理想的政治。不过在社会演进的过程中，已经失掉它固有的机能的政治制度，往往因特权阶级的维护或人类惰性的作祟而得苟延残喘，结果政治变成社会进步的阻力。倘若人们都受过健全的政治教育，这样的矛盾也许根本就不会存在，即令存在也不至于无限度地延长下去。

　　一种新的政治制度在推行的初期必须取得民众的同情，既经确立以后还要提高行政效率，培养善良的政风，造就从政人才，这种制度才能够畅行无阻。政府实现这些目的的方法固不止一端，然而教育恐怕是最根本、最有效的方法。藉教育的力量来实施政治训练，就是"政治教育"。

　　中国人有一句老话说："学而优则仕"；又说："读书人做官"。足征教育与政治在中国历史上早已结了不解之缘，读书一向就是做官的准备，"学者从政"固不自今日之"名教授"始。旧日的政治教育目的比较具体，动机也非常单纯——统政治者要藉教育的力量来培植家臣，训练奴才，读书人以受教育为取得功名富贵的手段，所以极②易见效。

　　后来政体改变，教育宗旨一变而为美感、道德、共和精神，再变而为三民主义，世

---

①　该：原文为"分"。编者注。
②　极：原文为"亟"。编者注。

界大同，动机是比以前高尚多了，抽象多了，可惜我们一味因袭欧美的教育制度，希望从学校里的公民一类科目到政治训练的目的。结果政治教育毕竟随着舶来的教育制度变成装潢①门面的奢饰品。

平时捏造统计数字，卖弄"等因，奉此"以文过饰非；到了大难临头，事事需要兑现的时候，才知道处处都是空头支票。最令人痛心的莫过于政治的腐败和民族意识与国家思想之贫乏。有识之士认清楚教育的改造是长期抗战的基本条件，于是异口同声的要求教育的内容与方法要和抗战建国的精神配合，而政治教育的呼声尤其是高唱如云。

我们的教育家是最惯于适应潮流的，要想全国的学校添设政治教育科目，或将旧有的公民改为政治教育，只用一纸通令包管你马到成功。不过，问题的焦点是：如何使政治教育发生效力，如何保证政治教育可以为民族为国家造福，可以巩固全民抗战的阵线！说到这里我们不得不算旧账，因为要想今后的政治教育成功，必先检讨过去的政治教育所以失败的理由。

过去的政治教育失败，最显而易见的原因是缺乏政治教育的人才。试翻阅中等学校所用公民课本，其内容包含政治、经济、社会、文化、哲学等人事科学，专当作一种知识教育看，也需要知识丰富、头脑清楚的教员才能胜任。何况政治教育的使命不在政治常识的讲授，主要的还是一个政治人格的陶养的问题。换言之，负责政治教育的人不但要知识丰富、头脑清楚，还须要具有政治的素养和循循善诱的手腕。在过去，教公民的人往往不是读不通"子曰""诗云"的腐儒，就是习于摇旗呐喊的虾兵蟹将。他们在知识方面已经不足以取得青年的信仰，更那里能够做青年的政治生活的领导者。现在要想使政治教育不蹈过去的覆辙，最低限度要慎选政治教育的人才。

我的意思并不是说只要公民或政治教育方面有一位好教员，政治教育便可以成功。专就学校的范围讲，政治训练绝不限于公民或政治教育科的课堂内，影响青年的政治习惯与政治态度的人亦只公民或政治教育科的教员。其实我们很可以大胆的说：整个学校生活就是一个政治训练的场所，因为学校就是政治舞台的缩影。学校行政权的取与，校务的处理，人事的安排——那一件不是政治行为？学校当局与教职员间的关系，与学生的关系，教职员彼此间的关系，教职员与学生的关系，学生与学生的关系——那一样不是政治关系？假如我们承认实际生活的教育的机能，那么我们就得要承认青年们时时刻刻都在实际的教育政治里受着活的政治教育。

不幸得很，政治上的龌龊使教育者不愿意承认教育的政治性，教育上的部分化的错误使教育者忽视了教育政治之教育的含义②。结果教育政治往往于不知不觉中，十足的反映传统政治生活中一切卑劣现象。

记得从前有一位从事教育行政十几年的朋友对我讲过："我看见学校里的教职员用金钱收买学生来做排斥异己的工具，就料想到许多知识分子会被日本人收买来做汉奸。"这句话很有深长的意味。依同理，学校行政上的贪污足以增强政治上贪污。教职员敷衍塞责苟且偷安，学生也要养成敷衍塞责苟且偷安的习惯。教职员以卑劣的手段来处理校务，来对付同事，学生也要以卑劣的手段来对付学校，对付同学；在学校里养成卑劣的习惯，将来自然要以卑劣的手段来做政治活动。自身不健全或患得患失的教职员，不顾

教育评论

学生的前途，不问社会的福利，一味迎合青年的低级兴味，以图保持饭碗，这样造就出来的青年在政治上只能做投机分子，教育行政者无固定的主张，无坚强的毅力，不问是非曲直，对强暴者无条件的屈伏，就等于奖励青年将来做土豪劣绅，反之一味独行独断以高压手段处理教务的教育行政者，无形中要养成许多暴君与独裁者。

　　总而言之，过去政治教育的失败，一方面是出于政治教育课程不能引起青年的兴趣，然而最主要的还是因为办教育的人不能造成健全的教育政治环境，使青年于实际生活中陶冶他们的政治人格。教育者是教育政治舞台上的主角，他们自身首先要有宽容的力量，坚强的操守，光明磊落的态度，圆通广大的眼光——要有政治家的素养，教育政治才会清明，教育政治清明，然后才能产生干净的血液来澄①清醍醐的政治。

十一，十，昆华师范

《云南日报》1938 年 11 月 20 日第 2 版

国立云南大学教授文集（一）

---

① 澄：原文为"證"。编者注。

云南大学与地方需要

吴文藻①

　　在建国的过程中，一个带地方性的国立大学较之一个带全国性的国立大学，其任务显然是不同的。一个单纯的国立大学，仍然可以探求真理，增进知识，发扬民族精神，开创国家文化，为其惟一的天职；而一个省治内的国立大学则不然。树立纯粹学术基础，提高地方文化水准，故为其应有的使命；而训练实际人才，适应地方需要，尤为当前之急务。云南大学，新近虽由省立改为国立，而其办学方针，仍图密切配合地方环境。熊校长自就任以来，已一再郑重声明"自己认为努力的目标有二：（一）奠立一相当学术基础，以求在国家学术与西南文化上，将来有相当补益；（二）培养有切实技能人才，以适应国家与地方需要"，即是这个用意。就云大现有的师资、设备及经费言，如何可以切实有效的"适应国家与地方需要"，这是值得缜密考虑，公开讨论的问题。本文即是根据鄙人加入云大五个月来的所见，提供一些意见，以唤起对于云大前途发展关心人士的注意。

　　第一，云大师生必须一致认识云南省在建国程途中所处地位的重要。当前抗战的目的，重在积极建设一个现代的民族国家。欲完成此种建国大业，必须先从地方建设做起。在地方建设事业中，其最迫切而亦最根本者，莫如健全地方行政机构及开发地方生产两端。而提高行政效率，尤为发展生产事业的关键。今日中国之地方行政，乃以县政府及县以下的各种组织为单位。狭言之，县政的改革。广言之，农村的建设，实即适应国家与地方需要的主要目标。云大既矢志培植有切实技能的人才，以适应国家与地方需要，则应当毅然决然地肯定大学服务社会的理想，使全校师生，咸以从事促进地方建设事业为对象，以藉农村建设的手段，达到民族复兴的目的。

　　云大如以服务地方社会为理想，显然可有两种益处：

　　（一）就大学与社区的关系言，大学有了社区的概念，则大学教育就可以真正有效地适应地方需要。地方需要的重心在哪里，大学设施的重心即寄托在哪里。地方需要的重心，若为县政改革，则大学设施的重心必为农林建设。农林建设是多方面的及整个性的，举凡政治、经济、法律、社会、教育、农业、工程、卫生等等事业，俱系密切相关，必须兼筹并顾，使之齐一发展，收效始宏。县政乃是推动农建工作的中心机构。云南现行的县政组织，尚未裁局改科，举凡县内一切主要工作，大都是由民财建教诸局分担。各局原有职务已够繁重，若欲赖以树立带联系性的整套农建工作，事实上恐难应付裕如，且云南僻居边陲，民族语言复杂，较之华北华中的农建事业，又多一特殊问题，同时须谋妥善解决。故欲推动农建工作，必先改革县政。而改革县政的第一步，端在聘用专门人才，扩充事业经费。人才经费俱经充实以后，现有县政府及县以下的各种组织，便易

──────────

　　① 吴文藻，江苏江阴人。1938 年 11 月到云南大学，曾任云南大学社会学系教授兼主任。

改善，而行政效率自然可以随之提高，生产事业自然可以随之推进。推进生产，即所以开发财源，财源既开，行政费及建设费，就有着落，行政及技术人才，就易访罗。此乃显见的事实，不易的通论。

云南省政府在龙主席指导之下，确认了云南为西南抗战后方重镇，上下一心，励精图治，于整饬县政，推进农建，尤为努力。如县行政人员的训练，农村合作贷款的设施，均已初具规模。最近复有一月二十一日指定各县耕地税充作县行政及事业经费的决议，实开全国农林建设的先例。惟本省地域辽广，需才甚多，干部人员，犹待造育。云大既为本省最高学府，育才造器，责无旁贷。急宜配备切合时代需要的训练计划，联合省外主办农建富有经验的学术团体，以从事农村问题的研究，农建技术的探讨，及实际工作的参加；俾所造人才，可供造用，所作建议，可备采纳，藉以符合大学服务社会效用国家的要旨。此项计划如能实现，不但以往社会上对于大学教育与社会脱节的批评，无从置喙，即平常视大学为地方上一种点缀品之说，亦难成立；而真正热心努力地方建设事业之人，且可乘机与大学取得密切联系，使行政学术化，教育实际化，达到政教合一的理想。

（二）就云大本身言，如将有限的经费，精密筹划，妥善分配，使各院系的工作，除了适可维持各学科内应有的基本训练以外，大家齐一心志，集中精力，共图实现一个中心目标，同谋解决一个中心问题，则不但校方可以节省人才经费，而全校师生，且可因此而养成一种高尚纯洁的服务精神，各人本学以致用，而用其所长，服务国家，造福桑梓。且云大正当改组之初，一切工作设施，无须因袭旧规，举办新兴事业，并无□例可援。因此，可本新眼光及新办法，来谋大学教育的改进，校中现已成立文法、理、工、医四学院，而在筹备中者，尚有农学院。文法学院内已成立者有政治、法律、文史三学系，而在筹备中者，尚有社会人类学系；理学院内现有算学、理化、生物三学系，工学院内仅有土木及矿冶二学系；医学院内尚未分系，大概情形如是。根据现状而论，所有院系的学程，皆可与农建训练工作发生密切关系。工、医、农三者本属应用科学，实际效用甚大：如医学及卫生，可以防治农村疾病，强健农民体格，增加农民工作能力，工农可以发展交通及水利，直接开发资源，利用厚生。次如理科，物理、化学及生物等皆有其应用方面，直接有关生产事业，为发展工、医、农的基础。譬如医预可由生物学系代办；工农职业前期训练，可由理学院各系先代负责，立下一个巩固的理论基础。

末了，略谈文法学院，除文史为自由教育必经之步骤，犹算学为自然科学的根本外，它如政治、经济、社会、人类等学科，无论在纯粹及应用研究方面，都与推进农建工作，有密切的关系。例如健全地方行政机构，乃一切社会科学所应共负的。就社会实际需要言，在进行农建工作之时，应用社会科学较之应用自然科学，其任务是同等的重要。并且前面已经说过，改善县政机构，乃是发展生产事业的关键。必须专门行政人才，得到服务的机会，专门技术行政人才，得到服务的机会，专门技术人才，始有发挥的可能。又社会现实系一个有机的统一，动一发而牵全局，故欲推进农建工作，必须完成农建制度。而现行大学社会科学的组织，多趋向设立专门学系，各自为政，各不相谋，遂与社会现实大不相符。

反之，如社会科学各学科，仅为学校行政便利而分系；但为共同参加农建工作计，则另分理论社会科学与实用社会科学两组，由前者担负，基本训练，后者担负职业训练，则两者相得益彰，分工合作，事半功倍。

第二，云大如果决然负起促进农村建设的使命，则关于研究、训练及服务三方面的一致活动，都须在实际社会中，同时进行，始能发生无效。为实现此种计划起见，爰有拟办农村建设实习区的建议。实习区将以一县为单位，县治的选择，虽以便于各项相关学科都能有实习的机会原则。而尤以供给社会科学方面实地工作的场所为□□。实习区的概念，在自然科学界，本已熟习，而在社会科学界，尚不多观。自然科学的教学法，在校内有实验室，在野外有工作站，已有成规可循。惟社会科学的教学法，过去几乎全凭书本，并且大都采用外国教本，结果大学教育与实际社会之间，失却了切实联络。这是无可讳言的事实。应用社会科学实习室的设置，即所以补救以往大学教育忽略实地经验的流弊。

第三，县单位实习区的成立，端赖地方政府予以积极赞助，社会舆论予以同情了解，始克有济。此外，农建工作的实施，尚需国内各大学及农村运动之主要团体，予以技术上辅助。云大在兴办农建事业之初势必借重外方农建领袖人才，来负指导之责。现时在滇之高等教育及文化机关，都可就地予以充分利用。

在滇时间，不及半载，对于地方情形，仍多隔膜。辱承云南日报编辑部，索写星期论文，遂草此篇勉强应命。刍荛之见，望地方人士有以教之。

《云南日报》1939 年 2 月 5 日第 2 版

教育评论

313

抢救云南教育

徐嘉瑞

民国三十五年，云南教育面临着一个最危险的时期，比战时更加严重，假如不赶快抢救，那么云南教育，从民国三十六年起，将不是复兴的开始，而是崩溃的开始！

我并不是危言耸听，而是有具体的事实摆在眼前。

抗战期间，教育界人士在饥饿、贫困、疾病、悲惨的生活下面，死守着他们的岗位，不忍离去，他们为了争取胜利，咬牙忍痛地支持了八年，等待着胜利的降临，希望教育事业能够展开一个新的时代，但是胜利以后，感觉到大的幻灭！头一件事，是人才的恐慌，在复员声中，联大快要离开昆明，联大的教授，八年以来，度着最艰苦的生活，但是他们还把宝贵的时间，剥削出来，到云南大学和各中学兼任课程，说到待遇，那是非常微薄的，举一个例来说，联大有十位教授，在云大文史系兼课，每周三时，而待遇呢，不是月薪，而是年薪八万元，真的是使我们惊讶而惭愧的，他们在云大兼课，为的是在云南播下一点学术种子，留下一点纪念，对于待遇，是绝口不提的，现在他们都要走了！至于在其他院系兼课的人，还在很多，又除开兼课教师而外，还有云大的专任教授、讲师，外省人士，占百分之八九十，各中学也占百分之六七十或七八十不等，试问这一批师资，如何补充？

照今年的待遇，中学教师经一再调整后，最多不过八万余元；大学教师，最高的十二三万，最低的六七万，在现在生活指数续长增高的情形下面，不但是外省教师要离开昆明，而滇籍教师，也不能不离开学校，这是很明显的事实，并非危言耸听。

退一百步来说，我们尽力教育事业的人，不应该只谈温饱很好，我们就来谈一谈事业罢。

无论大学、中学，不说什么大规模的设备，就是每一个月要想补充一点图书杂志，那都是很困难，尤其是最近一两月来，书价暴涨，一本小小的杂志，由五六百到七八百，不但物质的营养不足，连精神的营养也快要断绝了！

在抗战的大题目下，有理由去死守、去期待，现在还期待什么呢？我们希望引起政府和社会认识的注意，不要只做"教育复兴"的梦，现在是已经临近崩溃的开始，要赶快抢救，抢救！

为了云南的教育，为了自己的孩子，赶快起来抢救！

至于云南大学，从法理上讲，它是国立大学，但是从学生人数的比例看去，有百分之六十以上是云南的子弟，将来滇籍学生人数更要增多。在家庭环境好的，可以出外升学，但多数清寒学生，还是要进云大，所以需要地方力量的赞助，使我能够改进，达到较高的水准。

至于它的历史，只有二十四年，缺陷还多，但是我们不要忘却，云大有成千的毕业学生，在工程界、交通界、教育界、金融界及政府机关服务，还有成千快要毕业的学生，增援上来，这是云南生产文化的支柱，是建设云南的队伍，他们不会离开他们的家乡，他们的知识和力量，都曾经贡献，或准备贡献给他们的母亲，云南这一批文化的财产，这一些荒地的开拓者；不是一年，也不是一个人的力量培植出来的，而是二十四年以来，在艰苦的日子中，从私立省立，以及于国立时期，无数教师心血的结晶！所以他有资格要求他的母亲的乳哺，他有资格要求分享他的家庭的财产的一部，这家庭是正需要他们马上出来建立的！

我们希望云南政府和社会人士，努力抢救濒危的云南教育！也希望政府和社会人士，要把云南大学看作是自己的文化财产，看作是自己的儿女，也同样的扶助它，使它能够尽量的发展培植大量人才，来建设新的云南。

《正义报》1946 年 5 月 7 日第 2 版

教育评论

一年来的文化与教育

——复员途中

姜亮夫

　　自从抗战结束后，政府知道此后的建国大业，是需要人才，所以曾经有过"教育第一"的口号，这是再正确也没有的见解。但这一年来教育与文化上的情形，是相当的混乱，而且有些到现在还是混乱！其中的原因，虽然很多，诸如全个社会的纷乱，所给与的影响。政治上有些不良作风所给的影响，经费的支绌，社会对此等事业之冷淡，对从事这等事业的人轻蔑等，都直接或间接影响到他的进展。所以概括言之，可谓是停顿的时期，有些部门，至多只能说在漫长的复员着！而事实到现在还未真的复了原！

　　现在暂时不去估量价值的高低，把这一年来的重要的事，分别说说，也算一次结账吧！

　　一、机关学校的复员：教育部的复员工作，大部分是今年做的。它所附属的机关，如礼乐馆、编辑馆，也都随着搬到南京，听说重庆只留一个办事处，料理在后方的一些档案，同国立中学校的结束事，中央研究院也从昆明、李庄等处搬回南京，听说最近的还要把在上海的一部分也要移到南京去，并且还开一次评议会，讨论此后的工作，北极阁下面的房子，大体完整，旧有的研究员，似乎也可能陆续回去，中央图书馆也搬回南京成贤街了，并且，还在城南开了个阅览室，在战前同战时他们有人在上海收买书籍，而郑西谛氏所为收买的最多，胜利后，又接收了一批敌伪——如陈群等——的书，这些书已陆续由沪运京，所以该馆已大较战前为充实，听说不久可能要建藏书楼，目前编目工作，正在努力进行中，这次蒋主席的六十大庆，他们还开了一个规模相当可观的版本展览会在南京！

　　北平图书馆，自胜利后，收回整理，战时移到后方来的书——善本书——也在陆续北运，但详情外面知之尚少，道路传说，有少数被劫的书，已在日本寻获云云，不知确否，故宫的藏宝，移到后方来的不少在四川、在贵州都有，大约因经费关系，复员非常缓慢，听说原藏南京一批古物，始终未被日人打开，大概还完整存在，国史馆也搬回南京，大部分档案史材还在重庆，正在陆续东运中，北平研究院也已移回北平，大概还有些部门，尚未移完，有些部门，是不搬回而就地结束！

　　现在要说到大学的复员了。

　　原来搬到昆明的北京大学、清华大学、南开大学，合组成西南大学，在今年六月以后结束，一切陆续的搬回北平、天津本校，中间相当受些苦，但也陆续在十月、十一日间都上了课，而留在昆明的师范学院，更名为昆明师范学院，已在十月里上了课，北大复员后的情形，最为优异，因为不仅校地未遭毁损，而且图书仪器且有增加，所以北大可算是接收而兼复员，下年并且还增加了院系，还是要挣那块金字老大哥招牌。清华复员较苦，因为原校地虽然还在，内房子里的设备。已毁光搬光，连房子本身所有属于木与铁铜几部分的装修——如地板①窗子锁等类——也全被弄走，体育馆做过马槽，教职员住宅做过妓院，弄得不像样，事事得重新做起。南开在天津的校址已完全被毁，但在艰②苦中也已安排上课，一方面在预备建筑新校舍！

从四川复员去的还有燕京大学，情形与清华相若。北平师范大学也算复员——它的后身兰州的西北师范学院仍然存在——但情形也同清华相若。

在长江流域，已复员的大学，有在武昌的武汉大学，已完全恢复，中正大学虽复员在上年，而校址——定则在今年。南京的中央大学，问题似乎很多，金陵大学，较安定，且已大部就绪，在苏州的东吴大学已复校，在上海的国立同济大学，原校址已毁，现除在原地新建校舍外，接收了北四川路的日本小学，分得了四川路的市博物馆，接收善钟路的德国产业，规模较从前为大，并新添文法两院，复旦仍回江湾原地，略有损伤，暨南则真茹原地全毁，已在宝山路辣斐德路等分得新址上课，沪江仍回原址，多有毁伤，大夏仍返梵王渡旧址，圣约翰听说与之江东吴合组华东大学，之江已移归杭州本校，光华也移上海四川路底在成都的改为成华大学。

河南大学也已移归开封，校址仍存图书仪器失而复得，齐鲁初说要回山东，现在却仍在成都开学，东北大学也已移归沈阳，但今未上课。

浙江大学已由遵义等移回杭州，也已上课，除房子外，听说损伤还少。

中山大学已移回广州，分散的各部门，也都差不多合起来了！但损失相当惨重，岭南也已复校。

还有在战时停闭的大学，今年内恢复的有青岛大学、无锡国学专门学校。

还有一件要特别提到的重要事，是北京猿人（Sinanthro Pus PeKinensis）也在今年由斐文中氏从日本寻获，完全"复员"！回到祖国来了，这是一件大事！

还有战时新增的社会教育学院，也已移到苏州，马一浮先生所主持的复性书院，移到杭州。

二、胡适长北大，我们爱护北大，关心北大，所以对他也特别希望，胡适之先生是北大老教授，受命长北大，是非常妥当的人选，以一个新文化运动的领袖，来领导北大，是值得赞许的事。

三、台湾国语运动，台湾自收回后，文化事业也全盘接到我们手里，台北大学的规模与设备，怕是国内所少有的罢！但它的情形，外人不甚明了，无可报导，然而有一件事是值得一提的，这便是台湾国语运动，因为台湾民众能通福建语的人较多——自然日本语很流行——说国语的人几乎没有，所以教育部曾派人去主持教导，现在是由魏建功氏，到北平聘三四百人，大规模去从事国语运动的展开。

四、参加世界文教会，这件事刚刚结束，但我们在里面并不占什么地位，对于国内的文教事业，恐怕影响不大。

五、教育部的高教会，大约对高等教育中的训导制度，有所更张，听说也讨论到一些课程上的问题，但全部议程，似尚未宣布！

其他的事，似乎还应当提一提，这一年来的出版界的可怜，也与其他相似，真的有学术价值的东西，少得可怜！不论是专书与论文，大概大部分研究工作，也因"复员"

---

① 板：原文为"版"。编者注。

② 艰：原文为"坚"。编者注。

而停顿着，所以写不出精彩的作品。反之一时闹热的东西，是谈"民主"的刊物喊的声音有大小，理论也有点深浅，但大多是"泄气"的、"愤怒"的、"偏畸"的、"取巧"的东西多，而值得称为有学术价值的，几乎没有。不论从文艺、从社会科学等看，都是如此，连电影也在倒退！

　　还有些不幸的事，是学术界人士的死亡，譬如曾运乾、闻一多，法国科学家柏里和（P. Pelliot）也死在这一年！

《正义报》1947 年 1 月 1 日第 3 版

论云南高等教育

周光倬①

　　学术一名词，内容本包括甚广。然概而言之，可认为人类思想精密的结晶物。其功能在提高人类生活标准及增进人类幸福与价值。其本质非奢侈品，亦非装饰品，更非少数或特殊阶级所独占，乃平等的、朴素的、大众的田园，惟是学术演成人类文明究非突进，而系渐进。所谓积人积事而成学，故其可宝贵者在此。近代欧美各国，富强根基，无不建立于学术昌明进步之上，苏联在欧陆，为学术最落伍之国家，革命后，积极倡导教育，鼓②励科学研究。一九四五年开纪念会于莫京，请各国学者参加，其造诣成就，竟震惊全世界。反观吾国，二三十年来，学术略具薄弱萌芽。不惟不能培育滋长，反遭内乱与国际战争摧残，训至形将毁坠，实属民族史上最惨痛的一页悲剧。

　　审建立学术，有赖高等教育及研究机关。吾国高等教育，民初以还，虽逐年扩充，然比之先进各国，殊不可同日语。研究机关，更瞠乎其后矣。兹就云南言，现有高等教育，国立专科与大学，仅有二校，私立者一院。其稍具雏形者，仅云大而已。夫办理高等教育之目的，在提倡青年有志研究学术之良好风气，求民族文化的发扬，并培养国家科学技术人才，具纯洁高尚的品格与理想，以建树国家达到尽善尽美之境，且可以化育全人类。至各国各大学，则又因时代历史环境等，而各有其特殊精神与特殊表现，略有差异。职是，在云南境内设立高等教育，一方固应注意时代的要求，而另一方面须顾及环境条件，针对地方所需的人才，始能配合。查开发建设新云南，要积极着手的事业，其重要者，有下列各方面：

　　一、交通的发展，滇省僻处于固蔽的西南隅，与国内国外隔绝，深川纵谷，横亘省内，交通往来，极为艰苦。固然希望从早恢复滇越铁路，并谋筑通滇缅、川滇两路，而使印度洋与长江间，得一联锁。然省境内西北部与南部一大空隙，且均属产物富庶区，亦须设法添筑铁路线。各县公路网，宜早贯通。盖滇省欲求发达，交通应列为首要项目。

　　二、农垦的改进及果树园艺的推广，滇省地利特殊，气候显然与各省不同，农作物虽以稻麦豆为主，然梯田坝田旱地性质各别，作③物品种之选择，耕作方法农具及产量，均当有比较改革之必要。至于各地果树及园艺，因天惠之厚，在经济作物方面，极为有利，设一旦交通便利，不难谋取国际市场。此均应予以研究注意也。

　　三、牧畜事业的希望，云南地旷人稀，夏无酷热，冬无严寒。四季水草不缺。山地河谷，可辟为良好牧场，饲养乳牛菜牛，利莫大焉。

　　① 周光倬，云南昆明人。1947 年 12 月到云南大学，曾任云南大学经济学系兼任副教授、学校出版组主任。
　　② 鼓：原文为"奥"。编者注。
　　③ 作：原文为"件"。编者注。

四、森林的利用与人工林的保护，滇省西北与南部，保存有处女林的区域甚广。其中有价值的木材不少。设铁路通达，竹木造纸业大可发展。木材可供用。其因人口渐增而砍伐以尽之区，应展开造林运动，保护林业，藉以防荒并为大自然增色。

五、地质的精确调查，云南山国，各种矿藏至复杂。过去对个旧与东川两矿区，较有详细的调查估计外，余均零星考察而不详。地下矿物，为国家至可宝之资源，各国竞竞于此。此重要的科学研究任务，不该待中央解决，应由本省自负责，俾探查明了本省资源的估计价值。

六、矿产的开发，本省矿藏既富，实无限量的财源。种类繁多，需要技术专门人才孔殷。

七、工业的创设，滇省在轻工业方面，已略有基础。抗战后，电工器材、机器制造水泥、造纸亦已肇端。将来时局安定，必更有发展的大希望。且可逐渐推广扩充生产。再由原料供给方面言，制革、玻璃、石棉、肥料、制糖、冶金、化学、罐头等工业，急需展开。所谓云南工业化，为必经之途径。

八、国际贸易地位的重要，滇省与中南半岛为邻而近印度，地理上与诸国关系最密切，又为本国与西南亚及欧洲航空交通之中继站。由陆路东出太平洋，西出印度洋，必经之地。本省所产之原料物资，入口的货品及过境的货物，为量必巨。何况本省过去与中南半岛各国如斯密切，今后交通畅达，实发展贸易最有希望者。是国际经济的动态，市场的演变，不能不加以切实研究而应付新时代的莅临。

自上述种种方面观之，云南所需要的专家人才，技术经验丰富的干部及各部门的领袖人才，当不在少数。科学的研究和试验，实不可缺漏。就云南大学的现状而言，其设备距所负的任务，相差太远。无科学馆，无合标准的各科实验室，图书杂志参考材料，亦极贫乏，一切非努力充实不为功。将来参照配合环境的要求起见，须逐步改进。至于高等教育数量，云南人口与加拿大大略相等，而少于捷克，土地面积约为加国二十四分之一，而大于捷克约二倍半。加拿大共有大学及专科二十二所，捷克有四所。故滇省大学专科数量，保持现有者，已属最低限度。为国家储备西南建设人才，为本省学术的培养计，政府当局固属不能卸责，而全省社会明达之士，尤应竭尽全力共予协助。际此国内多事之秋，政府财源枯竭，清苦任教人员，一月薪工，尚不足以维持一周的最低生活，如何能振作精神，诱导青年后进。而政府与社会希望人才学术的进展，焉可得欤！溯一八〇六年拿破仑蹂躏德国时，讲学者弦声不绝。如斐希特更激发德国人民讲学精神和风气，使德国复兴。夫高等教育为国家民族精神资粮寄托之所，纯洁超然不可一日无。今非敌国当前，不过暂时的动乱。政府暂时艰难，杯水车薪，无济于事，则惟有视社会贤达，以力之所能及，不论精神的鼓励呼吁，或予实质的补助，想三迤父老。顾念桑梓百年树人的学术进步关系，当不致忍心听此基础组创的学术社机关趋于黑暗悲惨之境界。

《平民日报》1949 年 5 月 24 日第 2 版

国立云南大学教授文集（一）

本校之学术生命与精神

熊庆来

　　学校可视为一有机体，有其存在，亦有其生命与精生。其生命系表现于所有之教学工作、研究工作，以及师生种种高尚活动，其精神，内则表现于教学之成绩，钻研之结查，与夫德行之砥砺，外则表现于师生对社会之影响，校友对社会国家服务之努力。吾校成立，迄今凡二十有七年，可贵者，即在此悠长岁月中，其学术生命，未尝稍断；学术精神，则日就发扬，夫大学之重要，不在其存在，而在其学术的生命与精神，吾校同人及同学，于此义均深为重视，而有一卓然之态度，故在个人生活极艰苦之时，或学校环境极动荡之际，校内工作每能不受影响，远者兹不论，姑以一年来之情形言之，因时局之剧变，财力艰难，物价狂涨，待遇调整，远不能适应需要，同人物质生活，每濒绝境，然弦歌从未中辍，而课外之研究工作，继续推动者仍复不少，一般同学在本学期中，读书情绪全佳，侵晨傍晚，于田间林下，均时闻其吟诵之声，且因省外大学学生，来此寄读者，联翩而至，全校学生人数激增至千五百人，更加厚学校之弦诵空气，惟校舍缺乏，茅屋陋室，亦皆充分利用，然同人以此西南学府之生命力得以加强，精神得以提高，反觉不改其乐，余忝居主持校政地位，得同仁精神上之合作，并睹同学对学行之努力，固深感庆幸，然于学校工作上与同人生活上严低之需要，未能设法使之满足，实觉不安，且念及本校欲负起时代使命应有之设施，同人工作应有之设备，尤深渐悚，良以今日学术有长足进步，分门别类，穷远探深，非集众多之专家，固不易言教学，而非有充实之设备，亦不足以言研究，非有容量广大之校舍，不足以应生活与工作之需要，环顾吾校，教师颇为整齐，而设备则尚简陋，校舍容量，尤深感不足，是欲成为一有健全学术生命之大学，距离尚远，因之在精神上之表现，吾人亦未认为满足，然教育学术为百年大计，政府自应扶植，社会亦应翊助，甚望热心人士有以教之，俾补政府力之不足，而使学校蔚成一健全学府，庶其存在不致动摇，其学术生命与精神之意义，得发扬光大，以适应时代之要求也。

《国立云南大学廿七年纪念特刊》1949 年 4 月 20 日

现阶段的中等教育

杨春洲

　　一九三八年是一个伟大而神圣的抗战年，在这伟大神圣的大抗战中，暴敌的凶焰无异是一切丑恶的扫荡者，炮火的力正是一切新希望的最好培养剂。没有抗日，何来全国一致的精诚团结，没有初期的失败，何来争取最后胜利的种种加速的建设与努力？没有倭寇肆意的奸淫屠杀，何能唤起苟安幸免的迷梦而坚强全民族抗战到底的决心？……古训有言："忧劳可以兴国，逸豫足以亡身。"中国此时，正是这两句话的写照，所以我们目前的警悟是抗战！抗战！惟有抗战，中华民族才有光明的出路！惟有抗战，全世界全人类的公敌，日本帝国主义者，乃至一切帝国主义者才能扫灭！要达到这目的，当然一切的政治、经济、军事、教育都必须彻底透心的加以真实估量，务能使其能与抗战相配合适应才有成功的希望，就教育一方面中之中等教育而论在现阶段中，最低限度应不可忽略或漠视的是以下的几个大原则：

　　一、政治的原则——政治与教育实际上两者本有不可分离的关联性，惟一般自以为教育是清高神圣的人常讳言政治，结果形成了两不相成而反相害的局面，实在是一种可叹的损失。中等教育可算是教育的中坚，在抗战教育中的地位，非常重要，为切实适应抗战的需要起见，务须使其能与抗战政治打成一片；换言之即能直接或间接的帮助抗战政治之推行，成为抗战政治的好帮手、清道夫和义务推行者。例如健全良好公民资格之培养，约制小我，认识社会和深入民间之伟大训练力、组织力及宣传力之利用等等，便都是极明显的要求。中学生是富于血性与理智的热肠青年，要真能训练得当和领导有方的话，你要他去为民族的生存而赴汤蹈火也是绝对不成问题的，何况为民族的解放运动而奋斗，也便是为他自己的解放运动而奋斗呢。

　　二、军事化的原则——教育军事化差不多已成为现代国家的共同趋向。在外侮频仍强寇压境，生死存亡一发千钧的中国，这当然是绝对不容犹疑的一个问题。中学生已是可以执干戈以卫社稷的青年，那么中等教育之应该军事化更是不容否决的了。我国中等学校实行军事训练和军事管理已经是好几年，但常令人感觉到的是徒重皮毛，忽略实际。所以尽管皮带绑腿三操两讲堂，但一般学生行动之浪漫与无纪律，仍是司空见惯的把戏。至于说到真能上火线、杀敌人，那恐怕是更要成问题了。我们希望的教育军事化，至少至少应该能够绝对的百分之百的实副其名而没有半点儿以上的种种流弊。

　　三、科学的原则——暴敌侵我是赖其有优越的科学地位。军备的优越赖科学，生产经济的优越赖科学，政治外交的阴谋鬼诈利用灵活，何莫不是赖科学？在如斯鲜明教训下，我们要谋能与其相颉①颃、相对抗，还要进一步能永远立足于天地之间，那么无论精神方面或物质方面都有积极讲求科学化的必要，这是谁都应该坦然承认的。要使这种

---

　　① 颉：原文为"拮"。编者注。

愿望能于真的收到实效而不至于落空，一般学校最低限度应该要做到图书仪器等重要设备之尽量的充实；真实学者与专家之罗致与保障；学术空气之提倡鼓励，良好学风之培养维护等等。学术与科学的提倡是一切事业走上成功与光明的途径。在抗战到底的狂潮中，尤其是不可忽视的要求。

四、生产化的原则——抗战需要一切力量，供给一切力量使能永久继续，不屈不挠而达到最后胜利的是生产。生产的统治、改良和增加，是抗战期中全民应有的重大责任。教育之应在此方面着力，当然更不用说。中学生是生产力强盛的青年，为了国家民族的生存问题，除了前述的若干条件必须具有之外，尽量的参加生产事业或使学校作业能于生产化，俾能裨益的抗战之实际与前途，这也是非常必要的。于此一般的中等学校都应当就其学校性质及学校环境上之便利，尽量的利用时间与精力以自谋一个切实合于生产的出路。集腋可以成裘，这个伟大的收获一定可以大有裨益于抗战前途的。

以上几个原则，不是什么超绝的发现，而是抗战以来各报章杂志上所有的公论，亦可以说完全是一种客观的要求，我们提示出来，并且希望国家的教育行政机构能够配合着抗战的需要，通盘的、严密的极有效的，而来推动这些原则，使这些原则，不要仅成为一种空论。在这时代，固然我们须要提出一切有价值的理论，但我们最重要的是要使有价值的理论见诸实践。

《云大附中校刊创刊号》1938 年 4 月 20 日

教育评论

社会科学的范围及其研究的方法

马鹤苓①

"没有革命的理论，不会有革命的行动"，这是一件颠扑不破的道理，因为一切革命的政策与行动，不论是积极的建设抑或消极的破坏，必须对于社会各种情态有一个明白具体的观察与认识。错误的认识，产生错误的理论。错误的理论，产生错误的政策与行动，而错误的政策与行动不仅危害革命的前途，且必断送民族的生命。近年我国处在大革命的过程中，尤其是最近展开全面抗战以来，一般青年为了获得正确的革命意识，为了了解抗战的意义，为了明晓国际的情况与演变，所以对于社会科学努力研讨，社会科学成为一种时髦的科学了。但社会科学的范围如何？研究社会科学的方法怎样？本文之作，就在解答这个问题。

一、社会科学是什么？

在中学时代，为使学生习得社会生活的必需的智识与服务社会的准备，学校设有公民一科。这一科目的内容计分：社会问题，政治概要，经济概要，法律大意，伦理大意——这些科目虽然属于社会科学的范围，不过公民训练与社会科学的研究，究有不同：第一，公民一科的观点固定，社会科学的研究，则可自由择取观点。因为一国训练公民的教材，必然适合该国设施所依据的基本原则，例如德国，它的一切设施所依据的基本原则是法西斯主义，所以它训练公民教材，必是讲求侵略主义，鼓吹武力万能的。而苏联所依据的是社会主义，所以它训练公民教材必是讲究社会主义的建设与增加大众的福利。以我国而论，现在国体政治既然建筑在三民主义之上，则公民一科的教材当然不能离开三民主义的立场。所以，公民的教材是根据一国的政治与国策，而社会科学的研究则可自由择取观点。

第二，公民一科与社会科学研究的范围不同：一国的公民管理一国的公事，所以研究的范围自然应以该国社会的现象为主体；而社会科学则涉及全人类，不以本国为中心。所以，公民一科虽然包含社会科学的项目，但范围过狭，而社会科学所研究的对象是人类社会的现象，范围极广。

不过人类社会的现象，虽然变化多端，复杂非常，但是一切变化，有它的条理，有它的因果关系。换言之，人类生活的演变是循着一定的定律及规则的，因此我们可以给社会科学一定义道：

"社会科学是研究人类社会种种现象而求出它的定律及规则的科学。"

为什么繁复的社会现象可以求出它的定律及规则来呢？

因为社会是由人类组成的，造成人类社会的历史不是由于什么上帝的指示所造成的，造成人类历史的，事实上还是人类的本身。而人类造成历史不是凭着人类的自由意志，

① 马鹤苓，天津人。1937 年 9 月到云南大学，曾任云南大学附中文史专任教员。

而是在一定的物质条件之下造成的。因为物质条件是社会历史演变决定的基础，换言之，人类在一定的经济关系上造成了历史。所以人类社会的变化，也就显现了经济关系的变化，也就是所谓生产力的变化。所以社会生活的现象虽然繁复多端，但是依据于客观的物质基础之上，有一定的规律可求，有一定的因果关系。各种社会科学就在探讨社会现象的因果法则的。卡尔说他著作《资本论》的最后目的，是在发现社会的经济的发展法则。到了现在，资本主义的发展情态与没落趋势，吻合了卡尔所发现的法则。要是社会现象的变化，没有一定的规律，那么社会过去发生的变化也就无法解释，社会的将来，也就无从预测，而社会科学也就不能成立了。

不过社会科学是各种研究社会现象的科学的总名。社会现象，原极复杂，学者为研究便利起见，故将社会科学分为许多部门，每一部门专研究社会现象的某一方面。最普通的社会科学有以下几种：

一、经济学。研究历史上的发展中的各种社会生产制度，指出各种经济形态的特征与其发展、灭亡的原则，说明此一经济形态与另一经济形态的相互关系。

二、政治学。研究关于政治的现象的社会科学，说明过去、现在与未来的各种社会的政治组织，并探讨各种社会的政治机构与该时代经济形态的联系。

三、法律学。法律是统治阶级统治社会的一种工具，因为统治阶级随着生产关系的变动而迭有更替，故法律亦屡有变更，专门研究法律的性质、作用、历史和原理的学问就是法律。

四、历史。研究人类社会演变的过程的学问，每一种社会的演变与其现象都有它的起源和沿革。历史的工作就在考察各种社会演变的起源及沿革的过程。

五、伦理学。这是研究因社会生活而发生的道德问题的学问。为什么一时代有一时代的道德信条？为什么在封建社会以服从为美德？为什么在资本主义社会又讲求自由？道德与经济政治的关系如何？这一类的问题都是属于伦理学的问题。

六、社会学。社会学是各种社会科学的综合，我们对于社会生活的现象分开来研究成为种种专门的社会科学；综合起来研究就成为社会学。

七、教育。教育的目的在训练社会需要的公民。某种社会就有某种需要，而社会也就应有配合某种需要的教育的设施。教育是维持及增进社会生活的重要工具，教育学就是研究这种工具的学问。

此外，如人类学、优生学，就连哲学、宗教、美术等，也都可以算是社会科学的一种。因为彻底分析起来，都是研究现象问题的。

以上所述关于社会科学的分类，这是为便利研究的起见。于此有两点应该特别注意的：第一，社会现象互相关系、互相连系的。我们无论研究哪一方面的现象，时时都要牵连着其他方面的现象，所以研究某一种社会科学，要时时顾虑到与此有关的其他各种社会科学。第二，一种社会必有它的一定经济基础，而政治、法律、道德、艺术、教育等所谓的精神文化便是这个经济基础上，所产生的上层建筑。所以，精神文化是随其经济基础的变动而变动，经济学是研究各种社会的经济形态的，所以，经济学是社会科学的基础。

第二，怎样研究社会科学？社会科学是研究人类社会演变的现象的。因为人类社会变化多端，而研究社会科学的人又往往为个人的环境所规定，所以对人类社会的现象，观察不同，认识各异，主张纷歧。因此，社会科学的派别太多。初学社会科学的人，往往感到眼花缭乱，不知何所适从的艰难。所以研究社会科学的路径，不消说，这是最为首要的问题。

第一，观点必须正确，就是说，必须站在物质论的观点上来研究纷纭万状的社会现象，这才能把握住客观事实，才可以在万花缭乱中寻出一个头绪来。有许多的学者对于根据，完全照自己的主观意见立论，有的故意隐蔽事实，完全是空中楼阁的学说。譬如帝国主义侵略弱小民族，这本是资本主义发展到了最后阶段必然的行动，日本侵占中国便是一个最鲜明的例证，它一方面想支配中国作为原料的来源地，一方面不许中国自己资本主义的发展，恐致妨害销售它的货物。所以，残暴的发动了侵略战争。但是他们国内的学者说这是人口过剩的结果，因而不能不向外发展，以消纳其国内的膨胀人口。这样说来，帝国主义侵略弱小的国家，是天经地义的事了，因为一个国家的资源不能养活他们国内的人口时，谁能阻止他们向外发展而活活的饿死呢？可是我们一与事实相对照，情形就完全不同了。因为日本的人口并不过剩，日本的已耕地不过全面积的百分之十六。近半年人口虽急速增加，但米的产量也以同一的比率增加，并且北海道地旷人稀，为什么日本不向此地移殖呢？

所以对于帝国主义侵略弱小民族，认为是人口过剩的结果的学者，是有意的歪曲事实，这是帝国主义的代言人，这种理论是比砒霜还厉害的毒药。

又有一种学者迷信英雄，以为人类历史的现象都是几个英雄，如拿破仑、威廉第二、列宁一流人物所造成，他们认为英雄是万能的，整个宇宙是放在他们的掌握之中。其实这完全不合事实，因为一切伟大人物从没有一个逃开了现实的时代而能干什么英雄的丰功伟绩来。

我们在上文曾经说过：人类社会的演变，不是凭着人类的自由，而是有它一定的物质条件。物质条件是社会演变的基础。简言之，经济决定一切，决定每一个社会的性质，每一个人的思想和行动，所以我们研究科学必须站在物质论的观点上。否则，把握不住事实，把握不住真理，陷于荒谬的陷阱，思想有如乱麻，一生也理不出一个系统来。

第二，研究社会科学必须实践的，这就是说要将理论与实际联系起来。我们研究社会科学，不像吟咏诗歌，藉资消遣，也不像前人读经书一样，离开现实的生活，是有它的意义与任务的。有名的社会科学家莱渥爱夫在他所著的《大众政治经济学》第一章上，便说明苏联国民研究政治经济学的特殊任务，在从事社会主义的建设。我们生在今日被帝国主义宰割的中国，研究社会科学的任务，无疑的是为了推翻帝国主义的统治，求得中国民族的解放。所以我们不仅要将帝国主义的形成与其本质研究得透彻明白，更须积极的起来从事反帝国主义的运动。这样我们才能够理论与实际联系起来，这样研究社会科学才有了意义，不然那便是沙龙式的社会主义者了。

而且社会科学的理论，表面看来，是一种抽出了具体现象的原则，但是这原则是从实践中得来的东西。整个社会科学的系统是从实践中出发，经过理论的研究，再用之于实践。所以，我们研究社会科学的人，自然应该观察社会的现象，使得我们所习得的理论互相印证。不然我们伏在图书馆的案头，仅作抽象理论的研究，必使我们的头脑变成乱七八糟的字纸画了。

第三，是关于书籍的鉴别问题，因为社会科学的派别太多，书籍也浩如烟海，选读书籍自成问题，有人以为正统派的社会科学的书籍是毒药一般的东西，青年不该读的对，其实这是错误的想象。对于正统派的书籍专是读一读，没有那么大的害处，而且也有必要。其为害在信任他们的理论当作典范，又根据他们的理论来研究社会科学，所以我们读书必须持批判的态度。不仅对正统派的社会科学书籍如此，就是新兴的社会科学书籍也该如此。要辨别理论的正确与否，要将书中的理论与社会的事实相对照，要将各种理论加以比较研究，最后拿出自己对于书中所述问题的见解。这都是属于批判范围以内的事情。必须持批判的态度，才能深切的了解一书的内容，不致以盲目的信从代替了正确的认识，不致误认毒药为补剂。

　　以上所述，都是学习科学的人必需的一种起码认识。至于关于读书的技术方法，在此就不多谈了。

《云大附中校刊创刊号》1938 年 4 月 20 日

教育评论

国际观察

四国协定与欧局

徐绳祖

以割裂弱小国家领土去换取欧洲昙花一现的和平之英、法、德、意四国协定，居然在数小时之内，由英国绅士们主导的和侵略者订结了。这协定在捷克方面，虽还多少不无保留，但在失助而重压弥增的情况下，希特勒所诅咒为欧洲罪人的捷克总统贝尼斯，恐怕也只有"未战败"而"牺牲本国人民之福利"，十之九向仇人俯首，十之九向敌人低头。

这时的欧洲，侵略者似在狂笑，狂笑"空城计"之得脱售；英国绅士们则全身轻松，有如重负初释；放在夹墙里不敢左也不忍右的法国，则正所谓悲喜交集，不知是甜是苦，又觉又甜又苦；被排除在圆桌以外的苏联，当感局面之严重而更冷静深澈，预布防线；被牺牲的捷克，无疑义的一世国仇大恨，只有怀蓄在心头。

这是一幕悲剧，也是一幕喜剧；是欧洲矛盾的解消，也是欧洲矛盾进一步的发展；是张伯伦的伟烈丰功，也是张伯伦百身莫赎的大罪；是达拉第的复苏，也是达拉第的自杀！

今请分别试言其故。

按捷克之成为希特勒废寝忘餐必欲得而甘心的禁脔，其本质原不在所谓民族问题，而在捷克的资源和捷克在欧洲的战略地位，这在稍微留心捷克问题紧张时逃入德境的捷籍日耳曼人仅占苏台德区人口不及十分之一，便可了然，然而张伯伦为了维系残败的大英帝国之最后联系，竟不惜一再铸成大错，牺牲弱小，为侵略者张目，为全能者长志，这在捷克看来，固是一幕悲剧，而在侵略者德意看来，则又是一幕无上的喜剧。

捷克在暴敌咄咄逼人、友军英法携二的双重重压之下割让了苏台德区，跟着也许失了旧匈波两国原有的国土，这在满足侵略者大欲借以换取欧洲的暂时安定上，当然是有效的一着。为什么？因为割裂捷克的领土，是德捷甚或是捷匈、捷波间矛盾一面的解消；也可以说是英德、法德、英意、法意间矛盾一面的解消；再进而言之，是资本主义世界矛盾局部的一面的解消，唯其能解消第一次大战以还所造成资本主义国家间矛盾的一部，所以捷克领土的压迫分裂，作用上是可以暂时把欧洲剑拔弩张的局势，稍稍缓和，得到假□的安定。

然而我们同时必须记取：资本主义的追加市场，在作用上对侵略者的资本主义生产，只能发生一次好处，又况纳粹德国的现状，是非源源不绝的夺取，更广大的市场，断不足以延长德资本主义的命运，所以仅仅割裂苏台德区或其他断不足以"餍"侵略者的大欲，这乃资本主义发展的必然，尤其是德资本主义的必然，希特勒谓分割捷克领土乃德国最后一次对欧洲土地的要求，这假若不是希特勒的违心之谈，也是纳粹们诱惑英法入瓮的甜言蜜语，故今后的欧局，断不因七十老翁张伯伦的奔走和平，牺牲弱小，而根本消灭了爆发世界大战的星星之火，反之将使世界仇恨愈结愈深，战争爆发的破坏性和惨烈性，愈为巨大，何以故？以纳粹获得了一部领土和资源，它的备战的凭藉便因此加强，而捷对德、捷对匈、捷对波、捷民对英法在旧恨之外，又加上了新仇！这是事实，不是架空的理论，是欧局危机的骞进，也即是欧洲政治矛盾的进一步发展。

英国的绅士们对于张伯伦此次不惜以衰老之身，为"世界和平"而努力，感激到流泪，纳粹德国也觉张老先生颇识大体，大西洋彼方的美国，又皆同声称道，伦敦的股票且自四国协成定立，一涨数镑耳，这在短见者看来，当然都是七十老翁张伯伦之赐，其实世界上假如没有英国的现实外交存在，那里能有萨尔公民投票？更何有奥之被并，苏台德之被分割以致近月来的纳粹为祟，威胁世界和平使世界惴惴不安？

然而张伯伦之赐又岂仅放纵侵略者威胁世界和平！他将纵然宽容侵略者更大的破坏世界和平！所以张伯伦一方在今日为各国资产阶级的恩人，同时也便铸型为世界的罪人。

法国呢，为了一时的苟全，却铸成自身政治壁垒的瓦解，今后小协商是否还能众星拱之的走向法国，为法国屏障，似已不无疑问，订立法苏互助条约的苏联，或当用怀疑的眼光，和法国虚与委蛇。

综之，分割捷克的四国协定是成立了！这协定，当然可以暂时稳定欧局，但却不能根本安定欧局，反之，本质上将使欧局推动到一个更危险的阶段上；在这稳定推动的过程初期，侵略者是大大的成功，法西斯德国不仅不费一兵、折一矢的偿其欲愿，同时把民主阵线分为两橛，这是欧局的剧变，也是弱小民族的噩耗，我们且以犀利的目光，注视其发展，用坚刚的毅力，去扫荡这侵略横行毫无公理正义的世界呵！

《云南日报》1938 年 10 月 2 日第 2 版

今后的外交路线

——是否仍一味的侧重伦敦？

林同济

广汉失陷，抗战局面可说是真正转入第二期。诸凡军事、外交、政治、经济，皆当用决然的态度，彻底的计算，下一个全盘的调整。

广汉的失陷，不能减低我们抗战的决心，但不容不引起我们大大的警惕。

其他暂且不论，请先论外交。今后的外交路线是否有略加变革的必要？问题复杂。让我们且把它简单化了，问一问下列一题：

伦敦路线是否仍当继续侧重？

一年来的抗战外交，无疑的是侧重伦敦路线。其中最大的理由，可说有两点：（一）英国借款的可能；（二）英国是华南的保障。

向英国借款，我们曾有数度的努力，但是全归失败了。失败的原因是大值得我们注意的。莱顿爵士及其他自由思想的政治家虽是极力主张借款；但因汇丰银行、怡和公司及其他上海、香港的英商之反对，张伯伦政府终于决把借款案推翻。

香港上海的英商家的态度——即一向号称"大英殖民地头脑"之一物——是有它的一贯的背景与趋向的（我们过去对他们势力的忽视，是我们外交策略的遗漏）。他们固不愿日本全胜，却也不愿中国太强。中日决斗，他们最希望的，是两败俱伤。在决斗的最后结果未定之前，他们的政策是看风驶船，那方占优势，便向那方送秋波。这种态度可说是"纯商户"的看法，本无所谓大政治的眼光。张伯伦以这些商户的主张为主张，是显出英国现政府不愿在远东大有所为。七月间张伯伦在议会也曾经宣布过了：

"对中日冲突，我们无责任，亦无直接关系，我们只尽力之所及，使英国人的利益不受损害。"

把这次整个的中日战争，看作与英国无直接关系的事——是张伯伦远东政策的真诠。似乎在英国现政府的眼中，中国的重要还比不上土耳其。看它最近慨然送与土耳其八千万美金的借款，而不求任何的抵押品，我们可测知伦敦对我淡薄的程度。

同时我们都晓得五月间伦敦金融界却曾有一番大活动，把日元的价格维持住了。"此项对日的金融帮助，胜似五师团的新兵力。"这是一般人的评语。

过去如此，将来英国也有借款与我的可能吧？

张伯伦政府存在一天，我们便看不出英国态度会如何改变。我只怕中国越战下去，"大英殖民地头脑"要越占上风，大英的钱囊口，要越封得紧。

张伯伦本是伯明衡商户出身。他那副有名的冷冰冰的面孔与一双小锥式的眼睛，本代表一种无情的心肠与计较的头脑。他自命是"现实主义家"。他的现实主义就是：看不出法西斯主义的国家与大不列颠商业的利益有何根本的冲突。他的野心是运用"与法西斯国家妥协"的方程式来重振大英帝国金钱的神威。在他这种大算盘上，谁能保远东的中国，到了抗战的某阶段时，不会被他苦化作第二的捷克呢？对这点中国不能不预防。为这点中国似不容不早谋一寸退步地！

反对张伯伦者，英国内亦有人。但是据最近各地投选的表示，以及工党与自由派合作之渺茫，张伯伦政府的命运，正不知何时寿终？我们在此万急之秋，如何能守株以待兔？

不借款亦罢，如果"老英"而能显出保障华南的身手，他凭着这点，也就值得我们的膜拜焚香。然而如今尽成泡影了！敌军登岸，英政府哑而无言。敌军占广州，已是不列颠默认的既成事实。英大使卡尔这次赴长沙究竟有何使命，我们不得而知。但是大英帝国至竟对中国是尚有若干的用处，我们当政者正可于此次谈话后的结果定之。整个的中国外交，当于此节作一转捩！

广州被占，广九路已无军事的价值。同时敌人在华南正建设其大军根据地。敌方的政策无疑的，是要迅速发展其"全部封锁华南"的计划，而更藉以实现其海军部数十年来所梦想之南进政策。

昨日有两则广播消息是极堪注意的。（一）敌方宣称：占据海南岛，日本有绝对的自由权。（二）敌方首次正式警告法国政府，不得再用滇越铁路运输中国军火。

英法在此威胁下，能否有积极有效的对待办法呢？还是要畏威妥协？法国的态度，恐怕还要视英国的态度为转移。张伯伦是否仍要视一切的一切都与英国"无直接关系"呢？还是大英帝国在南洋地位的被威胁，算是一个够严重的问题？

如果华南突然的全部被封锁，则我们不能不疑问：这条伦敦路线究竟还有何了不得的价值？

是否在此一发千钧之顷，我们宜从早预防，在外交上立个较明较决然的办法。西南外通线如果被封，西北外通线却是仅存的硕果。侧重伦敦路线的第一期抗战外交，是否要及时转变为侧重莫斯科路线的第二期的抗战外交？我们不必孤注于一国。但我们的侧重点何属，到今日不容不重新估量。请大家急急起来讨论。

二十七年十月二十九日

《云南日报》1938 年 10 月 29 日第 2 版

阿部内阁的前途

徐绳祖

一、问题的提出

敌七十五届议会于去岁十二月二十六日正式开幕，开会后一日，敌国会议员凡二百五十人，举行特别会议，通过议案，要求阿部内阁考虑本年一月二十一日议会再开以前辞职的问题，此项消息传出，敌各报咸用特号字刊载，敌军部喉舌的《国民新闻》和《读卖新闻》，更认："政党人士之情绪，显认为阿部内阁施政，错误甚多，已失去国民之信任，此种情绪，已日益高涨。"（《国民新闻》）"暴风雨期，将在议会爆发，反对政府之情绪，或将极度高涨，致予内阁以致命伤之程度。"（《读卖新闻》）至素以稳健著称事实上纯为敌资本家喉舌的《朝日新闻》，亦谓："议员此举，并非政界阴谋家所制造，而为议员自发之情绪，盖彼等于返还其选举区时，已获得当地人民之真况而有此自动之行为也。"敌报之中，措调比较和缓而有代阿部内阁借箸①代筹的，只东京《日日新闻》，《日日新闻》谓："二百五十名议员同声不信任阿部内阁之举，虽尚未在议会提出，但政府之必须加以注意，盖毫无疑问"云云。

敌报和合众社、路透社既将敌阁动摇的事实向世界广播，世界各国多多少少和敌人有关的部分，自然绵密的注视敌此次政潮的发展及其归宿，而我国国内，因和敌人有不共戴天的对立关系，油然而生的，自然是在询问并考虑敌阿部内阁究竟能崩溃不崩溃的问题。

然则敌阿部内阁究竟能不能因二百五十个议员的请求考虑辞职而于敌议会再开以前崩溃呢？笔者以为要答复这个问题，必须先行考虑以下几点，即：（一）阿部内阁的政绩；（二）倒阁势力的倒阁热意；（三）美日商约的下文；（四）敌资本家的愿望等四点。今请分别略抒管见。

二、支配敌阁崩溃与否的四要素

甲、阿部内阁的政绩

阿部内阁承平沼内阁之后，因鉴于平沼内阁的崩溃，只缘于内不足以安定人心，外不足以适②应国际情势，而对华侵略战的前途，离胜利还不知其有几千万里，因之登台

国际观察

---

① 箸：原文为"著"。编者注。
② 适：原文为"肆"。编者注。

以后，便以安定国内人心，迅速结束对华侵略战事，调整对英美苏关系为职志；任职以还，虽不无多少小问题可获敌国上下的连声称道，然就大体说，则一方仍是手忙脚乱，一方仍是百孔千疮！

以言内政，则物资缺乏，已到使人感受痛苦程度，所谓"不制新衣，不吃糖果，无帽短服，不穿皮鞋，不取温暖"，禁吃白米，猪肉无市，吃腐败鱼，抢买砂糖，节省用蛋等等，俱是最好的例证，至于敌人所赖以为民食的食米，则因今年夏天广岛等六县遭受旱灾，生产大减，据敌农林省的推计，去年第一次的米谷收获额，只有六千四百六十七万石，比之前年，已减少一百一十六万石，比较过去三年平均数，则减少一百八十万石，和敌政府预定的增产数目相较，则更差二百七十万石。米谷生产，相差如此的巨大，抢米的风潮，自然难望其不如火燎原，愈来愈广泛，愈来愈众多。至于财政金融，则公债数目已超过敌高桥前藏相所所忧虑的"亡国赤字"三倍，纸币发行，也超过战前三倍，贸易和贸易外收支，则因贸易政策的转变和侵略战的必然结果而转入逆势。物价单就食米一项说，也从每日石二十元日币涨到四十七元日币。不过以上所言，还系就敌物资环境以言敌人民生活的动摇和国民经济基础的动荡，超越此经济生活和经济基础的动摇，而呈现于敌政界表现政治斗争还依然尖锐的，则是由贸易省的设置演进而为军部对外务省的对立之外务省大部人员辞职问题。此事后虽经阿部内阁撤消决议案，但敌外务省和军部如犬与猿之不和关系，又因而更趋于尖锐。

说到对我的军事侵略，在点线上敌虽不无"寸进"，但十次进攻我中条山而结果只是败北，湘北一战，弄得敌损兵折①将，为天下笑。民国廿七年，敌为增厚其陆军实力起见，于原有的十七个师团之外，更增八师团四混成旅。民国廿八年，又增十个师团十个旅团，其结果只是尸灰一包一包的送回，敌国曝尸于原野，也随着年代的进展而普遍②起来，敌军之中，企图"吃饱穿暖调防回国去"的，无问③华北、华中、华南各战场，均广大的存在，上海会战时，一言不发的俘虏，到而今甚至敌人的军官，也高揭白旗以降。论到国内农业，则因壮丁减少而随之减少生产，说到人口，也因尸灰一袋一袋的增加而减少下来，因之敌国政府为续后代香烟，不能不奖励少年结婚。然而环顾我方的实力，则客观的事实，每一件都证明我愈打愈强，敌人的泥足愈陷愈深。我们若把民国廿六七两年敌在军事上的发展和廿八年相较，则二十八年的敌锋，实已相当的迟钝，而所谓结束对华战事，在现象上已证明其为可望而不可即④，如其真要结束，那只有由敌人在再衰三竭之后，自动退兵。

傀儡政权的树立，在敌人实视为政治攻势的中心，然汪精卫一派虽欲卖身投靠，其奈敌陆军对于海军，以及陆军中的各派系利害相矛盾何？说到敌人"以战养战"的经济进攻，则我工业矿业的企业，虽也不少编入敌人的资本系统，多少的轻工业资源，也为敌所利用，但论消化市场的程度，则离题尚远；显明的证据，即是敌在占领区域内增加或掠夺的资本，多为半军事性质，民间资本，为数甚少，此外则对占领区域内的贸易，也并未见增加起来。

---

① 折：原文为"析"。编者注。
② 遍：原文为"汛"。编者注。
③ 问：原文为"间"。编者注。
④ 即：原文为"及"。编者注。

国立云南大学教授文集（一）

调整敌对英、美、苏的友好关系，原为阿部内阁成立的最大目标之一，换句话说，即是在敌外交方面，调整英、美、苏对日的友好关系，原是敌阿部内阁的使命之一，然而对苏除获得一纸诺门坎协定和延长渔约一年外，沟通伪满出口和敌国自德运来军火之假借西伯利亚铁道问题，至今仍在若有若无之间，此事不成，伪满失去了大豆的顾客，暴敌即失去了它的巨额的军火。对英方面，一个天津悬案，至今仍悬在霞关，暴敌虽缓和反英运动以饵英，无如英受美废约的刺激，至今对于天津悬案"不感兴趣"。美则自宣布废约以后，以经济制裁暴敌的主张、舆论，甚嚣尘上，倭虽放出开放长江下流的烟幕以钓美国。但美国仍是第一个静观，第二第三也是静观。

从阿部内阁的政绩看来，大体上实在是，"无善足述"，有症可寻，说要崩溃，也应该崩溃；不过阿部内阁本质上还是纯粹代表资本家的稳健派抬出来的，而且在敌国老成凋谢的情况下，超过阿部内阁人才的人才，也不易得，因之阿部内阁在动荡的基础上，也有其几多的安定性，问题的关键，还在看下列诸点如何演变。

乙、倒阁势力的倒阁热意

从这一次敌国新闻的表现和谒见阿部请其考虑辞职的人物看来，这次的倒阁运动，显然是少壮派军人和极右团体所发动，因为他们所最梦寐难忘的，便是迅速征服我国，相联而生的，亦便是打击英、美、苏。不幸阿部登台以还，对华侵略战不唯结束遥遥，而且敌国自身，也有难于支持之苦，如英如美，又采反日路线，苏则若即若离，不肯深相结纳；此辈军人性质，极为急躁[①]，比对当时环境，无一事无一着不与彼辈愿望相反，因之埋怨阿部内阁，嫌其无能，并思有以改造的炽热心情，自油然而生。唯此次的倒阁运动，如果单纯的发动自少壮军人和极右翼，而彼辈不采非法的行动以图政变，则稳健派的分化抚慰收买工作，也许可以消患于无形，唯集议要求阿部内阁辞职的议员，数达二百五十，占众院全体议员的半数以上，情形自然又当两样。不过这里应该注意的，即是众院二百五十人反对阿部内阁，而所谓五党首又欲维持现状，代为疏通。所以单纯自敌议会的形势以推断敌阁是否崩溃，端在五党首的分化疏通工作，奏如何的效果，如果疏通不了，则接着来的，自然是不信任案的提出，此时非阿部内阁瓦解，即是解散议会。又若议会开会期中，敌国国内发生突发事件，而其性质足以大大的影响敌人的整个政治、军事、经济、外交，那阿部内阁也有崩溃的可能。

丙、美日商约的下文

突发事件中最足以决定阿部内阁的存废的，当首推一月廿六日后美日商约的下文如何。美日商约的存废与否，在平时已关系敌国甚大，侵略战开始以后，商约继续所影响于敌军事经济者更为增加，到了欧战爆发，情形更臻严重；敌对美苟无商约存在或一任美经济封锁，那敌人可以收兵返国，也可以震撼其经济基础，使之无力化而日趋于崩溃。为什么？因为：（一）在平时敌国的生丝，百分之八对美输出，而美国所产的棉花，百分之一点七系运往敌国。（二）在一九三七年的时候，敌国输美的货价，竟占敌全出口

---

① 躁：原文为"燥"。编者注。

总数之百分之六十五，美国输倭的汽油、机器、生铁、废铁、煤油、铜、棉花，占倭全部进口的百分之九十；欧战爆发，敌对欧酬出口锐减，而自德意运入的军火及其相关资料，也为之减少；敌为求延长其残喘，自唯有增加对美贸易，以求失之东隅，收诸桑榆；在此时果无商约或临时协定存在，那敌人所受的打击，所处的悲运，在敌人实不敢想像，因此之故，所以阿部登台，自兼外长后不久，即以所谊知美家野村大将继任，推其用心，即所以打开美日僵局，延长其垂危的命运，又美国宣布废止商约后，敌复宣称开放长江下游，次所以饵美，亦所以自救。

由上言之，是敌之切欲和好美国以图救其困难，大可概见。然则美国方面如何？迁就欤？是亦不可不略加探讨。

根据最近消息，毕德门一派系主制裁暴敌，而棉花商则主商约继续，避免无商约状态的存在，白宫方面，态度若即若离，亦松亦紧，此在美国执政者的立场，亦不能不如是，盖美国的底意，即在"待善价而沽"，敌人果能出上价钱，美国又何乐而不推销其军火货物；敌国方面，亦将因先天不足，不能不在可能范围内，对美屈膝，故美敌商约的前途，在笔者看来，大概不致出现无条约状态，若美日商约谈判失败，毫无疑义的阿部内阁必因之崩溃。

国立云南大学教授文集（一）

丁、敌资本家的愿望

敌国资本家——尤其是金融资本家是敌国的主人，是敌国的发号施令者。所谓敌国政府中人，政民等各党议员军部上层，本质上不过是他的工具，少壮派军人及极右分子在主观的意识上固然是反资本家，而客观行动的结果，正是为资本家效力。推是以论，如果阿部内阁早迟能完成美敌商约或临时协定而无大害于敌国，那少壮军人和极右派以及于二百五十个议员的反对行动，是有一定的限度的——这限度，或将以"鞭策"阿部内阁而不影其存在为止，也很说定；因为阿部内阁如果把续定美敌商约的大功告成，那获实利的资本家，已经皆大欢喜，又何必另起炉灶平地生风以自找纠纷？而况阿部内阁倒了，后继者并无俊才？再则资本主义的战时经济范畴，根本已规定了一切，任凭什么俊杰来干，根本只能比较的控制一切，使流弊比较的减少呢？

三、结　语

所以依笔者个人主观的观察，论阿部内阁的政绩，是应该崩溃的，不过崩溃的出现，是要在以下场合，即：（一）反对派势力不被分化；（二）议会再开以前或开会期中，敌国内外有突发的重大事变发生；（三）少壮军人和极右翼分子反阿部内阁的行动暴动化；（四）美敌商约的商谈无结果，美敌之间无商约状态的出现。有此四因或具其中一二，阿部内阁的崩溃，是势在必然，不可避免。否则在暂时间日稳健派的支持弥缝，议会中二百五十人的反对，是可因所谓五党首的调解游说而罢休的。

廿九年一月五日夜完稿
《新动向》1940 年 1 月 15 日第 3 卷第 7、8 期合刊

花旗外交

林同济

美国外交，在世界列强中，是有它的特殊性质，特殊风韵的。从某方面下说，它的确"德模克拉西"，它和纳粹外交恰恰占着两极的位置。纳粹外交是由一个极端集权的中心，本着它所谓的国家最高需要而一气呵成的。目标专一、清楚；手段迅速、秘密。美国外交乃是由社会上各种"利益团体"，本着它们个别的动机而多方怂恿的。目标模糊、错杂；手段迟钝、易测。

美国外交，就像美国一般内政一样，是国内形形色色的"压力团"（Pressvse Groups）的产儿，是各方面复杂势力，错综意志的反映。十之九都要集成一种标准的"杂碎"（Chop Suey）（相传系李鸿章介绍的中国菜，实乃美国特产，与中国烹饪术无干），这里一块肉，那里一片鱼，这里一条骨，那里两条葱，咸的、酸的、甜的、辣的。显然，当炉者不是名手独烹，乃是一群喧哗之众，自命为阃第的主人翁，你动一手，他交一脚，最后送上桌来的，竟是一团矛盾，不三不四。我无以名之，名之曰"花旗外交"。

花旗外交者，盖自成一式的美国外交也。如果这是德模克拉西，那么，我们可以断然下一句判语：德模克拉西是应付不了二十世纪的"战国局面"的！

一

请先从欧洲方面谈起，把亚洲政策留在下期再谈。

你我都晓得，目前美国对欧洲的外交，开宗明义第一点就是怕战、反战。反战情绪本是人情之常；却是美国人之反战乃有它的特殊历史背景，所以也有它的特殊心理意义的。且不管他们理由充足不充足，一般美国人是都感得上次参加欧战是一桩"上天下之大当"的勾当，既破财（放出几十万万外债，始终算不清），又伤命（好好的美洲健儿，送死十二万，受伤二十万），换到手的代价，竟是一个"赛洛克叔叔"（Uncle Shylock）的绰号和独裁者蜂起的欧洲！到底还是国父华盛顿眼光准确："莫要加入旧世界的纠葛！"在朝的、在野的，共和党也好，民主党也好，二十年来搔首焦思的问题，就是如何可以免避卷入欧洲漩涡？

一九三三年，希特勒上台，战的空气登时弥漫于全欧。一九三五年，义阿战事发生，美国便提出来她的法宝——就是"中立案"的宣布了。原来上次参战，最大原因在美国硬要维持"中立国的传统权利"。那么，这次办法，必定要釜底抽薪：把一向所要坚持的中立国权利先行自动放弃。所谓中立案的内容，荦荦大则中有：（一）禁止军用品出口；（二）禁止美国商船驶行战区；（三）禁止借款与交战国；（四）实行现购自运政策（Cash and Carry）。这些大原则，经以后逐年复议重审，大致不变，似乎已经成为美国对欧洲的外交《可兰经》了。"孤立"情绪膨胀①到最高峰，美洲对"旧世界"似乎已经决定采取"不过问"的政策了。你为你，我为我，办法倒也简单、直截、了当。

可是——去年九月霹雳一声，第二次欧战爆发，美国是不是即把原有的中立案全部施行？不！她连夜赶程地把它修正：军用品禁运一条，一笔勾消！

这是什么缘故呢？缘故在里面有个沉重的矛盾——

尽管美国人口口声声不断地申说欧战是欧洲人的事情，与美国"无关"；实际上，这几年来，除了国内经济复兴一问题外，再也没有比欧战更"有关"于美国的事情。至于最近九个月，老实说句话，欧战这个老题目几乎变成为美国上上下下的惟一事情了。

原来美国人绝对不愿卷入战涡，却也绝对不愿袖手旁观。尽管条文上郑重宣布中立，事实上显然"不甘"中立，显然"不是"中立。罗斯福老早就大告天下了：法律上虽然中立，良心上尽可有左右袒的自由。这句话，威尔逊在上次欧战初夕是不曾说过，也不愿说，不敢说的。其实禁运的删除，并不仅仅是一个良心上的偏袒，乃是活灵活现地事实上对同盟国公开援助。这一点的"现实政治"，张伯伦、丘吉尔晓得，希特勒也晓得（希先生的作风只是咬着牙战，不说一句话），你和我也清清楚楚地心中明白，本来用不着一般美国的国际法律家在那里盘三论四地，解释"中立"两字（Neutrality）在法理上、条件上，都无须与"不偏"两字（Impartiality）相符。

美国所谓"中立"，本来不是一个形而上或道德学的名词，乃是一个——不，实是两个——极具体的外交方案。中立者，（一）不要卷入战涡；但（二）要尽量援助英法。这两个方案，根本上是充满矛盾的作用的。欧战未发展到某程度之前，两者还可以马马虎虎鬼混过去。欧战发展到某阶段之后，两者乃非冲突不行。只是实验派的美国头脑，一时无暇问及！

二

为什么必要援助英法呢？

理由复杂——就和"不卷入"原则（Non - involvement in war）一样，背后有了无数的形形色色的"压力团"在那里"或推或挽"。但是从大处看，可先提出两点：精神的与政治的。（经济的，下段再谈）——

精神上着想，美国是必须援助英法的（必要记着，"援助"两字，在目前的美国人的脑中，总是带有"作战除外 Short of war"四个字做条件）。尽管你可诅咒美国人是宇宙间道地的"物质"膜拜者，在许多方面，他们却来得特别"精神"。论到"民治主义"（此处作广义的"德模克拉西"解），就是一个例子。究竟美国国内的政治与经济是否确确实实和民治主义的各种理想原则吻合，这是一个题外事。我们这里所要认识的：在斯密士或乔温士（Smith and Jones）——美国一般人——的脑中，美国"就是"民治；更畅意的说法，民治"就是"美国！

民治主义，民治精神，在英法各国，不过是他们近代的政治组织，近代的生活风度。民治未起之先，老早就有了英国、法国。民治消灭之后，英国人仍然还是英国人，法国人也当然还是法国人。不消说，现下的英法人都要爱重自治，爱重所谓"平等自由"；

①　膨胀：原文为"澎涨"，下同。编者注。

国立云南大学教授文集（一）

但是他们并不见得要直挺挺地指认民治"就是"英法人。

十数年来我个人接触所到的，总叫我觉得英国人脑海中灵魂中最宝贵的观念，如其说是"民治"，不如说是"帝国"——The Empire（英牌儿）。英国人而没有他的"英牌儿"，根本就恍惚不是英国人——紧好像三十年前许多中国人非有"小辫子"吊在背后便感觉不得他们的确是个中国人一样。惟其如此，丘吉尔的话是对的，英国必定要拼下去，尽管法国可以投降。理由简单：没有"英牌儿"，便没有英国人。如果德模克拉西与英牌儿二者不可得兼，你试问一问丘吉尔，问一问艾登，看他是不是要紧搂着他的"英牌儿"，他的帝国，而谢天谢地着欣把"德模克拉西"送回西天！英国这次"作战的目标"（War aim），据说是要打倒希特勒主义。为的是"民治"吗？为的是"帝国"呢？还是丘吉尔最近说得直截了当，坦白动人："我们的目标，只有一个字——胜（Victory）！"

法国人的"帝国"观念就来得差了（法国这次是可以，也必须，把所有的殖民地一齐吐出的。英国就失掉了三岛，也必定要保住他的殖民地——英帝国。这点希特勒也看清的：打倒"英国"不能说就是打倒"英帝国"）。这里是法国人的价值表格（Table of Values）："自由平等"重于"帝国"，"自由"重于"平等"。自由——个人自由——似乎确确是法国人的国宝了。然而法国人之所以自觉是法国人者，尚不在此。法国人心灵上的金刚钻，如其说是平等自由，不如说是一种"为人风度"（Savior vivre）——如何审美，如何风流，如何谈吐，如何品酒，所谓 Vie francaise 是已（法国此后的历史命运，恐怕也只有专顺着这方向发展）。

美国人那就"憨戆"（naive）得多——所以也就"精神"得多了。他们不折不扣地直认美国就是民治（大写的德模克拉西）；美国离开民治，便没有什么美国之可言。这里头是有它的历史原因的。民治是先美国之开国而存在，美国的神圣大法——宪法——便是民治蜕生出来的。在英国，在法国，论土地则有千余年宅居的背景，论民族则有数百年血统的意识。美国呢？她在短短百数十年间，奄①有一个大陆，汇合一百三十万的庞杂人口，"土"与"血"（Soil and blood）都不足以为民族意识的团合根据，所藉以融合一切，团结一切的，仍是民治的思想！林肯说过了，"我们先民在这个大陆上建立了一个新国家，她是脱胎于自由，奉献'人人平等'的原则的"。且不管客观的事实如何，美国人直觉上都觉得"民治"两字，就是他们民族的灵魂，民族的标志。有此则为美国人，无此则是亡国奴、无魂鬼。

因此，美国人对一切"反民治"的主义，都要特别神经过敏，极致其疾首痛心。对共产如此，对纳粹也如此。个中实隐藏着一种极微妙而极强烈的心灵上自卫作用（Defense mechanism），竟不是其他民治国家所能比拟的。像纳粹那样虐待犹太人，纳粹那般密探政府，那般惟力主义，那般反理智的思维术，强制性的宇宙观，在美国人的眼中，真是个万恶撒旦，专和他们清教祖先所苦心遗留的整个民治传统针针作对了。

此美国人所以感得必须援助英法者一。

就政治上说，美国也的确感得纳粹是一个极可怕的威胁。希特勒的大日耳曼主义是要直接冲入西半球的。阿根廷、巴西的德国人当然要构成为将来"第三帝国"的美洲先锋队；即是美国国内的德国移民的子孙也必要变成纳粹的细胞。本来上次欧战时，德国

国际
观察

参谋部就公开否认美国人是"整个"的民族，极容易被人分化。希特勒几年来便利用了德美联欢社以及种种类似的组织，暗中明里做了不少"撒种"的工夫。凡是属于日耳曼的"血"的，都应当对第三帝国"效忠"。这种作风是充满侵犯门罗主义的意义的——尤其是在南美洲若干国，好像已得到初步的成功。最后，还应当提起的：纳粹的半政治的现货交易政策也是一向是惯于自由贸易传统的美国人的眼中钉。美国人始终感觉得这种统制性的办法，是一种"不公允的竞争"，道德上就"欠妥"，且莫说它骨子里根本与美国的"金元政策"（Dollar Diplomacy）水火不相容！

从精神立场着想，美国人厌恶纳粹，从政治的利害计较，美国人畏惧纳粹。在畏惧与厌恶的两层心理的撼荡中，德国势力的扩张，早已成为美国人直觉上、情绪上，所不能承受的事实。但看张伯伦死心死意拉拢希特勒的当儿，罗斯福就已对德"撇脸"，召回大使一节，我们便可以测到美国对纳粹仇视程度之深了。

有一点，美国人近半年来确能愈看愈清的：英国海军实际是充了美国国防的第一道。"多谢上帝设了一个大西洋"，美国自来都喜欢这样说。近来才发觉：没有英国海军，欧陆上五花八门的危险势力早已飞渡天堑了。百余年来，英国海军无形中替了美国在那"恶浊不堪"的欧洲外围，安排着一道"防疫带"。记得若干年前在密西根大学时，梵太音教授就告过我了："宣布门罗主义的是美国的门罗，执行门罗主义的是英国的肯宁（Canning）。尽管美国外交到今天还唱着一套老招牌——孤立也罢，门罗主义也罢，门户开放也罢——这一点是铁般的事实：一切的一切都建设在英国十四五艘主力舰的上头。"有了英国海权约束着欧洲，美国省去了两海洋独立舰队的维持。有了新加坡、菲律宾成了美国在远东的瞭望台。这不是说没有英国海军，美国便毫无办法，乃是说现有的美国各种办法都是以英国海权的现状为前提。打破了英国海权，美国整个的外交形势立刻要起了空前的革命。

此美国人必要援助英法者二。

三

援助的办法如何？最具体的就是取消军用品的禁运。

单就取消禁运本身说，还看不出美国的偏袒。理论上，交战国双方都可以向美国购买军火、飞机等等。却是因为另有"自运"条件的规定，没有海权的德国实际上享不着购买美国货的权利。同盟国（现在只是英国了）独霸海面，可以源源不绝向新大陆取给取资。虽然这次三叔叔（Uncle Sam）政策是"恕不赊账"，但只需牛约翰（John Bull）有钱买，三叔叔就有货交。轮到钱的一节，牛约翰自来不愁无着的。于是一批一批的飞机、军火、基本原料，也就向百川朝宗地东渡三岛了。而同时，一切平稳，三叔叔还是"中立"。只须有英国海军在第一道"防疫"。希特勒的狂风是扫不到纽约、华盛顿的。真是个公私两得，一面援助"得道"的友邦，一面又可以免避"卷入"的恶境。中立案不愧千秋的"巧结构"哉！

然而关键就在这里。中立案的巧处也就是它的矛盾处。无情事实的展开，已经逐步地把那潜在的矛盾咄咄迫将出来！

原来最近修正后的中立案，它的作计是以上次欧战的形势为张本的。换言之，大陆上有法国陆军抵住而造成胶粘式的壕沟战，大海上有英国海军独步而维持蛛网式的供养路。有了这两道稳定化的战线，美国除了供给军火之外，无须乎再作进一步的处置，美国尽管可以尽量对英法送货，也可以不怕犯触希特勒军事上的报复，整套的打算毕竟还是在"马其诺头脑"（Maginot mentality）的笼罩下蜕化出来的，如果它不是以马其诺为前提，它最少也是以英国海防线为前提的。问题在这些前提是不是站得住？

法国陆军已是一败涂地了。与德义停战之后，不但一九一四年至一九一八年的壕沟战已成为过去的"幻想"，就是法国整部的富源也成为希特勒攻英的资料。三五日后大举扑英的序幕便要揭开。英国的海军支撑得住吗？这次英德间的形势与上次根本不同。上次英国海军，始终是做大陆上壕沟战的副战队，这次却成为德国扑攻的主要对象了，孰胜孰败尚不可知。但我们回想一九一七年英国在德国潜艇战的威胁之下，差两星期便皇皇然将要绝粮，我们不能不感得在新战具——飞机、U舰、快艇——上下夹攻之下，德国即不能直登三岛，重挪曼克英的故事，恐怕也大有完成"封锁"的可能，把英人饿死于粉山（Chalk Cliffs）。丘吉尔说：虽然英国飞机不及敌人，大家不要忘记了英国海军还是金瓯不缺。其实问题也正在这里：优势的海军是不是可以战胜优势的空军？这问题此后两三月内战事的发展可以决断。目前英国是颇吃紧的。看她海运军火与粮食已经忙不过来（到今天食粮的蓄积只不过数星期），以致想要移出二十五万儿童于各自由殖民地，船只愁不给。史汀生提议由美国商船出来帮助移运儿童，军舰出来帮助护送粮食，便是看出来英国海运吃紧而谋接济的。如果现刻已感到美国海权出助的必需，到了德国"反封锁"肆威之时，美国却当如何处置呢？不出助则英国循至沦亡，出助则美德战事不免。

看来欧洲战事不久就要达到一个关头：美国对英不作进一步的援助，就等于不援助。那时辰的美国，不是要忍气垂头地承认它整个欧洲外交的崩溃，便是要根本抛弃"不卷入"的立场，把"援助"索性引申到"参战"的一着。美国那时刻何去何从，暂且不论。我们所要指出的：这个无情的抉择是包含在目前政策的矛盾中！

四

取消军用品禁运一案，还有一个极现实的动机：就是藉飞机、军火的大批出售来救一救国内经济的不景气。

七八年来罗斯福的新措施（New Deal）用意无非都是要刺激工商业的复兴以减少失业人的数目。费尽了回天转地的气力还免不了"不时的回折（Recession）"。难得老天爷眷赐了第二个欧战，美国人那有还不肯赶快投机？从这方面看去，欧战并不是完全罪恶，乃是一个求之不得的千载因缘——特别是军火商人、飞机厂主，早就在议会接待室孜孜运动（lobbying）取消禁运一案了。

利用"战时繁荣（War boom）"来拯救经济的不景气，当然是个办法。不过经了有名的"奈意调查（Nye Investigation）"的揭发，美国政治家也都能晓得战事繁荣不宜过度。这里有一个经济的矛盾：赶快解决多年未决的不景气问题，最方便的办法是无限制的战时繁荣；但无限制的战时繁荣，一方面可以惹起生产消费的脱节，一方面又可以引起物价暴涨的危机。物价暴涨对大企业家、大金融家是"不大在乎"，吃亏最重的却是薪俸阶级，所以美国现在是一面欢迎战时繁荣，一面又生怕战时繁荣的！这个经济矛盾与上段所述的政治矛盾，恰好双双对称的。

对付这个经济矛盾，美国办法又是一种不即不离，半推半就的"中庸之道"。战时繁荣是非要不可的，只是要慢缓些、少量些。从这点看去，所谓"现购自运"政策，作用不仅在预防参战，乃亦在预防过急的繁荣，过大的繁荣。

无奈自由资本社会的经济规律在这里又创出一个恶性的循环。"现购"政策，迫使英法与不列颠自由殖民地的现金不断地流入美国。目前美国已拥有价值美金①一百七十万万的黄金，等于全世界现有量百分之六十。过剩的黄金实是通货膨胀的一个最好条件。如此则似乎美国应当不欢迎黄金入口了。但是除了要求"现购"之外，美国为援助英国起见，正在无限制地以每两三十五元的重价购买南非洲与加拿大的金产额。长此以往，全世界的黄金都要集中于美国。到那时候，无金的国家也许要取消金本位，只有三叔叔高坐在金山的顶峰，黄金的价格岂不是要一跌而成为现价格十分之一、廿分之一？那么，目前三叔叔的"唯金"政策，实际上乃等于赔钱政策，与上次欧战借款被人赖债的情形，岂不是名异实同？却是事到今日，如果忽把金价贬低，产金的国家——尤其是不列颠帝国——将要立刻受影响。

谈到这里，我们可以看出美国现下处境的复杂性了。她要利用战时繁荣，又怕繁荣过度，却是任何节制繁荣的办法都不免有妨于援助英国的效率。有一位美国学者曾说过：在自由资本的社会组织下，原来找不出一个妙术，能够对这几个矛盾的动机予以同时的满足！

这也许是暗示：必定采取统制经济或全能组织，才能够跳出这个恶性的循环。

《战国策》1940 年 6 月 25 日第 6 期

---

① 金：原文为"国"。编者注。

日本人的自杀

——日本民族性的研究之一

刘叔雅

苏东坡和章惇是自幼极亲厚的朋友。他们两人时常同阵出去游山玩水。有一天东坡和章惇同游仙游潭。潭下是万仞的悬崖绝壁，两岸很陡很狭。用横木架个飞桥。章惇推东坡过去题壁。东坡死也不敢过去。章惇却迈开大步走过去。用绳索系树，蹑着上下，神色不变的，用漆墨濡笔，在石壁上大书"章惇苏轼来游"六个大字。东坡拍着章惇的背说道，子厚必能杀人（惇字子厚）。章惇问东坡何以见得。东坡说道："能自拼命者能杀人也。"章惇呵呵大笑。这是一件有名的故事。章惇这个人果然是敢作敢为的，后来做出惊天动地的非常举动来。东坡一时的戏言，其中确乎含有至理。凡是自己能舍得性命的，必然能做出非常的大事，能要别人的性命。知道这个故事，懂得苏东坡这句话的，就可以了解日本人的自杀，了解日本的民族性。

中国人论日本民族性的书很多，无待我来介绍。西洋人论日本人的书，我见的也不多。据我看最有价值的要数美国荷马李将军的《日美战争论》和薛莱尔氏的《日本向世界挑战》，这两部书为最有见识、最有价值。荷马李将军是世界知名的战略家，最有远识卓见。远在辛亥革命之前，国父就十分器重这位天才的军事家。民国元年，国父在南京就第一任大总统，就聘请这位李将军为军事顾问。国父一生行军用兵的谋略，很受李将军的影响。记得辛亥年冬天，我在南京看见仪凤门内英国领事馆和旧水师学堂的左近，有一座沿马路的洋房，门前挂一块黑字的牌子，"李将军行辕"。我那时候年青，不知道李将军是谁，问旁人也都不知道。民国一年冬天，我在东京，才听见一个日本人说，美国有一位老军官，名叫荷马李，是国父的顾问。不久又在日本报纸上看见《日美战争论》日文译本出版的广告。我本喜欢看小说，更喜欢看打仗的热闹小说，赶快花几毛钱买了一本，看起来十分的有趣。李将军真有远识，他料定美日两国必有一场大战。他为要警醒自己的国民，故意的说美国必败，日本必胜。他在三十多年前预言日本的海陆军怎样去攻取菲律宾，怎样的袭击美国在太平洋上的军港。三十多年之后，他的预言一一都中的[①]。去年日本海陆军攻取马尼刺，进兵的路线，几乎和他的预言一点不差。他所没有提到的，只有航空母舰、零式战斗机和降落伞之类最近发明的武器罢了。海陆大军的战略，可以说是完全验应了他的话。日本人要出兵攻取菲律宾、南洋群岛、太平洋上军港，其运兵行军的策略，本有地理上的必然途径，见识高远的军事家，事先推测出来，这还不算怎么奇。最可佩服的就是李将军能深切的认识日本民族性，由这上面，早早的预料着三十多年后日本的战略。他的书上所注意的不仅是日本舰队主力舰的排水量几万吨，大炮的口径十几英寸。他所深深注意的，细细描写的，是日本东京九段坂上的靖国神社的状况和每年大祭时国民怎样热烈、怎样虔诚的光景，写得十分生动、十分详尽。

---

① 中的：原文为"的中"。编者注。

要知道，靖国神社里所奉祀的忠烈，并非全是在沙场上战死的人。这中间"阵亡"的不过少数，大半都是自杀的。李将军对于日本人的自杀认识得十分清楚。他说最足以表现日本民族性的是日本的自杀，日本人自杀的方式。薛莱尔氏的书也能深切的看透这一点。薛氏久居日本，深通它的语言文字，能读日本各时代的文学作品。所以他能真正的了解日本民族的特性。他的书上把舞台上的自杀操演和教育上的自杀练习，都叙述得清楚明白。他几部书有陈清农的译本，近年才出版。坊间很容易得，我不用再介绍批评了。

自杀这件事的是非善恶，尤其是中国和日本人自杀的是非善恶，我们是要用另一种眼光看的。西洋人只知道耶稣，因为耶稣教的经典上说自杀是一种罪恶，就不管哪一种的自杀都一笔抹煞，一概认为罪过。宗教上的义理既是如此，哲学上的评论也无二致。以叔本华先生那样的悲观厌世的思想家，也都极端的反对自杀。不过他的说法很高超，他认为自杀是只能把一己的肉体毁灭，并不能得真的解脱。佛教的经典上，对于自杀也不赞成，可是也有罗汉以自刎而证果的。有名的大菩萨龙树，就是用干茅草刎颈而死的。据我看来，还是中国圣贤的说法最有道理，"死有重于泰山，有轻于鸿毛"。自杀的是非善恶，是要看"为什么"自杀，才能论断的。市井的匹夫愚妇，因为闲事闲非吵架，一时心灰，悬梁跳井，吞金服毒，这诚然是一种罪恶。还有一等存心要害别人，服毒自尽，好让自家人借尸讹诈的那更是下作的行为。至于以一死殉国殉道，如中国陆秀夫之抱帝昺蹈海，希腊苏格拉底之从容仰药，这都是伟大的人格完成。我们只当敬仰他们的忠贞壮烈，不能有丝毫的非议。就在西洋人写的悲剧里，如莎士比亚戏剧里的一齐自杀，也不能一概都视为罪恶。何况古今来无数杀身成仁，舍生取义的烈士呢。

日本的历史，简直可以说是一部自杀史。自古以来，无数壮烈的自杀，真是罄竹难书，日本人所最崇敬的忠烈楠木正成，也并不是战死，乃是转战到凑川，势殚力竭，说着"七生报国"和他的兄弟拔刀互砍而死的。《忠臣藏》上，赤穗四十七义士，个个人都是切腹的。世界自杀得最庄严的，不得不搬日本人。日本古代武士的自杀，真是一件大事。他们是有一种自杀的礼服，谓之"白装束"，在预定的日期，约会亲友，宴饮告别之后，穿起这种"白礼服"来，坐上高台，先用刀在腹部一刺，割一道横裂口，再割一道直裂口，把肚肠掏出，再在喉头自刺。他们要讲究自杀得规规矩矩，不许乱刺，不许歪倒。要是年纪老了，才可以请一位至亲密友，帮助他刎颈断头。论他们穿着自杀礼服，登台表演，这也并不稀奇。因为这类的自杀都是奉到君上的切腹令，等于中国古代的赐死，赐自尽。前代大臣的赐自尽，算是格外加恩，免了捆绑到市曹去斩首。也是先要素服望阙叩头谢恩，然后到屋里悬梁自缢的。在临死的时候，也是亲友去生祭，饯别。这种被逼着非自杀不可的，当然不会有人去拦阻他，救他的。所难的在他们的那样杀法。一刀刺进肚皮，割一道裂口，这已经极不容易为。何况要把刀拔出，再割一道裂口，又再刺喉刎颈。还不许倒下去，要讲究端端正正伏着死，上文说过的，日本历史上自杀的实在太多了，做一部大书也说不完。我现在只举最近代两三件著名的自杀为例。因为要知道这两三件事才能了解日本的民族性，也才能真知道日本陆海军。明治天皇崩，大葬那天半夜里，乃木陆军大将自杀了，他的夫人静子也陪他自杀。乃木大将是日俄之战攻取旅顺口的名将。明治天皇崩于国家全盛之时。在外国人看起来，实在不懂他为什么要自杀，可是据他早已写好的遗书上看，他的死志是决于几十年之前的。因为往年西乡隆盛造反的时候，乃木是一个中佐，率领一联队官兵去征讨。有一次战事失利，官军被围。乃木把联队旗交给一个军官，令他突围。这个军官战死，联队旗落于敌手。日本每个联队的军旗是由天皇在隆重的仪式之下，亲手交给联队长的。乃木认为失却天皇亲授的军旗，非一死不能谢罪。他又想着白死无益，不如以必死的心去为国家打仗。中日、日俄两次大战，他都建立大功，他认为总不能赎失旗的罪。所以在先帝大葬的时候，终以切腹自赎。他是六十多岁的老将了，他的夫人又不能帮助他刎颈断头，所以未能按照正式的"礼节"，只在腹部划了一个十字纹，就刎喉而死了。乃木是典型的日本武士，诗也有很好的。他在带兵攻旅顺的时候，有"征马不前人不语，金州城外立斜阳"之句，可谓情文兼至。战胜凯旋的时候，又有两句诗道"愧我无颜看父老，凯歌声里几人还"。因为他率领的第三□，屡次用密集队猛扑旅顺的要塞，死伤的士卒很多。他自己的两个儿子也都战死。他归国后口不言功。每见故乡的父老，总是流涕，说"我伤你们的子弟太多了"。民国元年他自杀，全世界都震动。西洋各国的刊物上著论批评的很多。大概都是以耶稣教的观点去看的，很少中肯的话。第二件著名的自杀是草刈中佐在火车上切腹。近代日本在国际会议上有两件重大的退让。第一次是在美国华盛顿会议上承认了海军主力舰对英美五比五比三的比例。就是日本海军主力只许保有对英对美五比三，对英美主力的总和成了十比三了。这在当时倾向民主立宪的政府，内举国力，外观大势，本是贤明的措施。况且这是以美国不加强甘姆岛的军备，日本重建陆奥号主力舰为条件的。日本并不算吃亏。因为只要日本不对别人取攻势，这个数量的海军也尽够维持国防的安全了。这回日方的代表是名将加藤友三郎。加藤是日俄之战辅佐东乡元帅建立大功的智囊，他如何会教日本的国防上受危险呢？伦敦的海军军缩会议，所商讨的是巡洋舰等补助舰艇的比例。日本当时正是民政党全盛的时期。主持其事的正是滨口、币原、若槻这班比较开明的政治家。现时的东条才是个地位卑微的少将。今日的海军统帅山本，正是一个专门的随员。那两次会议的结果，日本也都并不吃亏。日本是在条约所许的限度，充充实实的建造足了他的各种军舰。英国是老老实实的遵守信约。预定要造四条"豪德"级四万五千吨战斗舰的，结果裁减了三条。剩下一条豪德号，前年被德国新造的俾斯麦号击沉。一时竟没有四万五千吨的战斗舰。美国是更吃亏。在条约的空文上虽然争得五对三的比例，实际上并未建造。以致在战事发生的时候，海军实力和日本相等。据专家的估计，美国海军在速率上比日本还要逊一筹。可是日本海军中的急进派将校竟认为这些条约是危害国家的。许多青年军官相约自杀。草刈中佐为要引人注意，在火车上用军刀切腹了。这一来也是全国震动，引起了海军内部和政治上的大波澜，内阁和议会的权力大受摧残。

第三件是古闲少佐的自杀。古闲少佐在上海和中国兵打仗。他受了重伤，昏倒在战场上，不省人事。恰巧中国有一位军医，留学日本的时候认得他。这位军医感于战时的国际道德和私人的情谊，把古闲少佐救起，极力替他医治。等到那年淞沪协定成立，古闲少佐的伤也痊愈了，把他送还日本军。不料古闲少佐是个典型的日本武士。他觉得被敌人俘获，无论被俘的情形如何，总是军人的奇耻大辱，非一死不能涤除这个污辱。他到长官的墓前行过敬礼之后，开枪自杀了。这当然也震动一时。自军部的主脑以至一般社会上的人士，对古闲少佐都赞扬备至。荒木大将更是推许为日本武士的典型，认为日本精神的花。

自杀这件事的是非善恶究竟如何，那是要留待哲学家、伦理学家去讨论研究的，我们且不去管他。不过苏东坡说的一句话，"能自拼命者能杀人也"却值得我们深深的注意。日本之"能自拼命"确乎是日本民族的强点。我们现在正和这个"能自拼命"的国家民族拼命，更要注意这一点。试看我们两国各出战百万的大兵，在几千里的战线上，打了几年的仗，到今天生擒活捉的俘虏一共才有几多呢。再看上次欧洲大战和这回欧洲大陆上的战争。每次大会战，每攻下一个城镇，俘虏总是成千成万的。法兰西一败，被俘的有一百几十万之多。意大利的军队更有趣。前次欧战和这回在北非，在苏俄的战线上，常常有整个军团师团，带着完全的武装向人缴械投降的事。这是什么缘故呢。因为东西洋人的思想根本不同，道德意识和伦理观念也有绝大的差异。东洋民族很能轻死重义，有宁死不辱的精神。每到临难的时候，总不肯苟免。不惜以一死表示成仁取义。西洋人则不然。他们固然也很勇取，很壮烈，可惜所受的数学教育太深了一点，由精密的计算变成了聪明的打算。敌人和自己两方的人数，炮的口径射程，以及后方运输的情形，都算得清清楚楚。要在同等的情况之下，他们当然也很能打的。可是一遇到枪炮口径射程数量都大相悬殊的时候，西洋人就认为这是无法再打了的。所以西洋兵在三面受包围的时候，就认为这是可以投降的，并不以做俘虏为耻辱。除了苏联这次的恶战之外，西洋兵很少溃围的事。唯有中国兵不知道这个。器械无论怎样差，配备无论怎样坏，仗总是要打的。四面被包围，八面被包围，也是要死守死拼的。五六年的血战，全军覆没，完全歼灭的事是常有的，缴械投降的事是没有的。日本兵也是如此，向我们缴械的并不很多。

我因为这件事关系极大，将来反攻的时候，决定战略战术，都很有重大的关系。甚至于将来战事终了之后，我们要怎样去应付这个紧邻，也都有注意到这一点的必要，所以不惮辞费，说了这许多的话。我还有很多的话要说，预备在报上和国人从长的商讨。

《云南日报》1942 年 12 月 16 日第 2 版

日本统一世界思想之由来

刘叔雅

　　十多年前日本早已使用正式军队，占据了东北四省。六七年又发动大规模的战争，起倾国之兵，向我们猛攻。全国被他蹂躏的地方有十几省，被他屠杀的人民有几百万，财产被他掠夺毁坏的更是巧历所不能计。我们中国人对于这个深仇大敌，似乎人人都该有深切的认识了。可是据我个人的观察，除少数有识见的人之外，一般大多数人还是不大清楚。从前就是误于对日本认识不清，才吃到今天这样的大亏。以后再不认识清楚，恐怕战胜之后还会遭到意外的祸灾，像现在的法国这样。我觉得这是我对国家的义务，要把日本"为什么非要吞灭中国不可"的所以然，著书立说，广为传播，使大家都深深的明白，牢牢的记着。

　　要知道日本表面的情形，这并不难。他的陆军有多少人马，海军有几只兵舰，以至财政的岁出岁入，经济的盈虚消长，学校共有几个，工厂共有多少，只要花几圆国币，买一部年鉴，就可以随时翻检，一览无遗。要知道得更详细些，也只要再多买几部刊物，就可以清楚明白了。唯有一个国家民族思想上的指导者，精神上的原动力，这不是年鉴月刊上查得出的，非稍稍留意他的历史，考察他的思想上的根源不可了。我虽不是研究日本历史的专家，因为幼年留学的时候，有过些见闻，受过些刺激，深知这个虎狼国就在紧隔壁，将来必为中国的心腹大患，不是西洋各国只图在商务上赚几个钱可比。所以，在功课的余暇，稍稍留心去观察，发见日本这个国家立国的精神和世界各国根本不同。这一点是我们和世界各国人都该注意的。

　　"日本在几十年前既受西洋各国的压迫，又觉悟西洋科学和近代典章制度之美备，所以发愤图强推翻幕府，变法维新，他的国家富强了，于是向外发展，侵略中国。"这是一般人对日本的看法。这种看法好像是十分正确，毫无错误的。世界各国的人士，对于日本也都是抱着这样的见解。我自己起初也是这样的，以为日本经过明治维新之后，国富兵强，接连着把中国和帝俄两个大国打败，于是骄横起来。上次欧战又给他占了绝大的便宜。近十几年，意大利的法西斯、德国的纳粹更给他许多激励、许多诱惑，所以造成日本的今天这个局面。

　　以上等等的见解，据我看是完全错误的，是倒因为果的。日本是先有并吞全世界的野心，后才有推翻幕府，明治维新的事。他是为要统一世界，才肯事事效法西洋的。这和中国古代赵武灵王之"胡服骑射"是一样的心事。他并不是因为富强了才要向外发展，乃是因为要想向外发展，才力图富强的。所以"统一世界"的野心是因，明治维新是果。当时的幕府，征夷大将军德川庆喜和他的大臣，如果是顾名思义，有志"征夷"，而不谨守家康公以来传统的锁国政策，日本人或者不一定要把那个七百年以来久已统制全国的霸主推翻。因为幕府的传统政策是和美国从前的孤立派一样，要把日本的门户关锁起来，与世界隔绝，这和当时有志之士开辟进取的意思大相违背，所以轻轻的就被推倒了。他们是为要攘夷才尊王，为要统一世界才维新的。

日本明治维新的历史上，有两件大事最值得注意：就是西乡隆盛和江藤新平的事。西乡隆盛是拥佑明治天皇，亲自提兵打到江户城下（现在的东京），推倒幕府，建立明治政府的元勋。他是明治维新的首功，明治天皇的第一个忠臣。后来他又在乡里的鹿儿岛起兵，用最忠于天皇的大将筱原国干做先锋，要杀上东京去，打倒政府。天皇派亲王为大将，出兵讨伐他。两军经过几次血战，西乡隆盛是"授首"了。可是不多几年之后，天皇特在颁布宪法的日期，下诏昭雪西乡，除去"贼名"，追赠最高的爵位。并且用他的兄弟西乡从道做海军大臣。他一个人，既是拥戴天皇、建立维新政府的第一功臣、第一忠臣，同时又是公然起兵要杀上东京，推翻政府的叛逆。既是授首的叛逆，又下诏昭雪，除去贼名，受朝野一致的崇敬。这中间的消息是怎样的呢？江藤新平也是明治维新的元勋之一，他身任司法卿的重职，努力修订法典，创立法院，要想收回法权。在明治初年的立法司法事业上，他的功绩是不可磨灭的。可是在罢官归里之后，也忽然的造起反来了。他率领子弟兵，在故乡佐贺城起事，杀进公署，抢掳库银，公然的树起反政府的旗号。政府当然也派兵讨伐。他是个文官出身，手下并无精兵猛将，绝不是西乡隆盛可比。所以，马上就被政府的兵打平。他是被生擒活捉，交付法庭，经他自己从前做司法卿时所任用的法官审判定罪，处了斩刑。后来政府对于江藤新平的昭雪荣典，虽不如西乡之隆重，也是同样的受朝野的尊崇思慕。今天日本人提到江藤新平，总认他为国家的忠烈，并不说他是叛逆。和西乡、江藤相类似的还有几个，现在不去枚举了。

这都是日本明治初期的大事，轰轰烈烈，彰明较著的。要是单从外表上看，令人无从索解。国家的元勋功臣何以忽然又造反。既然造反，经政府派兵讨平，明正典刑，何以又受昭雪荣典，受朝野上下的崇敬呢？其实这很容易明白，日本人也并不讳饰，就是他们都是急于要统一世界的。要统一世界，第一步当然是要先把国内保守的幕府推倒，建立一个进取的政府。这样的政府既已成立，在他们的意思，马上就该动手向外发展了。琉球从前做过萨摩的附庸，又近在手边，是早已取得了。第二步就该大举攻朝鲜，攻中国，进而掠取印度，远征欧洲了。所以，在明治才改元的时候，就有所谓征韩论。因为先吞朝鲜中国，后吞欧美各国是他们在建立明治政府之先早经决定的国策。他们就是为要实现这个统一世界的国策，才推倒幕府，自己组织政府的。另一位开国元勋岩仓具视公爵，本来也是和他们志同道合的，并且早已和他们商定了出兵的计划。可是岩仓在动兵之前，出洋去考察欧美的典章文物。他回国之后，认为朝鲜中国虽然唾手可得，欧美各国却不是那样容易征服的。所以，他出国之前虽然也赞成急进的岩仓，回国之后，极力主张暂缓。同时也有几个人，如大久保利通等，也都认为"统一世界"是百年的大计，应当有个步骤。在国力未充实的时候就动手，恐怕难免要受挫折。岩仓既主张先修明内政，后征服世界，这是稳打稳扎的办法，也就跟着他，赞成暂缓了。西乡因为所以倒幕尊王者，为的就是统一世界。现在连最近最愚弱的朝鲜都不敢去取，还说什么征服世界各国。认为岩仓大久保这些人都是苟安固位的小人，不能共事。尤其是岩仓，他自己在明治维新之前早就决定的大计，出洋回国后忽然翻悔，自食其言。这在武士的道德上讲来，实在太无信义。西乡和大久保一顿争辩之后，拂袖而起，一直挂冠归里了。回到家乡之后，他并不肯做高蹈的隐士。他努力办军事学校，以兵法□勤故乡的子弟，准备起兵，后来他的军事上虽然失败，死于乱军之中，但是政府的当局和讨伐他的将士都深知西乡之起兵，绝非是野心异志，乃是出于为国家谋统一世界的真诚。据说他临殁时住的山洞里挂着一张世界地图，图上用笔标注着出兵征服的次第路径。征讨他的官军将士，看见了大受感动，痛哭再拜，立志继承他的遗志。

江藤新平的情形，大致也和西乡一样的。他的乡里是佐贺。佐贺这个地方，在日本历史上实在是太重要了。元朝派几十万大军去攻日本，就在这里上岸。至今那博多湾的海岸上还遗留着防备元军的石垒。日本有史以来第一次的大举入寇中国，明代万历年间丰臣秀吉之侵略朝鲜，也就是从博多湾用兵，这是日本历史上最重大的两件奇事。博多湾既是历代敌国外寇侵入的地方，那地方的人自然的国家意识非常强烈。我所要细说的，日本侵略中国，并吞世界的真大本营，玄洋社，也就在这个博多湾。那时候江藤新平由东京辞职回乡，觉得政府当局都是"肉食者鄙"，不足与谋大事。他竟率领少数的子弟兵在佐贺起事，预备从佐贺出兵直趋朝鲜。当时的政府虽然也是要征服朝鲜，并吞中国的，在根本国策上和江藤并无二致，但是认为实行的步骤不可如此的鲁莽。他们生怕在国力尚未充实之先，贸然一做，会引起列强的干涉，反而误了大事，遂忍痛派兵平定内乱。江藤是被政府的兵生擒，被政府的法官判处斩刑。佐贺人对他的尊崇却是无以复加了。佐贺地方建祠立碑。佐贺的子弟奉他为模范。明治维新的另一位元勋大隈重信侯爵是佐贺人，陆军的一位大头领真崎大将也是佐贺人。江藤当时被擒后，审判他的就是他自己做司法卿时所任用的法官，这也是一场著名的悲剧。日本人因为江藤是作法自毙，称他为"明治年的商鞅"。可是他的同乡后辈以及全国的青年，立誓继承他遗志的很多。其结果就是：朝鲜被并吞，中国被侵略，这次对英美的宣战，南洋的被侵占，以及今天南太平洋的大战。

明治维新的元勋几乎都是王阳明先生的信徒，这是人所共知的。但是这是指他们个人的修养而言的。至于他们的政治理想，却是朱子的思想。朱子的学说，在日本从前很少有人研究。明末清初，中国的大学者朱舜水先生到日本去乞师，求日本出兵帮助明朝抵抗清兵。南明时忠义之士往日本乞师的很多。黄黎洲、张非文都去过。我还看见过当时的大将军和张非文笔谈的记录。同时也看见大将军对全国诸侯下的动员令。叫他们准备出兵，要登岸后就把船焚去，实行"破釜沉舟"。尤其可怕的，是要借"助明抗清"之名，实行占领中国的大江以南。看了真令人毛骨悚然。黄张诸公乞师未得结果，都回国了。朱舜水先生格外的激烈，他宁肯老死异域，不愿回中国。那时候候川氏的亲藩水户藩主十分崇敬朱先生，就留他在水户讲学。至今水户还有朱先生的祠堂。东京也有遗迹。他们都谨敬保存。朱先生讲学的结果，就产生了水户学派。这水户学派的人，都崇信朱子的学说。朱子生于南宋，眼见中原地方沦陷于金人之手。国家偏安江左，对仇敌的金人屈体求和，他心里岂有不十分愤怒之理？所以，著书讲学都是要天下一统，提倡尊王攘夷他春秋的义。例如宋太祖之取天下于柴氏，手段虽是突然的兵变，临登基时还抄袭前代的老文章，讨了一张禅让的诏书。宋代人做通鉴就不敢不以魏为正统，朱子因为宋高宗的偏安很像刘备的四川做皇帝就前大胆把□□□□□□□□的纲目是以蜀为正统的。在我们现代人看来，谁是正统，这是不值得再去讨论的了。日本人受中国朱子的影响对于这件事却十分的认真。他们的历史上也分南北朝。有的人主张"神器"所在为正统，有的人主张现在皇室的嫡祖为正统。各有各的根据，相持不下。南北两朝既都是太阳神的后裔，竟无法解决。以至因官定历史教科书上的正统问题引起政潮，闹到内阁瓦解。即此一端也可见朱子学说在日本人心目中有多大的影响了。

讲到春秋大义"尊王攘夷"这里就有个难题。就是□□国春秋大义看来，日本人自

国
际
观
察

351

己确乎就是"东夷"。这怎么说呢？关于这个华夷的问题，水户学派中间也有过一场争辩讨论。有的人说，《孟子》上既有"舜东夷之人也，文王西夷之人也"的话，虽是"东夷"也并不算是耻辱。这和清世宗《大义觉迷录》上的说法一样，很讲得去口，可是佐藤信渊先生对于这一点上有一番妙论。他说所谓"华"、"夷"的分别是要看文化的程度高下来定的。并不能专就种族上去分别谁是华，谁是夷。日本的文化程度极高，并且自古以来未曾被异族征服过。所以日本并不是"东夷"，而是十足道地的"华"。中国人是曾经被蒙古所征服，当时又正是满洲人的臣仆，这地位之低，是在蒙古女真人之下的。所以中国人是连"夷"的资格都够不上的。记得我往年在北平清华园里，把佐藤的书给老友杨树达先生看，他气得拍案大骂，直跳起来，说这真是"岂有此理，气死我也"。

　　说到佐藤信渊就联想到《宇内混同秘策》这部书，水户学派的人士既是主张春秋大义，要实行尊王攘夷，做到天无二日，民无二王，大一统的地步。这派的巨子佐藤信渊就著了一部《宇内混同秘策》。因为那时候的幕府是谨守锁国主义不愿得罪外国的，他这部书不能公然的印刷发行，只有传抄给同志们传观。到了百年后的今天，也还很难看见。我是始终未曾见过全书的。只是从他的信徒的著作里，看见过征引的许多片断而已，就从①那些零碎片断里，也看得出他其部征服全世界的计划是怎样的精密周详了。陆军作战的计划，我是未曾看见，海军的计划也只从别的书引的看过一条。百年前西洋也还没有鱼雷艇。他的计划是用一只大驳船，上面载一尊和船差不多长短的大炮。上面用芦蓬掩盖。冒充送淡水，卖菜蔬的。摇到西洋人兵舰的旁边，对他的水线瞄准，把炮点着一轰。这种的袭击法当然是很蠢笨的，未免可笑。但是日本这回袭击珍珠港也就是这样的精神。尤其可怕的是他的经济计划。那时候西洋也还没有全国总动员的话，也还没有托儿所这类的制度，他都早想到了。他主张全国的壮丁都上战线，把农工商贾的事交给老弱和妇女，连年青的妇女也都要从军，替战士们洗濯缝纫，烧饭看病。把吃乳的婴儿交给后方的托儿所，用豆浆喂养。又主张全国的人，不问男女老幼，都要在原有的工作外多做一个时辰——就是现在所谓两点钟，那时候钟表还不通行哩——的事。把这额外工作所得的钱，交给公家去经营国内外的贸易。据他的预算，这样的做一百年，积聚的金钱，连本带利，数目大得可惊，足敷征服世界各国的军费了。这些办法，他都有详细的计划，正确的数字，并不是一味闭着眼胡说，也不是纸上谈兵的空话。他的弟子信徒，就是为要实现这《宇内混同秘策》的理想，推翻幕府，建立新政府。自从明治的维新以来，并吞朝鲜，侵略中国，攫取东北四省，大举攻中原，现在又对英美宣战，攻取南洋，都是着着的实现佐藤信渊的理想，其所运用的手段方式，虽然因为时势不同，多少有些改变，至于根本的理想，却是一贯的。欧美的政治家那里梦想得到，二十世纪的世界上会有这样的一个国家。被他骗了几十年，直到今天才恍然大悟。中国的大多数口，似乎也都认为日本是个现代的国家，想不到他在百年前就定下这个统一世界的计划。

　　上文提到过佐贺和博多湾。明代万历年间丰臣秀吉之大举侵犯朝鲜，就是从此地出兵的。江藤新平之所以要从佐贺起兵攻取朝鲜，也就是受了丰臣秀吉的影响。博多地方关系之重要，并未成为历史上的陈迹。日本现在侵略中国，席卷亚洲的策源地还是在这里。水户学派到底是一班读书讲学之士，还不免有一点偏于理想。博多湾头所产生的人

---

① 从：原文为"彼"。编者注。

国立云南大学教授文集（一）

物更可怕了，这也是远在明治维新之前的人。去今不及百年，博多湾产生了一位女英雄。此人姓高场，单名一个"乱"字。她本是藩侯家的世袭眼科医官。生性十分的豪迈通达，自幼好读史书。有包举宇内、并吞八荒之心。尤喜欢读《史记》、《汉书》、《三国志》、《战国策》之类，对于孙吴兵法也很有研究。以这样性情的人，当然不甘于做藩侯的侍医终老，她不但把医官的职务辞去，又嫌她的丈夫太无英雄气概，把他逐出。自己在家里授徒讲学，要养成一班有大志的少年英雄，好去征服世界。她自创的一个学塾，课程规矩都很奇特。学生读的自然是《三国志》、《战国策》之类，一面又要学驰马击剑。起居生活是要十分的严肃，又注重侠义的美德，提倡武士的气节。她自己在讲书之暇，穿着男装，骑着劣马，手执长枪，腰带弓箭，在山原旷野上驰骋如飞，带领学士们治戎讲武。坐下来就把古代名将烈士的事迹讲给学生听。她这个学塾就是世界知名的玄洋社。日本第一位大侠头山满就是这个学塾里最年幼的小学生。玄洋社有多少社员，外人很难知道，势力却是万分的大。

头山满是国父的老朋友，国父到日本东京住在他的家里。今日党国的元老们大概也都到过他家，头山是高场乱的唯一继承者。他平日是标榜援助朝鲜、中国、印度革命的。这三国的革命党人时时出入他的门。他对于日本政府是取监督态度的。历任的内阁总理大臣、外务大臣，如果对外政策稍嫌软弱，头山看着不顺眼，立刻就有生命危险。明治维新的元勋大隈重信，在外务大臣任内，和各国商量修改不平等条约，手段上稍一点软弱，头山马上派人用炸弹去刺他。大隈被炸去一只脚。此外日本开明的政治家，被头山派人暗杀的，真是不胜枚举。日本的法律很严，警察又是世界驰名的严密。一个平民，公然的以指挥党徒暗杀国家重臣为专业，竟无人敢去逮捕追究，这是怎么说？历任的内阁大臣都是兢兢业业的，唯恐得罪头山翁，这是什么缘故？因为头山是有多数浪人在后面助□的。他不问别事，专以浪人的身份，监督政府当局推行并吞世界的国策。元老重臣平日都生怕惹头山翁生气性命不保，那里还有人敢去逮捕他？玄洋社刊行一本社史，对于炸大隈的事公言不讳。最有意思的是书中有一页记载头山的唯一知己的野半介的话。据的野氏说，头山的志向是要"指导"中国和朝鲜。这"指导"两字是用小笺子贴在书上的。我在北平清华园的图书馆里，曾经用水把这笺子润湿，用小刀刮开一看，下面是"并吞"二字赫然在焉。这部社史上有祖师爷高场乱的画像。因为那时候还没有照相术。看她面貌是一个很美的女子。古装高髻，骑着一匹马，猛一看是个仙女似的。岂知这就是日本并吞全世界的发动者，今天整个的地球都被她的弟子所扰乱。

玄洋社的党徒，在日本国内的政治史上，在东亚的局面上演过许多幕武剧悲剧了。另外一个组织比较晚的团体就是今天举世闻名的黑龙会。黑龙会的创立者是内田良平。他在明治十几年，邀约了一个俗人、一个和尚组织起这个团体。黑龙会虽非玄洋社的嫡系，也算是个支流。头山对于内田，也□的很多的援助激励。这个会的第一步事业是要并吞朝鲜和满洲蒙古，第二步是吞并中国和亚洲。据最近报纸上的消息，黑龙会在美国纠合了十多万党徒，是要响应他们的"皇军"，攻取纽约华盛顿了。内田的初步计划是吞并朝鲜，所以他在十八岁的时候，就率领党徒，组织所谓"天祐侠"团体，到朝鲜去帮助东学党魁全奉准，把乱事扩大，促成甲午年中日战争。日俄战后，又愚弄朝鲜人，利用卖国贼李容九、宋秉畯之流，提倡所谓"日韩合邦"。当时元老伊藤博文并不赞成那样做。内田有本事使伊藤辞职，又把后任统监曾弥子爵免职。讲到内田，我说一段笑话。我问过某要人，"满洲"成立于何时，他想了一想，那当然是在"九一八"之后。

我说，据我所知，是宣统二年的冬天。他说，那里的话？宣统三年秋天才有武昌起义，为何宣统二年就会有"满洲国"？其实这是千真万确的。宣统二年十月，内田在朝鲜京城对宪兵司令明石元二郎说，明年中国必然革命，满洲朝廷必倒。日本国必设法把清朝幼帝溥仪抓到手里，利用他建立一个满蒙帝国，切不可让幼帝落到俄国人的手里。明石很赞成，电告东京政府，由陆军大臣发密令给北京日本使馆的武官和兵营的司令教他们在中国革命、幼帝出亡的时候设法护送到日本。一面又作一切的准备，要组织满蒙帝国。今天的所谓"满洲国"者，实在就是的内田宣统二年早已计算好的办法，不过迟到"九一八"之后才实现而已。北平、南京演的招笑的戏，也是把内田导演过的旧戏本重新排演一场罢了，并不是新的戏编。

日本人在明治维新之前，高唱"尊王攘夷"，这是人所共知的，明治维新之后，事事效法欧美，大家都以为他在尊过王之后把攘夷的话搁起来了，谁知道这四个字是分不开的。他们之所以尊王是为的要攘夷。明治以来是把我们中国当做夷，在那里大攘特攘。现在是在攘英美了。他每次侵略中国，总是用的"膺惩"两个字。这不是随便用的。他们明知道"荆舒是膺，戎狄是惩"，两句是赞美周公能攘夷的诗，所以特别地选用"膺惩"二字。亡友孟心史先生，在北平失守之后，做的诗有"膺惩出自荆戎口"之句，读之令人痛心。

现在欧美人以及日本的史家，论到日本并吞东亚的野心，一致都说是起于丰臣秀吉。这当然也有是处。丰臣秀吉侵略朝鲜当然是志在入寇中国。看他早先派人假作商贩，侦缉情形，又把一面绘中国地图，一面写着平常日用中国话的扇子颁赏将士，可见他的机心。他给荷兰印度总督的信上，也明明的说要"驾楼船入治大明"。不过依我个人的观点，这都是江文通所谓"雄图既溢，武力未毕"。日本全国既已平定，无复用武之地，只好去经营海外。无论其动机如何，都只是一位英雄个人一时的冲动而已。至于朱舜水讲学以后，佐藤信渊著书以来的事，那可大不相同了。这是有主义、有计划的事，非秀吉的事可比，所以秀吉既受明朝的日本国王封号，欢喜感激，临死也就叫撤兵。他的后继者德川家康就主张锁国，并不再做秀吉的梦。水户学派则不然，他们是百余年来一贯的进行。先推倒幕府，革新庶政，做到个"内安"。又接连的打中国、帝俄，打英美，要想"外攘"。试问博多湾上一个乡村的妇女，何以会忽然的授徒讲学，要想并吞全世界？一个十八岁的青年何以能号召党徒援助外国的乱党，挑起国际战争，一个平民何以能安居首都，公然的纠合党徒，专以刺杀国家的元老大臣为业，可见这种统一世界的妄想早已普遍的深入人心，他们的主张行为，都是代表这个思想。近几十年来，他们的理想都逐渐的着着实现，这是何等可愤的事。

《云南日报》1942 年 12 月 30 日第 2 版、12 月 31 日第 3 版

怎样配合盟军的攻势

周新民①

　　克里米亚会议已得圆满结束，不仅打破了希特勒的幻想，扫清东欧诸小国的疑虑，并且加强了同盟国内部团结和东西线的军事配合，一致向德国猛攻。现在苏军已威胁柏林，并进攻维也纳，英美联军已越过洛安河，并突破齐格菲第二线，希特勒在四面围攻之中，势必无法支持，提前崩溃。

　　希特勒既可以提前崩溃，一旦欧战结束，盟军必以全力进攻日寇，苏联在《日苏中立条约》期满以后，亦有参加对日战争的可能。日寇现在以所有力量应付中国陆军和美国海空军，已感精疲力竭，将来再加上苏英的压力，更无力可以支持，除掉投降以外，决无第二路可走。况且美国生产日增，兵力日强，不待希特勒崩溃，即可大举对日进攻。自马尼剌克复以后，菲岛日军大多被美军包围或切断，现已进退无路，不久即可歼灭。最近美机除掉猛袭台湾、新加坡以外，并动员一千五百架配合强大特种混合舰队，包括主力舰队三十余艘于十五日进袭东京及其周围的敌方飞机工厂（如名古屋）、空军基地（如静冈县）和硫磺岛及小笠原附近的阵地，照这样形势发展下去，美军在中国海岸登陆，是不久可以实现的。

　　美军既将登陆中国海岸，究竟美军应于何处登陆？我军又应怎样配合？实值得吾人研讨的。日寇最近打通粤汉路南段，并扫荡东江的海岸线，占领赣南的飞机场，其目的无非防阻美军在粤闽沿海登陆。然就地形和战略言之，美军登陆地点，仍以择定在苏鲁一带为上策，粤闽沿海乃其次要地位。日寇占领中国的地区，类似一个人形，满洲为其头，华北为其胸部，华中为其腰部，华南为其臀部，东南亚则为其足部，在苏联未参加对日战争以前，我们既无法击伤其头部，应该从其胸部或腰部打起，因其胸部或腰部一旦受伤，他不仅臀部或足部丧失作用，不能伸缩自如，则其头部亦因受震动过度，从此昏痛不已了。若自其臀部或足部打起，虽亦使其受些苦痛，然较诸胸腰受伤则较为轻了。

　　美军究应于何处登陆？必先考虑下列三点：（一）登陆时有无我军来迎接，并与之密切配合？（二）登陆地有无民众组织，并切实予以援助？（三）登陆后有无铁路或公路可用，并发挥机械化部队的威力？就一点说：粤闽境内虽有很多的正规军和游击队，可以迎接盟军登陆，然经日寇此次屠荡，我军则已离开海岸线或交通线较远，同时他们的人数和质素亦难如我们所希望。苏鲁一带的游击队，既有多军历史，不仅有民众基础，并已伸入海岸线，如果盟军在海州或青岛登陆，他们当可配合作战。就第二点说：广东民众虽较福建为强悍，然其耐劳吃苦的精神，较诸苏鲁民众则又瞠乎其后。尤其徐淮丰沛一带，自抗战军兴以来，民众毁家纾难，抗敌捐躯，造成可歌可泣的史实，实是罄竹难书。将来盟军一旦登陆，沿海民众当可为之向导、侦查、运输、救护而予以有力的援

　　①　周新民，安徽人。1943 年 2 月到云南大学，曾任云南大学文法学院法律系教授。

助。就第三点：盟军如在福建登陆，距离粤汉路既远，且闽境多山，仰攻亦较迂缓。如在广东登陆，虽有广九粤汉两路可以恢复，然其道路平坦仍不及苏鲁一带，因为苏鲁均系广大平原，沃野千里，不仅有陇海胶济两路可以迅速修通，并可进而控制津浦平汉沧石正太等路，处处可通机械化部队，切断敌军的后路。

根据上列三点，盟军登陆，似宜先苏鲁而后粤闽。如果盟军在苏鲁登陆成功，则可沿陇海路或胶济路长驱西上，而我苏鲁冀晋以及皖豫鄂的正规军和游击队均可向东出击，迎接盟军西来，一旦盟军与我军会师，日寇的大陆交通线则被我完全切断，不仅日寇驻在南洋和东南亚的军队束手待毙，即驻在华南的敌军亦将不攻自破，因为太平洋交通既被美军控制，大陆交通线如再被我军切断，敌军势必陷于逃生无路的苦境。

或者有人说：盟军在粤闽登陆，航程较短，易于实现，在苏鲁登陆，航程线较长，难于成功。这个意思，即是认定前者不致为日寇所扰乱，后者则易于被日寇所截击。其实，盟军从菲岛向华南登陆，虽较为捷便，若自关岛在苏鲁登陆，并非绝难成功，况且美航舰已于一月十四日航入山东近海，大批盟机出现于胶东半岛，青岛、黄①岛均被炸，并炸沉敌舰一只，招远黄县掖县一带的敌军据点亦被扫射。该舰于完成任务后，复向大连方面驶去，次日大连与沈阳均被轰炸。盟军经此试验，既告成功，以后如在苏鲁沿海登岸，困难当为减少。

今天我们主张盟军在苏鲁登陆，并非反对他在粤闽登陆，如果美军能早日配合英国太平洋舰队在粤闽或安南登陆，亦有很大收获：（一）可以切断南洋及东南亚的敌军退路；（二）可以激励□黔湘的国军反攻湘桂路及粤汉路；（三）可以恢复东南诸省的运输线，使赣皖苏浙闽粤边区的盟军获得接济；（四）可以加固史迪威公路，以增加国际的运输。惟权衡其轻重，盟军在苏鲁登陆比在粤闽登陆，其所得的战果更大。

我们不论盟军在苏鲁登陆，抑在粤闽，这都属于大陆决战的范围，亦不论盟军在粤汉路以东登陆，抑在津浦路以北登陆，这都属于敌后战场的地区。今日大陆决战重于海洋决战，敌后战场重于正面战场，既为一般人所公认，我们此处应速加紧敌后工作，以准备迎接盟军的登陆，而使大陆决战早日实现。

《正义报》1945 年 2 月 18 日第 2 版

---

① 黄：原文为"蓉"。编者注。

欧战结束与远东战局

周新民

自从法西斯匪徒发动侵略战争，造成了历史的逆流，人类的悲剧，它不仅席卷了欧洲，蹂躏了东亚，并欲会师中东，征服世界，其疯狂不可形容。回忆希特勒于吞并奥捷以后，一鼓气而征服波兰、丹麦、挪威、荷兰、比利时、卢森堡、法兰西等国，挥兵而南，则侵入匈牙利、罗马尼亚、保加利亚、南斯拉夫、希腊等国，转旗而北，则践踏立陶宛、拉脱维亚、爱沙尼亚、芬兰等国，并且逼至英伦海峡，越过窝瓦河，可谓战无不胜，攻无不克。希特勒诚一世之雄，到了德军侵至斯大林格勒，忽遭遇苏联红军的坚强抵抗，遂即一蹶不振，由顿河退至聂伯河，复由聂伯河退至维斯杜拉河，一直溃退奥得河，仍无法挽回颓势。现在柏林被苏军攻下，盟军会师，希魔身死，残余千万的德军竟亦无条件投降，其惨败何又如此之速？经过这次血的教训，足证历史是不可倒转，人民是不可轻侮，希魔的惨败，轴心的覆亡，纯是民主战胜法西斯。中了法西斯的余毒者，应速彻底觉醒，莫再误国误民，尚蹈希魔的覆辙。

日寇原与德意同盟，东西呼应，协谋侵略全世界，现在几国既继意国而投降，希魔又随墨魔而惨败，是日寇陷于孤立作战，几至四面受敌，已处于终必失败的地位。自经盟邦首领先后表明态度，更给日寇精神上的威胁，发生震撼和悲叹。德国无条件投降以后，杜鲁门总统发表声明："吾人的打击，非使日本海陆两军抛弃彼等武器作无条件投降时为止"，丘吉尔首相发表演说：吾人亦（□）中国遭受敌人重创，吾人将毫不放松，与美国共同进行此一大决战，是美英领袖已明示必须协力击败日寇，方可获得完全胜利。史达林元帅此次发表胜利演说，虽未提到远东问题，然是始而斥责日寇为侵略国，继而废止苏日中立条约，近又谓"日本不算数了"，是其态度如何可知。同时，莫洛托夫委员长在旧金山记者招待会上，虽仅答以："苏联对日政策，仍与莫斯科四月间所宣布者无差别"，不愿明示态度，但其向英外相艾登，美国务卿斯退丁纽斯及中国代表顾维钧，既经保证"就苏联而言，非所有法西斯与残暴势力根绝于世，战争即未结束"，则苏联对日政策如何？更可不言而喻了。

美英既决心击败日寇，其攻倭计划究竟如何决定？据尼米兹元帅宣布，"进攻日本本土的计划业经拟就，欧洲与地中海区的海空军全部力量将立时加诸日本，日本已无一处可免航舰机队的袭击，必要时多处进攻日本之举即将发动"。至其攻占兵力的动员，除了杜鲁门总统签署延长征兵法案，明年有男女一百三十万人准备入伍以外，美陆军在太平洋方面有一百万人，今后尚须增加六百九十万八千人，美海军计有三百二十六万人，海军陆战队尚有四十七万五千人，海防军三万二千人，均将参加远东之战，是其攻势的兵力预料将达一千万人。唯此等庞大数字既系出于估计又系用最后，绝非现实即可全数调来。况且美军对德作战亦仅动员四百万人，其对日作战的动员，初期当不超过此数。据美陆军后方勤务部长索姆威尔，于五月九日宣布："美陆军部拟自欧洲调兵三百万人往

357

太平洋区"，并决定直接开往远东，此数字似可实现。但欧洲经巴拿马运河至马尼刺已有一三〇〇〇英里，而由马尼刺至日本东京，尚有一七六八英里，更非一刻可以开到，依照索姆威尔的计划，在欧战结束的第一个月后，每月约运兵二十五万至五十万。假使每月能运四五十万人，则三百万大兵至快乃须六个月以上始可运抵远东。又开往太平洋的美军，须在欧洲先受对日作战的训练，亦为美军不能立即东调的一原因。为此，远东大战须在数月以后，绝非如乐观者所料在三月内即可结束远东战局的。

关于英国攻倭的计划，虽无明白宣布，然英国既将登陆作战，器械开始运往远东，又将空军海军以及曾受森林战与东方战术特别训练的强大部队陆续开赴远东，并于马六甲海峡击沉日本万吨的巡洋舰一艘，至其不仅有收复新加坡的准备，并有肃清南洋和东南亚以及收复香港的计划，至其动员人数虽不能如美国的庞大，如能将其对德作战的一百万部队调至远东，配合美军作战，亦对倭有重大的威胁。

《正义报》1945 年 5 月 27 日第 2 版

国立云南大学教授文集（一）

由个体安全到集体安全

朱驭欧

　　此次各联合国前在美国伟大的故罗斯福总统领导之下，不仅彼此消除一切歧异，精诚合作，团结无间，努力以争取胜利，而且在战争进行中，即互相商讨，着手草拟和平计划，以期于战争结束前，奠定和平的基础，较之在上次欧战期中，各协约国暗中签订密约，实行对德奥殖民地分赃的做法，诚然有长足进步的地方。虽不幸罗斯福总统不及亲睹联合国最后胜利的来临，并主持战后世界和平的建立，即遽尔逝世，然各联合国并不因巨星殒落而改变初衷，仍能继承其遗志，如期举行旧金山会议，更是值得吾人欣然的一点，自会议开始迄今，虽因种种问题接踵而至生，已引起不少的风波，而以后争执恐更所难免，大家对于会议的前途，不免颇抱担忧，尤其对于波兰问题的僵化，愈为焦虑，然就大体而言，此次会议进行尚称顺利，而各项枝节问题，自亦颇难逐渐求得妥协解决的途径，故无论知可，料想会议决不至完全流产。所言者，此次会议的主要目的仅在根据敦巴顿橡树会议的建议，制定和平宪章，藉以产生战后国际集体安全和国际合作机构，而并不从事讨论，因此战争所引起的各项政治和经济问题，其性质显然与会通结束战争的和平会议又不相同，纵今会议能得圆满闭幕，其成就最多亦不过制定较前次国联盟约更为动听的宪章，并树立较前次国联更为健全的机构而已，至于此项宪章将来是否为各国所遵守，此项机构将来能否发挥作用，还要看各联合国，尤其几个主要国的国家，是否因深切体念由这次战争所得来的教训，真已彻底觉悟，愿意完全放弃以其本国利益和安全为前提的传统观念，开诚相见，互助互信，进而以谋促进全人类的安全和幸福，此一基本观念若不改变，则任何宪章、任何机构，亦不能保障国际的永久和平。

　　人类本具有两种矛盾的天性：一是自私；一是合群。其实这两种天性都发生于同一动机，也可说要达到一个目的，那就是求生存，因为人类是自私的，所以每个人往往只图满足自己的生存欲望，而不顾及他人的生存权利，如果人人任自私的天性自由发展，则彼此之间就不免时常发生互相侵越和掠夺的行为，而造成弱肉强食，优胜劣败的局面，结果当然是适者生存，不适者灭亡，此为达尔文的天演论所由起。不过人类不仅是有理智而且是有情感的动物，一个人明知单靠其自身有限的体力和智力，一则不易满足其生存的需要，二则也不能使其生存获得绝对的保障，故不得不抑制其自私，以与他人分工合作，而求共存共荣。况且个人纵能独立生存，然在精神上无所依附，亦就会感觉生活的空虚与寂寞，此所以人类开始即为有组织而惯于群居的高等动物，因为人类文明的进步，其所需要分工合作的范围愈来愈广，其组织即随之逐渐扩大，由家庭而部落，由部落而封建，由封建而现阶段所谓的民主国家。目前大家虽然认为民族国家为人类的最高政治组织，然根据人类进化历史的自然演变，一俟各民族国家成其中的大多数都能确切明了互助合作的必要，自愿捐弃其成见，则国际组织的建设，大同世界的实现，不只是一种理想，却属于可能的事体。

虽然，人类的自私并不因群居和组织的生活完全消除，相反地，个人的自私往往由组织而扩展为团体的自私，故人类社会中个人与个人间的摩擦冲突固所难免，而团体与团体间的明争暗斗，更无时成息，人类社会就充满了这种矛盾的现象，但是人类既有群居的趋向分工合作的需求，各人除自动抑制其私自外，尚不能不有共同一致遵守的行为准则，以防止互相侵越而维持社会的秩序，此道德和正义的观念之所由生，然而所谓道德和正义对于人们行为的约束只限于舆论的制裁，一遇有横蛮无理、悍然破坏社会的秩序的分子，舆论的制裁即无望发生效用，因此人类自有组织以后即同意承认□推举一人或一部分人成立政府而赋予权力，使之负责根据道德和正象的观念，将若干行为准则确定为法律，强迫各人服从，人类的政治组织虽有由小而大的趋势，然至今人类的结合仍有区域性，因此世界上就成为列国并立的局面，各国发展的秩序容有不同，但一国之所以成为国家，必须具有确定法律和执行法律的权力，则无二致，此种权力，即所谓主权。现代的学者对于主权解释，虽聚讼纷纭，然有一点似乎为大家所公认的，即主权既为国家最高的权力，对内固有强制服从性，对外则不受任何其他权力的限制，因此每一国家在国际上就视为自己行为的决定与制裁者，其行为在事实上虽然要受条约及国际会议所作若干决议的约束，但一国是否接受此种约束，仍出于自愿，并非强迫而然者。质①言之，自平等提倡导以后，国际公法虽已逐渐发展，然到现在为止，各国犹固执主权无限的学说，所谓国际公法仍不过是各国所共同承认的道德行为的准则而已，其对于各国的约束力，亦只全靠国际舆论为后盾。一至任何国家不顾国际舆论的制裁而悍然为所欲为，就无可显见，故前此日本在满洲发动侵犯以及意大利对阿比西尼亚进攻的时候的犹言系出于"自卫"，即是明显的例子。

先有进者，自各民族国家相继形成以后，因国际间尚无法治制度，人类自私的天性遂得充分的发扬而造成一种狭隘的国家主义，此种国家主义一方面提倡本国民族的优秀，另一方面则鼓吹每一国民应视保卫国家的生存和发展国家的利益为一种神圣的任务，此固足以促进国内的统一和团结，然法西斯主义和帝国主义即极为由此而孕育，尤其自十九世纪以来，因工业革命的结果，各先进国家为了觅取产品的推销市场和资源的控制，就互相争夺殖民地，彼此利益的冲突，更加尖锐化，其结果遂酿成上次的世界大战。

美国于参加上次欧战的时候，虽已由威尔逊总统喊出"为民主而战"的口号，而他对人类的幸福确亦具有崇高的理想，惜其所拟和平计划，不特未为其他各国所欣赏，而且未得其本国人民所拥护，巴黎和会因成了英、法、日等所实行分赃的骗局，已埋下此次战争的根苗，而美国为此竟退出国联的组织，更使国联于诞生时即受一严重打击，自是以后，世界各列强就无形中分为有无的两种国家。无的轴心国家因不满意于现状，固视发动侵略为唯一的出路，而其他有的民主国家，因欲维持现状，亦只知处处为其自己的利益着想，事事为本身的安全打算，对于国际合作既无诚意，而于集体安全更无热忱。结果竟使轴心国家得寸进尺，毫无忌惮，以致星星之火，终成燎原。由此足见以前国际联盟之所以失败，吾人与其归咎于盟约条文的缺陷或国联机构的不健全，毋宁说是因为各国并未因国联的成立而摆脱国家主权观念及狭隘国家主义的支配。

总而言之，因科学的进步，交通的发达，地球于无形中日渐缩小，到现在不特在经

---

① 质：原文为"盾"。编者注。

济上，各国休①戚相关，荣枯一体，已有不可分立之势，即在军事上，现代战争已难限于局部，和平不可分割，而此次战争更已充分证明，任何天然的屏障或地理的优越固不足以确保一国的安全，即一切人为的国防，有如过去各列强在政治上极其纵横捭阖②的能事，竭力拉拢小国作卫星，或惮精竭智，深沟高垒，以固迈围，种种做法，到时亦未必能收实效。吾人痛定思痛，应知一国的繁荣决□能建筑于他国人民的穷□之上，而个体的安全，亦□有从集体安全从中求得。目前参加旧金山会议虽已有四十九国的代表之多，然而会议最后成败的关键以及世界和平的前途却系于几个强大国家的态度。如果它们真能从全人类的幸福和安全着眼，则有力的国际组织自不难产生，而国际合作亦必容易促进。否则，它们如仍蔽于特殊利益和个体安全的成见，而所有举措亦仍免不了以往的一贯作风，纵然一时为形势所迫，不得不勉强妥协，但一俟时过境迁，即不免因猜忌而生摩擦，由摩擦而起冲突，不特永久的和平无从建立，而人类的前途，实不堪设想！

《正义报》1945 年 5 月 13 日第 2 版

国际观察

---

① 休：原文为"攸"。编者注。
② 捭阖：原文为"比合"。编者注。

天皇与日本宪法

王赣愚

  同盟国对日本军阀决不宽恕，逼迫无条件投降之后，又设法防制其东山再起；但对于与军阀相结托的天皇，却暂时保留原有的地位，以便投降条款之履行。这自然是一种权宜的办法。至于此后日本应该有个怎样的政府，是个怎样的国体，同盟国似乎不愿过分干涉，但就荦荦的大原则上说，欲纠正日本政治的颓势，要其政制不会养育侵略的细菌，一般论者似乎很赞成，对于天皇的传统观念，应即加以极其彻底的改变。此后的日本新政制，纵然创立了一个皇帝，也不应该含有神秘的色素，而在宪法上则当给予新的地位。

  这里只从宪法上的观点，试论日本天皇所享有之地位。

  日本的立宪政治，与欧美的相异其趣，其实际上的运用，向有乖离的趋势。伊腾博文奉命草宪时，极力模仿普鲁士的宪法，把立宪国家所有的民权，几乎都移交给天皇了。倘一切大权全由天皇行使，而不假手于其他间接机关，则称日本为一个君主专制的国家，倒也直截了当，并可省却许多纠纷。但伊腾博文却不这样做去，偏要一面创立代表民意的议会，当作民主制度下的点缀品，一面又尽量扬举天皇的大义，以减弱议会的权限。日本宪法根本是天皇钦定的，修改权亦完全属于天皇，议会及国民均不得过问；并且天皇所享有的权力，无一不为议会之牵制，除了通常的宣战、媾和及缔约之权外，还有权颁布紧急敕令以代法律，及关于财政上之重要处置，同时宪法上又采取兵政分离主义，使议会不得任意干预军事。我们看了"议会"两个字时，常联想起欧美民主国家的议会，对于日本议会的软弱无能，深深地感到惊奇和感慨。其实，日本议会本来是个点缀品，而缺少牵制天皇权力的效能，它的失用是先天注定的。

  日本所行的政制，根本不是责任内阁制，各国务大臣只辅弼天皇，以代负其责任，彻底的说，就是直接对天皇负责。虽然名实相符的最高权力机关，在日本政治上是找不到的，但从法律的观点上看，内阁是日本政治的重心，负责任而具有权力。事实上，内阁也是个软弱的体制，受着各种势力的支配和牵制，这就是因为它的产生很特别。在日本宪法上并无"内阁"这个名称，宪法第五十五条只规定"国务各大臣，辅弼天皇而负责任"，国务大臣即内阁官员，内阁即全体国务大臣的会议机关。按照惯例来说，当内阁更动的时候，由天皇下问元老推举首相继任人选，再降组阁大命于被推荐的人，新首相拜奉大命后，即着手遴选阁员，直接上奏天皇，组阁才成功了。组阁的过程中，有两点值得注意的：一是陆海军大臣的人选，必为现役陆海军大中将，而且直接由军部推荐，首相始终无权过问；一是新阁员具备后，内阁才算成立，若有一省没人担任，内阁便无法产生了。尤值重视的一层，是元老、官僚、政党、财阀、军阀都由于历史的发展，在政治上占着特殊的地位，操有相当的支配势力，所以内阁倘得不到几方面的支持，往往非弄到坍台不可。这样的内阁制真是不伦不类的，实际只是协赞天皇的巧妙布置。但要根本改革它，又为日本式宪政所不许，这就是日本政治失其均衡的主因。侧重君权的日本宪法，把天皇抬到登峰造极，是现代所不应有的做法，如"神圣不

国立云南大学教授文集（一）

可侵犯"的字样，极卑劣地应用了进去。宪法第三条规定，"天皇神圣不可侵犯"，这不就证明政治的中心信仰在天皇，但天皇又不负实际责任，就是因为这个缘故，所以才立于"指斥言议"之外，不及政潮所左右。这种别出心裁的规定，正如日本宪法学者所说，是日本式宪政上的特产。天皇纵不负实际责任，但他仍为政治乃至社会的中心信仰所系。因此，依各人观点之差异，对于天皇的地位的解释也就不同了。宪法关于天皇的地位，有两条矛盾的规定，颇使人难于理解：第一条"大日本帝国以万世一系之天皇统治之"；第四条"天皇为国家之元首总揽统治权依此宪法条规以行之"。条文的主旨既嫌其重复，而实际上则模棱两可。依若干宪法学者解释，这两条似乎都有其意义，前者说明国家主权之所在，后者揭示主权行使之方式，不过严格地说起来，这样的解释是不着要领的，因为前一条是指明主权在君主的，后一条似是指明主权在民的，两者究竟如何调和，是聚讼纷纭的一个问题。

过去日本宪法学者，因对于天皇地位看法不同，曾引起了一场激烈的论战。当时日本宪法学者中，从自由主义的立场出发，来解释天皇在宪法上的地位的，自然首推美浓部达吉氏，他大胆地主张所谓"天皇机关说"，认天皇只是国家机关之一，不过是居于最高地位而已。明治四十五年美浓部氏发刊其《宪法讲话》——即为流行一时的"宪法撮要"的前身——著作，就中充分地发挥他的独到之见，为日本在法学术界放一异彩。在他的这部书问世的前一年，上杉慎吉氏刊行了《国民教育帝国宪法讲义》，维持传统的"天皇主权说"，认天皇为主权的主体，居于国家最高地位，以领土为基础支配其人民。美浓部氏对这个见地，首先表示了异议，攻击得体无完肤；而上杉氏亦不甘示弱，与之相互争辩，绵绵数年之久。可是自由主义的宪法学者如铁田万等，都站在美浓部氏的一边，拥护"天皇机关说"，此后在一般人的意识中，总以此说为最切合时代的需要，几乎视为一定不易之论。不料到了"九一八"事变以后，日本军阀便大大得势了。公然倡导所谓皇道主义，假天皇以执行侵略，于是发起了一种运动，以推翻"天皇机关说"，不过其主唱者类皆宪法学者以外的人物，这是耐人玩味的一桩事！当时日本国内发行了许多的小册子，无一不是主张"天皇主权说"，明白地揭示"天皇就是国家"，这种思想的背景为何，真是尽人而知的。从那时候起，关于天皇的地位的争论，已超出学说范围而成为政潮的起因了。穷兵黩武的日本军阀不愿从理论上计较是非，而徒凭强力以统制思想，排除一切异己之见。日本之回复天皇王权说，不只是单纯复古的意味，因为无论主权说也罢，机关说也罢，天皇总是不负实际责任的；而"九一八"以后所以提倡此说，乃证明日本军阀干政之加强，法西斯思想之弥漫全国。在政治失常的情况之下，自由主义的宪法观，自然被政治力量所抑压下去，军阀始终认为这种宪法观，是不利于皇道主义的，所以只容许宪法学界以外的人物，风起云涌地大谈其宪法或国体论了。

美浓部这一派的宪法学者，为适应时代的进展，阐扬着"天皇机关说"，诚为一般进步分子所尊崇，所以他们在日本反封建、反皇权的斗争上总不愧为不可多得的前驱。但在过去的军阀专政下，绝不让他们有抒发言论之自由，这就是宪政不上轨道的征象。预料今后军阀势力逐渐消灭，日本政治必将经过开明的阶段，那时，自由主义派的宪法学者将有再度伸张的机会。他们一旦闻风而起了，对于现有的天皇制度，自然要重新加以估量，于是旧陈的观念决予摒除，不合理的传统也将告终止。日本的国体纵然不变，但旧体制所促成的乖离趋势，当不会继续存在了。战后的日本，需要彻底的思想革命，这种思想革命，很可能就在宪法观念上开端。

《正义报》1945 年 8 月 26 日第 2 版

国际观察

363

要怎样确保世界的和平

范 锜

第二次世界大战方歇，又酝酿第三次世界大战了！欧洲方面，近东方面及远东方面，列强中，种种摩擦冲突，排挤攻击，都足令渴望和平者，不寒而栗！旧金山会议时，即屡因意见不合而停会，近如五强外长会议之破裂，远东顾问会议，苏联之不出席，皆为同盟国不能合作之明证。现今华盛顿英、美、加三国会议，已对苏联提出最低限度的让步，苏联是否接纳，现尚未明。我们甚盼英、美、苏三强能彻底觉悟，共谋世界的和平，人类的幸福！设使彼此仍不能相让，以扩充军备为事，或保留原子秘密，恐怕第三次大战不久即将爆发，陷世界于沉沦，驱人类于灭绝。因为原子弹不能维持世界和平，只可重新改造世界；或使自然世界，归于破灭，让残存人们去凭吊！故目前人类世界，安全与否，全系乎英、美、苏三强之措施，而英、美、苏三强之措施，又系乎当政者三人之手。我们所怀疑者，是否英、美、苏三国之民，一听阿氏、杜氏、史氏三人之指挥？世界各国之民，也一听他们三人支配世界之命运？这个恐怕未必，不过国民情感之不同，种族成见之偏执，是不可免的，欲望各国家、各民族，都能协力一致，共谋世界的和平，人类之幸福，实在是不容易的，且各国各有他的目的，各有他的政策，各有他的企图，从而国民的意义、思想、情感，也随之而大异。什么方法，可使国家民族，能注意其大，而忽略其小，这是我们现在所要讨论的问题。

我们以为欲使各国家民族，协力共谋人类之幸福，确保世界之和平，首先要依据国家平等、种族平等之原则，共同组织一个强有力的国际机构。依据这机构，支配全世界的国家，使各国家之存在，仅为组织更广大、更进步的国家社会之单位。他们自身的任务，只有服从国家机构之命令，而行使政治、经济及教育等职权。国与国间之争夺，唯有诉诸国际的法庭，而听其裁判，不许诉诸武力以求逞，其有不服公断，或要求脱离同盟者，必以国际武力强制之，以维持国际之安宁，不似战前国际联盟，全无力量，抑制侵略国。此次创设国际机构，必依据公平原则而后可，设使仍为强权所独占或把持，则又不免覆蹈前辙了。盟约为各国共通意志所决定，遵从盟约，亦即遵从己国的法令，断非屈己意志而从人。倘有破约者，共弃之，而摈诸共同世界之外，断绝一切往来或关系。我们甚盼现所组织国际机构，不蹈覆辙，而能为更贤明之措置。

其次，各国须要彻底整理内政，当行真正民主，国内一切措施，完全诉诸国民的公意，当政者，不过执行公共意志之所决定，任命罢免，皆操在国民之手，量才器使，一秉至公，国家政权，非一党，非一君，非少数人，所得而操纵，纯由全民票决之。投票时，固不许人卖票，也不许人运动或联络，各人各依他的自由意志，直行自己选择，自己决定，不容人代替，现今民主国中，如北美合众国，固称为更进步的民主国，但他的实权，仍不免操在资本家或中产阶级之手，大多数手头生活的工人，实无暇过问那些和自己漠不相关的选举。可知道现实的实际生活，实更切要适政治的虚荣。因此，我们不能不要求经济的平等了。

人类思想之进步，在十六世纪时，要求宗教平等；在十八世纪时，要求政治平等；现世纪，要求经济平等，有违反思想进步，或世界潮流者，必遭重大的打击或摧毁而无疑。因为革命潮流，始终向支配阶级之下而衡定，等到不能支持，只可崩下来，故未有革命，而不流血的。但能应时代要求，能逐渐革新，则又可免于难了。现今共产主义之所要求，就是这经济平等，但他的实现目的的手段，就要夺取政权，能掌握生产机关，实行劳工专制。我们以为生产手段，操在资本家之手，大多数的人，仰给他来生产活，固不当，但操在劳动者之手，大多数的人，仰给他来生活，也不当。因为生产者少数，消费者实居大多数，依大多数消费者而观之，生产手段操在资本家之手，和操在劳动者之手，何择焉？故我们以为要求经济平等，生产手段必由国家公管而后可，务要生产丰富，令人取之不尽，用之不竭。但亦宜有所分配，分配方法怎样呢？可依急需多寡以为衡，需要多者，应取多，需要寡者，又何用多为？然而也要有最高最少的限度，务使各人皆立于水平线上生活，衣食住均无问题。但对此而怀疑者，恐生产手段，操在国家，国家不能不委诸少数人手，如得其人理固甚好。否则，不免为官僚化了。其实，各国已实行全民政治，任黜之权，操在人民之手，如管理不当，自可罢免之，怕他什么官僚化呢？

等到各人皆无衣食住的问题，次所注重者，为国民教育的问题。我们认为国家存在唯一的理由根据，即在能教养他的国民，使组织国家各分子，都能得到高等教育均等之机会。使各人身心道德及智能都能均衡的发展，而为世界上标准的公民。各人天资聪明，虽有高下之分，然自国家立场观之，都要使他们充分发挥到最高的限度。譬如竞走，出发点都一样，结果，唯有远近，听各人之能力罢。倘世界各国，都能提高国民教育，而至于大学程度，各人皆能批判时政得失，判断善恶是非，那么，欲驱他们去作炮灰，是不容易了。

同时，国际最高机关，也宜早颁布国际教育政策，使各国根据他所规定条文，去教育他的国民，把从前国家主义，或军国主义教育，一扫而空，夸张己国历史之光荣的教科书，也应摈除。务使国人观感，完全改变，而教以国际亲睦、国际和平、国际互助、国际平等等观念，重新建设国际道德，使深入于未成熟的分子，想不出半世纪，即将改变天下之大观。因为改换人的心理，养成爱好和平，四海同胞的精神，较什么军备扩展，外交手腕，还要强得多，且更彻底。从此之后，国民排挤，民族偏见，将消灭于无形了，我们甚盼现今文教会议，能着眼国际教育和国际道德，且群策群力，而求其实现！

上述政治、经济、教育各方面，世界各国都能遵从国际最高机关的命令，从□政会特设，不惟可消除内乱，也可确保世界和平，所谓民主问题、生产问题，都可迎刃而解，从而资本主义、共产主义之冲突，也可消灭于无形了，要在各国能彻底觉悟，急起而图之！等到各国确能伟力合作，维持世界和平，向最后最高统一而迈进，不难再进一步，集合全世界为一家。人类智慧能力，可集中而求创造及发明，务使地无遗利，人无弃才，即此自然世界，也可变为永乐的天国。我们人类应相信自己有创造的意志，可以冲破一切障碍，创造一切新颖的事业，尽其最善的努力，必获美满的效果。人格的伟大之与否，视其所负责任之如何，伟大的事业创造者，也即伟大的人格价值之所寄，人生之本务，在助长世界各国之进展，宇宙的目的，即我们的目的，我们的事业，也即世界的事业。

《正义报》1945 年 11 月 18 日第 2 版

国际观察

论原子能的管制

刘尧民

在世界第二次世界大战的末尾，人类发明了以原子能为武器的原子弹，结束了一幕惨酷的战争，这实在是人类史上无比的光荣。但这光荣，并不是利用原子能为武器结束了战争的光荣，而是发现了原子能，使人类的世界将走进一个新的空前伟大的阶段，正如英国的贝文说的："我们已经走进原子能的边缘了。"

但这光荣，也不是某一个人、某一国家的光荣，而是全人类的光荣，因为在这科学的世纪中，人同此心，心同此理，你发现了原子能，别人也还是会发现的。我们知道，在战争期间，不单英、美、加三国在研究原子弹，而德国和日本也在研究原子弹，而且德国是几乎要成功了的。战后，苏联也正积极地研究原子能，最近，听说佛朗哥也有了成绩。可见原子能的研究及其成绩，是不能自私的，而且也不可能自私的。

从这里看来，原子能决不能加以管制，应当公开给全人类，共同来研究，共同来利用原子能增进全人来的幸福，这才是合理的。但实际并不如我们所理想的这样单纯。自从广岛被原子弹轰炸以后，到现在几乎一年，使用原子弹的美英国家还在犹犹豫豫，举棋不定的对于原子能没有决定的处理。忽而要秘密，忽而要公开，忽而要管制，忽而只有英、美、加来管制，忽而要由联合国共同来管制，这究竟是什么道理？

论理，像上面所说的，原子能既是可以利用来增进全人类的幸福，不惟不应保守秘密，更应公开来研究，公开来使用它。但原子能也如像一般的科学一样，它可以为人类造幸福，同时也可以为人类造灾祸，而原子能所造的灾祸，更驾乎其他科学方法之上。假如把它普遍的公开出来，正恐怕有些阴谋的人类，不用原子能来造幸福，而用来制造战争的武器，倒不如共同来把它管制起来，不许任何国家自由使用原子能，以免人类将遭到奇惨的灾祸。

本报前曾登载旧金山专电："联合国原子能委员会，美国提议之国际原子能共管局，该局为管理原子能强有力之机关。美国将以原子能秘密完全交该机关管理，禁止制造原子弹……而苏联并未表示意见。"这一决定是很贤明的、很光明的。我们由消极方面是很赞成的。因为原子能的作用即如上面所说，它能造最大的幸福，同时也能造最大的灾祸，与其公开出来，被阴谋家用来造成灾祸，不如牺牲了造幸福的一方面，把它共同管制起来，便可以避免了原子能造成的灾祸，也算是一种消极的幸福。

但美国是一个大国，这一种决定是经过了无数要人的头脑的思索，而且犹豫了差不多一年，才决定成这一个国策，其内容的含义，似乎不会如我们个人的简单头脑所想象的罢？试问美国之发明原子弹是费了不少的力气，起初他是守莫如深，讳莫如秘，生怕世界上任何人盗窃了他的秘密，前时加拿大的原子能漏泄案，闹得满天风雨，就可见他们如何肯轻易把原子能公开出来。到现在，他们忽然慷慨了，光明正大的要把原子能的秘密完全交与联合国的共管局（当然也包括苏联在内），这究竟是一回什么事？真是大

国立云南大学教授文集（一）

彻大悟了吗？是不是想到这秘密终于不能长期保障，索性公开出来，共同来管制，以免造成了将来的不能想象的灾祸吗？但美国已经是原子能的先进国家，他的原子能的研究与制造，在质在量上，正在一日千里的发展着。而且除了原子弹以外，像前些时候的宣传，还有一种比原子弹更厉害百倍的什么"细菌弹"，他已经保有着这些丰富厉害的法宝。在短期内，似乎世界上任何国家绝不能赶得上他的？不见前时杜鲁门说的话吗："我不信现在苏联已经有了原子弹。"这是他们绝对有把握的。所以说到秘密的公开，似乎也还可以暂缓些日子，然而现在他们毕竟公开了，要共同管制了，真是大彻大悟了吗？

又试问美国已经对苏联表示了这样的好感，而苏联何以这样不知好歹，不领受人情，而"并不表示意见"。这又是何居心？不记过去莫洛托夫曾大声疾呼的谴责不把原子能的秘密公开出来的国家吗？现在人家已经慨然公开了，苏联就应当雀跃狂喜的起来接受人家的恩惠，而倒反不表示意见，这究竟是何居心？

国际间的钩心斗角是太微妙了，太有趣味了。你假如要明白他们扑着的是一张什么牌？那他们的一言一动，便可以恍然大悟，是必得如此做的。现在直接说出来我们的猜测来了罢！美国现在他不怕任何国家使用原子能来造灾祸。换言之，他不怕任何国家使用原子能来对付他。因为他现在所保有的武器，也确是没有哪一个国家能比他厉害的。所以，他不怕任何国家使用原子能来造灾祸，倒是怕任何国家使用原子能来造幸福。假如别国——尤其是苏联，用原子能来造自己的幸福，是却比使用原子弹来对付美国所造成的灾祸还更大着几千万倍。

我们知道，原子能的发现，是使人类得到了新的伟大的动力，将是种动力来帮助生产，那种速力与质与量，都要大大地超过过去的一切生产方法。用很少的人力，与很少的物质，便可以得到空前无比的生产量，这于人类是将造成如何伟大的幸福？不记去年广岛轰炸过后，英美的科学家的大吹大擂，将以一杯水银的原子能，就要拖动几十几百节火车，走若干公里路，支持若干时间？将以一小点什么原子能，只用两三个人力，就要管理偌大的工厂，推动若干部机械。这就可见原子能的效率之大，实在是不可思议的。

然而症结便在这里了，现在像英美的先进国家，使用旧的生产方法，使用石油、电气、内燃机等类的工具，还正在闹着生产过剩、失业、罢工等等最严重的问题。到现在，美国罢工的风潮还在一波未平，一波又起，没有根本应付的方法。假如再使用原子能来生产，以少数人力、物力，便可得到巨大的生产效率，那不知失业等类的情形，更要严重到什么地步。

所以，在美国是万万使用不得原子能来生产的！要在和美国制度不同的国家里面，才可以使用原子能，而且可以很畅快的使用。然而在那种国度里面也万万使用不得的！假如他一使用起来，一影响到美国，也还是一样的吃不消。最好是世界上任何国家都不要使用原子能。固然，使用原子能来破坏，是在所必禁，而使用原子能来生产，尤为是要禁而又禁。最好大家知道世界上有了这回事，有了这一种宝贝就算了。在学理上研究研究可以，切不要当玩当要地拿来实际上恶作剧。作一篇小说描写原子能如何如何的奇妙，那是可以的，在童话上说说原子能如何如何的好玩是可以的，切不要认为实际也有这回事，这就对了。唯愿世界从此都变为童话小说，那就永庆升平！

《正义报》1946 年 7 月 28 日第 2 版

国际观察

缅甸自治的前途

方国瑜①

　　据近数日报章刊载，本月十二日在伦敦举行英缅谈判，促进缅甸完全自治。缅甸代表团由人民党领袖临时政府副主席盎山率领，团员有商务部长宇巴标，财政部长宇丁图，内政部长宇巴文，运输电信部长宇巴辛；说爱国党领袖前政府主席宇素及钦米亚、塞斯特诸人亦参加，为缅甸政治人物中一时之上选。本月二日，盎山自缅甸飞抵加尔各答，发表谈话，谓："倘此次与英谈判失败，则缅甸准备作最后奋斗。"五日，在新德里招待记者席上，称："缅甸完全独立之新要求，如未获愿，则将发动新斗争。"在这一次的谈判，缅甸代表团所要提出的：（一）英政府发表缅甸独立之声明；（二）组织国家政府；（三）实行选举制宪会议，决定缅甸未来之宪法。究竟能不能得到圆满结果，尚难预料，而在未开会之前，盎山发表最后的意见，足征缅甸人民为争取独立自由，已具最大决心；亡国六十年为英帝国奴役的缅甸，能不能完全自治？并不受暴力所支配，而在乎缅甸本身配不配自治，也可以说他们有没有自治的能力，来决定他们的命运。关于这一个问题，可以从缅甸历史的发展情形，估计个大概。

　　我们对于缅甸史，没有得到充分的知识，因为缅人的历史观念比较淡薄，古代史料保存下来的很少，并且寺院僧侣掌理典籍、传说史事，往往杂以神话，比较可信的为汉文记录，而又失之片断；所以缅甸历史的发展，难得有系统的认识。可是从大体上来看，缅人的政治能力，相当坚强，略举几件事情可以看得出来：（一）缅人组织的政府，两汉时期的敦忍乙，魏晋至唐的骠，宋代的蒲甘，元明迄清的缅，一贯相沿；虽然曾经多少次的厄运，也曾经破裂为数部，然在困难中维持政治组织，而不溃散：足见他们具有团结一致的精神。（二）在缅人四周居住着别的种族，不断的与缅人冲突，结为世仇，尤其是掸②人与得楞子，曾经若干次击败缅人，也为此使缅人迁徙；可是缅人终能恢复他们的政治集团，不至一败涂地：足见他们并不以失败而颓丧的。（三）缅境内民族杂居，当初缅人并不占最多数，可是比例数慢慢的增加；在这增加的数字，有一部分是别种民族同化于缅人，侵入缅人区域的掸人得楞子，日久变为缅人；哈维所著《缅甸史》地图所表示的情形可信：足见缅人的同化力相当的强，这种发展，现在还在进行中。（四）缅人军队，持久性很弱，纪律不佳，战胜不能扩张战果，战败就容易逃散；元明以来屡与暹罗孟养木邦曼尼坡诸部用兵，往往进锐退速，很少成果；可是步伐一致，败后还能团结，所以易于逃散是由训练不够，并不见得他们的武力脆弱。

　　从上述的几点看起来，缅族的生存力并不算弱，并且民族在不断发展着，不是没有出息的民族。他们最大的弱点，就是"多疑"，因此内部的团结不坚，每一度国王袭位，

---

① 方国瑜，云南丽江人。1936 年 9 月到云南大学，曾任云南大学文史系主任、教授。

② 掸：原文为"禅"，下同。编者注。

杀戮亲族，极人间之残忍，几乎成为例有的事，在缅族中互助精神，逊于其他民族，对外不善睦邻，所以每一次的失败，很少得到邻邦的扶助，自古他们只是孤立，靠自身的力量，每遇外力强大，只有束手待缚了。也许缅人私心太过，所以不能尽量发挥集体力量，这是缅人自古以来屡遭失败的原因。

很长的时期，缅甸为中国附庸，中国宽大为怀，使缅人自治，并且扶助他们的政治集团；可是资本帝国主义者，为要夺取利益，灭人之国，孤立无援的缅人政府是抵挡不住的。自道光四年第一次英缅战争，缅王孟①既与英订约，赔款割地以后，日侵月削，缅势岌岌可危，而内争不已，直至光绪十一年，英国进兵上缅，不过十四天，就把瓦城攻陷，把缅王孟锡抱捉到奇黎岛囚起来。自是没有缅人自主政府，已逾六十年了，这场悲剧，缅甸人民是不能忘的。

缅亡于英，就归印度节制，缅人不堪两重压力，展开分治运动；英人屡次改订缅甸在宪法上的地位，一八九八年的 Morley – Minto 改造法，一九二三年的 Dyarchy 制，对于缅甸的地位稍有改善；可是缅人不能满意，继续"缅甸分治""、缅人治缅"运动，到了一九三○年，西门调查团主张缅甸要脱离印度，另组政府，经几折磨，至一九三七年四月一日，才算成立缅甸政府，并且组织立法院（上议院）、众议院（下议院），人民有选举权，一九三六年十一月实行总选，情况热烈，缅甸的地位增高了许多。缅人是否有政治能力，自治精神？缅甸政治家是否能为人民服务？得一个很好的试验机会；可是英皇特派的缅甸总督大权在握，支配的力量很大，缅甸政府主席，要受总督任免，所以自一九三七年四月至一九三八年十二月，先后由统一党宇巴帕、平民党宇苗、统一党支派宇普，爱国党宇素组织政府，一年余间，四度更迭政府首脑，足证缅人党派不能为共同的目的合作，而总督播弄其间，尤使党派不能团结，惟以争取政权为务。宇素政府算是长命，延至缅境发生战事时期，而是时众议院九十七席，分二十二党派，一九四一年国际风云正紧急的当儿，反政府派的倒阁运动也非常激烈，历几波涛，始攻克难关。缅人党派，咸以争取自治相标榜，可是还没有得到自治。各党派不能相容，并且党派的活动未免过于幼稚，不图自身健全，而以攻击异党为能事；经过这一次的沦陷，可能又惹起很多的是非。我们没有得到报道，不敢预测，但缅人猜疑互斗，自古已然。若要缅甸真正达到自治，走向独立自由，第一件事要党派合作；不然，英帝国主义者间离之计，终于各个击破，高标自治，难得达到。

我们从缅甸在目前的事实来说，有自治的基础，有自治的资格，只要有领导自治的政治家，可以骤然展开自治的工作：缅甸人民所以自信者亦在此，略举几件事情来看：

（一）缅甸境内，虽然种族复杂，可是根据一九三八年的人口调查报告，共约一千三百万人中，缅人有九百万，掸人有一百三十万，其余九种民族合计不过一百七十万；以缅人占百分之七十。所以，缅境的政治文化以缅人为主体，并且缅人分布在全缅，能造成统一的政治文化。其他民族有逐渐同化于缅人的趋势西门调查团的报告，有一段说："印度教人多与缅人通婚，所生子女多与缅人同化，回教人与缅人通婚者虽较少，但其所生子女多喜自称为缅人，印度人入缅而居留者，多为缅人吸收入缅籍。"这些印度教回教来自异地，且文化程度较高，而同化于缅人，其余缅境之各种族，被缅人同化，更有甚焉；所以缅境的政治文化，能够统一，组织统一的自治政府，是可能的。

---

① 孟：原文为"盂"。编者注。

国际观察

（二）全缅人民，信佛教的有一千二百万人，其余印度教、回教、耶稣教、拜物教，只占少数，可以说有统一的信仰。又缅境语言复杂，多到一百二十八种（一说二百八十六种），可是缅语通行全境，操缅语或能通缅语者占百分之八十以上，也可以说有统一的语言。又据一九二一年的调查，缅境男子识字者占百分之五十一，女子占百分之十一，可见一般的知识相当高；缅甸识字人数的比例，较之印度多过五倍，缅甸文化既有统一而相当高的基础，当然能组织自治政府。

（三）说到经济，是很丰富的，伊洛瓦底江流域，平畴沃壤，每年雨量自四十寸至九十寸，所以收成很好。一千七百万英亩的农田，有一千二百万英亩种稻谷，收成七百七十万吨，据一九二六年的报告，出口之米有三百五十万吨，值五万万多卢比，其余的农产品以及木材出口的也很多。又说矿产，石油矿、银矿最富，据一九二一年的报告，石油产量三万万加仑，一九三八年的报告，银产量六百万盎斯，其余矿产也很丰富，尤以玉石宝石著名于世。此不过举数端言，缅甸因物产丰富，每年出进口贸易总额，出口占百分之七十以上，进口不及百分之三十，如此富足基础，当然能支持自治政府。并且在近数十年，缅甸的工业交通以及一切建设，都有长足的进步；假如说是英国培养长大的，也到了成家立业的年龄了。

在十四年前，仰光大学教授英人杜满（Dudmly）发表一篇《缅甸经济地理》，列举缅甸财富，对于缅甸的富源大大的夸一番，最后结论说："缅人读此篇以后，当知作者对于缅甸与缅人，颇具一番深切之同情，与热忱之希望；近来常有无聊政客之播弄，实缅甸之隐患；缅人当知，已有充足之能力，以抵抗印度人、中国人或日本人，彼等颇有久假不归，侵略其地之野心；如果缅人与英人能合作，则缅甸将来之效果，当必大有可观也。"在这段话，尽污①蔑间离之②能事，不知缅人对此作何感想；英人统治缅甸，正利用缅甸的弱点，杜满的见解，正足以代表英人之企图；若非缅人与杜满所说相反的行动，永远脱离不了奴隶的地位。

《正义报》1947 年 1 月 12 日第 2 版

---

① 污：原文为"悔"。编者注。
② 之：原文为"去"。编者注。

美苏面临现实之比较

范　锜

　　世界局势，自杜鲁门向国会演说，严厉谴责苏联，阻挠国联合作，妨害欧洲复兴，呼吁恢复征兵法与强迫军训后，陡然紧张，美苏两国，面临现实，化冷仗而为热仗了，全世界人士，皆为之振奋，拭目而观，两国将来，究竟胜负谁属？多为之推测。然亦有认为打不成的，以为苏联战斗能力，未曾恢复，原子弹，未能造就，美国又是民主国，不会先发制人的，所以热战，尚有待。然一个无限扩张势力范围，一个奋起，力谋制止，加以西欧英、法、比、荷、卢经济军事同盟，更形旗鼓相当之势，对抗局势已成；并且美国传统趋势，酝酿成熟，即可变为事实。美国会为民意代表机关，当杜鲁门提出国策，要求立作准备后，反应殊佳，即时处理征兵以及普遍军训之法案，同时，国务卿马歇尔，更请参院武装部队委会，不仅即时制定临时征兵及普遍军事法案，并应同时增强空军，国民兵及军官训练团，如此情形，岂虚张声势，以恐吓苏联？苏联攫取捷克政权后，又欲伸其势力，侵入于芬兰，论者认为无异直接威胁西欧。马歇尔演说，且宣称："世界局势，极为严重，目前已威胁吾人理想与利益。"我们于此，也可知道美苏各有国策，除直接冲突外，实无法可以和解所争的，唯有来早与来迟罢。

　　美苏冲突，已不可免，继起之问题，则为实力之问题，论者对美国国防力量之估计，多以为美国经济虽强大，然军事实力则较薄弱，即美国政论家舆论界，亦作此同样之判断。如中西部有力报纸《圣路易邮讯报》，且坦白指出，"紧急情势到来，美将惨无准备"云。依今日美国国防梗概说：美国在海外之兵力，实等于具文，美国在欧洲之兵力，仅有十三万人，而苏联和他附庸国，在中欧，即不下一百三十万人，美国驻德兵力，亦甚薄弱，倘苏联发动攻击，将无法使此部队作战，唯有用空军运他们退出。在亚洲方面，苏联实力，亦较美国为雄厚，韩北"人民军"不下二十万，都有苏联的装备；南韩则仅有维持治安武装巡警而已。驻[①]日本美军，想有二十余万；而苏联在海参威，驻有新编海军大队，旅顺驻有十余万人，且防御工事，早经准备完成，加以外蒙及西比利亚部队，将可掌握中国大陆战事，益以中共游击部队之势力，实可威胁整个亚东而有余。美国政评家李普曼，撰文论美苏之关系，认捷克、芬兰事件发生后，美苏间之冲突，已非仅以宣传渗入势力，及经济军事压力的冷仗，刻已均以军事作最后之解决，现在两国，正谋攫取对战争有决定性之战略的据点。观此，也可知道美苏两国，已剑拔弩张之局势了。

　　美国目下对苏战略，也和一九四一至一九四五时期一样，集中兵力于欧洲，及分散兵力于世界各战场，每一区域，均有它的要求和支持，必须就整个局势，而决定一般之战略，它的艰巨严重，可想象而知。马歇尔的确以欧洲为重，亚洲为轻，他以为美国无论如何富强，也不能分散力量，以致一切均归于无效。美国现正扩充陆空军之实力，务

_____

　　① 驻：原文为"本"。编者注。

期能够分配各战场，陆军由二十二万六千，拟扩充为六十八万三千，临时需要，还可增加。空军则由五十五大队，增至七十大队，拟拥有击炸战斗新机二万零五百架。国防经费预算，将再由一百一十亿美元，增至二百一十亿美元，多用于扩充飞机之用。目下国际局势，除保土关系，及希腊、义大利、芬兰之外，由中东以至印尼、高丽与中国之局势，也甚严重，再由北极圈而至非洲，亦不出其范围。美更将和英、法、比、荷、卢订立军事协定，英、美、法且将在美会议，密切咨商防苏政策，以期对抗波罗的海三国（立陶宛、爱沙尼亚、拉脱维亚）及波、罗、保、南、阿、匈、捷克等苏联大集团。美人坚信美国实力，为阻止战争和建立和平主要之因素。

据联合国《世界杂志》的分析来说：全世界的政治型可分为五种：一为民主主义，二为共产主义，三为社会主义，四为君主专制，五为法西斯独裁主义，而民主主义和共产主义，则有压倒一切的势力。兹更言其要，共产党对全世界，拥有二千余万的党员，共产政治的势力所及的范围，约占地面五分之一，包括了三万万五千万的人口。但实行民主制度的，则居三分之二，全世界有十一亿人民，生活于私人企业制度中。经济完全由国家统制的，只有二亿的人民。其余人民的经济制度，大部分都是自由的。像这样看起来，民主主义的势力，是比较共产主义大得多了。可是共产主义是有严密组织的，莫斯科命令一下，全世界共产党员都要遵行的，它的势力，自然不可当。但民主主义，不过一民治的政体，虽然也是世界主要的潮流，可是没有严密的组织，且亦无必需控制全世界的要求，爱好个人自由，要求权利平等的西欧和北美的民族，是热诚拥护的，其余世界各部分的人民，就未必尽然了。马克思的《共产党宣言》，是要争取整个世界，实现他们的理想的共产社会的，无论如何阻挠或障碍，都要摧毁的，它的积极的不妥协的态度，且有许多人默契着，故他们的行动是积极的、进攻的，必达目的而后已。可是民主的方面，则仅是消极的、防止的态度，未必不屈不挠，必贯彻民主主义，实现自由世界而后已。似此，依态度和意志言，美国未必能操胜利之左券。

可是现代战争，是金钱、科学、技艺、武器之战争，如此四项要素，苏联能够有把握吗？这里几点，人们多承认是美国强于苏联的。但美国虽有威力强大（据称美国现有原子弹，较炸广岛时，大多一二五倍）的原子弹。苏联也有威力强大的野战炮，据英国之调查，上次进攻柏林时，苏联较英美早十余日进柏林，人咸怪之，德国东面防御工事较西南为坚强，然都为苏联所摧毁，且驾飞机和驶坦克车的人，多未受伤而身死，可断言苏联武器压力之大，迄今世人无知其秘密的，不过推测以为大炮罢，且美国虽有原子弹，能否由机飞至莫斯科，也成问题，战时，德国飞机仅有三次飞至莫斯科，且损失甚大，故莫斯科迄今尚完好，破坏无多，可知苏联飞机之众多，且战斗力甚强。即去年空军纪念日，所展览之飞机，都已改造为新式的，飞行甚速，阅者皆惊其进步之神速。苏联除了这些武器外，尚有世界各国劳工团体的潜势力做它的后盾。战争爆发，工人罢工或怠业，以足致资本主义国家之死命，这又是苏联的优点。故资本主义国家，应该除去贫穷、压榨、剥削之事实，方足以对付实行经济平等的国家。现美苏两国已到了摊牌阶段，将来冲突结果，胜负如何？我们只可拭目而观，莫能逆料。可虑者，中国大地，纷乱鏖杀，不知伊于胡底！

《平民日报》1948 年 3 月 27 日第 4 版

国立云南大学教授文集（一）

要另组世界政府吗？

范 锜

关于人类世界的事情，是无法预行断定的，除非它能自行表现出来，故关心未来黄金时代，等于追忆过去黄金时代，同是无补于事实的。但是在自然的历史的可能范围内，我们可用理智和判断，作一将来之推测，并能努力使事情能向一定的方向而进行。当时代无甚刺激，人们都能够平安过去，固然没有人关怀世事，至多不过注意他们自己私事罢了，可是等到时局危急，关系人类生死存亡之时，则凡有情感意识的人生，无论他是激进的，或保守的、自由主义的，或反动主义的，都要想法子建设更新的更好的理想的世界。

国际联合的计划，不是创自威尔逊，在十七世纪时，法国政治家苏尼（Sully）有所谓享理四世宏伟计划；十八世纪时，圣帕里（Saint Pierre）有欧洲永久和平计划；在十九世纪时，有组织的和平协会，支持此和平计划，国际和平会议，更劝告欧洲各国政府，维持此计划。计划的内容，虽不尽同，但它们的目的，无非想组织一个超国家的机构，以维持国际的法律、秩序、和平和人类自由。现今联合国，较诸国际联盟，以维持现状为主要目的，当更妥善，但和国际联盟一样，没有军力作它的决断后盾。结果，等于具文，无实支配世界。会议虽多，大都议而不决，决而不行，且常为争论抨击之场所，人多厌闻之。故关心世事者，每多主张修改宪章，而取消五强否决权，但苏联集团，又坚决地反对，无形中，变成虚具的机构，陷于不生不灭的状态，不怪得世人，都说联合国"在垂危中"。

可是怎样拖延下去，闹到全世界都不安，终日惶惶，如大难之将至。故有人主张乘美国尚继续独握原子弹秘密之际，应即行选定时间和地点，进攻潜在的敌人；有人主张武装和平，两大集团，再继续维持下去，但结果亦必趋于战争；有人主张杜鲁门和史达林直接举行会议，商决世界问题；有人主张美苏两方，放弃世界主义，各行其是，不相妨，也不必相非的；更有人主张组织世界政府，以防止战争，而维护世界永久和平的。美国广播公司，主办之芝加哥大学广播座谈会，即以此世界政府，为讨论之主题，分华盛顿、新德里、芝加哥三地广播，各有人主讲。日昨美国原子科学会，也主张组织世界政府，并盼美苏两国，立即开始谈判。联合国秘书长赖伊，则痛斥世界大国，不善用联合国机构。数月来，五大国中，没有一国能认真谋求关于合约重要争端之解决，各国各持其立场，而不欲稍作迁就。他又说：联合国机构，并无不是处，仅因其未被善于利用罢。可是联合国成立，经过两年有余，到今还没有成为一个有力量，可以保障和平的组织，所以国际局势，任何人不能否认，是极端的严重。

顷报载史达林对芬代表谈话，表示国际间之猜忌疑虑，经日久努力后，自可消释。各方视此，为东西冲突转缓之朕兆。其实，未免太早；苏联是信奉马克思主义的，纵有妥协，也不过一时权宜之计，全世界共产主义者，都相信他们的主义，是前进的，终可达到统一全世界的理想，那些资本主义、帝国主义的国家，无论怎样富强，终要失败的。如此强烈的信念，决不因美国恫吓，而稍改变。可是苏联也不愿战争，因社会主义者，认战争不利于工人和无产阶级。他们务要宣传、外交、政策、恐吓、地下工作等来取胜，真正要军事解决，非到最后关头，不轻于尝试。史达林的表示，也许看局势太紧张，稍为缓和一下，从容从事一定计划罢。

那么美国要怎样对付苏联呢？长此紧张下去，不惟心神不宁，恐怕还要害神经病，为防止战争，维持世界和平，不能不想办法：或修改联合国宪章，或另组世界政府，总须择一而行之。修改宪章，无非限制否决权，或取消否决权，试问苏联能否答应？苏联参加联合国，即以此为条件，反复磋商甚久，要它参加，以增强国联实力，结于对应了。现要限制，或取消否决权，岂不是驱逐苏联于国联外？至苏联之所以必坚持否决权者，无非保持苏联自身之权利，不致跟随英、美之后而牺牲，这是怪不得它的。可是否决权一天存在，联合国即虚设一天，五强当中，一强不同意，任何议案，都不能通过，迁延岁月，所获几何？那么从新另建一世界政府，可能成功吗？这个问题，是现在国际间讨论的焦点，人们都以为欲避免大战之浩劫，必须有一个"天下一家"之组织，世界人类，在一个政府之下，生活在和平、自由及繁荣之中，始能挽救今日之危局，这是大家都赞成的。至于实施步骤，有主张组织国际警卫军，以保持国际法律和正义；有主张欲成立世界政府，先要改变世人国家主权之观念；有主张排除种族歧视，并使各国文化交流；亦有主张欲获永久的和平，须先承认道德法律，在国内和国际间，有至高无上的权威。凡此种种，皆不失为建设世界政府主要之要素。可是组织这个政府，要不要苏联参加？如不要苏联参加，则列强分裂而为二，更成显著的事实，不惟世界和平不可保，更将因此促成两集团之冲突；如要苏联参加，则苏联必将提出否决权，以为先决之条件，岂不是和现在联合国一样，毫无建树于将来？苏联为应付英美多数之压制，坚持否决权于先，宁不力主否决权于后？这是可推测而知的。故我们以为世界政府，无论组织成功与否，终不能避免战争，而确保世界之和平。

现在美苏两国，各竖一帜，一以民主号召天下，一以共产号召天下，世界上国家，不归苏，即归美，彼此咸欲进一步，统制全世界，几无折衷办法，可以调解二强，使归于一政府之统治。他们对于自己主义，都有坚强的信心，且带有强烈的宗教色彩，彼此都不愿抛弃自己信心，放弃大一统主义，而任对方之并吞。结果，非诉以武力，一决胜负不可。我们为世界永久和平计，全体人类幸福计，希望浓厚的密云，能早日化成甘雨，届时，再集合全世界的国家，商讨组织更进步、更合理的统一世界的国家。拿道甫尝说："人类顷刻不能忘一事，即欲集合全人类于一体。"可知道人类最高最后之统一，实为人心无限之追求，一日不能实现，人心之追求，终莫能或已。

《平民日报》1948年4月17日第4版

国立云南大学教授文集（一）

后　记

　　云南大学是云南省历史最为悠久的高等学府。建校八十多年来，名师荟萃，不少知名学者曾在云南大学任教，进行学术研究。新中国成立前，云南大学的教授们从当时的国情、民情出发，著书立说，发表了大量的文章，虽然半个多世纪过去了，但他们提出的一些观点，仍然具有现实价值，有的思想今天的学者也难以望其项背。他们的文章不但提高了云南大学的学术研究水平，而且使得云南大学在国内的影响力和国际上的知名度得到很大提升。无疑，新中国成立前云南大学教授们的文章既是云南大学的宝贵财富，也是云南文化遗产的一部分。

　　整理出版他们的文章，是现今学者们的责任及保护自己文化遗产的实际行动。同时也希望此举能为研究云南大学的学者提供更多的翔实资料，以便推动对云南大学的深入研究。"国立云南大学教授文集"系列的出版是为实现这一目标而做的一次尝试。

　　"国立云南大学教授文集"系列是从云南大学图书馆现有的报刊中搜集整理出来的，所搜集文章的教授当时大多在云南大学任教，个别教授在云南大学任教的时间很长甚至终身立足于此，如刘文典、郭树人等，本书为了使学者们对他们有一个深入的了解，将他们不在云南大学任教时发表的文章也收录在内。此外，本书所录的文章仅限于云南大学收藏的报刊，有的文章是纯学术性的，有的是对时政进行的评论，有的是以自己的社会地位向社会进行呼吁……如此种种，都反映出当时教授的一些观点立场和价值观念。收录这些文章的主要目的是有助于对他们进行深入的研究，并不代表他们的最高学术成就。

　　由于是半个世纪前的报刊，纸张和印刷术均不如现在，造成不少报刊出现破损和残缺，有的已经油墨斑驳，字迹不清，录入人员只能以空格符号来表示；文章繁体字较多，给录入人员造成一定的困难，增加了文字的错误率，望读者见谅。此外，本书所收录的文章，一部分是征得作者本人或其亲属同意后刊用的，还有一部分作者本人或其亲属联系不上，望见书后与我们联系。

　　中国社会科学院近代史研究所现代史研究室主任、研究生院教授、博士生导师闻黎明先生，长期从事云南抗战史的研究，积累了丰富的经验。他一直关心、指导本书的搜集编撰工作，对本书的出版寄予了厚望。云南大学图书馆的领导及读者服务部的杜玉芳、白群、年四国、李俏、辛玲、金丽芬给予了热情的帮助，为本书的收集整理工作提供了方便。在此，一并感谢。

编　者

2011 年 11 月 12 日

后

记